CE1

MATHS super SIMPLES

Je manipule, je m'entraîne, je réussis

Guide pédagogique

Partie Exploitation pédagogique des séquences

Francine Martineau

PEMF, Directrice d'école d'application

Partie Calcul mental

Marie Varin

Professeure des écoles

bordas
éditeur

Sommaire

Édition : Sophie Lauret et Ugo Péréault
Direction artistique : Pierre Taillemite
Conception couverture : Delphine Guéchot et Pierre Taillemite
Conception maquette intérieure : Pierre Taillemite
Illustration de couverture : Élisa Géhin

Illustrations intérieures : STDI, Clémence Itssaga
Mise en page : STDI
Fabrication : Laurence Monaï

 ISBN 978-2-04-740155-2

Présentation de la collection

*Merci aux autrices de nous avoir ouvert leurs classes
et d'avoir partagé en images toutes leurs ressources
et leurs précieux conseils de mise en œuvre.*

La démarche

Maths super simples est une **collection complète et épurée spécialement conçue** pour permettre à l'enfant de maîtriser toutes les exigences des programmes officiels et plus particulièrement les **compétences de base, tout en déjouant un grand nombre de difficultés inhérentes à l'apprentissage des mathématiques**.
Fondée sur les recherches en didactique des mathématiques, elle assure la construction de fondements stables sur lesquels vont s'appuyer tous les nouveaux concepts que l'élève aura à acquérir au cours de sa scolarité.

Une proposition d'apprentissage des mathématiques « clé en main »

- ***Maths super simples CE1*** intègre de façon transparente la **synthèse des recherches en didactique des mathématiques**.

- Le dispositif est **volontairement simple** afin d'être adopté très rapidement par l'ensemble de la classe.

  - Le **Guide pédagogique** en est l'outil central : en une double page, l'enseignant saisit les objectifs de la séquence à mettre en œuvre, et peut suivre, s'il le souhaite, les indications **pas à pas**.

➥ Voir la **présentation détaillée**, page 16 de ce **Guide**.

  - Le **Fichier de l'élève** est conçu pour aider à se concentrer et à se sentir rassuré. Uniquement consacrées à l'entraînement, les pages proposent **une quantité d'exercices raisonnable** afin que l'élève ne se sente pas découragé avant même d'entrer dans la tâche. Les exercices proposés reflètent le **niveau minimal à maîtriser** pour poursuivre sereinement sa scolarité. De cette manière, être en difficulté sur un exercice avertit immédiatement l'enseignant qu'il sera nécessaire de mettre en place une **stratégie de soutien**.

➥ Voir la **présentation détaillée**, page 18 de ce **Guide**.

- Avec un **Guide pédagogique** très accompagnant et un **Fichier de l'élève** moins volumineux que la plupart de ceux habituellement proposés aux enseignants, ***Maths super simples CE1*** offre l'assurance aux professeurs de **traiter l'intégralité du programme**.
L'enseignant pourra également s'appuyer sur le **site de la collection** et sur la **version vidéoprojetable du Fichier** pour faciliter ses préparations et ses mises en œuvre.
Ces outils permettent à l'enseignant d'amener tous les élèves avec lui dans le savoir mathématique et de les mettre en **situation de réussite**, clé de la **motivation** et de **l'engagement**.

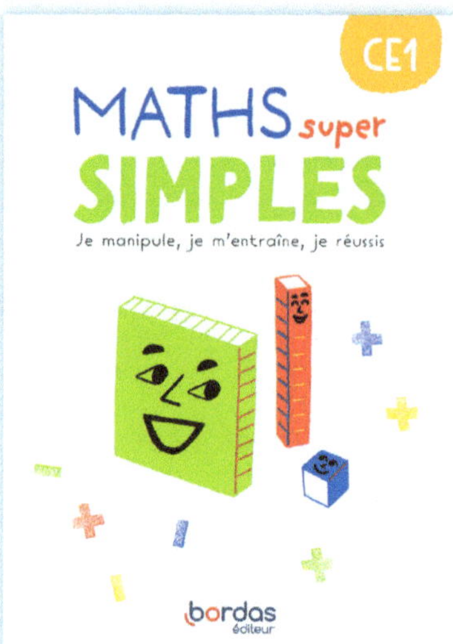

Fichier de l'élève

Guide pédagogique

Une démarche sécurisante et efficace, à la portée de tous les élèves

Maths super simples ***CE1*** est le **fruit de l'expérience** : les auteurs ont **connaissance du niveau réel des élèves**, parfois très tôt en difficulté dans l'apprentissage des mathématiques. Ils savent que l'on peut avoir **confiance en leurs capacités** si l'on respecte leurs besoins et leurs rythmes.

- Les autrices ont défini une **progression qui cible les notions phares du niveau**. Cette progression permet de faire travailler les compétences essentielles en prenant le temps de leur **donner du sens** et de **les installer sur le long terme**.
- Les autrices ont choisi de décomposer **chaque notion**, page après page, jour après jour, pour permettre à chaque élève d'avancer **petit pas par petit pas** et de se trouver en **situation de réussite**.

Maths super simples ***CE1*** repose sur l'application systématique de **cinq principes clairs à l'efficacité prouvée.**

- Un apprentissage **du simple au complexe.**
- Un apprentissage qui fait des **allers-retours permanents entre le concret et l'abstrait, en recourant particulièrement à la manipulation.**

➡ Voir le zoom sur **la manipulation et le matériel**, page 10 de ce **Guide**.

- Un **déploiement des compétences, notions et connaissances les plus fondamentales sur plusieurs séquences**, tout au long de l'année. L'apprentissage décomposé, si nécessaire, en plusieurs compétences, en plusieurs étapes de maîtrise (en particulier en numération).
- Le **droit à l'erreur** au cœur de la démarche des autrices : avant tout, ***Maths super simples CE1*** doit permettre à chaque élève d'acquérir sereinement les compétences attendues, quel que soit son chemin d'apprentissage. Il peut alors rapidement prendre **confiance** en lui et progresser en **autonomie**.
- La **pédagogie différenciée** comme composante essentielle dans l'élaboration d'une notion. Elle est par conséquent présente tout au long du dispositif. Le **Guide pédagogique** propose ainsi de nombreux conseils de remédiation pour les élèves rencontrant des difficultés, quelle que soit la phase d'apprentissage, lors de l'activité de manipulation comme lors des exercices d'entraînement ; des dispositifs particuliers sont également suggérés à destination des élèves experts.

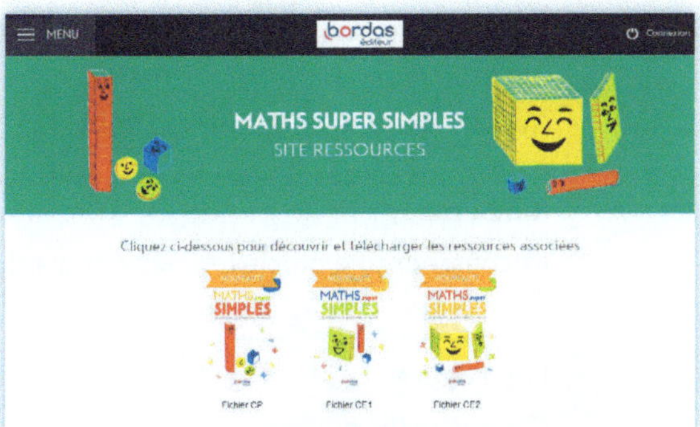

Page d'accueil du site Ressources maths-super-simple.editions-bordas.fr

Fichiers numériques à retrouver sur www.editions-bordas.fr

Une progression réaliste et expérimentée

En Nombres et Calculs, la **progression choisie**, au long des cinq périodes, suit les **Repères annuels de progression** 2019.

Dans les autres domaines, ces **Repères** peuvent laisser davantage de latitude quant à leur programmation dans l'année. Les choix qu'ont faits les autrices s'appuient sur leur connaissance du **cheminement cognitif des élèves**, et tout particulièrement au CE1.

- Les nombreuses leçons d'Espace et Géométrie et de Grandeurs et Mesures s'étalent volontairement tout au long de l'année et sont équitablement réparties dans chaque période.
- Les séquences de Résolution de problèmes sont **centrales pour la construction de tous les apprentissages mathématiques**. Elles interviennent en tant qu'**objectif spécifique** à des moments clés de l'apprentissage, à raison de quatre séquences par période. Elles suivent le rythme des opérations et des nombres étudiés.

	PÉRIODE 1	PÉRIODE 2
NOMBRES	1 Connaître les nombres jusqu'à 99 2 Comparer, ordonner les nombres jusqu'à 99 7 Utiliser les dizaines et les unités 11 Représenter le nombre 100 14 Positionner des nombres sur une droite numérique (1)	19 Connaître les nombres jusqu'à 599 20 Comparer, ordonner les nombres jusqu'à 599 30 Positionner des nombres sur une droite numérique (2) 33 Décomposer les nombres en unités, dizaines, centaines (1)
CALCULS	3 Calculer en ligne des sommes (1) 4 Calculer en ligne des différences (1) 8 Calculer en ligne des sommes (2) 12 Calculer les compléments à 10 et à 100	23 Connaître les doubles et les moitiés 24 Poser et calculer une addition sans retenue 27 Calculer en ligne des sommes (3) 28 Calculer en ligne des différences (2) 34 Poser et calculer une addition avec retenue
RÉSOLUTION DE PROBLÈMES	5 Rechercher un tout (réunion) 9 Rechercher une partie (réunion) 13 Rechercher un tout (transformation) 17 Rechercher une partie (transformation)	21 Rechercher un tout ou une partie 25 Rechercher une partie (deux étapes) 29 Rechercher l'état final avec trois collections (une étape) 35 Rechercher une partie (en deux étapes)
GRANDEURS ET MESURES	6 Mesurer des longueurs 10 Comparer et estimer des longueurs (1)	26 Lire l'heure 31 Connaître les durées
ESPACE ET GÉOMÉTRIE	15 Se situer dans l'espace proche 16 Coder un déplacement	22 Repérer un alignement 32 Reporter des longueurs

Ces séquences s'appuient sur la **méthode des schémas en barres**, conformément aux préconisations du **Guide orange** du Ministère[1], et fournissent une **véritable méthodologie** de résolution de problèmes.

➥ Présentation de la démarche en **Résolution de problèmes**, page 8 de ce **Guide**.

Le **Calcul mental**, essentiel à la formation de l'élève en mathématiques, est intégré à la démarche comme activité quotidienne et rituelle de mise en condition, de réinvestissement, afin d'être mobilisé par les élèves dans les différentes activités.

➥ La **progression annuelle** et les **activités détaillées jour après jour** sont à consulter, page 21 de ce **Guide**.

Enfin, ***Maths super simples CE1*** ménage des temps pour mesurer les progrès et les acquisitions avec les pages **Je fais le point** et les **évaluations individuelles à télécharger** sur le site ressource de la collection :

https://maths-super-simples.editions-bordas.fr

1. *Pour enseigner les nombres, le calcul et la résolution de problèmes au CP*, ministère de l'Éducation nationale, de la jeunesse et des sports, 2021.

PÉRIODE 3	PÉRIODE 4	PÉRIODE 5
37 Connaître les nombres jusqu'à 999 (1) 39 Comparer, ordonner les nombres jusqu'à 999 43 Décomposer les nombres en unités, dizaines, centaines (2)	55 Connaître les nombres jusqu'à 999 (2) 56 Comparer les nombres jusqu'à 999	73 Découvrir le nombre 1 000 74 Repérer un rang, une position
40 Poser et calculer une soustraction sans retenue (1) 44 Calculer en ligne des sommes (4) 47 Multiplier en ligne par 2 et 3 48 Multiplier en ligne par 5 et 10 51 Calculer en ligne des différences (3) 52 Utiliser les tables de multiplication par 2, 3 et 4	58 Utiliser les tables de multiplication par 5 et 10 59 Calculer en ligne un produit 60 Poser et calculer une soustraction sans retenue (2) 63 Poser et calculer une soustraction avec retenue 64 Calculer en ligne des sommes et des différences 66 Comprendre le sens de la division (1) 67 Comprendre le sens de la division (2)	77 Calculer en ligne un produit (1) 78 Additionner et soustraire avec des grands nombres 80 Calculer en ligne un produit (2) 81 Calculer en ligne un produit (3) 85 Compléter des suites de nombres 86 Calculer en ligne un produit (4)
41 Rechercher un état (comparaison) 45 Rechercher la valeur de la comparaison 49 Rechercher un tout 53 Rechercher un tout (réunion)	57 Rechercher un tout (réunion) 61 Rechercher un tout ou une partie (deux étapes) 65 Rechercher l'état final (comparaison) 69 Rechercher la valeur d'une part	75 Rechercher la valeur d'une part 79 Rechercher la valeur de la comparaison 83 Rechercher une partie (deux étapes) 87 Rechercher un tout et/ou une partie (deux étapes)
42 Comparer et estimer des longueurs (2) 46 Utiliser les euros et les centimes d'euros	62 Comparer des masses 71 Mesurer des masses en gramme et kilogramme	84 Comparer des contenances 88 Mesurer des contenances en litre
38 Reconnaître et tracer des angles droits 50 Reproduire des figures simples	68 Tracer des figures simples 70 Construire un cercle	76 Reconnaître un axe de symétrie 82 Reconnaître des solides simples

Une approche inédite en Résolution de problèmes

Une démarche pour « faire entrer en recherche »

Les textes officiels inscrivent la **résolution de problème au centre de tout apprentissage**.
Ils préconisent de mettre l'élève face à la résolution de problèmes au cours de **10 séances par semaine**.

Au rythme d'une page de Problèmes toutes les 4 à 5 pages du Fichier, ce travail sur la résolution de problèmes, inédit dans une collection, permet d'aborder différentes typologies de problèmes.

- Des **situations-problèmes** qui font émerger le besoin d'apprendre une nouvelle connaissance : c'est de cette manière que sont construites de nombreuses **situations de découverte** proposées dans le **Guide pédagogique** de ***Maths super simples CE1***.
- Des **problèmes basiques ou élémentaires** : ces problèmes sont l'objet principal des séquences Problèmes dans le **Fichier** de ***Maths super simples CE1***.
- Des **problèmes complexes ou « à étapes »** : ces problèmes sont des **agrégats de problèmes basiques** et nécessitent, en plus de convoquer la résolution de problèmes référents, de **connecter les informations pour construire les étapes**. Ces problèmes sont progressivement proposés dans le **Fichier** de ***Maths super simples CE1***.
- Des **problèmes pour chercher :** ***Maths super simples CE1*** ne propose pas ce type de problèmes ouverts, qui ont souvent besoin d'être ajustés à chaque classe. Si l'enseignant souhaite en soumettre à ses élèves, il en trouvera alors aisément dans divers supports pédagogiques, en fonction des besoins et des compétences de sa classe.

Résoudre un problème, c'est **se demander quelles relations les données entretiennent entre elles**. Ce n'est pas stéréotyper son raisonnement. La production d'un **schéma en barres** et l'invitation à entourer, dans un calcul, la **donnée que l'on cherchait** valident ce savoir-faire, **libèrent** l'apprenant d'une seule et unique forme de calcul : l'enjeu de cet apprentissage n'est pas d'associer de manière rigide un type de calcul à un type de problème, ni de chercher un calcul où la réponse se trouverait derrière un signe « = ».
Par exemple, pour chercher « ce qui manque », on peut, à partir d'un même schéma, tout autant faire une soustraction qu'une addition à trou.

Les séquences proposées dans ***Maths super simples CE1*** n'ont donc **pas pour objectif de couvrir la totalité du champ** de la résolution de problèmes, mais de **construire chez les élèves une « bibliothèque » solide et exhaustive de problèmes de référence** à partir de laquelle ils créeront des **automatismes** de résolution de problèmes, dans laquelle ils **piocheront** à chaque occasion, ce qui leur permettra, par la suite, de résoudre tout type de problème. L'enseignant pourra décliner chaque énoncé grâce à la **version personnalisable des problèmes**, mis à disposition sur le **site Ressources** :

https://maths-super-simples.editions-bordas.fr

Le but de **mettre en place chez l'élève une véritable attitude de résolution** : **entrer en recherche**, **comprendre** un énoncé, **modéliser** la situation et la représenter, repérer quand on a trouvé la solution. En un mot : **automatiser**. Tout au long d'une période, l'élève rencontre des problèmes qu'il va pouvoir résoudre grâce aux découvertes des séquences précédentes. De période en période, il mobilise ses compétences avec de plus en plus d'**autonomie**, en particulier sa capacité à **modéliser**.

Les séquences mettent donc en œuvre les cinq compétences : **chercher**, **modéliser**, **représenter**, **raisonner**, **calculer**. Maths super simples **CE1** permet ainsi à l'élève d'acquérir un **répertoire de stratégies** de résolution de problèmes, indispensables pour avancer dans l'année sur des problèmes à plusieurs étapes notamment. Il peut également faire appel à cette **« bibliothèque » de stratégies** lors de **problèmes de recherche** si l'enseignant souhaite en soumettre à ses élèves.

Les élèves assimilent ainsi progressivement les **différents types de problèmes** qu'on peut rencontrer (réunion, comparaison, valeur de la part, transformation), les **modèles mathématiques** en jeu, les **stratégies** auxquelles recourir.

Dans ces séquences, les **nombres** sont volontairement très simples pour **décharger la mémoire de travail** de la charge du calcul. Les **énoncés** ne présentent aucun obstacle à la compréhension (lexique simple, situations connues). Les problèmes reliés aux leçons de Grandeurs et Mesures ont été volontairement évacués pour ne pas avoir à gérer les unités et pour que les objets puissent être représentés à l'aide de jetons. L'enseignant pourra en proposer en prolongement grâce aux pistes proposées et aux fichiers textes des énoncés fournis sur le site Ressource.

En conclusion, les objectifs de ces séquences sont donc multiples :

- En premier lieu, faire entrer en **recherche**.
- Donner de la **méthodologie** aux élèves.
- Présenter les problèmes en lien avec les **typologies d'action** (réunion, comparaison, etc.) et non pas en lien avec la technique opératoire étudiée.
- Travailler à partir de **nombres toujours simples** pour que le calcul ne soit pas une difficulté et que l'élève puisse porter son attention sur la **relation entre les nombres**.

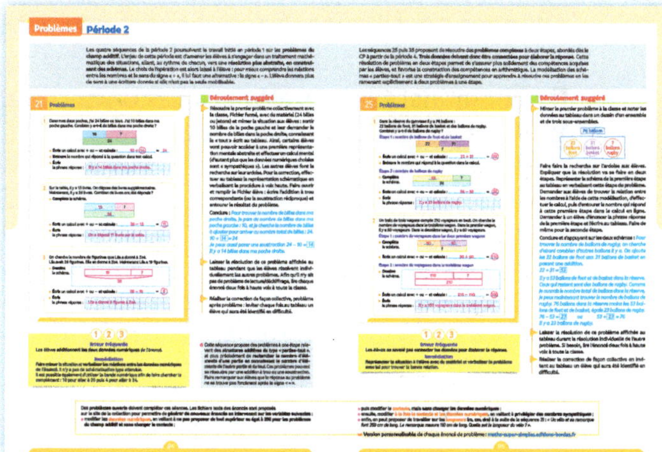

La méthode des schémas en barres dans Maths super simples CE1

Les séquences proposées sont fondées sur la **méthode de résolution des schémas en barres**, **conformément** au Programme 2020 et aux préconisations du Guide orange (*Pour enseigner les nombres, le calcul et la résolution de problèmes au CP*, ministère de l'Éducation nationale, de la jeunesse et des sports, 2021).

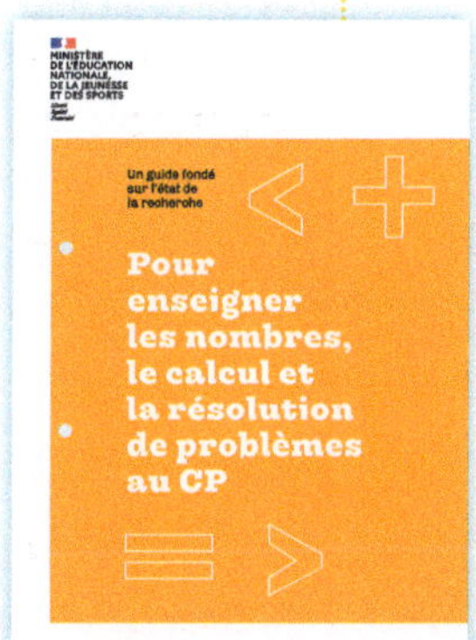

La représentation à l'aide de schémas en barres ne doit cependant être **ni exclusive ni injonctive**. Il s'agit d'un « outil pour... », **particulièrement efficient et structurant, mais dont certains élèves peuvent se passer**.

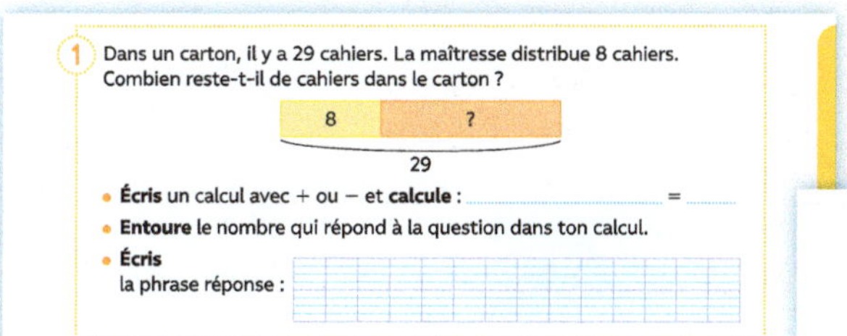

1 Dans un carton, il y a 29 cahiers. La maîtresse distribue 8 cahiers. Combien reste-t-il de cahiers dans le carton ?

8	?

29

- **Écris** un calcul avec + ou − et **calcule** : .... = ...
- **Entoure** le nombre qui répond à la question dans ton calcul.
- **Écris** la phrase réponse :

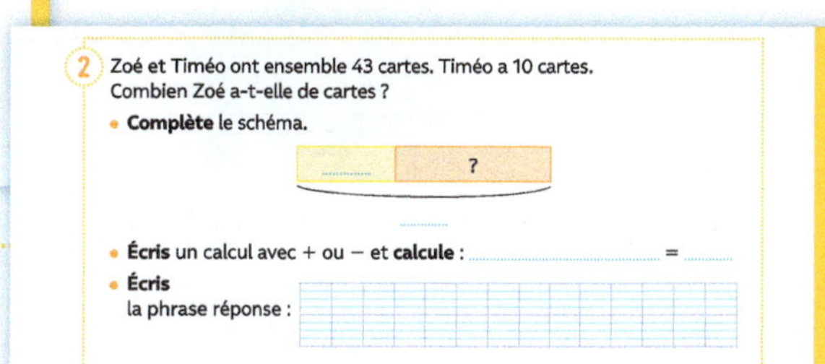

2 Zoé et Timéo ont ensemble 43 cartes. Timéo a 10 cartes. Combien Zoé a-t-elle de cartes ?

- **Complète** le schéma.

	?

- **Écris** un calcul avec + ou − et **calcule** : .... = ...
- **Écris** la phrase réponse :

La manipulation dans Maths super simples CE1

La manipulation tient une place **primordiale dans l'enseignement des mathématiques** car elle suscite la **réflexion** et permet de **construire durablement les connaissances**. Elle facilite un accès plus rapide à la **représentation mentale des différents concepts** abordés en mathématiques.

Il est essentiel de déconstruire le malentendu trop souvent présent que le recours à la manipulation ne serait utile que dans les petites classes, pour découvrir les premiers concepts, ou bien uniquement pour les élèves en difficulté.

Manipuler « fait voir les mathématiques ».
La manipulation peut donc intervenir **à chaque étape de l'apprentissage** :

- au **démarrage** d'une séquence et pendant la découverte d'un nouveau savoir ;
- **pendant** l'apprentissage et l'entraînement, au cours de phases de remédiation ;
- en **fin** de séquence, après être arrivé à un certain degré d'abstraction, afin de retourner au réel, de valider ses connaissances.

Animées par la volonté de proposer une démarche d'apprentissage des mathématiques simple et accessible, les autrices sont convaincues qu'il ne faut **pas multiplier le matériel** de manipulation pour installer les élèves dans un cocon rassurant tout au long de l'année. Elles proposent :

- d'utiliser le **matériel prédécoupé** proposé à la fin du **Fichier de l'élève** ;
- de solliciter un **matériel très simple**, fréquemment rencontré dans les classes (cubes, barres, plaques, jetons, monnaie, formes géométriques, horloges…) ;
- d'exploiter les **objets présents dans l'environnement proche** des élèves.

Les **supports plus complexes à préparer** (cartes-nombres, quadrillages illustrés, figures à compléter ou à reproduire…) sont proposés prêts à l'emploi, à télécharger gratuitement sur le **site Ressources** :

https://maths-super-simples.editions-bordas.fr

Du matériel pour longtemps

Il pourrait être intéressant de **plastifier** le plus possible le matériel téléchargé afin de garantir sa **solidité au cours de la manipulation** et de pouvoir le **réutiliser de nombreuses fois.**

Matériel de manipulations spécifique à prévoir pour une classe de 24 élèves

L'enseignant pourra préparer **en amont** l'ensemble du **matériel nécessaire**, calibré pour une classe de **24 élèves** : les informations sur sa nature et sa quantité, qu'il soit **collectif** ou à prévoir **pour chaque élève**, sont indiquées au début de chaque séquence.

- Un lutin, une pochette ou un cahier de recherche pour que les élèves puissent conserver leurs feuilles de recherche, témoignages de leurs progrès.
- Le matériel des planches de fin de fichier à prédécouper en début d'année et à conserver dans une pochette, dans la case de l'élève.
- Un cahier (17 × 22 cm, par exemple) pour les traces écrites.
- Des surligneurs de différentes couleurs pour faire apparaitre les éléments importants sur les traces écrites et le matériel téléchargeable si les impressions sont en noir et blanc.
- Reproduction du matériel de manipulation à imprimer et plastifier pour les mises en commun des activités de découverte.

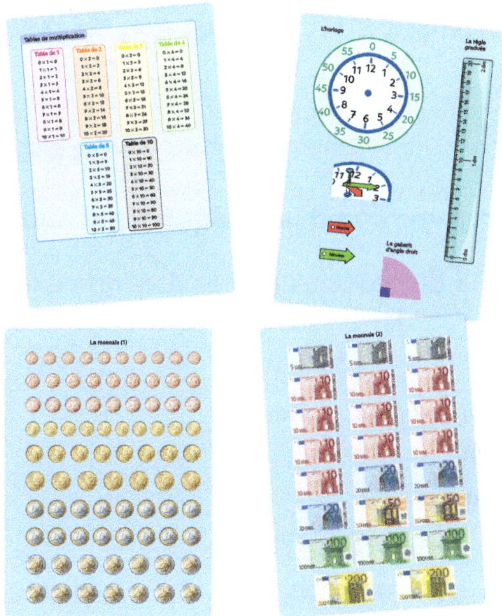

- 12 boîtes en plastique
- Pelote de ficelle ou fil à linge
- 40 pinces à linge
- Post-it, des aimants en grand nombre (une trentaine), pâte adhésive
- 24 récipients (verres, vases, bols, bouteilles, arrosoirs, seaux)
- Calendrier de l'année en cours
- 2 paquets de sucre (1 kg), 2 paquets de farine (1 kg), 2 bouteilles d'eau (1 L), 2 paquets de riz (2 kg), 2 paquets de café (2 kg)
- 12 dés à six faces
- 24 figurines type *Playmobil*
- 12 collections de 50 objets (bouchons, haricots, jetons...)
- 12 assiettes en carton

- Matériel de numération (500 cubes unités, 220 barres de 10, 220 plaques de 100, 24 cubes de 1 000)
- 1 000 jetons ou haricots
- Monnaie (pièces en euros et centimes, billets).
- Réglettes Cuisénaires
- Balances Roberval et masses marquées
- Solides en bois ou en plastique (6 boules, 6 cônes, 6 cubes, 6 pavés droits, 6 cylindres, 6 pyramides)

- Horloge à engrenage, horloge digitale, horloges individuelles

La mise en œuvre des séquences d'apprentissage dans Maths super simples

Les séquences d'apprentissage de Numération et Calculs, Grandeurs et Mesures, Espace et Géométrie

Organisation type

Programmation d'une séquence d'apprentissage

JOUR 1

Séance de **Calcul Mental 1**
15 min

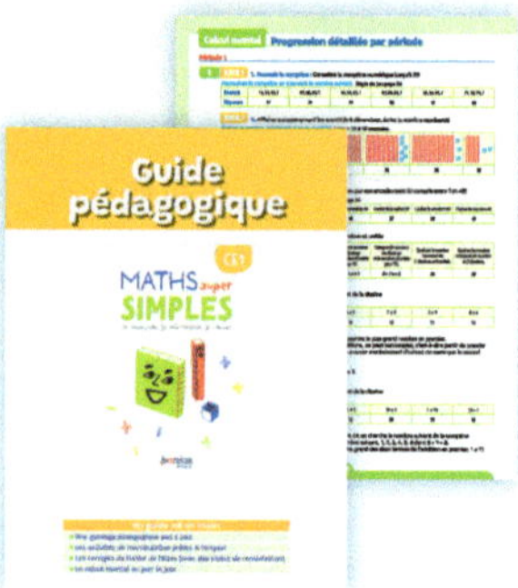

Séance de **découverte** et de **manipulation**
35 à 45 min

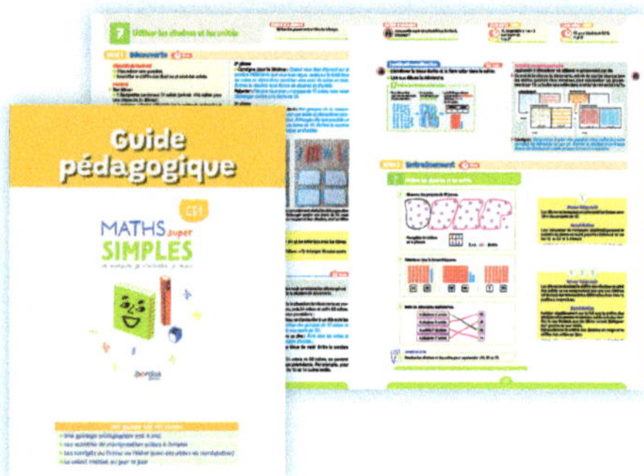

JOUR 2

Séance de **Calcul Mental 2**
15 min

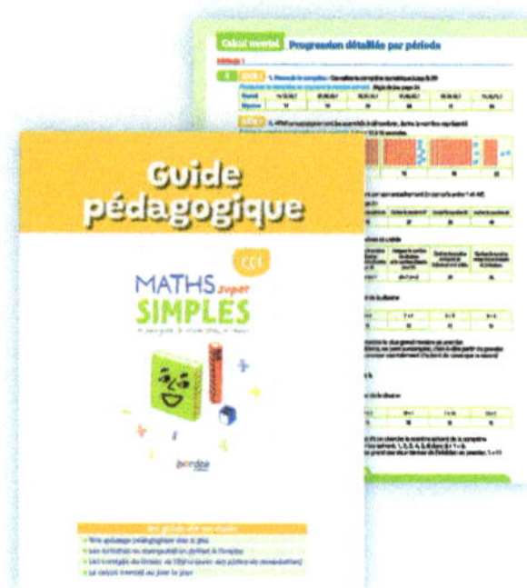

Du côté de l'enseignant

1.
Je **consulte** le **Guide**.

2.
Je prépare le **matériel** et je récupère les **supports complémentaires** sur le **Site ressources**.

3.
Je mène **l'activité de découverte** avec le groupe classe.

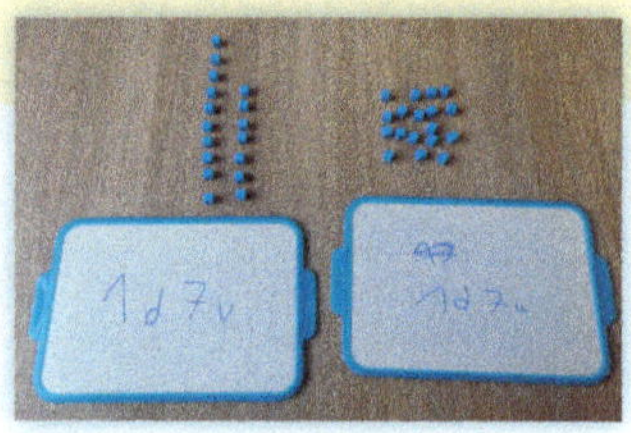

Découverte
Mise en situation
Recherche et manipulation
Mise en commun
Institutionnalisation

Trace écrite

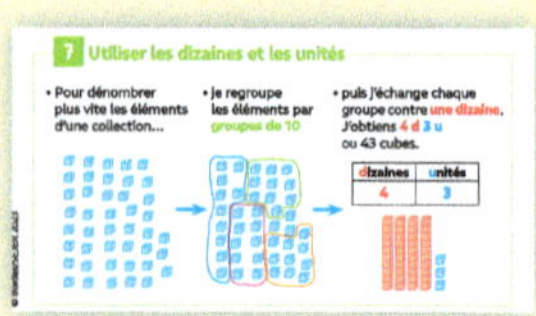

Maths super simples CE1 propose en quelques supports tout ce qu'il faut à l'enseignant pour **organiser et optimiser ses séquences.**

Chaque séquence est à mener en **deux séances** réparties sur **deux journées** :

JOUR 1 Une première séance, consacrée à l'**activité de découverte collective et de manipulation**, est détaillée dans le **Guide pédagogique** et aboutit à une **synthèse** et à un savoir commun ;

JOUR 2 Une seconde séance est consacrée à la **structuration** ou à la **consolidation** de cette découverte grâce aux exercices individuels du **Fichier**.

Séance d'**entraînement**

30 à 40 min

4.

Je fais travailler chaque élève dans le **Fichier**. Je peux **vidéoprojeter** la page du Fichier pour montrer un exercice et afficher son corrigé.

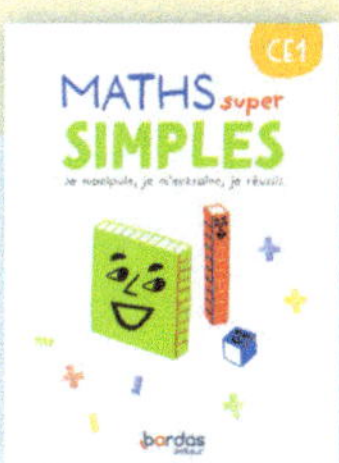

Entraînement individuel

Révisions

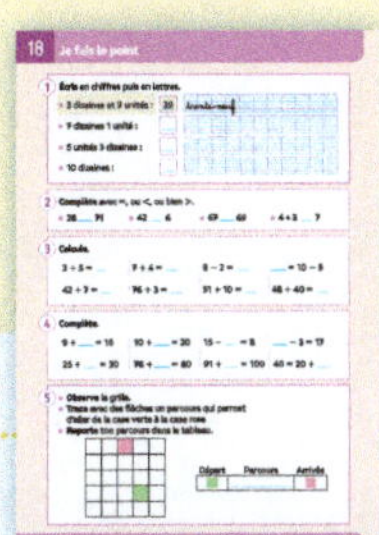

Le Guide pédagogique

- Objectif de la séquence.
- Calcul mental pour les jours 1 et 2.
- Jour 1 :
  - – Activité de découverte explicitée et détaillée ;
  - – Matériel à réunir ;
  - – Durées approximatives ;
  - – Conseils de mise en œuvre pas à pas avec photos et suggestions de verbalisation ;
  - – Propositions de différenciations, pour les élèves en difficulté comme pour les élèves avancés ;
  - – Verbalisation à effectuer en fin de séance et trace écrite correspondante.
- Jour 2 :
  - – Corrections des exercices d'entraînement du **Fichier de l'élève** ;
  - – Explication des erreurs fréquentes et propositions de remédiations.

Le Fichier individuel de l'élève

- Pour s'entraîner et vérifier si on a compris.

Le site Ressources

- Matériel à imprimer pour les activités de découverte et de manipulation.
- Mémos, ou traces écrites.
- PDF à imprimer pour accompagner le travail sur le cahier du jour.
- Tous les énoncés des problèmes en version personnalisable.
- Évaluations de fin de période et leurs corrigés.

Le Fichier numérique pour l'enseignant

- Pour la vidéoprojection des exercices et de leurs corrigés.

Les séquences de Résolution de problèmes

Programmation type sur une période

Une période = 6 semaines

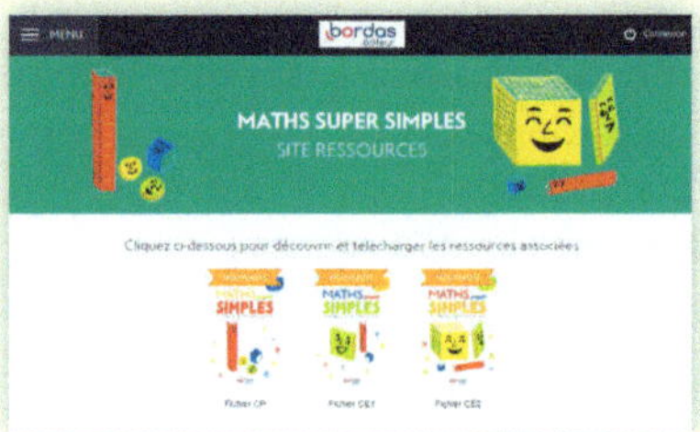

Tout au long de la période, il est proposé de décliner chaque séquence en modifiant le contexte ou les données des énoncés fournis sur fichier texte.

15 min par séance

En parallèle

Problèmes pour chercher

15 min par séance

Supports au choix de l'enseignant

L'exploitation pédagogique d'une séquence type

- Dans le **Guide**, les quatre séquences problèmes de chaque période sont commentées ensemble, sur **deux doubles pages**, **au début de chaque période**, pour embrasser d'un coup d'œil les enjeux et la progression.
- Pour chaque séquence, ou page du **Fichier**, la résolution du premier problème est toujours guidée, en particulier pour expliquer comment accompagner l'élève dans l'élaboration du schéma tel qu'il est abordé dans la page du **Fichier**.

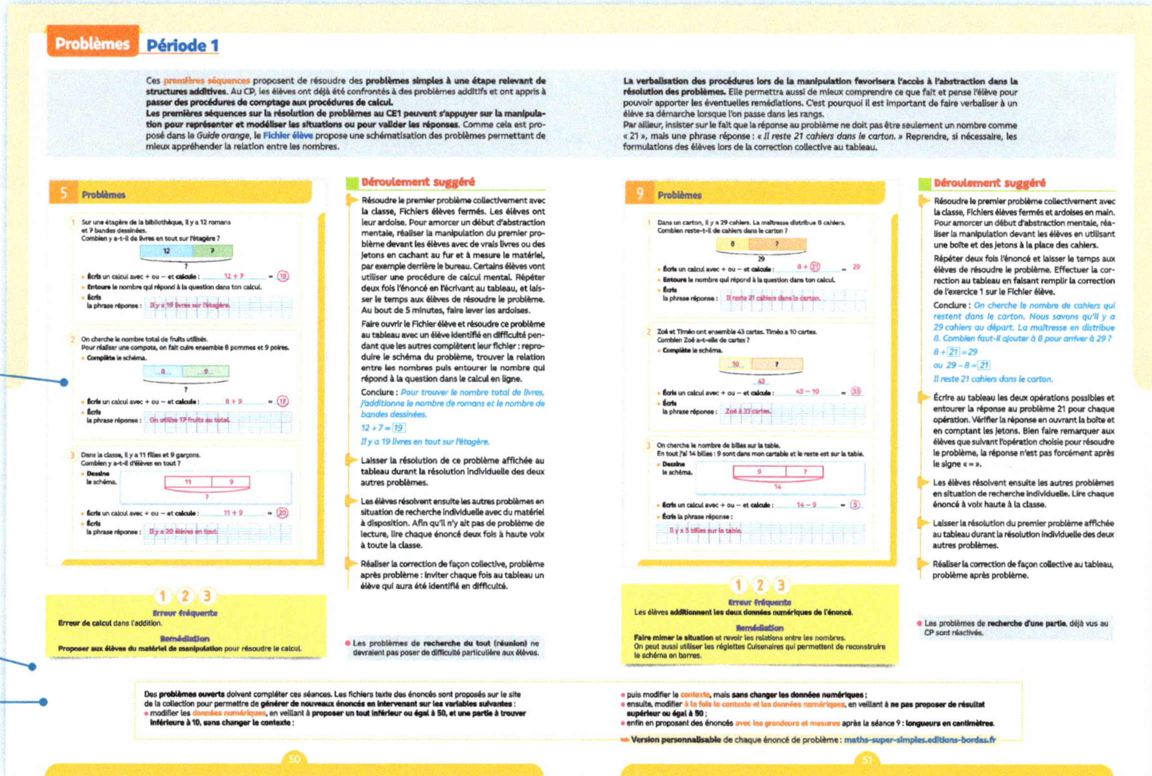

La page corrigée du Fichier avec les réponses attendues

Des précisions didactiques

Des indications pour prolonger les séquences avec des suggestions de séances complémentaires

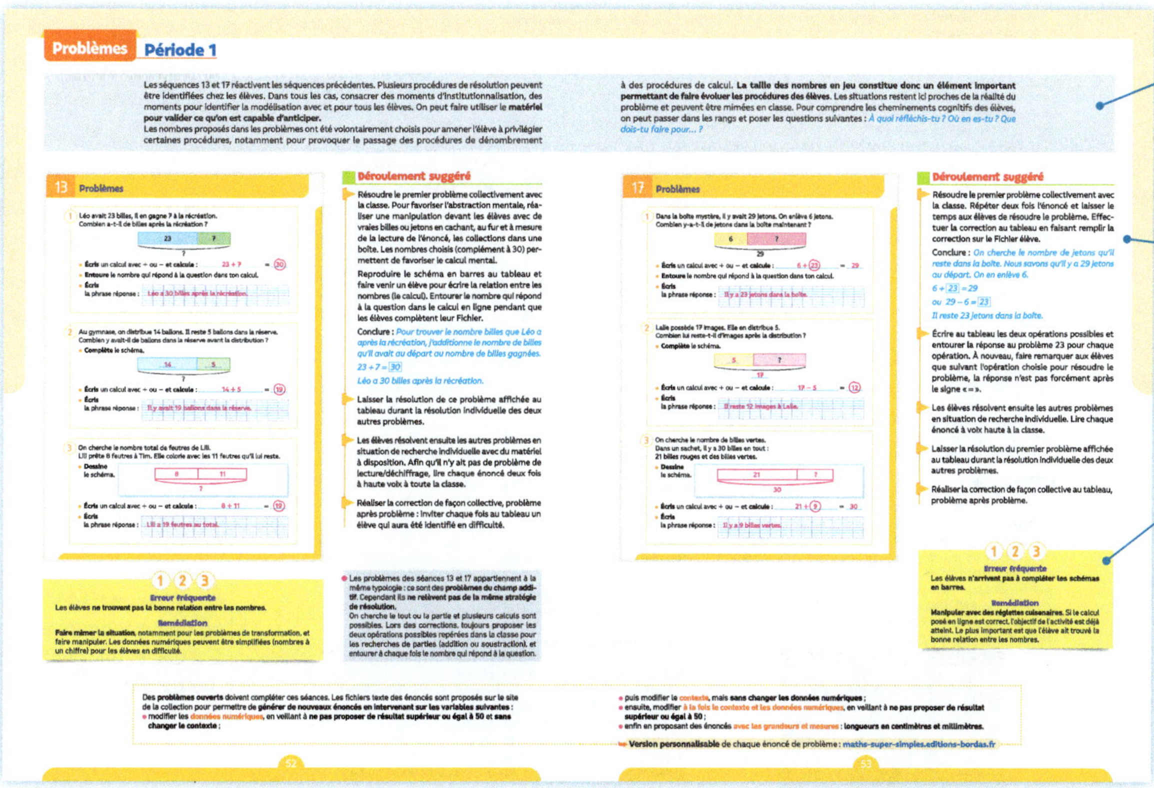

Une présentation des enjeux et des objectifs de la période

Le déroulement proposé pour chaque séquence, avec la mise en œuvre détaillée du premier problème

Une analyse des erreurs fréquentes et des propositions de remédiation

Les outils de la collection

Maths super simples s'articule autour de différents outils faciles d'emploi qui permettent :

- **à l'enseignant, de gérer efficacement l'apprentissage ;**
- **aux élèves, de pratiquer de manière autonome ;**
- **aux parents, de suivre les acquis de leur enfant et de l'accompagner.**

Le Guide pédagogique : l'outil central de la méthode

Le **Guide pédagogique** a été spécialement développé pour permettre à l'enseignant de **s'immerger** dans la séquence, de **préparer rapidement** sa mise en œuvre et de mettre aisément en place la **situation de découverte et de manipulation** qui lancera avec **succès** chaque séquence d'apprentissage.

En deux pages, pour chaque **séquence**, l'enseignant trouvera une **préparation complète** de chaque séance, tous les **commentaires**, **conseils** et suggestions de **verbalisation** dont il pourrait avoir besoin.

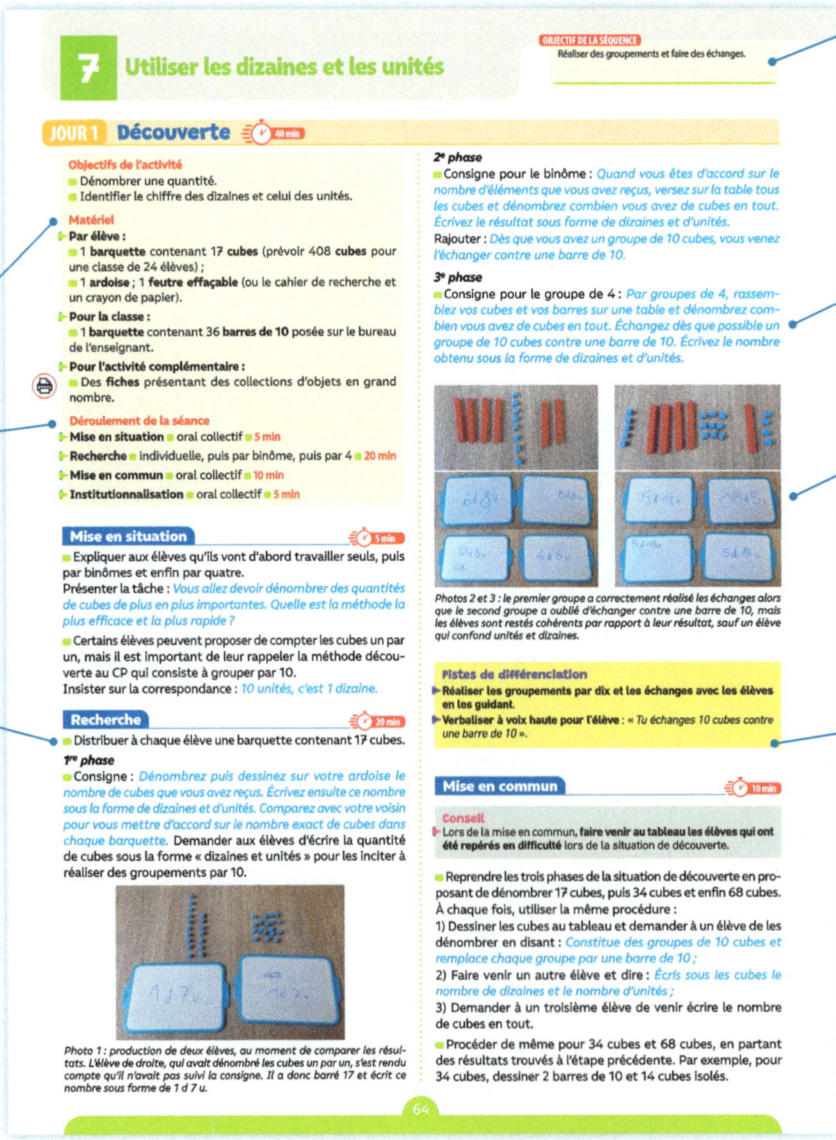

7 Utiliser les dizaines et les unités

OBJECTIF DE LA SÉQUENCE
Réaliser des groupements et faire des échanges.

JOUR 1 Découverte 40 min

Objectifs de l'activité
- Dénombrer une quantité.
- Identifier le chiffre des dizaines et celui des unités.

Matériel
- Par élève :
  - 1 **barquette** contenant 17 **cubes** (prévoir 408 **cubes** pour une classe de 24 élèves) ;
  - 1 **ardoise** ; 1 **feutre effaçable** (ou le cahier de recherche et un crayon de papier).
- Pour la classe :
  - 1 **barquette** contenant 36 **barres de 10** posée sur le bureau de l'enseignant.
- Pour l'activité complémentaire :
  - Des **fiches** présentant des collections d'objets en grand nombre.

Déroulement de la séance
- **Mise en situation** ▪ oral collectif ▪ 5 min
- **Recherche** ▪ individuelle, puis par binôme, puis par 4 ▪ 20 min
- **Mise en commun** ▪ oral collectif ▪ 10 min
- **Institutionnalisation** ▪ oral collectif ▪ 5 min

Mise en situation — 5 min

Expliquer aux élèves qu'ils vont d'abord travailler seuls, puis par binômes et enfin par quatre.
Présenter la tâche : *Vous allez devoir dénombrer des quantités de cubes de plus en plus importantes. Quelle est la méthode la plus efficace et la plus rapide ?*

Certains élèves peuvent proposer de compter les cubes un par un, mais il est important de leur rappeler la méthode découverte au CP qui consiste à grouper par 10.
Insister sur la correspondance : *10 unités, c'est 1 dizaine.*

Recherche — 20 min

Distribuer à chaque élève une barquette contenant 17 cubes.

1re phase
Consigne : *Dénombrez puis dessinez sur votre ardoise le nombre de cubes que vous avez reçus. Écrivez ensuite ce nombre sous la forme de dizaines et d'unités. Comparez avec votre voisin pour vous mettre d'accord sur le nombre exact de cubes dans chaque barquette.* Demander aux élèves d'écrire la quantité de cubes sous la forme « dizaines et unités » pour les inciter à réaliser des groupements par 10.

Photo 1 : production de deux élèves, au moment de comparer les résultats. L'élève de droite, qui avait dénombré les cubes un par un, s'est rendu compte qu'il n'avait pas suivi la consigne. Il a donc barré 17 et écrit ce nombre sous forme de 1 d 7 u.

2e phase
Consigne pour le binôme : *Quand vous êtes d'accord sur le nombre d'éléments que vous avez reçus, versez sur la table tous les cubes et dénombrez combien vous avez de cubes en tout. Écrivez le résultat sous forme de dizaines et d'unités.*
Rajouter : *Dès que vous avez un groupe de 10 cubes, vous venez l'échanger contre une barre de 10.*

3e phase
Consigne pour le groupe de 4 : *Par groupes de 4, rassemblez vos cubes et vos barres sur une table et dénombrez combien vous avez de cubes en tout. Échangez dès que possible un groupe de 10 cubes contre une barre de 10. Écrivez le nombre obtenu sous la forme de dizaines et d'unités.*

Photos 2 et 3 : le premier groupe a correctement réalisé les échanges alors que le second groupe a oublié d'échanger contre une barre de 10, mais les élèves sont restés cohérents par rapport à leur résultat, sauf un élève qui confond unités et dizaines.

Pistes de différenciation
- **Réaliser les groupements par dix et les échanges avec les élèves en les guidant.**
- **Verbaliser à voix haute pour l'élève** : « *Tu échanges 10 cubes contre une barre de 10* ».

Mise en commun — 10 min

Conseil
- Lors de la mise en commun, **faire venir au tableau les élèves qui ont été repérés en difficulté** lors de la situation de découverte.

Reprendre les trois phases de la situation de découverte en proposant de dénombrer 17 cubes, puis 34 cubes et enfin 68 cubes.
À chaque fois, utiliser la même procédure :
1) Dessiner les cubes au tableau et demander à un élève de les dénombrer en disant : *Constitue des groupes de 10 cubes et remplace chaque groupe par une barre de 10 ;*
2) Faire venir un autre élève et dire : *Écris sous les cubes le nombre de dizaines et le nombre d'unités ;*
3) Demander à un troisième élève de venir écrire le nombre de cubes en tout.

Procéder de même pour 34 cubes et 68 cubes, en partant des résultats trouvés à l'étape précédente. Par exemple, pour 34 cubes, dessiner 2 barres de 10 et 14 cubes isolés.

64

L'**objectif** de la séquence

La **liste exhaustive du matériel mis en jeu**

Une **estimation du temps** à consacrer à chaque **phase** et à chaque **séance**, ce qui facilite grandement l'**organisation temporelle**

L'**activité de découverte** qui fera émerger les différents aspects de la nouvelle notion, particulièrement **courte**, **facile** à mettre en œuvre et fondée sur la **manipulation**

Des **propositions de verbalisation** à destination des élèves

Un **étayage par la photographie**

Des **conseils d'organisation**, des suggestions d'**activités complémentaires ou de prolongements** à articuler en fonction des besoins

Le rappel des **activités de** **Calcul mental ou réfléchi**

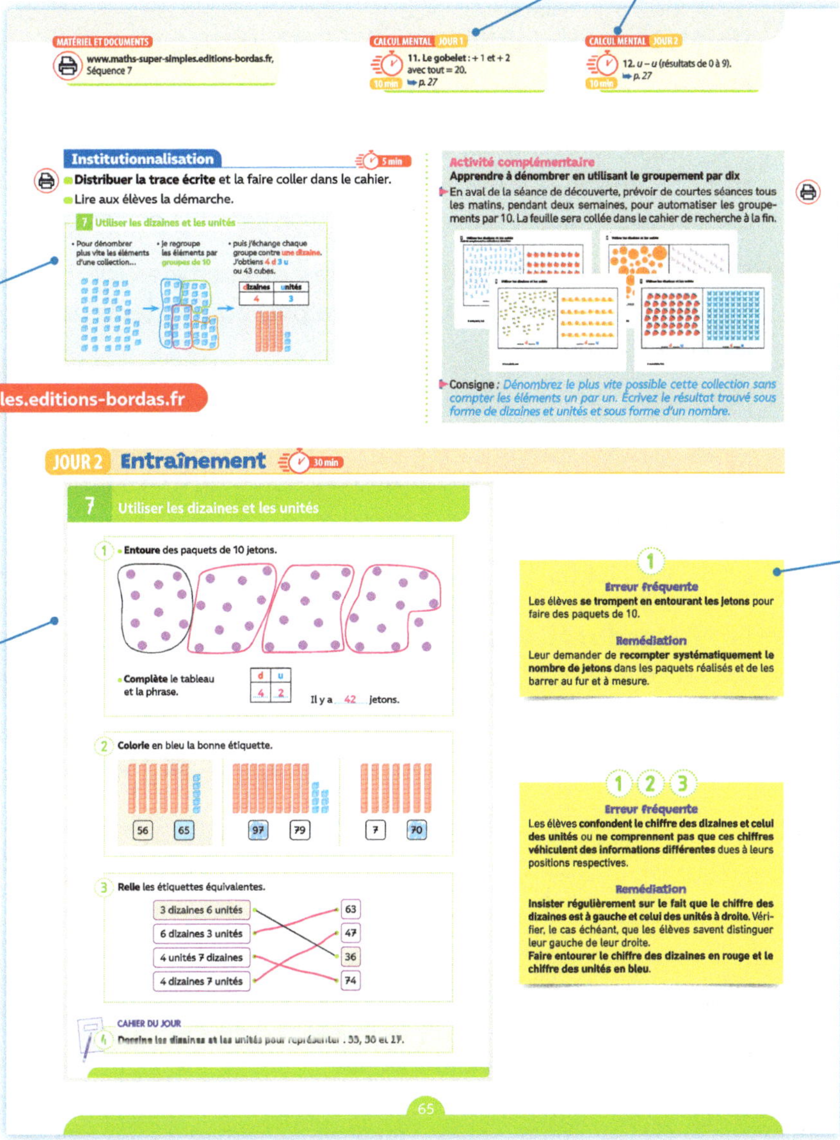

Une reproduction de la **trace écrite** à télécharger sur :

https://maths-super-simples.editions-bordas.fr

Les **outils de diagnostic et de remédiation** des erreurs fréquentes, tant pour les étapes de l'activité de découverte que pour les exercices du **Fichier élève**

La présentation de la **page corrigée du Fichier élève**

L'enseignant trouvera également dans ce **Guide** :

- **la présentation du matériel de manipulation** à prévoir pour toute l'année, en général présent dans les classes ;
- l'explication des **enjeux des séquences de** **Résolution de problèmes**, ainsi que leur présentation détaillée au début de chaque période ;
- la progression détaillée du **Calcul mental** au jour le jour, pour toute l'année ;
- les corrigés des pages **Je fais le point**.

Le Fichier de l'élève : l'outil personnel d'application et d'entraînement

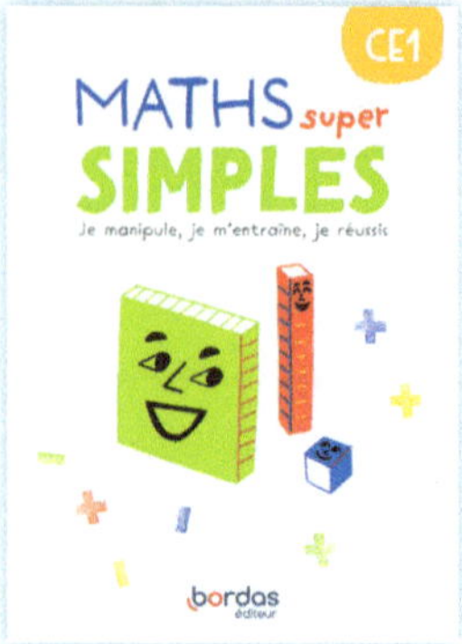

Un Fichier exclusivement dédié à l'élève

- Chaque notion est traitée sur une **page simple**.
- Les pages sont **claires, dénuées de distracteurs** et **adaptées à la maturité** des élèves. La **densité des exercices est contrôlée** pour ne pas les décourager. Leur lecture, en autonomie ou avec l'adulte, en est facilitée.
- Les consignes sont courtes, claires et illustrées d'un exemple à chaque nouveau type d'exercice. **Un élève peu ou non lecteur peut ainsi travailler en autonomie.**
- Les pages de ce **Fichier** ne mentionnent volontairement pas les informations destinées à l'enseignant (les objectifs, les rappels des activités préparatoires ou de calcul mental, etc.), que ce dernier trouvera dans le **Guide pédagogique**.
- En fin de **Fichier** est rassemblé un **matériel individuel prédécoupé**.
- Le **Fichier de l'élève** est ainsi un outil simple, accueillant et rassurant dans lequel l'élève se repérera facilement. Il comporte **trois types de pages**.

Les pages Nombres et Calculs, Grandeurs et Mesures et Espace et Géométrie

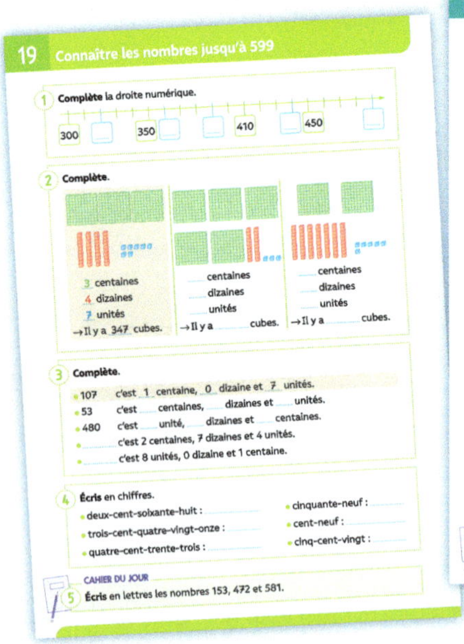

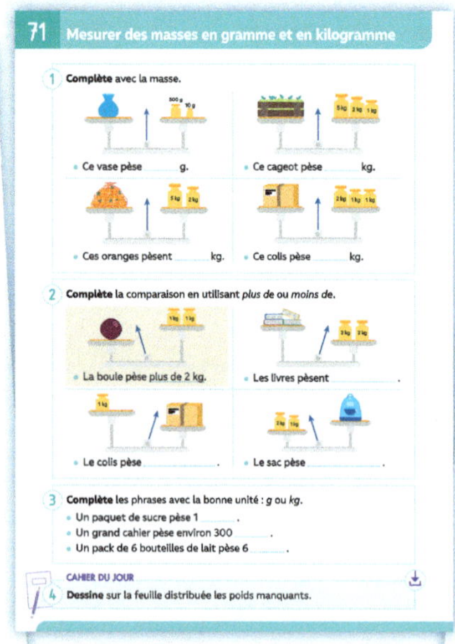

- Dans ces pages, l'élève s'entraîne et consolide ses apprentissages grâce à des **exercices d'application de difficulté progressive**.
- Un dernier **exercice à réaliser sur le cahier du jour** est systématiquement proposé. **Faire écrire l'élève un petit peu chaque jour sur son cahier du jour** lui apprend à présenter, à maîtriser l'orthographe liée aux mathématiques, à « formaliser » ce qu'il a compris au cours de la séquence.

Tous ces exercices sont cependant **proposés également en téléchargement**, en version imprimable si besoin, afin de **n'exclure aucun élève**.

Les pages Problèmes

Au rythme d'une page de **Problèmes** toutes les 4 à 5 pages du **Fichier**, ce travail inédit dans un fichier sur la résolution de problèmes permet d'aborder différentes typologies de problèmes.

On peut y consacrer une **séance spécifique par semaine ou 10 à 15 min en rituel tous les jours**.

Chaque page comporte deux ou trois exercices, le premier servant de modèle aux suivants afin que l'élève puisse travailler seul après une activité collective. Au fur et à mesure, il est donné de moins en moins d'aide à l'élève afin qu'il transfère ce qu'il a compris du problème précédent.

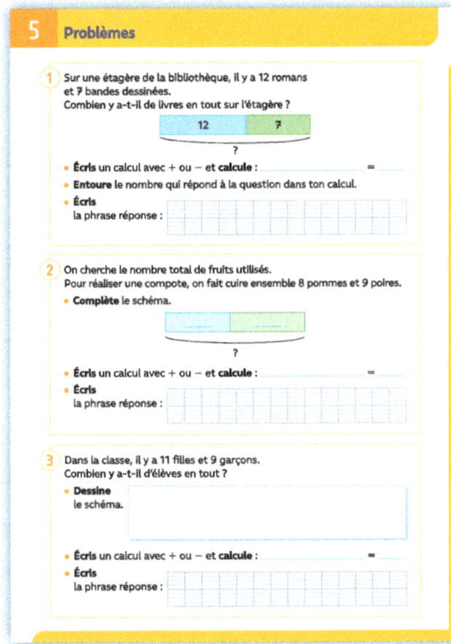
5 Problèmes

1 Sur une étagère de la bibliothèque, il y a 12 romans et 7 bandes dessinées.
Combien y a-t-il de livres en tout sur l'étagère ?
- Écris un calcul avec + ou – et calcule : ... = ...
- Entoure le nombre qui répond à la question dans ton calcul.
- Écris la phrase réponse :

2 On cherche le nombre total de fruits utilisés.
Pour réaliser une compote, on fait cuire ensemble 8 pommes et 9 poires.
- Complète le schéma.
- Écris un calcul avec + ou – et calcule : ... = ...
- Écris la phrase réponse :

3 Dans la classe, il y a 11 filles et 9 garçons.
Combien y a-t-il d'élèves en tout ?
- Dessine le schéma.
- Écris un calcul avec + ou – et calcule : ... = ...
- Écris la phrase réponse :

Les pages Je fais le point

Ces pages concluent chaque période du **Fichier de l'élève**. Elles proposent des exercices variés qui reprennent l'ensemble du programme enseigné.

Ces pages peuvent être abordées comme une **séance de réactivation en elle-même** pour permettre de faire le point sur les principaux acquis. Elles peuvent aussi servir de **banque d'exercices supplémentaires** en fonction des besoins de chaque élève.

Il n'est **pas nécessaire de demander aux élèves d'effectuer des révisions** en vue de ces séances : l'un des objectifs est justement de mettre en évidence ce que les élèves ont retenu des leçons précédentes, sans effectuer de rappels particuliers. Selon les productions des élèves, l'enseignant pourra, en revanche, être amené à proposer un travail de révision sur les sujets les moins bien assimilés :

- Si une notion donnée n'a pas été convenablement assimilé par une grande partie de la classe, une révision collective s'impose. Il peut être envisageable de reprendre certaines activités de découverte importantes ou de proposer des exercices supplémentaires.
- Si un nombre réduit d'élèves est en difficulté, on pourra intervenir spécifiquement auprès d'eux.

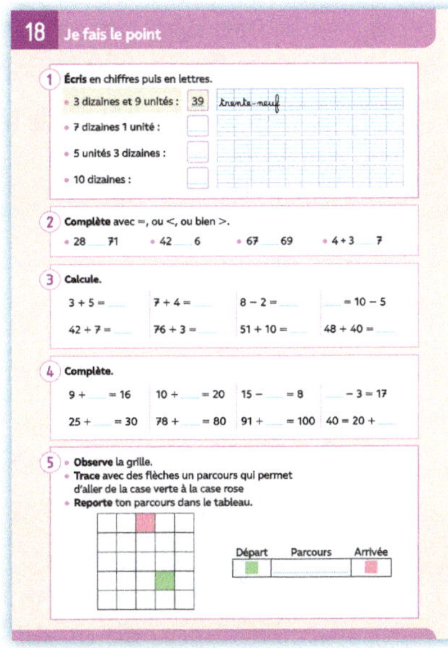
18 Je fais le point

1 Écris en chiffres puis en lettres.
- 3 dizaines et 9 unités : 39 trente-neuf
- 7 dizaines 1 unité :
- 5 unités 3 dizaines :
- 10 dizaines :

2 Complète avec =, ou <, ou bien >.
- 28 ... 71
- 42 ... 6
- 67 ... 69
- 4 + 3 ... 7

3 Calcule.

3 + 5 =	7 + 4 =	8 − 2 =	... = 10 − 5
42 + 7 =	76 + 3 =	51 + 10 =	48 + 40 =

4 Complète.

9 + ... = 16	10 + ... = 20	15 − ... = 8	... − 3 = 17
25 + ... = 30	78 + ... = 80	91 + ... = 100	40 = 20 + ...

5
- Observe la grille.
- Trace avec des flèches un parcours qui permet d'aller de la case verte à la case rose
- Reporte ton parcours dans le tableau.

Départ | Parcours | Arrivée

Dans tous les cas, les rubriques **Erreurs fréquentes et remédiations** figurant dans chaque séquence du guide pédagogique aideront à mettre au point des stratégies efficaces de remédiation.

L'évaluation sommative dans Maths super simples

À la suite du travail de révision, effectué grâce à ces pages **Je fais le point**, si l'enseignant souhaite formaliser l'acquisition des connaissances durant les périodes, il dispose d'évaluations individuelles à distribuer aux élèves, et de leurs corrigés, sur le **site Ressources** :

https://maths-super-simples.editions-bordas.fr

Ces évaluations sont regroupées par période et par domaine. Elles permettent de vérifier que chaque élève a acquis un niveau « conforme aux attentes » ; les différents exercices proposés pour chaque objectif aideront l'enseignant à identifier, si besoin, le moment de l'apprentissage où une difficulté apparaît.

Un site Ressources dédié

https://maths-super-simples.editions-bordas.fr

De nombreuses **ressources gratuites**, téléchargeables et imprimables, sont proposées sur le site de la collection.

- Du **matériel** pour les **activités de découvertes**.
- Les **traces écrites** de chaque séquence.
- Tous les **exercices « cahier du jour »** :
  - pour certains, signalés par le logo , une version imprimable est indispensable parce qu'ils s'appuient sur un **tableau** ou sur un **schéma** ;
  - néanmoins, tous les exercices « cahier du jour » sont proposés en version imprimable à destination des élèves qui auraient **du mal à écrire ou à gérer deux supports simultanément**.
- La **version personnalisable de tous les Problèmes** proposés dans le **Fichier de l'élève**.
- Des **évaluations à imprimer** pour chaque période.

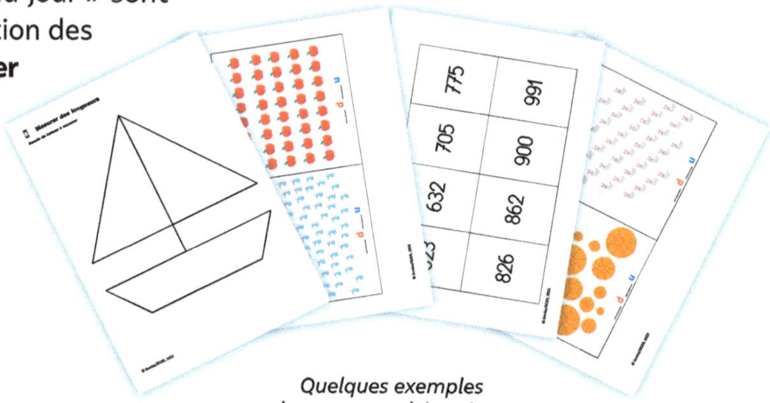

Quelques exemples de ressources à imprimer

Le Fichier numérique pour l'enseignant, optimisé pour la vidéoprojection

Le **Fichier numérique Enseignant** offre un affichage de qualité en pleine page, permet de zoomer et de **projeter le corrigé de chaque exercice**.

Il est à **télécharger gratuitement pour les enseignants qui équipent leur classe des Fichiers Maths super simples CE1**, sur le site des éditions Bordas :

www.editions-bordas.fr

Quelques-unes des **fonctionnalités** des ouvrages numériques **Bordas** :

- Recherche par mot-clé ;
- Zoom pour afficher en grand chaque exercice ou son corrigé ;
- Trousse pour annoter, dessiner, entourer…
- Module pour ajouter un commentaire, une note écrite ou orale…

Pour recevoir un manuel numérique gratuit

1. Sélectionnez votre manuel numérique dans notre catalogue. sur www.editions-bordas.fr
2. Bénéficiez ainsi de l'offre gratuite réservée aux prescripteurs.
3. Recevez vos identifiants pour accéder à Biblio Manuels par e-mail.
4. Accédez au manuel numérique sur votre ordinateur…
   - EN LIGNE : https://biblio.manuel-numerique.com
   - EN TÉLÉCHARGEMENT : Vous pouvez télécharger le manuel depuis https://biblio.manuel-numerique.com en cliquant sur l'icône Télécharger.

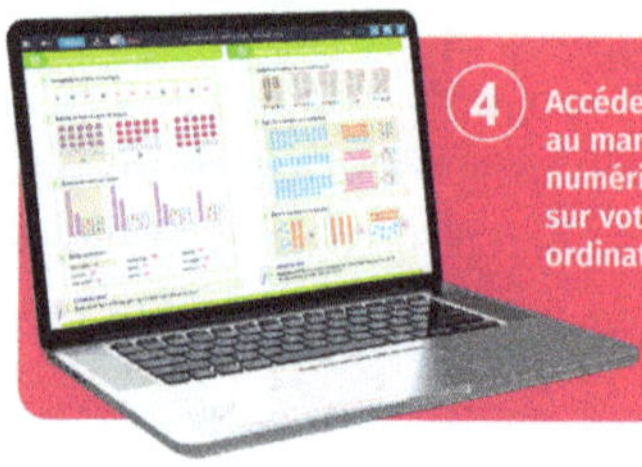

Le Calcul mental
dans Maths super Simples CE1

Progression annuelle

Période 1

1. **Poursuis la comptine :** jusqu'à 99.
2. Identifier une quantité organisée jusqu'à 99.
3. **Le nombre caché :** entre 0 et 49.
4. Décomposer des nombres $\leqslant 99$ en dizaines et unités.
5. $u + u$ avec franchissement de la dizaine.
6. $du + 1$ avec franchissement de la dizaine (résultats $\leqslant 20$).
7. **Le compte à rebours :** de 1 en 1 en arrière (nombre de départ $\leqslant 99$).
8. $du - 1$ avec franchissement de la dizaine ($du \leqslant 20$).
9. **Poursuis la comptine :** de 2 en 2 à partir d'un nombre pair, jusqu'à 100.
10. $du + 2$ (résultats $\leqslant 20$).
11. **Le gobelet :** $+ 1$ et $+ 2$ avec tout $= 20$.
12. $u - u$ (résultats de 0 à 9).
13. **Le compte à rebours :** de 2 en 2 en arrière (nombre de départ < 60).
14. $du - 2$ ($du \leqslant 20$).
15. **La frise numérique :** $du + 1$, $du + 2$, $du - 1$, $du - 2$ (nombres $\leqslant 99$).
16. Petits problèmes oraux du type $du + 1$, $du + 2$ et $du - 1$, $du - 2$ ($du \leqslant 20$).
17. **Poursuis la comptine :** de 10 en 10 jusqu'à 100.
18. $du + 10$ (résultats $\leqslant 100$).
19. **Le compte à rebours :** de 10 en 10 en arrière (nombre de départ < 100).
20. $du - 10$ ($du < 100$).
21. **Le tableau des nombres :** $du + 1$, $du + 10$; $du - 1$, $du - 10$, avec franchissement de dizaines.
22. $du + 1$, $du + 2$, $du + 10$ et commutativité ($du \leqslant 20$).
23. **Le nombre caché :** entre 0 et 99.
24. **Le gobelet :** les compléments à 5.
25. $du - 1$, $du - 2$, $du - 10$ ($du \leqslant 30$).
26. Trouver les compléments à 5 ($u + ? = 5$).

Période 2

27. Identifier une quantité organisée jusqu'à 599.
28. **Le nombre caché :** entre 50 et 100.
29. **Poursuis la comptine :** de 3 en 3 jusqu'à 60.
30. Décomposer des nombres $\leqslant 599$ en centaines, dizaines et unités.
31. $du + 3$ avec franchissement de la dizaine (résultats $\leqslant 30$).
32. Petits problèmes oraux additifs et soustractifs.
33. **Poursuis la comptine :** de 4 en 4 (jusqu'à 80).
34. $du + 4$ (résultats $\leqslant 30$).
35. **Le gobelet :** les compléments à 10.
36. **La frise numérique :** $du + 1$ à $du + 10$ et $du - 1$ (nombres $\leqslant 30$).
37. Le double des nombres jusqu'à 10.
38. Les compléments à 10 ($u + ? = 10$).
39. **Poursuis la comptine :** de 5 en 5 à partir d'un multiple de 5, jusqu'à 100.
40. $du + 5$ (résultats $\leqslant 30$).
41. Le double des nombres jusqu'à 20.
42. $u + 20$.
43. La moitié des nombres pairs $\leqslant 20$.
44. $du + 20$ (résultats $\leqslant 50$).
45. $du - 20$ ($du \leqslant 30$).
46. **Le car :** $du + d + u$ (résultats $\leqslant 50$).
47. $u + 30$.
48. $du + 30$ (résultats $\leqslant 50$).
49. $du - 30$ ($du \leqslant 50$).
50. **La frise numérique :** $du + 1$ à $du + 5$, $du + 10$ et $du - 1$, $du - 2$ (résultats $\leqslant 99$).
51. $du + 10$, $du + 20$, $du + 30$ (résultats $\leqslant 50$) et $du - 10$, $du - 20$, $du - 30$ ($du \leqslant 50$).
52. Les compléments à la dizaine supérieure : $du + ? = d$ ($d \leqslant 50$).

Période 3

53. Identifier une quantité organisée jusqu'à 999.
54. **Le nombre caché :** entre 100 et 500.
55. Décomposer des nombres $\leqslant 999$ en centaines, dizaines et unités.
56. **Calculer à l'envers :** les répertoires additifs des nombres de 3 à 8.
57. Comprendre la complémentarité de l'addition et de la soustraction (nombres entre 10 et 15 ; ex. : $8 + ? = 13$ et $13 - 8 = ?$).
58. $du + 6$ avec et sans franchissement de la dizaine (résultats $\leqslant 60$).
59. La moitié des nombres pairs $\leqslant 40$.
60. **Le gobelet :** tout $= 7$.
61. $du + 7$ avec et sans franchissement de la dizaine (résultats $\leqslant 60$).
62. **Calculer à l'envers :** les répertoires additifs de 7, de 8 et de 9.
63. Petits problèmes oraux additifs et soustractifs (nombres $\leqslant 20$).
64. $du - u$ ($u < 6$ et $du \leqslant 60$) avec franchissement de la dizaine.
65. $du + 8$ avec et sans franchissement de la dizaine (résultats $\leqslant 60$).
66. **La frise numérique :** $du + 1$ à $du + 8$, $du + 10$ et $du - 1$, $du - 2$, $du - 10$ (résultats $\leqslant 99$).
67. **Le gobelet :** tout $= 8$.
68. **Le car :** $du + d + u$; vers $du + du$ (résultats $\leqslant 60$).
69. Connaître la table de 2 ($u \times 2$).
70. **Calculer à l'envers :** retrouver la multiplication qui correspond à un produit dans la table de 2.
71. **Le compte à rebours :** de 2 en 2 en arrière en partant de 20.
72. **Le gobelet :** tout $= 9$.
73. $du - u$ avec franchissement de la dizaine ($du \leqslant 60$).
74. **Le tableau des nombres :** $du + 1$, $du + 10$; $du - 1$, $du - 10$, avec franchissement de la dizaine.
75. Connaître la table de 3 ($u \times 3$).
76. **Calculer à l'envers :** retrouver la multiplication qui correspond à un produit dans la table de 3.
77. **Le compte à rebours :** de 3 en 3 en arrière en partant de 30.
78. $u \times 2$ et $u \times 3$.

Période 4

79. Identifier une quantité organisée jusqu'à 999.
80. **Le nombre caché :** entre 500 et 999.
81. Décomposer des nombres ⩽ 999 en centaines, dizaines et unités.
82. **Le gobelet :** tout = 12.
83. **Calculer à l'envers :** fabriquer 12 de 6 manières.
84. Le double des nombres pairs et des nombres d'usage courant jusqu'à 50.
85. $du + 9$ ($+ 9 = + 10 - 1$; résultats ⩽ 80).
86. $du - 9$ ($- 9 = - 10 + 1$; $du \leqslant 80$).
87. **Le gobelet :** tout = 14.
88. **Calculer à l'envers :** fabriquer 14 de 6 manières.
89. $d + d$ (résultats ⩽ 100).
90. Petits problèmes oraux multiplicatifs (tout ⩽ 30).
91. Connaître la table de 5 ($u \times 5$).
92. **Calculer à l'envers :** retrouver la multiplication qui correspond à un produit dans la table de 5.
93. **Le compte à rebours :** de 5 en 5 en arrière en partant de 50.
94. $u \times 2$, $u \times 3$ et $u \times 5$.
95. Compléter des additions à trou (somme = 11).
96. **Calculer à l'envers :** fabriquer 11 de 6 manières.
97. Connaître la table de 10 ($u \times 10$).
98. **Calculer à l'envers :** retrouver la multiplication qui correspond à un produit dans la table de 10.
99. **Le compte à rebours :** de 10 en 10 en arrière en partant de 100.
100. $du + du$ ($du + d + u$) avec franchissement de la centaine supérieure.
101. Compléter des additions à trou (somme = 13).
102. **Calculer à l'envers :** fabriquer 13 de 6 manières.
103. S'appuyer sur le tableau des 100 : $du + u$, $du + d$; $du - u$, $du - d$.
104. Compléter des additions à trou (somme = 15).

Période 5

105. Identifier une quantité organisée jusqu'à 1 000.
106. **Le nombre caché :** entre 1 et 999.
107. **Poursuis la comptine :** de 100 en 100 jusqu'à 1 000.
108. Décomposer des nombres ⩽ 1 000 en millier, centaines, dizaines et unités.
109. $c + c$.
110. Le double des nombres pairs et des nombres d'usage courant jusqu'à 100.
111. **Le gobelet :** tout = 16.
112. **Calculer à l'envers :** fabriquer 16 de 6 manières.
113. $du + d$ avec franchissement de la centaine.
114. Compléter une addition ou une soustraction : répertoire de 17.
115. La moitié d'un nombre pair jusqu'à 100.
116. Compléter une addition ou une soustraction : répertoire de 18.
117. Connaître la table de 4 ($u \times 4$).
118. **Calculer à l'envers :** retrouver la multiplication qui correspond à un produit de la table de 4 et commutativité.
119. **Le compte à rebours :** de 4 en 4 en arrière en partant de 40.
120. $u \times 2$, $u \times 3$, $u \times 4$, $u \times 5$, $u \times 10$.
121. Compléter une addition ou une soustraction à trou : répertoire de 19.
122. **Calculer à l'envers :** retrouver la multiplication qui correspond à un produit dans les tables de 2, 3, 4, 5 et 10.
123. Petits problèmes oraux de partage (tout ⩽ 50).
124. $du - du$ en suivant les étapes $du - d - u$.
125. **La frise numérique :** $du + 1$ à $du + 10$ et $du - 1$ à $du - 10$ ($du \leqslant 99$).
126. **Calculer à l'envers :** fabriquer 20 avec 2 additions, 2 soustractions et 2 multiplications.
127. $du + du$ (avec franchissement de la centaine) et $du - du$.
128. Les compléments à 100 ($d + ? = 100$).

La mise en œuvre des activités de calcul mental

Il est recommandé de consacrer **un quart d'heure par jour** au calcul mental, que ce soit au cours d'une **activité rituelle** en début de matinée ou d'après-midi, ou que ce soit au **début de la séance** de mathématique quotidienne. Les enseignants bénéficient donc d'une assez grande liberté pour organiser les exercices qu'ils soumettront aux élèves.

Le **mode d'interrogation** des élèves est, de façon générale, laissé à l'appréciation de l'enseignant.
Deux options principales sont recommandées.

OPTION 1

Donner à tous les élèves des calculs à effectuer sur l'ardoise.
Cette approche présente des avantages pédagogiques majeurs : tout le monde est actif, l'enseignant peut vérifier d'un coup d'œil toutes les réponses et traiter les erreurs en temps réel.

OPTION 2

Poser individuellement des questions à quelques élèves puis solliciter la classe pour valider les résultats, pour tenter d'expliquer la procédure utilisée en cas de réussite ou lors d'une erreur commise.
Cette approche permet de faire intervenir les élèves dans le débat mathématique de façon adaptée : si un élève n'a pas peur de s'exprimer devant ses pairs, on pourra le faire intervenir en premier sur une question délicate ; si, au contraire, il risque de ne pas vouloir parler, il peut être plus opportun de lui demander son avis sur ce qui a été dit par un autre plutôt que de l'interroger directement, etc.

Les jeux de calcul

Voici les règles de **8 jeux** qui peuvent **ritualiser** certains types d'activités de calcul mental. L'enseignant trouvera, au sein de la **progression détaillée**, des indications de **mise en contexte** (nombres et opérations en jeu) à chaque moment de l'année.

« Poursuis la comptine... » : identifier le nombre qui suit

Compter de *n* en *n* à partir du nombre donné, puis s'arrêter. Les élèves doivent noter sur l'ardoise le nombre qui suit, sans le dire à voix haute.

➥ Exemple : *On va compter de 2 en 2. Écoutez et écrivez le nombre qui vient après le dernier nombre que je dis / qui doit venir ensuite.*
18, 20, ... ? À vous !

« Le compte à rebours » : identifier le nombre qui précède

Comme le compte à rebours scandé au décollage d'une fusée, ce jeu apprend à compter à l'envers.

Dans le même esprit que « *Poursuis la comptine* », compter à l'envers de *n* en *n* à partir d'un nombre, puis s'arrêter. Les élèves doivent noter sur l'ardoise le nombre qui précède, sans le dire à voix haute.

➥ Exemple : *On va compter en reculant : écoutez et écrivez le nombre qui vient avant le dernier nombre que je dis / qui doit venir ensuite.*
27, 26, 25, ... ? À vous !

➥ **Variante, le « Jeu du furet » :** les élèves n'écrivent pas le nombre ; les désigner les uns après les autres pour poursuivre la comptine à l'oral, à rebours.

« Le nombre caché » : identifier un nombre entre deux autres nombres

- Sur la bande numérique affichée en classe, cacher un nombre à l'aide d'un post-it ou d'un cache de couleur. Les élèves doivent identifier le nombre qui manque. Laisser 10 à 15 secondes à chaque fois.
- En début d'année, travailler sur la frise de 1 à 50, puis de 50 à 100, de 100 à 500 et de 500 à 1 000.

➥ Exemple : *Écrivez le nombre qui est caché derrière le post-it, en vous aidant du nombre avant et du nombre après.*

51	52	53	54	55		57	58	59

« La frise numérique » : additionner ou soustraire en prenant appui sur la frise numérique de la classe

Pour ce jeu, une frise numérique graduée de 1 à 100 est affichée sur le tableau pour aider les élèves à résoudre le calcul.

➥ Exemple : *Quel est le résultat de 29 + 2 ? Aidez-vous de la frise numérique. On part de 29 et on avance de 2 graduations. Sur quel nombre va-t-on arriver ?*

« Le car » : additionner trois nombres

Ce jeu permet d'introduire l'addition de plusieurs nombres en procédant par étapes distinctes.

Indiquer aux élèves un nombre donné de passagers présents dans le car (situation initiale). Le car fera au moins deux arrêts, au cours desquels monteront de nouveaux passagers. Les élèves devront trouver le nombre total de passagers après le dernier arrêt.

Exemple : *Il y a 32 passagers dans le car. Au premier arrêt, 3 personnes montent. Au deuxième arrêt, 10 personnes montent. Combien y a-t-il de passagers en tout maintenant ?*
$32 + 3 + 10 = 32 + 10 + 3 = 42 + 3 = 45$
Conclure en écrivant au tableau : « Donc $32 + 3 + 10 = 45$ ».

« Calculer à l'envers » : connaître les décompositions d'un nombre

Donner un nombre, le « résultat ». Les élèves doivent trouver différents calculs pour « fabriquer » ce résultat.

Exemple : *Mon résultat est 12. Trouvez 2 additions, 2 soustractions et 2 multiplications qui font 12.*
Les élèves doivent écrire six réponses, par exemple : « $10+2$ » ; « $8+4$ » ; « $14-2$ » ; « $12-0$ » ; « 6×2 », « 3×4 ».

« Le tableau des nombres » : additionner ou soustraire deux nombres par décomposition.

Les élèves s'appuient sur un tableau des nombres de 1 à 100 pour visualiser des déplacements sur cet outil lors du calcul. Ils décomposent le deuxième membre de l'opération en dizaines et unités.

On peut leur distribuer à chacun un exemplaire plastifié de ce tableau.

Afficher un exemplaire agrandi au tableau et déplacer dessus un pion aimanté.

Exemple : *On cherche le résultat de 68 + 10. Sur quel nombre va-t-on arriver ? Pour cela on utilise de tableau des nombres. Pour ajouter une dizaine à 68, je pars de 68 et je me déplace d'une ligne vers le bas sur le tableau. J'arrive sur 78. Donc 68 + 10 = 78.*

https://maths-super-simples.editions-bordas.fr

« Le gobelet » : trouver la partie

- Dans un gobelet opaque (ou une boîte), déposer devant les élèves des cubes ou des jetons. Annoncer leur nombre à la classe.
- Ensuite, ajouter dans le même gobelet une seconde quantité d'objets, sans dire le nombre : c'est le nombre mystère que les élèves doivent trouver.
- Enfin, annoncer à la classe le nombre total de cubes ou de jetons qu'il y a désormais dans le gobelet.

Exemple : *Je mets 8 jetons dans le gobelet. J'y ajoute un nombre mystère. Maintenant, il y a 9 jetons dans le gobelet. Combien de jetons ai-je ajouté la seconde fois ?*

Calcul mental Progression détaillée par période

Période 1

1 **JOUR 1** **1. Poursuis la comptine :** Connaître la comptine numérique jusqu'à 99

Poursuivez la comptine en trouvant le nombre suivant. Règle du jeu page 24

Énoncé	14, 15, 16, ?	67, 68, 69, ?	33, 34, 35, ?	87, 88, 89, ?	38, 39, 40, ?	77, 78, 79, ?
Réponse	17	70	36	90	41	80

JOUR 2 **2.** Afficher successivement les quantités à dénombrer, écrire le nombre représenté

Écrivez le nombre représenté avec le matériel. Laisser 10 à 15 secondes.

Énoncé	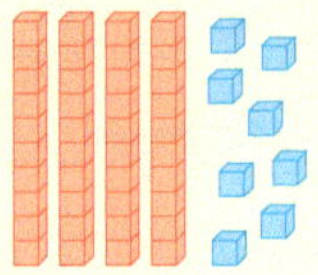	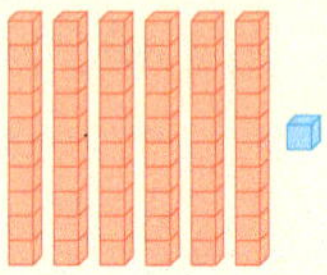	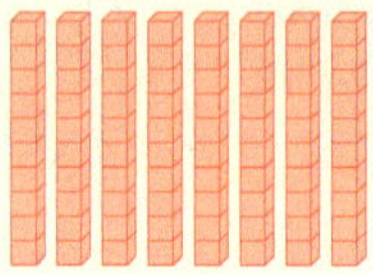	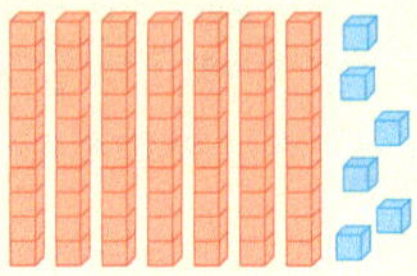	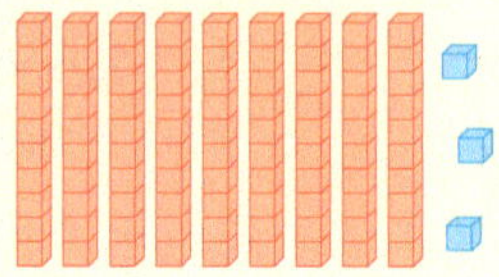	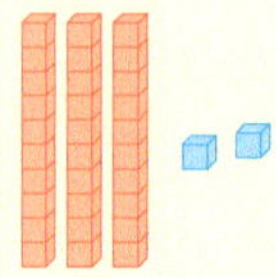
Réponse	48	61	80	76	93	32

2 **JOUR 1** **3. Le nombre caché :** Identifier un nombre par son encadrement (*n* compris entre 1 et 49)

Quel est le nombre caché sur la frise ? Règle du jeu page 24

Énoncé	Cacher le nombre 13	Cacher le nombre 29	Cacher le nombre 40	Cacher le nombre 37	Cacher le nombre 30	Cacher le nombre 49
Réponse	13	29	40	37	30	49

JOUR 2 **4.** Décomposer des nombres $\leqslant 99$ en dizaines et unités

Énoncé	Combien de dizaines y a-t-il dans 14 ?	Combien d'unités y a-t-il dans 50 ?	Désignez le nombre de dizaines et le nombre d'unités pour 47.	Désignez le nombre de dizaines et le nombre d'unités pour 73.	Quel est le nombre composé de 3 dizaines et 6 unités.	Quel est le nombre composé de 8 unités et 2 dizaines.
Réponse	$d = 1$	$u = 0$	$d = 4$ $u = 7$	$d = 7$ $u = 3$	36	28

3 **JOUR 1** **5.** Additionner $u + u$, avec franchissement de la dizaine

Quel est le résultat de…

Énoncé	5 + 1	3 + 6	8 + 2	7 + 5	2 + 9	8 + 4
Réponse	6	9	10	12	11	12

Stratégies à mettre en évidence :

- Pour additionner efficacement, il est préférable de mettre le plus grand nombre en premier.
- En attendant de mémoriser les résultats de ces additions, on peut surcompter, c'est-à-dire partir du premier nombre comme si on était sur la file numérique, puis avancer mentalement d'autant de cases que le second nombre.

Exemple :

3 + 6 = 6 + 3, je m'imagine sur la case **6**, et j'avance de **3.**

6 7 8 9 → 3 + 6 = 9

JOUR 2 **6.** Additionner $du + 1$ avec franchissement de la dizaine

Quel est le résultat de…

Énoncé	10 + 1	17 + 1	11 + 1	19 + 1	1 + 14	12 + 1
Réponse	11	18	12	20	15	13

Stratégies à mettre en évidence :

- Lorsqu'on ajoute 1, on avance d'une case, autrement dit on cherche le nombre suivant de la comptine numérique : pour 5 + 1 par exemple, je cherche le nombre suivant, 1, 2, 3, 4, 5, **6** donc **5 + 1 = 6.**
- Pour plus de clarté, il est préférable de mettre le plus grand des deux termes de l'addition en premier, 1 + 11 devient 11 + 1.

4 **JOUR 1** **7. Le compte à rebours :** Compter de 1 en 1 en arrière ($n \leqslant 99$)

S'entraîner d'abord collectivement à faire le compte à rebours d'une fusée.

Poursuivez le compte à rebours en trouvant le nombre attendu. Règle du jeu page 24

Énoncé	27, 26, 25, ?	52, 51, 50, ?	19, 18, 17, ?	35, 34, 33, ?	48, 47, 46, ?	32, 31, 30, ?
Réponse	24	49	16	32	45	29

- Pour les élèves en difficulté, on peut proposer l'appui sur la file numérique.

JOUR 2 **8.** Soustraire : *du* – 1 avec franchissement de la dizaine

Quel est le résultat de…

Énoncé	10 – 1	19 – 1	11 – 1	14 – 1	20 – 1	17 – 1
Réponse	9	18	10	13	19	16

Stratégie à mettre en évidence :

- Pour soustraire 1, on recule d'une case sur la file numérique, ce qui équivaut au jeu du compte à rebours. On cherche le nombre précédent.

6 **JOUR 1** **9. Poursuis la comptine :** Compter de 2 en 2 jusqu'à 100 à partir d'un nombre pair

On va compter de 2 en 2 : écoutez chaque suite de nombres et écrivez le nombre qui doit venir ensuite.

Énoncé	18, 20, ?	44, 46, ?	60, 62, ?	56, 58, ?	86, 88, ?	32, 34, ?
Réponse	22	48	64	60	90	36

JOUR 2 **10.** Additionner *du* + 2

Quel est le résultat de…

Énoncé	20 + 2	15 + 2	27 + 2	11 + 2	2 + 18	23 + 2
Réponse	22	17	29	13	20	25

Stratégies à mettre en évidence :

- Commuter les deux termes pour mettre le plus grand nombre en premier.
- Surcompter : partir de la case de la file correspondant au plus grand des deux nombres, et poursuivre en avançant de deux cases.

7 **JOUR 1** **11. Le gobelet :** Trouver une partie dans un problème additif ($n + 1$ et $n + 2$; tout < 20)

Répéter à chaque fois l'énoncé à la classe en modifiant les données (cf. tableau). Règle du jeu page 25

Je mets (A) jetons dans le gobelet. J'en ajoute un nombre mystère (B).
Maintenant, il y a (C) jetons en tout dans le gobelet.
Combien de jetons ai-je mis la seconde fois ?

Énoncé	A = 11 B = ? C = 13	A = 2 B = ? C = 11	A = 1 B = ? C = 15	A = 14 B = ? C = 16	A = 18 B = ? C = 19	A = 2 B = ? C = 14
Réponse	2	9	14	2	1	12

Stratégies à mettre en évidence :

- Il est intéressant de compléter mentalement la collection par du surcomptage.
- Le but est de mémoriser les écarts.

JOUR 2 **12.** Soustraire *u* – *u*

Quel est le résultat de…

Énoncé	8 – 5	9 – 8	7 – 3	6 – 2	5 – 5	4 – 1
Réponse	3	1	4	4	0	3

Stratégie à mettre en évidence :

- Pour soustraire un petit nombre, on peut reculer mentalement sur la frise numérique, ou compter à rebours.

8 **JOUR 1** **13. Le compte à rebours** : Compter de 2 en 2 en arrière ($n < 60$)

Indiquez le nombre attendu.

Énoncé	60, 58, 56, ?	44, 42, 40, ?	26, 24, 22, ?	50, 48, 46, ?	56, 54, 52, ?	14, 12, 10, ?
Réponse	54	38	20	44	50	8

JOUR 2 **14.** Soustraire *du* – 2

Quel est le résultat de…

Énoncé	10 – 2	17 – 2	14 – 2	18 – 2	12 – 2	13 – 2
Réponse	8	15	12	16	10	11

Stratégie à mettre en évidence :
- Pour soustraire 2, on recule mentalement de 2 cases.

10 **JOUR 1** **15. La frise numérique :** Résoudre des additions du type *du* + 1, *du* + 2 et des soustractions du type *du* – 1, *du* – 2 avec appui sur la frise numérique ($n \leqslant 99$)

Trouvez le résultat. Règle du jeu page 24

Énoncé	19 + 1	32 – 2	29 + 2	28 – 1	47 + 2	50 – 1
Réponse	20	30	31	27	49	49

JOUR 2 **16.** Résoudre des petits problèmes oraux du type *du* + 1, *du* + 2 ou *du* – 1, du – 2 (*du* < 20)

Écoutez chaque problème, réfléchissez et écrivez la réponse à la question.
Vous pouvez dessiner pour vous aider à vous représenter le problème.
Vous pouvez aussi écrire sur l'ardoise l'opération que vous faites dans votre tête.

Énoncé	Zoé joue au jeu de l'oie. Elle est sur la case 17. Elle lance les dés et doit avancer de 2 cases. Sur quelle case Zoé arrivera-t-elle ?	La maîtresse a 20 cahiers dans l'armoire. Elle en donne 1 à Charlie qui a fini le sien. Combien reste-t-il de cahiers dans l'armoire ?	Léo avait 16 voitures. Sa maman lui en offre 2 de plus. Combien Léo a-t-il de voitures maintenant ?
Réponse	19	19	18

Conseils :
- Un schéma est souvent très utile pour trouver le calcul à faire.
- Faire entourer le résultat au problème dans le calcul posé sur l'ardoise.

11 **JOUR 1** **17. Poursuis la comptine :** Compter de 10 en 10 jusqu'à 100

Poursuivez la comptine en comptant de 10 en 10

Énoncé	50, 60, ?	30, 40, ?	60, 70, ?	20, 30, ?	70, 80, ?	40, 50, ?
Réponse	70	50	80	40	90	60

JOUR 2 **18.** Additionner *du* + 10

Quel est le résultat de…

Énoncé	12 + 10	17 + 10	13 + 10	10 + 16	19 + 10	15 + 10
Réponse	22	27	23	26	29	25

Stratégie à mettre en évidence :
- Additionner 10 équivaut à ajouter une dizaine.

Exemple : 17 + 10 = 1 *d* 7 *u* + 1 *d* = 2 *d* 7 *u* = 27

12 **JOUR 1** **19. Le compte à rebours :** Compter de 10 en 10 en arrière ($n < 100$)

Indiquez le nombre qui vient ensuite.

Énoncé	100, 90, ?	90, 80, ?	80, 70, ?	50, 40, ?	70, 60, ?	60, 50, ?
Réponse	80	70	60	30	50	40

JOUR 2 **20.** Soustraire *du* – *10*

Quel est le résultat de…

Énoncé	12 – 10	25 – 10	36 – 10	19 – 10	24 – 10	50 – 10
Réponse	2	15	26	9	14	40

Stratégie à mettre en évidence :

- Soustraire 10 équivaut à enlever une dizaine.

Exemple : 25 – 10 = 2 *d* 5 *u* – 1 *d* = 1 *d* 5 *u* = 15

14 **JOUR 1** **21. Le tableau des nombres :** Additionner et soustraire *du* ± 1 ou *du* ± 10 sans franchissement de la centaine

Entourer le nombre désigné pour permettre aux élèves de se déplacer mentalement dessus. Règle du jeu page 25

Quel est le résultat de…

Énoncé	82 + 1	53 + 10	70 – 1	98 – 10	65 + 10	40 – 1
Réponse	83	63	69	88	75	39

JOUR 2 **22.** Additionner *du* + 1, *du* + 2 ou *du* + 10

Quel est le résultat de…

Énoncé	13 + 2	14 + 10	17 + 1	11 + 10	2 + 13	1 + 17
Réponse	15	24	18	21	15	18

15 **JOUR 1** **23. Le nombre caché :** Identifier un nombre par son encadrement ($n < 99$)

Retrouvez le nombre caché en vous aidant du nombre précédent et du nombre suivant.

Énoncé	Cacher le nombre 56	Cacher le nombre 40	Cacher le nombre 89	Cacher le nombre 67	Cacher le nombre 94	Cacher le nombre 25
Réponse	56	40	89	67	94	25

JOUR 2 **24. Le gobelet :** Mémoriser les compléments à 5

Répéter à chaque fois l'énoncé à la classe en modifiant les données (cf. tableau).

Je mets (A) jetons dans le gobelet. J'y ajoute un nombre mystère (B).
Maintenant, il y a (C) jetons en tout dans le gobelet.
Combien de jetons ai-je mis la seconde fois ?

Énoncé	A = 1 B = ? C = 5	A = 5 B = ? C = 5	A = 3 B = ? C = 5	A = 2 B = ? C = 5	A = 4 B = ? C = 5	A = 0 B = ? C = 5
Réponse	4	0	2	3	1	5

16 **JOUR 1** **25.** Soustraire *du* – 1, *du* – 2, *du* – 10

Quel est le résultat de…

Énoncé	20 – 2	19 – 10	14 – 1	17 – 2	16 – 10	13 – 2
Réponse	18	9	13	15	6	11

JOUR 2 **26.** Trouver le complément à 5 (*u* + ? = 5)

Combien faut-il ajouter à … pour arriver à 5 ?

Énoncé	3	1	4	2	5	0
Réponse	2	4	1	3	0	5

Stratégies à mettre en évidence :

- En attendant de mémoriser ses compléments, on peut utiliser sa main pour trouver les compléments à 5.
- Par exemple, pour trouver le complément à 5 de 3, je lève 3 doigts de ma main. Je compte ensuite combien de doigts sont baissés.

Période 2

19 JOUR 1 — **27.** Identifier une quantité organisée jusqu'à 599

Écrivez le nombre représenté avec le matériel. Laisser 10 à 15 secondes pour chaque item.

Énoncé	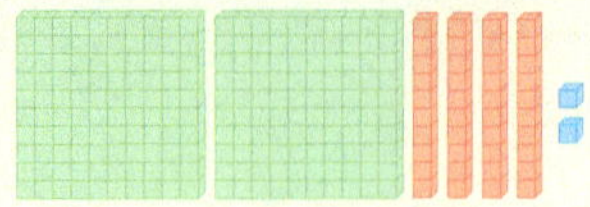	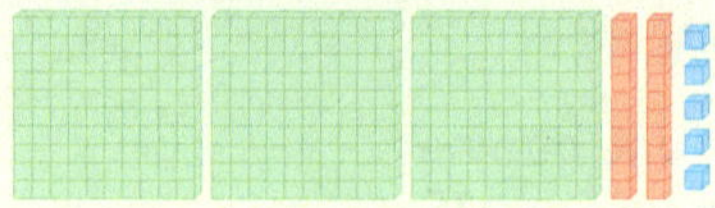	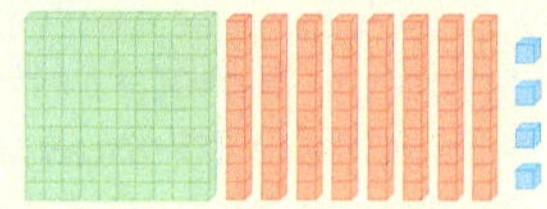
Réponse	242	325	184
Énoncé	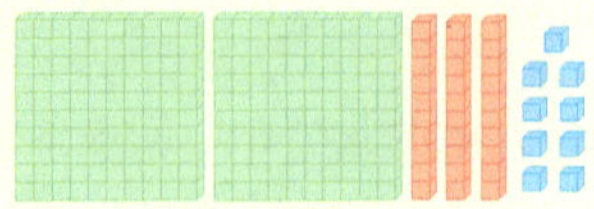	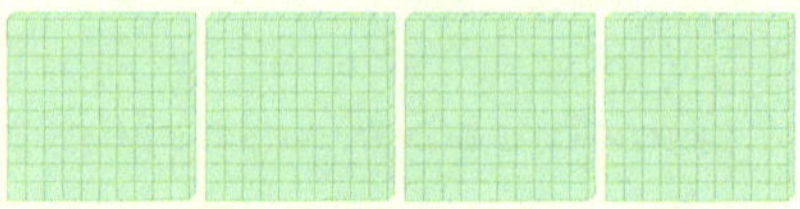	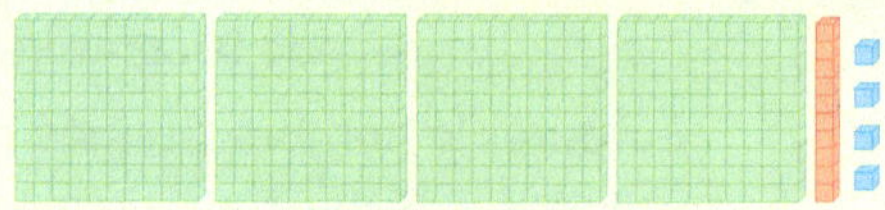
Réponse	239	400	414

JOUR 2 — **28. Le nombre caché :** Identifier un nombre par son encadrement (*n* compris entre 50 et 100)

Retrouvez le nombre caché en vous aidant du nombre précédent et du nombre suivant.

Énoncé	Cacher 86	Cacher 80	Cacher 69	Cacher 97	Cacher 54	Cacher 65
Réponse	86	80	69	97	54	65

20 JOUR 1 — **29. Poursuis la comptine :** Compter de 3 en 3 jusqu'à 60

On va compter de 3 en 3 : écoutez chaque suite de nombres et écrivez le nombre qui doit venir ensuite.

Énoncé	3, 6, ?	9, 12, ?	18, 21, ?	30, 33, ?	24, 27, ?	15, 18, ?
Réponse	9	15	24	36	30	21

JOUR 2 — **30.** Décomposer des nombres ⩽ 599 en centaines, dizaines et unités

Énoncé	Dans 163, quel est le chiffre des centaines, des dizaines et des unités ?	Dans 405, quel est le chiffre des dizaines ?	Dans 572, quel est le chiffre des centaines ?	Écrivez 198 en centaine, dizaines et en unités.	Retrouve le nombre composé de 4 centaines 1 dizaine et 6 unités.	Retrouve le nombre composé de 2 unités et 4 centaines.
Réponse	*c* = 1 *d* = 6 *u* = 3	*d* = 0	*c* = 5	1 *c* 9 *d* 8 *u*	416	402

22 JOUR 1 — **31.** Additionner *du* + 3 avec franchissement de dizaine

Quel est le résultat de…

Énoncé	22 + 3	16 + 3	13 + 3	17 + 3	12 + 3	14 + 3
Réponse	25	19	16	20	15	17

Stratégies à mettre en évidence :

- Pour additionner efficacement, il est préférable de mettre le plus grand nombre en premier.
- Se servir des résultats mémorisés de *u* + 3 pour *du* + 3.

JOUR 2 — **32.** Résoudre des petits problèmes oraux additifs et soustractifs

Écoutez chaque problème, réfléchissez et écrivez la réponse.
Vous pouvez dessiner pour vous aider à vous représenter le problème.
Vous pouvez aussi écrire sur l'ardoise l'opération que vous faites dans votre tête.

Énoncé	Emma a 19 figurines sur son bureau. Elle en met 9 dans une boîte. Combien en reste-t-il sur le bureau ?	Sarah a 31 cerises. Elle en mange 2. Combien de cerises lui reste-t-il ?	Louise a 8 ans. Son frère Sacha a 11 ans. Combien d'années a-t-il de plus que Louise ?
Réponse	10	29	3

23 **JOUR 1** **33. Poursuis la comptine :** Compter de 4 en 4 jusqu'à 80

On va compter de 4 en 4 : écoutez chaque suite de nombres et écrivez le nombre qui doit venir ensuite.

Énoncé	20, 24, ?	4, 8, ?	32, 36, ?	56, 60, ?	68, 72, ?	44, 48, ?
Réponse	28	12	40	64	76	52

JOUR 2 **34.** Additionner *du* + 4 avec franchissement de dizaine

Quel est le résultat de…

Énoncé	20 + 4	12 + 4	26 + 4	17 + 4	21 + 4	13 + 4
Réponse	24	16	30	21	25	17

Stratégie à mettre en évidence :

- Se servir des résultats mémorisés de *u* + 4 pour *du* + 4.

24 **JOUR 1** **35. Le gobelet :** Mémoriser les compléments à 10

Répéter à chaque fois l'énoncé à la classe en modifiant les données (cf. tableau).
Je mets (A) jetons dans le gobelet. J'y ajoute un nombre mystère (B).
Maintenant, il y a (C) jetons en tout dans le gobelet.
Combien de jetons ai-je mis la seconde fois ?

Énoncé	A = 5 B = ? C = 10	A = 6 B = ? C = 10	A = 7 B = ? C = 10	A = 9 B = ? C = 10	A = 2 B = ? C = 10	A = 1 B = ? C = 10
Réponse	5	4	3	1	8	9

Stratégies à mettre en évidence :

- Il est possible d'utiliser ses 10 doigts pour trouver les compléments à 10. Je lève 6 doigts, je compte combien de doigts sont baissés. Attention lorsque le nombre est inférieur à 5 de ne pas oublier la seconde main.
- Le but est de mémoriser ces compléments qui seront très utiles pour les opérations avec les grands nombres.

JOUR 2 **36. La frise numérique :** Résoudre des additions du type *du* + 1 à + 10 et des soustractions du type *du* – 1 avec appui sur la frise numérique ($n < 99$)

Trouvez le résultat.

Énoncé	22 + 5	25 + 4	16 – 1	19 + 3	16 + 10	30 – 1
Réponse	27	29	15	22	26	29

26 **JOUR 1** **37.** Connaître le double des nombres jusqu'à 10

Quel est le double de…

Énoncé	6	5	9	7	8	10
Réponse	12	10	18	14	16	20

JOUR 2 **38.** Trouver le complément à 10

Quel est le nombre qui manque ?

Énoncé	3 + … = 10	4 + … = 10	8 + … = 10	1 + … = 10	6 + … = 10	9 + … = 10
Réponse	7	6	2	9	4	1

27 **JOUR 1** **39. Poursuis la comptine :** Compter de 5 en 5 jusqu'à 100

On va compter de 5 en 5 : écoutez chaque suite de nombres et écrivez le nombre qui doit venir ensuite.

Énoncé	45, 50, ?	15, 20, ?	65, 70, ?	30, 35, ?	70, 75, ?	35, 40, ?
Réponse	55	25	75	40	80	45

JOUR 2 **40.** Additionner *du* + 5 (résultats ⩽ 40)

Quel est le résultat de…

Énoncé	10 + 5	15 + 5	13 + 5	23 + 5	11 + 5	18 + 5
Réponse	15	20	18	28	16	23

Stratégie à mettre en évidence :
- Se servir des résultats mémorisés de *u* + 5 pour *du* + 5.

28 JOUR 1 **41.** Connaître le double des nombres jusqu'à 20

Quel est le double de…

Énoncé	11	15	13	16	18	20
Réponse	22	30	26	32	36	40

Stratégie à mettre en évidence :
Pour les nombres supérieurs à 10, on peut décomposer en cherchant le double des dizaines et le double des unités, puis en ajoutant les deux parties.

JOUR 2 **42.** Additionner *u* + 20

Quel est le résultat de…

Énoncé	20 + 8	20 + 5	20 + 9	20 + 6	20 + 4	20 + 7
Réponse	28	25	29	26	24	27

Stratégies à mettre en évidence :
- Ajouter 20, c'est ajouter 2 dizaines.
- La « famille du 20 », contrairement à celle de 10 est régulière, on entend toujours la réponse dès lors que le 20 est placé en premier.

Exemple :
vingt + neuf = vingt-neuf
vingt + cinq = vingt-cinq

30 JOUR 1 **43.** Connaître la moitié d'un nombre pair ⩽ 20

Quelle est la moitié de…

Énoncé	20	12	14	18	16	10
Réponse	10	6	7	9	8	5

Stratégie à mettre en évidence :
- Faire le lien entre doubles et moitiés.
- Se servir des doubles mémorisés.

Exemple : Le double de 7 c'est 14, donc la moitié de 14 est 7.

JOUR 2 **44.** Additionner *du* + 20 (résultats ⩽ 50)

Quel est le résultat de…

Énoncé	12 + 20	20 + 17	20 + 23	20 + 26	29 + 20	15 + 20
Réponse	32	37	43	46	49	35

Stratégies à mettre en évidence :
- Ajouter 20, c'est ajouter 2 dizaines.
- Il faut décomposer les nombres en dizaines et unités.

Exemple : 20 + 3 = 2*d* + 2*d* + 3*u* = 4*d* 3*u* = 43

31 JOUR 1 **45.** Soustraire *du* – 20 (*du* ⩽ 50)

Quel est le résultat de…

Énoncé	45 – 20	37 – 20	41 – 20	29 – 20	34 – 20	50 – 20
Réponse	25	17	21	9	14	30

Stratégies à mettre en évidence :
- Soustraire 20, c'est enlever 2 dizaines.
- Il faut décomposer les nombres en dizaines et unités. Compter d'abord les dizaines seules, puis les unités.

Exemple : 37 – 20 = (3 *d* – 2 *d*) + 7 *u* = 1 *d* 7 *u* = 17

JOUR 2 **46. Le car :** *du* + *d* + *u* (résultats ⩽ 50)

Écoutez chaque problème, réfléchissez et écrivez la réponse.
Vous pouvez dessiner pour vous aider à vous représenter le problème.
Vous pouvez aussi écrire sur l'ardoise l'opération que vous faites dans votre tête.

Énoncé	Il y a 32 voyageurs dans le car au départ. Au premier arrêt, 3 voyageurs montent. Au second arrêt, 10 voyageurs supplémentaires montent dans le car. Combien y a-t-il de passagers maintenant dans le car ?	Il y a 26 voyageurs dans le car au départ. Au premier arrêt, 20 voyageurs montent. Au second arrêt, 4 voyageurs supplémentaires montent dans le car. Combien y a-t-il de passagers maintenant dans le car ?	Il y a 19 voyageurs dans le car au départ. Au premier arrêt, 10 voyageurs montent. Au second arrêt, 8 voyageurs supplémentaires montent dans le car. Combien y a-t-il de passagers maintenant dans le car ?
Réponse	45	50	37

Stratégie à mettre en évidence :
- *du* + *d* + *u* équivaut à *du* + *du*. On pourra dans ce type d'addition procéder à cette décomposition.

32 **JOUR 1** **47.** Additionner *u* + 30

Quel est le résultat de...

Énoncé	30 + 1	30 + 7	30 + 9	30 + 4	30 + 5	30 + 3
Réponse	31	37	39	34	35	33

Stratégies à mettre en évidence :
- Ajouter 30, c'est ajouter 3 dizaines.
- La « famille du 30 » est elle aussi régulière, on entend toujours la réponse dès lors que le 30 est placé en premier.

Exemple : trente + trois = trente-trois

JOUR 2 **48.** Additionner *du* + 30

Quel est le résultat de...

Énoncé	12 + 30	30 + 16	30 + 9	30 + 17	30 + 20	14 + 30
Réponse	42	46	39	47	50	44

Stratégies à mettre en évidence :
- Ajouter 30, c'est ajouter 3 dizaines.
- Pour compter efficacement, il faut décomposer les nombres en dizaines et unités.

33 **JOUR 1** **49.** Soustraire *du* – 30 (*du* ⩽ 50)

Quel est le résultat de...

Énoncé	49 – 30	36 – 30	45 – 30	50 – 30	38 – 30	41 – 30
Réponse	19	6	15	20	8	11

Stratégie à mettre en évidence :
- Soustraire 30, c'est enlever 3 dizaines.
- Il faut décomposer les nombres en dizaines et unités. Compter d'abord les dizaines seules, puis les unités.

Exemple : 36 – 30 = (3 *d* – 3 *d*) + 6 *u* = 6 *u* = 6

JOUR 2 **50. La frise numérique :** Additionner ou soustraire : *du* ± 1, *du* ± 2, *du* + 3, *du* + 4, *du* + 4 ou *du* + 10 avec appui sur la frise numérique (*n* < 99)

Sur quel nombre arrive-t-on ?

Énoncé	66 + 4	59 + 5	80 + 3	41 – 2	47 – 1	93 + 2
Réponse	70	64	83	39	46	95

34 **JOUR 1** **51.** Additionner $du + 10$, $du + 20$, $du + 30$ (résultats $\leqslant 50$) ; soustraire $du - 10$, $du - 20$, $du - 30$ ($du \leqslant 50$)

Quel est le résultat de…

Énoncé	23 + 10	27 + 20	11 + 30	10 – 10	39 – 20	48 – 30
Réponse	33	47	41	0	19	18

JOUR 2 **52.** Trouver le complément à la dizaine supérieure ($du + u = d$, avec $d \leqslant 50$)

Quel est le nombre qui manque ?

Énoncé	23 + … = 30	46 + … = 50	38 + … = 40	11 + … = 20	37 + … = 40	49 + … = 50
Réponse	7	4	2	9	3	1

Stratégie à mettre en évidence :

- Utiliser les compléments à 10 déjà mémorisés.

Période 3

37 **JOUR 1** **53.** Identifier une quantité organisée jusqu'à 999

Écrivez le nombre représenté par le matériel.

Énoncé	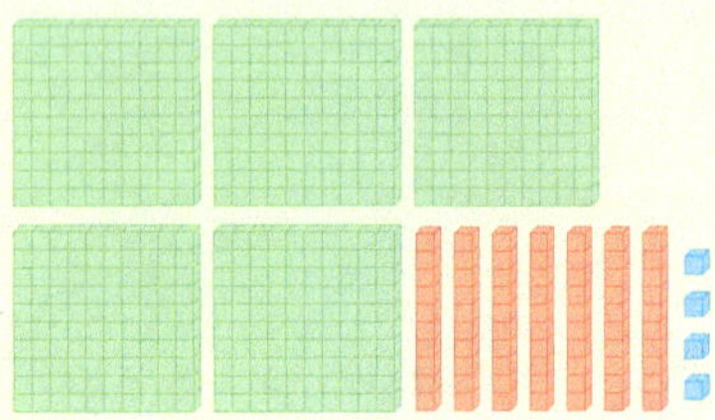	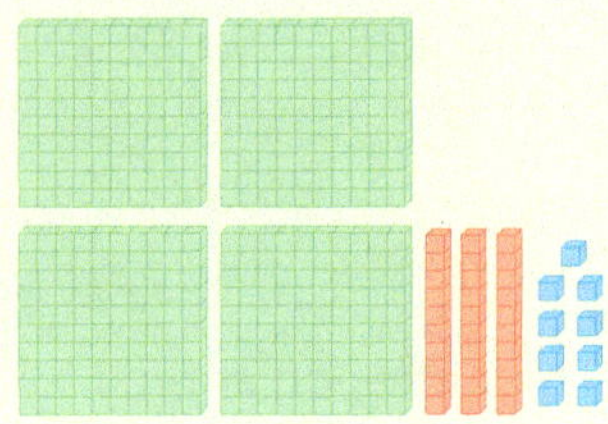	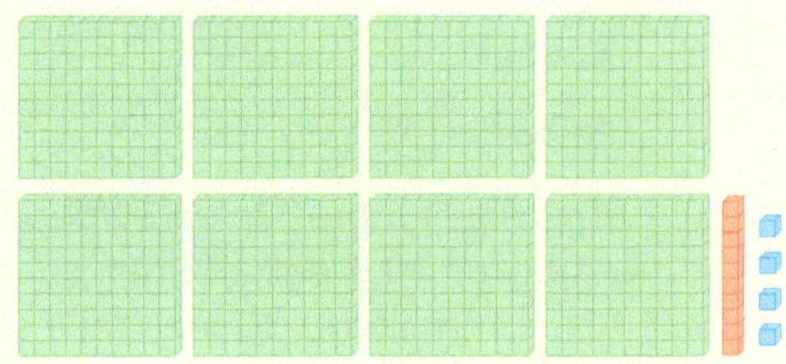
Réponse	574	439	814

Énoncé	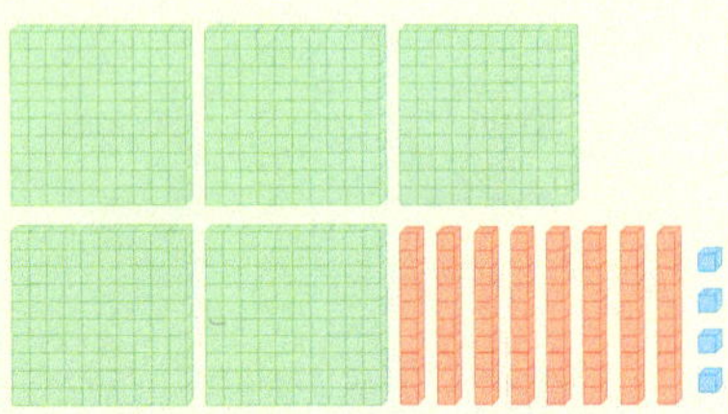		
Réponse	584	699	999

JOUR 2 **54. Le nombre caché :** Identifier un nombre par son encadrement (n compris entre 100 et 500)

Retrouvez le nombre caché en vous aidant du nombre précédent et du nombre suivant.

Énoncé	Cacher 170	Cacher 289	Cacher 392	Cacher 200	Cacher 367	Cacher 280
Réponse	170	289	392	200	367	280

38 **JOUR 1** **55.** Décomposer des nombres $\leqslant 999$ en centaines, dizaines et unités

Énoncé	Dans 703, quel est le chiffre des centaines, des dizaines et des unités ?	Dans 891, quel est le chiffre des dizaines ?	Dans 625, quel est le chiffre des centaines ?	Écrivez 980 en centaines, dizaines et en unités.	Retrouvez le nombre composé de 3 dizaines, 2 centaines et 6 unités.	Retrouvez le nombre composé de 3 unités, 7 dizaines et 8 centaines.
Réponse	$c = 7$ $d = 0$ $u = 3$	$d = 9$	$c = 6$	9c 8d 0u	236	873

JOUR 2 **56. Calculer à l'envers :** Connaître les répertoires additifs des nombres de 3 à 8

Proposez deux additions ayant pour résultat…

Énoncé	5	4	6
Réponse	Deux réponses parmi : 0 + 5 ; 1 + 4 ; 2 + 3 ; 3 + 2 ; 4 + 1 ; 5 + 0	Deux réponses parmi : 0 + 4 ; 1 + 3 ; 2 + 2 ; 3 + 1 ; 4 + 0	Deux réponses parmi : 0 + 6 ; 1 + 5 ; 2 + 4 ; 3 + 3 ; 4 + 2 ; 5 + 1 ; 6 + 0

Énoncé	3	8	7
Réponse	Deux réponses parmi : 0 + 3 ; 1 + 2 ; 2 + 1 ; 3 + 0	Deux réponses parmi : 0 + 8 ; 1 + 7 ; 2 + 6 ; 3 + 5 ; 4 + 4 ; 5 + 3 ; 6 + 2 ; 7 + 1 ; 8 + 0	Deux réponses parmi : 0 + 7 ; 1 + 6 ; 2 + 5 ; 3 + 4 ; 4 + 3 ; 5 + 2 ; 6 + 1 ; 7 + 0

39 **JOUR 1** **57.** Comprendre la complémentarité de l'addition et de la soustraction (ex. : 8 + ? = 13 et 13 – 8 = ? ; total compris entre 10 et 15)

Trouvez le nombre qui manque.

Énoncé	9 + … = 14	13 – 6 = …	7 + … = 15	11 – 8 = …
Réponse	5	7	8	3

Énoncé	6 + … = 13	14 – 9 = …	8 + … = 11	15 – 7 = …
Réponse	7	5	3	8

Stratégies à mettre en évidence :

- Pour compléter une addition à trou, on peut surcompter, par exemple :
« J'étais sur la case 8, de combien de cases ai-je avancé pour arriver sur le 13 ? ».
- Pour trouver une partie, on peut également procéder par soustraction.

On recherche dans les deux cas un écart. $a + b = c$ ou $c - a = b$

JOUR 2 **58.** Additionner *du* + 6 avec et sans franchissement de la dizaine supérieure (résultats ⩽ 60)

Quel est le résultat de…

Énoncé	32 + 6	41 + 6	53 + 6	25 + 6	39 + 6	48 + 6
Réponse	38	47	59	31	45	54

Stratégie à mettre en évidence :

- Se servir des résultats mémorisés de *u* + 6 pour *du* + 6.

40 **JOUR 1** **59.** Connaître la moitié d'un nombre pair (⩽ 40)

Quelle est la moitié de…

Énoncé	30	24	38	40	26	34
Réponse	15	12	19	20	13	17

Stratégie à mettre en évidence :

- Faire le lien avec les doubles mémorisés : le double de 15 est 30 donc la moitié de 30 est 15.

JOUR 2 **60. Le gobelet :** Trouver une partie dans un problème additif (tout = 7)

Répéter à chaque fois l'énoncé à la classe en modifiant les données (cf. tableau).

Je mets (A) jetons dans le gobelet. J'y ajoute un nombre mystère (B).
Maintenant, il y a (C) jetons en tout dans le gobelet.
Combien de jetons ai-je mis la seconde fois ?

Énoncé	A = 6 B = ? C = 7	A = 2 B = ? C = 7	A = 4 B = ? C = 7	A = 1 B = ? C = 7	A = 3 B = ? C = 7	A = 5 B = ? C = 7
Réponse	1	5	3	6	4	2

Stratégie à mettre en évidence :

- Il est intéressant de compléter mentalement la collection par du surcomptage. Le but est de mémoriser les écarts.

42 **JOUR 1** **61.** Additionner *du* + 7 avec et sans franchissement de la dizaine supérieure (résultats ⩽ 60)

Quel est le résultat de…

Énoncé	31 + 7	44 + 7	28 + 7	53 + 7	37 + 7	16 + 7
Réponse	38	51	35	60	44	23

Stratégie à mettre en évidence :

- Se servir des résultats mémorisés de *u* + 7 pour *du* + 7.

JOUR 2 **62. Calculer à l'envers :** Connaître les répertoires additifs de 7, de 8 et de 9

Proposez deux additions ayant pour résultat…

Énoncé	7	8	9
Réponse	Deux réponses parmi : 0 + 7 ; 1 + 6 ; 2 + 5 ; 3 + 4 ; 4 + 3 ; 5 + 2 ; 6 + 1 ; 7 + 0	Deux réponses parmi : 0 + 8 ; 1 + 7 ; 2 + 6 ; 3 + 5 ; 4 + 4 ; 5 + 3 ; 6 + 2 ; 7 + 1 ; 8 + 0	Deux réponses parmi : 0 + 9 ; 1 + 8 ; 2 + 7 ; 3 + 6 ; 4 + 5 ; 5 + 4 ; 6 + 3 ; 7 + 2 ; 8 + 1 ; 9 + 0

43 **JOUR 1** **63.** Résoudre des petits problèmes oraux additifs et soustractifs (nombres ⩽ 20)

Écoutez chaque problème, réfléchissez et écrivez la réponse.
Vous pouvez dessiner pour vous aider à vous représenter le problème.
Vous pouvez aussi écrire sur l'ardoise l'opération que vous faites dans votre tête.

Énoncé	Dans la forêt, Louise a ramassé 11 châtaignes. Puis elle tombe et en perd 3. Combien de châtaignes lui reste-t-il maintenant ?	Raphaël achète 14 abricots. En chemin, il en mange 3 et en donne 2 à Lili. Combien reste-t-il d'abricots ?	19 enfants sont dans la cour de récréation. 7 partent à la bibliothèque. Combien d'enfants restent dans la cour ?
Réponse	8	9	12

JOUR 2 **64.** Soustraire *du* – *u* (*u* < 6) avec franchissement de la dizaine inférieure (*du* ⩽ 60)

Quel est le résultat de…

Énoncé	47 – 6	50 – 6	39 – 6	25 – 6	18 – 6	43 – 6
Réponse	41	44	33	19	12	37

Stratégie à mettre en évidence :

- Pour soustraire un petit nombre, on peut reculer mentalement sur la frise numérique ou compter à rebours.

44 **JOUR 1** **65.** Additionner *du* + 8 avec et sans franchissement de la dizaine supérieure (résultats ⩽ 60)

Quel est le résultat de…

Énoncé	22 + 8	49 + 8	37 + 8	18 + 8	33 + 8	45 + 8
Réponse	30	57	45	26	41	53

Stratégie à mettre en évidence :

- Se servir des résultats mémorisés de *u* + 8 pour *du* + 8.

JOUR 2 **66. La frise numérique :** Additionner : *du* + 1 à *du* + 8, *du* + 10 et soustraire : *du* – 1, *du* – 2 et *du* – 10 avec appui sur la frise numérique (résultats ⩽ 99)

Trouvez le résultat.

Énoncé	87 + 8	59 + 5	79 + 7	48 – 1	61 – 2	97 – 10
Réponse	95	64	86	47	59	87

46 **JOUR 1** **67. Le gobelet :** Trouver une partie dans un problème additif (tout = 8)

Répéter à chaque fois l'énoncé à la classe en modifiant les données (cf. tableau).

Je mets (A) jetons dans le gobelet. J'y ajoute un nombre mystère (B).
Maintenant, il y a (C) jetons en tout dans le gobelet.
Combien de jetons ai-je mis la seconde fois ?

Énoncé	A = 5 B = ? C = 8	A = 6 B = ? C = 8	A = 7 B = ? C = 8	A = 3 B = ? C = 8	A = 2 B = ? C = 8	A = 4 B = ? C = 8
Réponse	3	2	1	5	6	4

JOUR 2 **68. Le car :** Calculer par étapes la somme de trois nombres ($du + d + u$; vers $du + du$; résultats $\leqslant 60$)

Écoutez chaque problème, réfléchissez et écrivez la réponse.
Vous pouvez dessiner pour vous aider à vous représenter le problème.
Vous pouvez aussi écrire sur l'ardoise l'opération que vous faites dans votre tête.

Énoncé	Il y a 26 voyageurs dans le car au départ. Au premier arrêt, 4 voyageurs montent. Au second arrêt, 20 voyageurs supplémentaires montent dans le car. Combien y a-t-il de passagers maintenant dans le car ?	Il y a 37 voyageurs dans le car au départ. Au premier arrêt, 10 voyageurs montent. Au second arrêt, 6 voyageurs supplémentaires montent dans le car. Combien y a-t-il de passagers maintenant dans le car ?	Il y a 29 voyageurs dans le car au départ. Au premier arrêt, 20 voyageurs montent. Au second arrêt, 3 voyageurs supplémentaires montent dans le car. Combien y a-t-il de passagers maintenant dans le car ?
Réponse	50	53	52

Stratégie à mettre en évidence :
- $du + d + u$: additionner d'abord les dizaines puis les unités : $26 + 4 + 20 = 26 + 20 + 4 = 46 + 4 = 50$.

47 **JOUR 1** **69.** Connaître les produits de la table de 2 ($u \times 2$)

Quel est le résultat de…

Énoncé	6 × 2	9 × 2	7 × 2	4 × 2	8 × 2	3 × 2
Réponse	12	18	14	8	16	6

Remarque
- Observer que multiplier par 2 c'est trouver le double d'un nombre.

JOUR 2 **70. Calculer à l'envers :** Trouver la multiplication qui correspond à un produit dans la table de 2 ($18 = ? \times 2$).

Proposez une multiplication ayant pour résultat…

Énoncé	16	12	18	6	14	8
Réponse	8 × 2	6 × 2	9 × 2	3 × 2	7 × 2	4 × 2

48 **JOUR 1** **71. Le compte à rebours :** Compter de 2 en 2 en arrière (lien avec la table de 2)

Poursuivez le compte à rebours en trouvant le nombre attendu.

Énoncé	10, 8, ?	14, 12, ?	20, 18, ?	16, 14, ?	18, 16, ?	12, 10, ?
Réponse	6	10	16	12	14	8

JOUR 2 **72. Le gobelet :** Trouver une partie dans un problème additif (tout = 9)

Répéter à chaque fois l'énoncé à la classe en modifiant les données (cf. tableau).
Je mets (A) jetons dans le gobelet. J'y ajoute un nombre mystère (B).
Maintenant, il y a (C) jetons en tout dans le gobelet.
Combien de jetons ai-je mis la seconde fois ?

Énoncé	A = 8 B = ? C = 9	A = 2 B = ? C = 9	A = 6 B = ? C = 9	A = 4 B = ? C = 9	A = 3 B = ? C = 9	A = 7 B = ? C = 9
Réponse	1	7	3	5	6	2

Stratégie à mettre en évidence :
- Visualiser l'écart entre les deux nombres. Commencer à les mémoriser pour compter plus vite.

50 JOUR 1 — 73. Soustraire $du - u$ avec franchissement de la dizaine inférieure ($du \leqslant 60$)

Quel est le résultat de…

Énoncé	44 – 5	59 – 6	33 – 7	47 – 9	25 – 8	56 – 4
Réponse	39	53	26	38	17	52

Stratégie à mettre en évidence :

- Dans $du - u$, si l'unité de du est plus grande que u, procéder par décomposition.

Exemple : 54 – 2
$4 > 2$ donc $54 - 2 = 50 + (4 - 2) = 52$

- Si l'unité de du est plus petite que u, on devra descendre à la dizaine inférieure, on préférera reculer mentalement sur la file numérique ou compter à rebours dans ce cas.

Exemple : 41 – 6
$1 < 6$ donc on procède par compte à rebours :
40 – 39 – 38 – 37 – 36 – 35
41 – 6 = 35

JOUR 2 — 74. **Le tableau des nombres :** S'appuyer sur le tableau des 100 pour additionner $du + 1$, $du + 10$ et soustraire $du - 1$, $du - 10$, avec franchissement de la dizaine. Entourer le nombre désigné pour permettre aux élèves de se déplacement mentalement dessus.

Quel est le résultat de…

Énoncé	97 – 1	84 – 10	53 + 1	68 + 10	59 + 1	72 – 10
Réponse	96	74	54	78	60	62

51 JOUR 1 — 75. Connaître les produits de la table de 3 ($u \times 3$)

Quel est le résultat de…

Énoncé	3 × 3	7 × 3	9 × 3	4 × 3	6 × 3	8 × 3
Réponse	9	21	27	12	18	24

JOUR 2 — 76. **Calculer à l'envers :** Trouver la multiplication qui correspond à un produit dans la table de 3 ($18 = ? \times 3$)

Proposez une multiplication ayant pour résultat…

Énoncé	30	6	15	21	18	3
Réponse	10 × 3	2 × 3	5 × 3	7 × 3	6 × 3	1 × 3

52 JOUR 1 — 77. **Le compte à rebours :** Compter de 3 en 3 en arrière (lien avec la table de 3)

Poursuivez le compte à rebours en trouvant le nombre attendu.

Énoncé	15, 12, ?	30, 27, ?	24, 21, ?	12, 9, ?	21, 18, ?	27, 24, ?
Réponse	9	24	18	6	15	21

JOUR 2 — 78. Multiplier $u \times 2$ et $u \times 3$

Quel est le résultat de…

Énoncé	7 × 3	6 × 2	9 × 3	8 × 2	5 × 3	4 × 2
Réponse	21	12	27	16	15	8

Période 4

55 **JOUR 1** **79.** Identifier une quantité organisée jusqu'à 999

Écrivez le nombre représenté par le matériel.

Énoncé			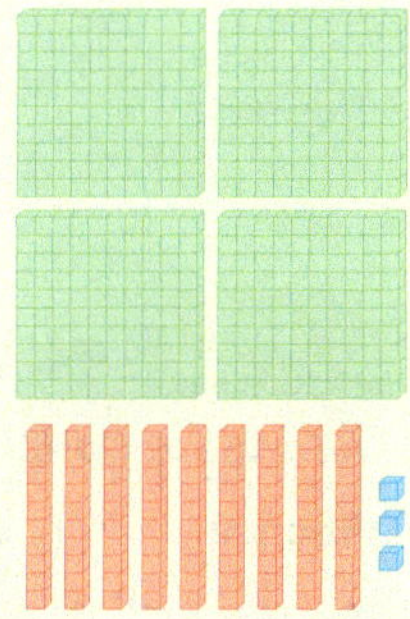
Réponse	708	639	493

Énoncé		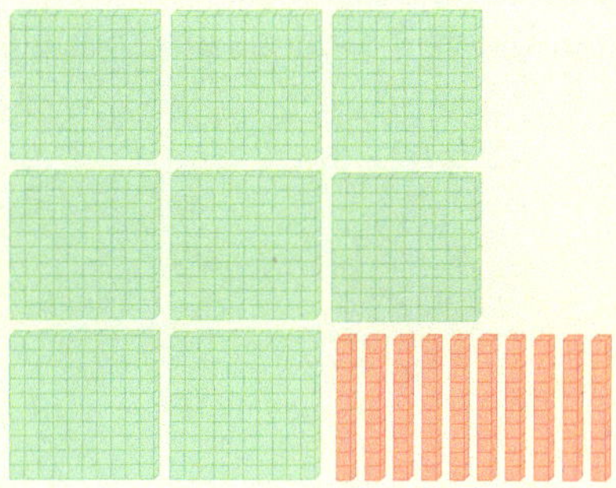	
Réponse	817	900	756

JOUR 2 **80. Le nombre caché :** Identifier un nombre par son encadrement (500 < *n* < 999)

Retrouvez le nombre caché en vous aidant du nombre précédent et du nombre suivant.

Énoncé	Cacher 514	Cacher 791	Cacher 687	Cacher 964	Cacher 504	Cacher 610
Réponse	514	791	687	964	504	610

56 **JOUR 1** **81.** Décomposer des nombres ⩽ 999 en centaines, dizaines et unités.

Énoncé	Écrivez 709 en centaines, dizaines et en unités.	Écrivez 790 en centaines, dizaines et en unités.	Dans 836, quel est le chiffre des dizaines ?	Dans 329, quel est le chiffre des centaines ?	Retrouvez le nombre composé de 4 dizaines 2 unités et 7 centaines.	Retrouvez le nombre composé de 8 centaines, 1 unité et 9 dizaines.
Réponse	7 c 0 d 9 u	7 c 9 d 0 u	*d* = 3	*c* = 3	742	891

JOUR 2 **82. Le gobelet :** Trouver une partie dans un problème additif (tout = 12)

Répéter à chaque fois l'énoncé à la classe en modifiant les données (cf. tableau).

Je mets (A) jetons dans le gobelet. J'y ajoute un nombre mystère (B).
Maintenant, il y a (C) jetons en tout dans le gobelet.
Combien de jetons ai-je mis la seconde fois ?

Énoncé	A = 1 B = ? C = 12	A = 6 B = ? C = 12	A = 3 B = ? C = 12	A = 8 B = ? C = 12	A = 2 B = ? C = 12	A = 5 B = ? C = 12
Réponse	11	6	9	4	10	7

58 JOUR 1 **83. Calculer à l'envers :** Trouver 6 manières de fabriquer 12 par addition, soustraction ou multiplication

Proposez 6 opérations ayant pour résultat 12… : 2 additions, 2 soustractions et 2 multiplications.

Énoncé	Par addition	Par soustraction	Par multiplication
Réponse	Deux réponses parmi : 12 + 0 ; 0 + 12 ; 11 + 1 ; 1 + 11 ; 10 + 2 ; 2 + 10 ; 9 + 3 ; 3 + 9 ; 8 + 4 ; 4 + 8 ; 7 + 5 ; 5 + 7 ; 6 + 6	Deux réponses parmi : 22 – 10 ; 20 – 8 ; 19 – 7 ; 18 – 6 ; 17 – 5 ; 16 – 4 ; 15 – 3 ; 14 – 2 ; 13 – 1 ; 12 – 0	Deux réponses parmi : 3 × 4 ; 4 × 3 ; 2 × 6 ; 6 × 2

JOUR 2 **84.** Connaître le double des nombres pairs et des nombres d'usage courant jusqu'à 50

Quel est le double de…

Énoncé	20	25	50	30	15	35
Réponse	40	50	100	60	30	70

Stratégies à mettre en évidence :
- Le double de 20 c'est le double de 2 dizaines.
- Le double de 35, c'est le double de 3 dizaines et le double de 5.

59 JOUR 1 **85.** Additionner *du* + 9 (résultats ⩽ 80)

Quel est le résultat de…

Énoncé	31 + 9	9 + 47	53 + 9	9 + 26	9 + 62	38 + 9
Réponse	40	56	62	35	71	47

Stratégies à mettre en évidence :
- Ajouter 9 revient à ajouter 10 puis enlever 1.
- Dans une addition mettre le nombre le plus grand en premier aide au calcul.

9 + 47 = 47 + 9 = 47 + 10 – 1 = 57 – 1 = 56

On peut proposer de faire la démonstration sur le tableau des 100.

JOUR 2 **86.** Soustraire *du* – 9 (*du* ⩽ 80).

Quel est le résultat de…

Énoncé	36 – 9	23 – 9	59 – 9	48 – 9	65 – 9	72 – 9
Réponse	27	14	50	39	56	63

Stratégie à mettre en évidence :
- Soustraire 9 revient à soustraire 10 puis ajouter 1.

Sauf dans le cas où 9 est unité de *du*, 59 – 9, il ne reste que les dizaines.
On peut proposer de faire la démonstration sur le tableau des 100.

60 JOUR 1 **87. Le gobelet :** Trouver une partie dans un problème additif (tout = 14).

Répéter à chaque fois l'énoncé à la classe en modifiant les données (cf. tableau).

Je mets (A) jetons dans le gobelet. J'y ajoute un nombre mystère (B).
Maintenant, il y a (C) jetons en tout dans le gobelet.
Combien de jetons ai-je mis la seconde fois ?

Énoncé	A = 12 B = ? C = 14	A = 10 B = ? C = 14	A = 9 B = ? C = 14	A = 3 B = ? C = 14	A = 6 B = ? C = 14	A = 7 B = ? C = 14
Réponse	2	4	5	11	8	7

JOUR 2 **88. Calculer à l'envers :** Trouver 6 manières de fabriquer 14 par addition, soustraction ou multiplication

Proposez 6 opérations ayant pour résultat 14 : 2 additions, 2 soustractions et 2 multiplications.

Énoncé	Par addition	Par soustraction	Par multiplication
Réponse	Deux réponses parmi : 14 + 0 ; 0 + 14 ; 13 + 1 ; 1 + 13 ; 12 + 2 ; 2 + 12 ; 11 + 3 ; 3 + 11 ; 10 + 4 ; 4 + 10 ; 9 + 5 ; 5 + 9 ; 8 + 6 ; 6 + 8 ; 7 + 7	Deux réponses parmi : 24 – 10 ; 23 – 9 ; 22 – 8 ; 21 – 7 ; 20 – 6 ; 19 – 5 ; 18 – 4 ; 17 – 3 ; 16 – 2 ; 15 – 1 ; 14 – 0	Deux réponses parmi : 2 × 7 ; 7 × 2

62 **JOUR 1** **89.** Additionner des dizaines $d + d$ (résultats ⩽ 100)

Quel est le résultat de…

Énoncé	10 + 60	40 + 40	50 + 20	10 + 70	30 + 20	40 + 50
Réponse	70	80	70	80	50	90

Stratégies à mettre en évidence :

- 30 + 20 est équivalent à 3 dizaines + 2 dizaines.
- Mettre le nombre le plus grand en premier.

JOUR 2 **90.** Résoudre des petits problèmes oraux multiplicatifs (tout ⩽ 30)

Écoutez chaque problème, réfléchissez et écrivez la réponse.
Vous pouvez dessiner pour vous aider à vous représenter le problème.
Vous pouvez aussi écrire sur l'ardoise l'opération que vous faites dans votre tête.

Énoncé	Dans le parc, il y a 8 arbres. Il y a 3 nids dans chaque arbre. Combien y a-t-il de nids en tout ?	Raphaël achète 4 paquets d'images. Dans chaque paquet, il y a 5 images. Combien a-t-il acheté d'images ?	Julia a acheté 6 sacs de pommes. Chaque sac coûte 2 €. Combien a-t-elle dépensé en tout ?
Réponse	24	20	12 €

63 **JOUR 1** **91.** Connaître les produits de la table de 5 ($u \times 5$)

Quel est le résultat de…

Énoncé	6 × 5	5 × 9	5 × 3	4 × 5	5 × 7	8 × 5
Réponse	30	45	15	20	35	40

JOUR 2 **92. Calculer à l'envers :** Trouver la multiplication qui correspond à un produit dans la table de 5 (35 = ? × 5)

Proposez une multiplication de la table de 5 ayant pour résultat…

Énoncé	20	50	10	35	25	40
Réponse	4 × 5	10 × 5	2 × 5	7 × 5	5 × 5	8 × 5

64 **JOUR 1** **93. Le compte à rebours :** Compter de 5 en 5 en arrière (lien avec la table de 5)

Poursuivez le compte à rebours en trouvant le nombre attendu.

Énoncé	15, 10, ?	50, 45, ?	35, 30, ?	20, 15, ?	45, 40, ?	30, 25, ?
Réponse	5	40	25	10	35	20

JOUR 2 **94.** Multiplier $u \times 2$, $u \times 3$ et $u \times 5$

Quel est le résultat de…

Énoncé	8 × 3	4 × 5	7 × 2	9 × 3	7 × 5	6 × 2
Réponse	24	20	14	27	35	12

66 JOUR 1 95. Compléter une addition à trou (résultats = 11)

Quel est le nombre qui manque ?

Énoncé	1 + … = 11	6 + … = 11	10 + … = 11	9 + … = 11	3 + … = 11	4 + … = 11
Réponse	10	5	1	2	8	7

JOUR 2 96. Calculer à l'envers : Trouver 6 manières de fabriquer 11 par addition ou soustraction

Proposez 6 opérations ayant pour résultat 11 : 3 additions et 3 soustractions.

Énoncé	Par addition	Par soustraction
Réponse	Trois réponses parmi : 11 + 0 ; 0 + 11 ; 10 + 1 ; 1 + 10 ; 9 + 2 ; 2 + 9 ; 8 + 3 ; 3 + 8 ; 7 + 4 ; 4 + 7 ; 6 + 5 ; 5 + 6	Trois réponses parmi : 21 – 10 ; 20 – 9 ; 19 – 8 ; 18 – 7 ; 17 – 6 ; 16 – 5 ; 15 – 4 ; 14 – 3 ; 13 – 2 ; 12 – 1 ; 11 – 0

67 JOUR 1 97. Connaître les produits de la table de 10

Quel est le résultat de…

Énoncé	10 × 2	9 × 10	3 × 10	10 × 7	4 × 10	10 × 10
Réponse	20	90	30	70	40	100

Stratégies à mettre en évidence :
- Multiplier par 10, c'est convertir des unités en dizaines. 2 × 10 = 2 dizaines.
- Faire le lien avec la table de 5, tous les résultats de la table de 10 sont le double de ceux déjà appris et inversement les résultats de la table de 5 sont la moitié de ceux de la table de 10.

5 × 10 = 50, la moitié de 50 = 25 donc 5 × 5 = 25.

JOUR 2 98. Calculer à l'envers : Trouver la multiplication qui correspond à un produit dans la table de 5 (70 = ? × 10)

Proposez une multiplication de la table de 10 ayant pour résultat…

Énoncé	10	80	50	90	60	0
Réponse	1 × 10	8 × 10	5 × 10	9 × 10	6 × 10	0 × 10

68 JOUR 1 99. Le compte à rebours : Compter de 10 en 10 en arrière (lien avec la table de 10)

Indiquez le nombre attendu.

Énoncé	70, 60, ?	100, 90, ?	20, 10, ?	90, 80, ?	50, 40, ?	80, 70, ?
Réponse	50	80	0	70	30	60

JOUR 2 100. Additionner *du* + *du* (avec franchissement de la centaine)

Quel est le résultat de…

Énoncé	79 + 32	88 + 57	36 + 91	12 + 76	93 + 14	65 + 35
Réponse	111	145	127	88	107	100

Stratégies à mettre en évidence :
- Utiliser le plus grand des deux termes en premier.

Exemple : 12 + 76 = 76 + 12.
- Procéder à la décomposition *du* + *du* = *du* + *d* + *u*.

Exemple : 76 + 12 = 76 + 10 + 2 = 86 + 2 = 88.

70 JOUR 1 101. Compléter une addition à trou (résultat = 13)

Quel est le résultat de…

Énoncé	12 + … = 13	5 + … = 13	7 + … = 13	10 + … = 13	4 + … = 13	1 + … = 13
Réponse	1	8	6	3	9	12

JOUR 2 **102. Calculer à l'envers :** Trouver 6 manières de fabriquer 13 par addition ou soustraction

Proposez 6 opérations ayant pour résultat 13 : 3 additions et 3 soustractions.

Énoncé	Par addition	Par soustraction
Réponse	Trois réponses parmi : 13 + 0 ; 0 + 13 ; 12 + 1 ; 1 + 12 ; 11 + 2 ; 2 + 11 ; 10 + 3 ; 3 + 10 ; 9 + 4 ; 4 + 9 ; 8 + 5 ; 5 + 8 ; 7 + 6 ; 6 + 7	Trois réponses parmi : 23 – 10 ; 22– 9 ; 21 – 8 ; 20 – 7 ; 19 – 6 ; 18 – 5 ; 17 – 4 ; 16 – 3 ; 15 – 2 ; 14 – 1 ; 13 – 0

71 **JOUR 1** **103.** S'appuyer sur le tableau des 100 pour additionner *du* + *u*, *du* + d et soustraire *du* – *u*, *du* – *d*

Entourer le nombre désigné pour permettre aux élèves de se déplacer mentalement dessus.

Quel est le résultat de…

Énoncé	3 × 70	80 × 4	5 × 20	60 × 4	70 × 5	3 × 90
Réponse	210	320	100	240	350	270

JOUR 2 **104.** Compléter une addition à trou (résultat = 15)

Quel est le nombre qui manque ?

Énoncé	5 + … = 15	9 + … = 15	7 + … = 15	13 + … = 15	1 + … = 15	4 + … = 15
Réponse	10	6	8	2	14	11

Période 5

73 **JOUR 1** **105.** Identifier une quantité organisée jusqu'à 1 000

Écrivez le nombre représenté par le matériel.

Énoncé	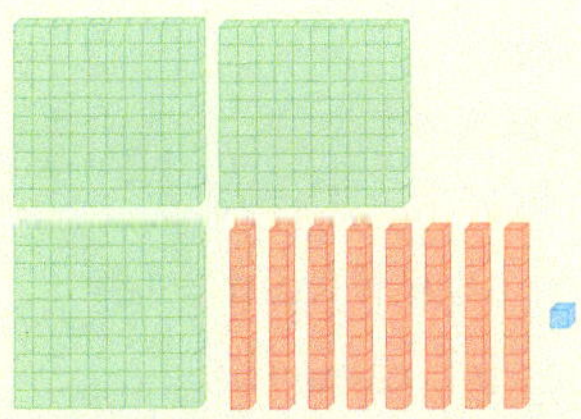		
Réponse	381	762	109

Énoncé		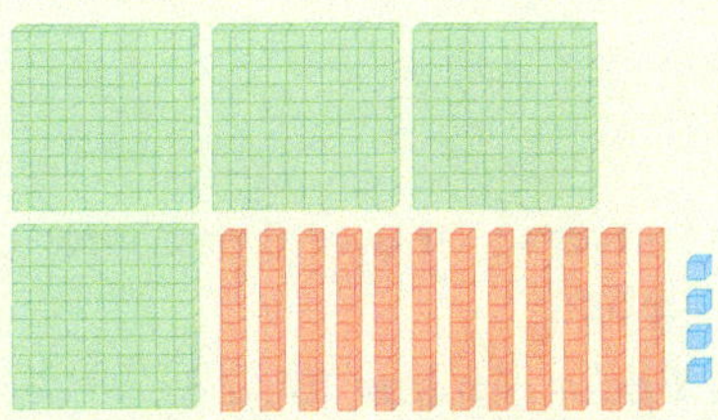	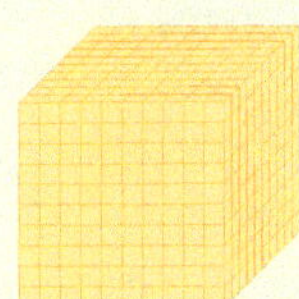
Réponse	836	524	1 000

JOUR 2 **106. Le nombre caché :** Identifier un nombre par son encadrement (*n* compris entre 1 et 999)

Écrivez le nombre caché en vous aidant du nombre précédent et du nombre suivant.

Énoncé	Cacher 980	Cacher 700	Cacher 840	Cacher 790	Cacher 560	Cacher 400
Réponse	980	700	840	790	560	400

74 JOUR 1 — 107. Poursuis la comptine : Compter de 100 en 100 jusqu'à 1 000

On va compter de 100 en 100 : écoutez chaque suite de nombres et écrivez le nombre qui doit venir ensuite.

Énoncé	400, 500, ?	100, 200, ?	600, 700, ?	200, 300, ?	700, 800, ?	300, 400, ?
Réponse	600	300	800	400	900	500

JOUR 2 — 108. Décomposer des nombres ⩽ 1 000 en centaines, dizaines et unités

Énoncé	Dans 895, quel est le chiffre des centaines, des dizaines et des unités ?	Dans 578, quel est le chiffre des dizaines ?	Dans 607, quel est le chiffre des centaines ?	Écrivez 943 en centaine, dizaines et en unités.	Retrouvez le nombre composé de 7 centaines 5 dizaine et 9 unités.	Retrouvez le nombre composé de 1 unité 3 dizaines et 6 centaines.
Réponse	*c* = 8 *d* = 9 *u* = 5	*d* = 7	*c* = 6	9 *c* 4 *d* 3 *u*	759	631

76 JOUR 1 — 109. Additionner des centaines entières *c* + *c*

Quel est le résultat de…

Énoncé	500 + 200	100 + 800	700 + 300	100 + 200	600 + 200	300 + 300
Réponse	700	900	1 000	300	800	600

Stratégie à mettre en évidence :
- 300 + 200 est équivalent à 3 centaines + 2 centaines

JOUR 2 — 110. Trouver le double des nombres pairs et des nombres d'usage courant jusqu'à 100

Quel est le double de… ?

Énoncé	50	100	90	25	70	85
Réponse	100	200	180	50	140	170

Stratégies à mettre en évidence :
- Utiliser la connaissance des doubles de 1 à 10 pour les doubles de dizaines.
50 = 5 *d*. Le double de 5 c'est 10, le double de 5 *d* c'est 10 *d* soit 100.
- Pour les doubles de *du*, décomposer en double de *d* + double de *u*.

77 JOUR 1 — 111. Le gobelet : Trouver une partie dans un problème additif (tout = 16)

Répéter à chaque fois l'énoncé à la classe en modifiant les données (cf. tableau).
Je mets (A) jetons dans le gobelet. J'y ajoute un nombre mystère (B).
Maintenant, il y a (C) jetons en tout dans le gobelet.
Combien de jetons ai-je mis la seconde fois ?

Énoncé	A = 8 B = ? C = 16	A = 12 B = ? C = 16	A = 6 B = ? C = 16	A = 4 B = ? C = 16	A = 11 B = ? C = 16	A = 7 B = ? C = 16
Réponse	8	4	10	12	5	9

JOUR 2 — 112. Calculer à l'envers : Trouver 6 manières de fabriquer 16 par addition, soustraction ou multiplication

Proposez 6 opérations ayant pour résultat 16 : 2 additions, 2 soustractions et 2 multiplications.

Énoncé	Par addition	Par soustraction	Par multiplication
Réponse	Deux réponses parmi : 16 + 0 ; 0 + 16 ; 15 + 1 ; 1 + 15 ; 14 + 2 ; 2 + 14 ; 13 + 3 ; 3 + 13 ; 12 + 4 ; 4 + 12 ; 11 + 5 ; 5 + 11 ; 10 + 6 ; 6 + 10 ; 9 + 7 ; 7 + 9 ; 8 + 8	Deux réponses parmi : 26 – 10 ; 25 – 9 ; 24 – 8 ; 23 – 7 ; 22 – 6 ; 21 – 5 ; 20 – 4 ; 19 – 3 ; 18 – 2 ; 17 – 1 ; 16 – 0	Deux réponses parmi : 2 × 8 ; 8 × 2 ; 4 × 4

78 **JOUR 1** **113.** Additionner *du* + *d* avec franchissement de la centaine supérieure

Quel est le résultat de…

Énoncé	37 + 20	65 + 30	53 + 50	81 + 50	78 + 40	26 + 90
Réponse	57	95	103	131	118	116

Stratégies à mettre en évidence :
- Mettre le plus grand nombre en premier. 26 + 90 = 90 + 26.
- Pour calculer *du* + *d*, compter *d* + *d* puis ajouter *u*. 26 + 90 = 90 + 26 = 90 + 20 + 6 = 110 + 6 = 116

JOUR 2 **114.** Compléter une addition ou une soustraction : répertoire de 17 (ex. : 9 + ? = 17 ; 17 – 2 = ? ; etc.)

Énoncé	12 + … = 17	7 + … = 17	17 – 9 = …	5 + … = 17	17 – 16 = …	17 – 10 = …
Réponse	5	10	8	12	1	7

80 **JOUR 1** **115.** Trouver la moitié d'un nombre pair jusqu'à 100

Quelle est la moitié de…

Énoncé	100	50	88	64	76	92
Réponse	50	25	44	32	38	46

JOUR 2 **116.** Compléter une addition ou une soustraction : répertoire de 18 (*n* + ? = 18 ; 18 – *n* = ?…).

Quel est le nombre qui manque ?

Énoncé	18 – 11 = …	9 + … = 18	18 – 3 = …	15 + … = 18	18 – 14 = …	6 + … = 18
Réponse	7	9	15	3	4	12

81 **JOUR 1** **117.** Connaître les produits de la table de 4 (*u* × 4)

Quel est le résultat de…

Énoncé	9 × 4	4 × 7	4 × 4	4 × 5	6 × 4	8 × 4
Réponse	36	28	16	20	24	32

Stratégie à mettre en évidence :
- Faire le lien avec la table de 2, tous les résultats de la table de 4 sont le double de ceux déjà appris.

6 × 2 = 12 donc 6 × 4 = 24

JOUR 2 **118. Calculer à l'envers :** Trouver la multiplication qui correspond à un produit dans la table de 4 (*n* = ? × 4). Mise en valeur de la commutativité de la multiplication.

Proposez une multiplication de la table de 4 ayant pour résultat…

Énoncé	40	12	16	36	24	4
Réponse	4 × 10	4 × 3	4 × 4	4 × 9	4 × 6	4 × 1

82 **JOUR 1** **119. Le compte à rebours :** Compter de 4 en 4 en arrière en partant de 40

Indiquez le nombre attendu.

Énoncé	8, 4, ?	36, 32, ?	24, 20, ?	40, 36, ?	20, 16, ?	12, 8, ?
Réponse	0	28	16	32	12	4

JOUR 2 **120.** Multiplier : *u* × 2, *u* × 3, *u* × 4, *u* × 5, *u* × 10

Quel est le résultat de…

Énoncé	7 × 5	6 × 10	9 × 3	8 × 4	5 × 2	3 × 7
Réponse	35	60	27	32	10	21

84 **JOUR 1** **121.** Compléter une addition ou une soustraction : répertoire de 19 ($n + ? = 19$; $19 - n = ?$; etc.)

Quel est le nombre qui manque ?

Énoncé	1 + … = 19	19 – 17 = …	9 + … = 19	19 – 3 = …	15 + … = 19	19 – 7 = …
Réponse	18	2	10	16	4	12

JOUR 2 **122. Calculer à l'envers :** Trouver la multiplication qui correspond à un produit dans les tables de 2, 3, 4, 5 et 10

Proposez une multiplication ayant pour résultat…

Énoncé	30	6	15	21	18	3
Réponse	Une réponse parmi : 3 × 10 ; 10 × 3 ; 6 × 5 ; 5 × 6	Une réponse parmi : 1 × 6 ; 6 × 6 ; 2 × 3 ; 3 × 2	Une réponse parmi : 3 × 5 ; 5 × 3	Une réponse parmi : 3 × 7 ; 7 × 3	Une réponse parmi : 2 × 9 ; 9 × 2 ; 3 × 6 ; 6 × 3	Une réponse parmi : 1 × 3 ; 3 × 1

85 **JOUR 1** **123.** Résoudre des petits problèmes oraux de partage entre 2, 3, 4, 5 ou 10 personnes (tout ⩽ 50)

Écoutez chaque problème, réfléchissez et écrivez la réponse.
Vous pouvez dessiner pour vous aider à vous représenter le problème.
Vous pouvez aussi écrire sur l'ardoise l'opération que vous faites dans votre tête.

Énoncé	L'école commande 40 cerceaux. Il y a 10 classes dans l'école. Combien de cerceaux recevra chaque classe ?	Tom a payé 48 euros pour 2 raquettes identiques. Combien coûte une raquette ?	Léa a 20 œufs. Elle doit les ranger dans des boîtes de 4 œufs. De combien de boîtes a-t-elle besoin ?
Réponse	4	24	5

JOUR 2 **124.** Soustraire *du* – *du* en suivant les étapes *du* – *d* – *u*

Quel est le résultat de…

Énoncé	24 – 12 = 24 – 10 – 2 =	41 – 13 = 41 – 10 – 3 =	39 – 26 = 39 – 20 – 6 =
Réponse	12	28	13

Énoncé	25 – 16 = 25 – 10 – 6 =	50 – 35 = 50 – 30 – 5 =	46 – 21 = 46 – 20 – 1 =
Réponse	9	15	25

Stratégie à mettre en évidence :
- *du – du = du – d – u*

Exemple : 41 – 17 = 41 – 10 – 7
Je calcule les dizaines d'abord 4 *d* – 1 *d* = 3 *d*, puis j'ajoute les unités du premier nombre (ici 1) 3 *d* 1 *u* = 31, puis je soustrais les unités du deuxième nombre soit en reculant mentalement, soit en trouvant l'écart.
31 – 3 = 28 donc 41 – 13 = 28

86 **JOUR 1** **125. La frise numérique :** Résoudre des additions *du* + 1 à *du* + 10 et des soustractions *du* – 1 à *du* – 10, avec appui sur la frise numérique (*du* ⩽ 99)

Quel est le résultat de…

Énoncé	64 + 7	75 + 9	86 + 7	67 – 8	82 – 4	97 – 6
Réponse	71	84	93	59	78	91

JOUR 2 **126. Calculer à l'envers :** Trouver 6 manières de fabriquer 20 avec 2 additions, 2 soustractions et 2 multiplications

Proposez 6 opérations ayant pour résultat 20 : 2 additions, 2 soustractions et 2 multiplications.

Énoncé	Par addition	Par soustraction	Par multiplication
Réponse	Deux réponses parmi : 20 + 0 ; 0 + 20 ; 19 + 1 ; 1 + 19 ; 18 + 2 ; 2 + 18 ; 17 + 3 ; 3 + 17 ; 16 + 4 ; 4 + 16 ; 15 + 5 ; 5 + 15 ; 14 + 6 ; 6 + 14 ; 13 + 7 ; 7 + 13 ; 12 + 8 ; 8 + 12 ; 11 + 9 ; 9 + 11 ; 10 + 10	Deux réponses parmi : 30 – 10 ; 29 – 9 ; 28 – 8 ; 27 – 7 ; 26 – 6 ; 25 – 5 ; 24 – 4 ; 23 – 3 ; 22 – 2 ; 21 – 1 ; 20 – 0	Deux réponses parmi : 2 × 10 ; 10 × 2 ; 4 × 5 ; 5 × 4

88 **JOUR 1** **127.** Additionner *du* + *du* (avec franchissement de la centaine) et soustraire *du* – *du*

Quel est le résultat de…

Énoncé	65 + 42	73 – 26	85 + 23	94 – 19	77 + 17	98 – 31
Réponse	107	47	108	75	94	67

Stratégie à mettre en évidence :

- Soustraire 19, c'est enlever 20 puis ajouter 1.

JOUR 2 **128.** Trouver le complément à 100 ($d + ? = 100$)

Quel est le nombre qui manque ?

Énoncé	70 + … = 100	50 + … = 100	20 + … = 100	90 + … = 100	40 + … = 100	10 + … = 100
Réponse	30	50	80	10	60	90

Stratégie à mettre en évidence :

- Utiliser sa connaissance des compléments à 10 pour trouver la correspondance : $u + u = 10 \rightarrow d + d = 100$.

Exemple : $6 + 4 = 10$ donc $6\ d + 4\ d = 10\ d = 100$.

Exploitation pédagogique des séquences

Période 1

Ces **premières séquences** proposent de résoudre des **problèmes simples à une étape relevant de structures additives.** Au CP, les élèves ont déjà été confrontés à des problèmes additifs et ont appris à **passer des procédures de comptage aux procédures de calcul.**
Les premières séquences sur la résolution de problèmes au CE1 peuvent s'appuyer sur la manipulation pour représenter et modéliser les situations ou pour valider les réponses. Comme cela est proposé dans le *Guide orange*, le **Fichier élève** propose une schématisation des problèmes permettant de mieux appréhender la relation entre les nombres.

5 Problèmes

1 Sur une étagère de la bibliothèque, il y a 12 romans et 7 bandes dessinées.
Combien y a-t-il de livres en tout sur l'étagère ?

12	7

?

- **Écris** un calcul avec + ou − et **calcule** : 12 + 7 = (19)
- **Entoure** le nombre qui répond à la question dans ton calcul.
- **Écris** la phrase réponse : Il y a 19 livres sur l'étagère.

2 On cherche le nombre total de fruits utilisés.
Pour réaliser une compote, on fait cuire ensemble 8 pommes et 9 poires.

- **Complète** le schéma.

8	9

?

- **Écris** un calcul avec + ou − et **calcule** : 8 + 9 = (17)
- **Écris** la phrase réponse : On utilise 17 fruits au total.

3 Dans la classe, il y a 11 filles et 9 garçons.
Combien y a-t-il d'élèves en tout ?

- **Dessine** le schéma.

11	9

?

- **Écris** un calcul avec + ou − et **calcule** : 11 + 9 = (20)
- **Écris** la phrase réponse : Il y a 20 élèves en tout.

1 2 3

Erreur fréquente

Erreur de calcul dans l'addition.

Remédiation

Proposer aux élèves du matériel de manipulation pour résoudre le calcul.

Déroulement suggéré

Résoudre le premier problème collectivement avec la classe, Fichiers élèves fermés. Les élèves ont leur ardoise. Pour amorcer un début d'abstraction mentale, réaliser la manipulation du premier problème devant les élèves avec de vrais livres ou des jetons en cachant au fur et à mesure le matériel, par exemple derrière le bureau. Certains élèves vont utiliser une procédure de calcul mental. Répéter deux fois l'énoncé en l'écrivant au tableau, et laisser le temps aux élèves de résoudre le problème. Au bout de 5 minutes, faire lever les ardoises.

Faire ouvrir le Fichier élève et résoudre ce problème au tableau avec un élève identifié en difficulté pendant que les autres complètent leur fichier : reproduire le schéma du problème, trouver la relation entre les nombres puis entourer le nombre qui répond à la question dans le calcul en ligne.

Conclure : *Pour trouver le nombre total de livres, j'additionne le nombre de romans et le nombre de bandes dessinées.*

12 + 7 = [19]

Il y a 19 livres en tout sur l'étagère.

Laisser la résolution de ce problème affichée au tableau durant la résolution individuelle des deux autres problèmes.

Les élèves résolvent ensuite les autres problèmes en situation de recherche individuelle avec du matériel à disposition. Afin qu'il n'y ait pas de problème de lecture, lire chaque énoncé deux fois à haute voix à toute la classe.

Réaliser la correction de façon collective, problème après problème : inviter chaque fois au tableau un élève qui aura été identifié en difficulté.

- Les problèmes de **recherche du tout (réunion)** ne devraient pas poser de difficulté particulière aux élèves.

Des **problèmes ouverts** doivent compléter ces séances. Les fichiers texte des énoncés sont proposés sur le site de la collection pour permettre de **générer de nouveaux énoncés en intervenant sur les variables suivantes** :
- modifier les **données numériques**, en veillant à **proposer un tout inférieur ou égal à 50, et une partie à trouver inférieure à 10, sans changer le contexte** ;

La verbalisation des procédures lors de la manipulation favorisera l'accès à l'abstraction dans la résolution des problèmes. Elle permettra aussi de mieux comprendre ce que fait et pense l'élève pour pouvoir apporter les éventuelles remédiations. C'est pourquoi il est important de faire verbaliser à un élève sa démarche lorsque l'on passe dans les rangs.
Par ailleur, insister sur le fait que la réponse au problème ne doit pas être seulement un nombre comme « 21 », mais une phrase réponse : « *Il reste 21 cahiers dans le carton.* » Reprendre, si nécessaire, les formulations des élèves lors de la correction collective au tableau.

9 Problèmes

1 Dans un carton, il y a 29 cahiers. La maîtresse distribue 8 cahiers.
Combien reste-t-il de cahiers dans le carton ?

8	?

29

- **Écris** un calcul avec + ou − et **calcule** : 8 + (21) = 29
- **Entoure** le nombre qui répond à la question dans ton calcul.
- **Écris** la phrase réponse : Il reste 21 cahiers dans le carton.

2 Zoé et Timéo ont ensemble 43 cartes. Timéo a 10 cartes.
Combien Zoé a-t-elle de cartes ?

- **Complète** le schéma.

10	?

43

- **Écris** un calcul avec + ou − et **calcule** : 43 − 10 = (33)
- **Écris** la phrase réponse : Zoé à 33 cartes.

3 On cherche le nombre de billes sur la table.
En tout j'ai 14 billes : 9 sont dans mon cartable et le reste est sur la table.

- **Dessine** le schéma.

9	?

14

- **Écris** un calcul avec + ou − et **calcule** : 14 − 9 = (5)
- **Écris** la phrase réponse : Il y a 5 billes sur la table.

1 2 3

Erreur fréquente

Les élèves **additionnent les deux données numériques de l'énoncé**.

Remédiation

Faire mimer la situation et revoir les relations entre les nombres.
On peut aussi utiliser les réglettes Cuisenaires qui permettent de reconstruire le schéma en barres.

Déroulement suggéré

Résoudre le premier problème collectivement avec la classe, Fichiers élèves fermés et ardoises en main. Pour amorcer un début d'abstraction mentale, réaliser la manipulation devant les élèves en utilisant une boîte et des jetons à la place des cahiers.

Répéter deux fois l'énoncé et laisser le temps aux élèves de résoudre le problème. Effectuer la correction au tableau en faisant remplir la correction de l'exercice 1 sur le Fichier élève.

Conclure : *On cherche le nombre de cahiers qui restent dans le carton. Nous savons qu'il y a 29 cahiers au départ. La maîtresse en distribue 8. Combien faut-il ajouter à 8 pour arriver à 29 ?*

8 + [21] = 29

ou 29 − 8 = [21]

Il reste 21 cahiers dans le carton.

Écrire au tableau les deux opérations possibles et entourer la réponse au problème 21 pour chaque opération. Vérifier la réponse en ouvrant la boîte et en comptant les jetons. Bien faire remarquer aux élèves que suivant l'opération choisie pour résoudre le problème, la réponse n'est pas forcément après le signe « = ».

Les élèves résolvent ensuite les autres problèmes en situation de recherche individuelle. Lire chaque énoncé à voix haute à la classe.

Laisser la résolution du premier problème affichée au tableau durant la résolution individuelle des deux autres problèmes.

Réaliser la correction de façon collective au tableau, problème après problème.

- Les problèmes de **recherche d'une partie**, déjà vus au CP sont réactivés.

- puis modifier le contexte, mais **sans changer les données numériques** ;
- ensuite, modifier **à la fois le contexte et les données numériques**, en veillant à **ne pas proposer de résultat supérieur ou égal à 50** ;
- enfin en proposant des énoncés **avec les grandeurs et mesures** après la séance 9 : **longueurs en centimètres**.

➡ **Version personnalisable** de chaque énoncé de problème : **maths-super-simples.editions-bordas.fr**

Les séquences 13 et 17 réactivent les séquences précédentes. Plusieurs procédures de résolution peuvent être identifiées chez les élèves. Dans tous les cas, consacrer des moments d'institutionnalisation, des moments pour identifier la modélisation avec et pour tous les élèves. On peut faire utiliser le **matériel pour valider ce qu'on est capable d'anticiper.**
Les nombres proposés dans les problèmes ont été volontairement choisis pour amener l'élève à privilégier certaines procédures, notamment pour provoquer le passage des procédures de dénombrement

13 Problèmes

1. Léo avait 23 billes, il en gagne 7 à la récréation.
Combien a-t-il de billes après la récréation ?

23	7

?

- **Écris** un calcul avec + ou − et **calcule** : 23 + 7 = (30)
- **Entoure** le nombre qui répond à la question dans ton calcul.
- **Écris** la phrase réponse : Léo a 30 billes après la récréation.

2. Au gymnase, on distribue 14 ballons. Il reste 5 ballons dans la réserve.
Combien y avait-il de ballons dans la réserve avant la distribution ?

- **Complète** le schéma.

14	5

?

- **Écris** un calcul avec + ou − et **calcule** : 14 + 5 = (19)
- **Écris** la phrase réponse : Il y avait 19 ballons dans la réserve.

3. On cherche le nombre total de feutres de Lili.
Lili prête 8 feutres à Tim. Elle colorie avec les 11 feutres qu'il lui reste.

- **Dessine** le schéma.

8	11

?

- **Écris** un calcul avec + ou − et **calcule** : 8 + 11 = (19)
- **Écris** la phrase réponse : Lili a 19 feutres au total.

Déroulement suggéré

- Résoudre le premier problème collectivement avec la classe. Pour favoriser l'abstraction mentale, réaliser une manipulation devant les élèves avec de vraies billes ou jetons en cachant, au fur et à mesure de la lecture de l'énoncé, les collections dans une boîte. Les nombres choisis (complément à 30) permettent de favoriser le calcul mental.

  Reproduire le schéma en barres au tableau et faire venir un élève pour écrire la relation entre les nombres (le calcul). Entourer le nombre qui répond à la question dans le calcul en ligne pendant que les élèves complètent leur Fichier.

  Conclure : *Pour trouver le nombre billes que Léo a après la récréation, j'additionne le nombre de billes qu'il avait au départ au nombre de billes gagnées.*
  23 + 7 = [30]
  Léo a 30 billes après la récréation.

- Laisser la résolution de ce problème affichée au tableau durant la résolution individuelle des deux autres problèmes.

- Les élèves résolvent ensuite les autres problèmes en situation de recherche individuelle avec du matériel à disposition. Afin qu'il n'y ait pas de problème de lecture/déchiffrage, lire chaque énoncé deux fois à haute voix à toute la classe.

- Réaliser la correction de façon collective, problème après problème : inviter chaque fois au tableau un élève qui aura été identifié en difficulté.

1 2 3

Erreur fréquente

Les élèves **ne trouvent pas la bonne relation entre les nombres**.

Remédiation

Faire mimer la situation, notamment pour les problèmes de transformation, et faire manipuler. Les données numériques peuvent être simplifiées (nombres à un chiffre) pour les élèves en difficulté.

- Les problèmes des séances 13 et 17 appartiennent à la même typologie : ce sont des **problèmes du champ additif**. Cependant ils **ne relèvent pas de la même stratégie de résolution**.
On cherche le tout ou la partie et plusieurs calculs sont possibles. Lors des corrections, toujours proposer les deux opérations possibles repérées dans la classe pour les recherches de parties (addition ou soustraction), et entourer à chaque fois le nombre qui répond à la question.

Des **problèmes ouverts** doivent compléter ces séances. Les fichiers texte des énoncés sont proposés sur le site de la collection pour permettre de **générer de nouveaux énoncés en intervenant sur les variables suivantes** :
- modifier les **données numériques**, en veillant à **ne pas proposer de résultat supérieur ou égal à 50** et **sans changer le contexte** ;

à des procédures de calcul. **La taille des nombres en jeu constitue donc un élément important permettant de faire évoluer les procédures des élèves.** Les situations restent ici proches de la réalité du problème et peuvent être mimées en classe. Pour comprendre les cheminements cognitifs des élèves, on peut passer dans les rangs et poser les questions suivantes : *À quoi réfléchis-tu ? Où en es-tu ? Que dois-tu faire pour… ?*

17 Problèmes

1 Dans la boîte mystère, il y avait 29 jetons. On enlève 6 jetons.
Combien y-a-t-il de jetons dans la boîte maintenant ?

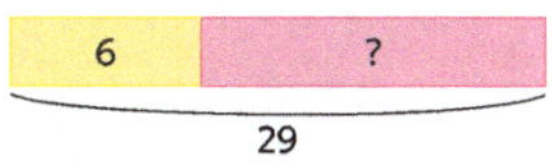

- **Écris** un calcul avec + ou − et **calcule** : 6 + (23) = 29
- **Entoure** le nombre qui répond à la question dans ton calcul.
- **Écris** la phrase réponse : Il y a 23 jetons dans la boîte.

2 Lalie possède 17 images. Elle en distribue 5.
Combien lui reste-t-il d'images après la distribution ?

- **Complète** le schéma.

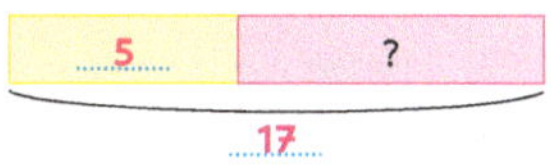

- **Écris** un calcul avec + ou − et **calcule** : 17 − 5 = (12)
- **Écris** la phrase réponse : Il reste 12 images à Lalie.

3 On cherche le nombre de billes vertes.
Dans un sachet, il y a 30 billes en tout :
21 billes rouges et des billes vertes.

- **Dessine** le schéma.

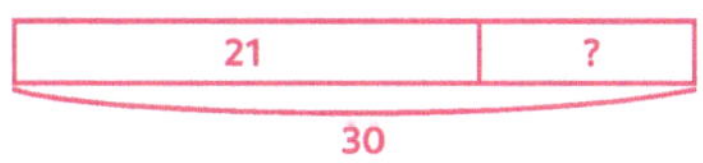

- **Écris** un calcul avec + ou − et **calcule** : 21 + (9) = 30
- **Écris** la phrase réponse : Il y a 9 billes vertes.

Déroulement suggéré

- Résoudre le premier problème collectivement avec la classe. Répéter deux fois l'énoncé et laisser le temps aux élèves de résoudre le problème. Effectuer la correction au tableau en faisant remplir la correction sur le Fichier élève.

  Conclure : *On cherche le nombre de jetons qu'il reste dans la boîte. Nous savons qu'il y a 29 jetons au départ. On en enlève 6.*

  6 + [23] = 29

  ou 29 − 6 = [23]

  Il reste 23 jetons dans la boîte.

- Écrire au tableau les deux opérations possibles et entourer la réponse au problème 23 pour chaque opération. À nouveau, faire remarquer aux élèves que suivant l'opération choisie pour résoudre le problème, la réponse n'est pas forcément après le signe « = ».

- Les élèves résolvent ensuite les autres problèmes en situation de recherche individuelle. Lire chaque énoncé à voix haute à la classe.

- Laisser la résolution du premier problème affichée au tableau durant la résolution individuelle des deux autres problèmes.

- Réaliser la correction de façon collective au tableau, problème après problème.

1 2 3

Erreur fréquente

Les élèves **n'arrivent pas à compléter les schémas en barres.**

Remédiation

Manipuler avec des réglettes cuisenaires. Si le calcul posé en ligne est correct, l'objectif de l'activité est déjà atteint. Le plus important est que l'élève ait trouvé la bonne relation entre les nombres.

- puis modifier le **contexte**, mais **sans changer les données numériques** ;
- ensuite, modifier **à la fois le contexte et les données numériques**, en veillant à **ne pas proposer de résultat supérieur ou égal à 50** ;
- enfin en proposant des énoncés **avec les grandeurs et mesures** : **longueurs en centimètres et millimètres**.

Version personnalisable de chaque énoncé de problème : **maths-super-simples.editions-bordas.fr**

1 Connaître les nombres jusqu'à 99

OBJECTIF DE LA SÉQUENCE
Lire, écrire, représenter les nombres jusqu'à 99.

JOUR 1 Découverte — 40 min

Objectif de l'activité
Associer différentes écritures d'un même nombre.

Matériel
- **Par élève :**
  - 1 **crayon de papier**, 4 **cartes vierges**.
- **Par binôme :**
  - 1 **jeu de 20 cartes** correspondant à quatre nombres (26, 81, 75, 60) présentés dans cinq écritures différentes (par exemple : 26, vingt-six, 20 + 6, 10 + 10 + 6, 2 dizaines 6 unités).

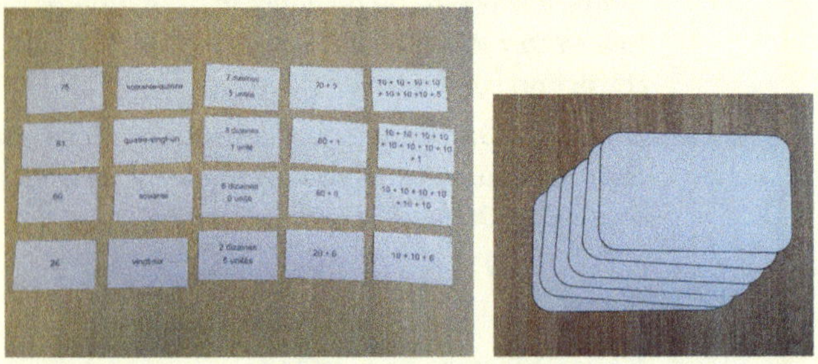

Photo 1 : matériel pour les élèves : les cartes-nombres et les cartes vierges

- **Pour la classe :**
  - Des **aimants** ou de **la pâte adhésive**.

Déroulement de la séance
- **Mise en situation** ■ oral collectif ■ 5 min
- **Recherche** ■ par binôme ■ 15 min
- **Mise en commun** ■ oral collectif ■ 15 min
- **Institutionnalisation** ■ oral collectif ■ 5 min

Mise en situation — 5 min

- Présenter à la classe de façon aléatoire les cartes écrites dans différentes écritures et expliquer que chaque carte représente un nombre.
- Demander aux élèves de lire à tour de rôle les écritures des 20 cartes.

Recherche — 15 min

1re phase
- Mélanger les cartes et distribuer un jeu par binôme.

Consigne : *Mettez-vous d'accord pour former sur votre table des lignes avec les cartes qui représentent le même nombre. Vous devez obtenir 4 lignes de 5 cartes car 4 nombres sont représentés.*

2de phase
- Distribuer quatre cartes vierges par élève.

Consigne : *Dessinez sur chaque carte vierge les barres de 10 et les cubes unités correspondants à chaque nombre sur la table. Comparez vos cartes avec celles de votre voisin et mettez-vous d'accord pour qu'elles soient identiques.*

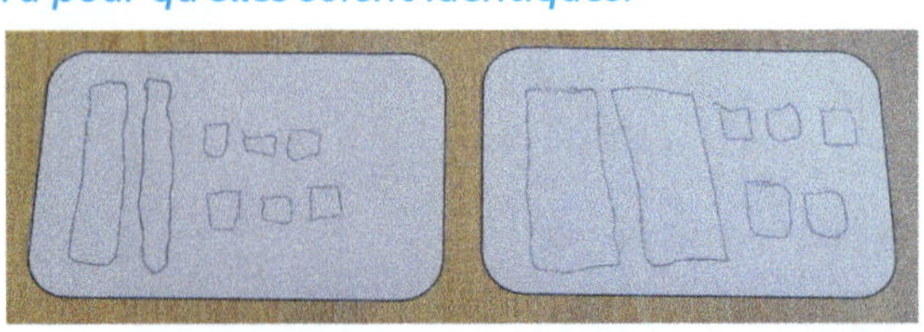

Photo 2 : les représentations d'un binôme utilisant les barres de 10 et les cubes unités ; le second élève a oublié une unité

Pistes de différenciation
- **Faire chercher et écrire sur les cartes le nombre** qui correspond aux écritures additives, à l'écriture en dizaines et unités et à l'écriture en lettres.
- Donner des cartes avec des **nombres compris entre 1 et 30**.

Mise en commun — 15 min

- Rassembler les élèves devant le tableau. Fixer au tableau les cartes avec les nombres écrits en chiffres (26, 81, 75 et 60) les unes en dessous des autres.
- Distribuer les 16 cartes restantes à 16 élèves.

Consigne : *Refaites sur le tableau les alignements que vous avez réalisés sur vos tables.* Faire d'abord venir tous les élèves qui ont le nombre écrit en lettres, puis les élèves qui ont le nombre écrit sous forme de dizaines et unités, et ainsi de suite.
- Demander aux élèves de vérifier les affichages et d'expliquer les différentes façons d'écrire un nombre.
- Tracer au tableau une droite numérique de 0 à 70 graduée de 5 de 5. Placer les dizaines entières : 10, 20, 30, etc. Demander successivement à quatre élèves de venir placer chacun un nombre sur cette droite : 26, 81, 75 et 60.
- Reformuler : *Le même nombre peut s'écrire avec des lettres, avec des chiffres, sous forme d'une addition de plusieurs nombres, sous forme de dizaines et d'unités ou sous forme de barres de dix et de cubes unités. Un nombre peut aussi se placer sur une droite numérique.*
- Faire ranger la feuille de recherche des élèves dans le lutin, la pochette ou le cahier de recherche.

Conseil
- Si nécessaire, utiliser un jeu avec des cartes **au format A4** pour la mise en commun au tableau afin que les élèves puissent bien lire les différentes écritures.

Institutionnalisation — 5 min

Distribuer la trace écrite et la faire coller dans le cahier.

1 Connaître les nombres jusqu'à 99

Un nombre peut s'écrire de différentes façons.

dizaines	unités
5	4

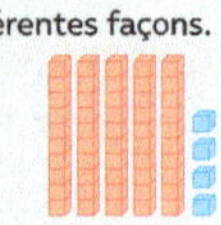

54 = 10 + 10 + 10 + 10 + 10 + 4
= 50 + 4

54, c'est 5 dizaines et 4 unités.

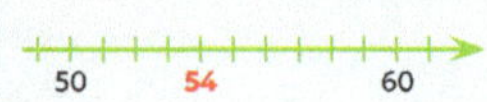

Activité complémentaire
Apprendre à écrire les chiffres de 0 à 9 et les nombres en lettres de 0 à 99
En début d'année de CE1, pendant toute la période 1, prévoir sous forme de courtes séances décrochées :
- la révision de l'écriture des chiffres de 0 à 9 (les chiffres s'écrivent sur deux interlignes Séyès de hauteur) ;
- la révision de l'écriture des chiffres en lettres de 0 à 19 ainsi que de toutes les dizaines entières (20, 30, 40, 50, 60, 70, 80 et 90).

MATÉRIEL ET DOCUMENTS

www.maths-super-simples.editions-bordas.fr, Séquence 1

CALCUL MENTAL JOUR 1

10 min

1. Poursuis la comptine : jusqu'à 99.

➥ *p. 26*

CALCUL MENTAL JOUR 2

10 min

2. Identifier une quantité organisée jusqu'à 99.

➥ *p. 26*

JOUR 2 Entraînement 30 min

1 Connaître les nombres jusqu'à 99

1 Complète la droite numérique.

50 53 57 60 62 69 70

2 Écris le nombre de carrés de chocolat.

10 + 10 + 3

d	u
2	3

10 + 10 + 10

d	u
3	0

10 + 10 + 10 + 9

d	u
3	9

3 Complète le tableau.

42	40 + 2	4 dizaines et 2 unités	quarante-deux
38	30 + 8	3 dizaines et 8 unités	trente-huit
51	50 + 1	5 dizaines et 1 unités	cinquante-et-un
76	70 + 6	7 dizaines et 6 unités	soixante-seize
89	80 + 9	8 dizaines et 9 unités	quatre-vingt-neuf

4 Complète les phrases.

- Dans 93, le chiffre des dizaines est 9 et le chiffre des unités est 3.
- Dans 47, le chiffre des unités est 7.
- Dans 74, le chiffre des dizaines est 7.
- Dans 85, le chiffre des unités est 5 et le chiffre des dizaines est 8.

CAHIER DU JOUR

5 Écris tous les nombres entre 69 et 92.

1

Erreur fréquente

Certains élèves **ne savent pas placer convenablement un nombre sur un axe.**

Remédiation

Inviter les élèves concernés à **écrire la décomposition additive du nombre étudié « dizaines + unités »**, puis à **représenter cette addition sur la droite numérique**.

2

Erreur fréquente

Certains élèves **placent deux chiffres dans la colonne des dizaines**, 30 ou 40 par exemple, et rien dans la colonne des unités.

Remédiation

Rappeler que l'**on ne peut écrire qu'un seul chiffre par colonne** : le chiffre de droite dans la colonne des unités et le chiffre de gauche dans la colonne des dizaines.

3 4

Erreur fréquente

Certains élèves **inversent régulièrement à l'écrit chiffre des dizaines et chiffre des unités** : par exemple, ils écrivent « 51 » si on leur dit « *1 dizaine et 5 unités* ».

Remédiation

Expliquer que les nombres **s'écrivent dans le même ordre que celui dans lequel on les énonce** : le chiffre des dizaines d'abord, c'est-à-dire à gauche, et le chiffre des unités à droite, à la fin. Faire vérifier si besoin la possibilité de dyslexie numérique.

2 Comparer, ordonner les nombres jusqu'à 99

OBJECTIF DE LA SÉQUENCE
Utiliser les nombres pour comparer.

JOUR 1 Découverte 35 min

Objectif de l'activité
Comparer deux prix pour savoir quel article est le moins cher.

Matériel
- **Par élève :**
  - 1 **ardoise** ; 1 **feutre effaçable**.
- **Par binôme :**
  - Dans 1 **barquette** : 15 **billets de 10 €** et 15 **pièces de 1 €**.
- **Pour la classe :**
  - Des **craies** blanche, rouge et bleue.

Déroulement de la séance
- **Mise en situation** ■ oral collectif ■ 5 min
- **Recherche** ■ par binôme ■ 15 min
- **Mise en commun** ■ oral collectif ■ 10 min
- **Institutionnalisation** ■ oral collectif ■ 5 min

Mise en situation 5 min

■ Proposer à la classe la situation suivante : *Thomas veut acheter un nouveau pull pour l'hiver. Il y a deux magasins en bas de chez lui. Dans le premier, il peut acheter un beau pull pour 44 € ; dans le second, il peut acheter le même pour 39 €. Dans quel magasin conseilleriez-vous à Thomas d'acheter son pull ?*

Recherche 15 min

1re phase
■ Les élèves travaillent par deux pour trouver la réponse à la question posée.
Consigne : *En utilisant les billets de 10 € et les pièces de 1 €, un élève constitue la somme de 44 € et son voisin celle de 39 €.*

■ Discuter avec les élèves de la réponse au problème posé et, s'il est nécessaire d'ajouter un argument de poids pour convaincre les plus hésitants, les amener à remarquer que 39 < 40 et que 44 > 40.

■ Écrire la solution au tableau sous les deux formes : 44 > 39 et 39 < 44.
Conclure : *Le conseil est d'acheter le pull dans le deuxième magasin.*

2de phase
■ Recommencer avec d'autres articles et d'autres prix :
- un short à 34 € dans une première boutique et un à 28 € dans une autre ;
- un T-shirt à 29 € et un à 32 € ;
- un pantalon à 76 € et un à 72 €.

Consigne : *Comparez les sommes obtenues avec les billets et les pièces et comparez les deux prix sur votre ardoise en utilisant le signe < ou le signe >.*

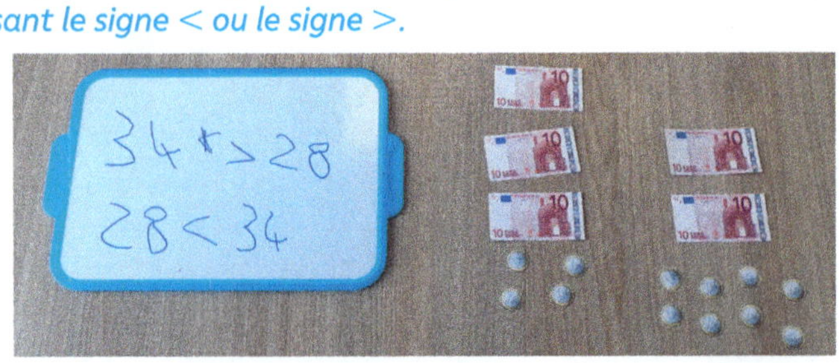

Photo 1 : travail de recherche d'un binôme

■ Circuler dans les rangs et inciter les élèves à disposer d'abord les billets côte à côte, puis les pièces, afin qu'ils comprennent que la somme la plus importante, après les échanges de monnaie, correspond au nombre de billets le plus élevé.

Pistes de différenciation
- Demander aux élèves de **dessiner sur leur ardoise les sommes obtenues en billets et en pièces** et de tracer avec un trait la correspondance billet à billet et pièce à pièce, pour montrer visuellement où il y a le plus d'argent.
- **Fournir aux élèves des barres de 10 et des cubes unités,** qu'ils ont davantage l'habitude de manipuler que des billets et des pièces.

Mise en commun 10 min

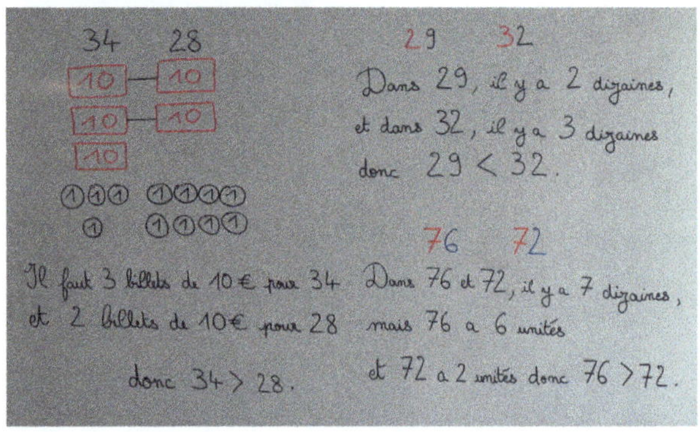

Photo 2 : mise en commun au tableau

■ Reprendre l'exemple des shorts et des T-shirt en écrivant les prix deux à deux sur le tableau. Demander aux élèves de comparer les nombres en utilisant une procédure différente pour chaque paire de nombres :
- dessiner les billets et établir une correspondance terme à terme en traçant des traits à la craie ;
- comparer les chiffres des dizaines.

■ Demander : *Quelle est la méthode la plus rapide ?*
Conclure en disant : *La méthode la plus rapide est celle qui utilise la comparaison des chiffres des dizaines.*

■ Reprendre un travail semblable pour comparer le prix des pantalons en utilisant la méthode de comparaison des dizaines. Faire comprendre aux élèves que lorsque les chiffres des dizaines sont identiques, il faut comparer les chiffres des unités.

Institutionnalisation 5 min

Distribuer la trace écrite et la faire coller dans le cahier.

2 Comparer, ordonner les nombres jusqu'à 99

Pour comparer deux nombres de deux chiffres :

1. **On compare d'abord le chiffre des dizaines.**
Par exemple, on compare 32 et 25 :

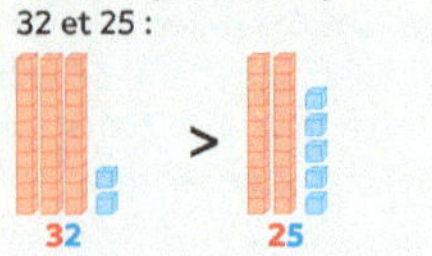

Dans 32, il y a **3 dizaines**. Dans 25, il y a **2 dizaines**.

3 dizaines > **2** dizaines, donc 32 > 25.

2. **Si les chiffres des dizaines sont identiques, on compare alors les chiffres des unités.**
Par exemple, on compare 71 et 74 :

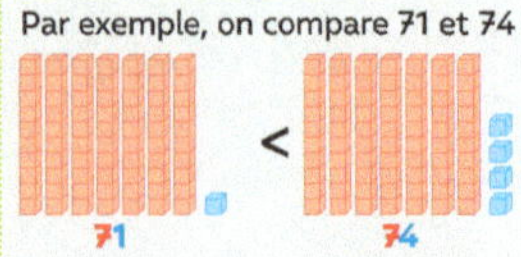

Dans 71, il y a **7 dizaines** et **1 unité**. Dans 74, il y a **7 dizaines** et **4 unités**.

1 unité < **4** unités, donc 71 < 74.

MATÉRIEL ET DOCUMENTS

www.maths-super-simples.editions-bordas.fr, Séquence 2

CALCUL MENTAL JOUR 1

10 min

3. Le nombre caché : entre 0 et 49.

➥ p. 26

CALCUL MENTAL JOUR 2

10 min

4. Décomposer des nombres ≤ 99 en dizaines et unités.

➥ p. 26

JOUR 2 Entraînement 30 min

2 Comparer, ordonner les nombres jusqu'à 99

1 **Écris** les nombres représentés puis **complète** avec >, ou <, ou bien =.

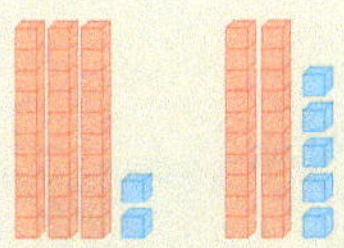

32 > 25

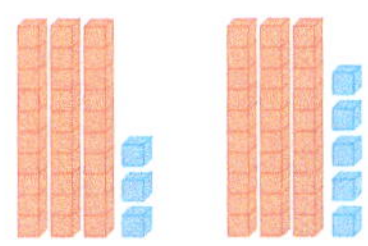

33 < 35

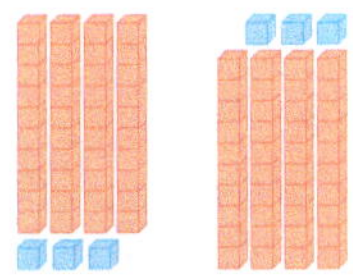

43 = 43

2 **Complète** avec =, ou <, ou bien >.

31 < 36	67 < 77	23 > 21	48 = 48
56 < 65	23 < 27	60 > 51	9 < 18

3 **Complète** avec un nombre qui convient.

72 > 81	98 > 82	90 > 45	88 = 88
90 < 98	87 > 77	63 < 68	79 < 99

4 **Complète** avec un nombre qui convient.

35 > 31	54 > 3 2	23 > 1 8
2 8 > 2 2	86 < 9 0	9 9 > 4 9

5 **Range** les nombres dans l'ordre croissant.

69 83 91 61 90 67

61 • 67 • 69 • 83 • 90 • 91

CAHIER DU JOUR

6 **Range** les nombres dans l'ordre décroissant.

79 82 80 84 66 96

1

Erreur fréquente

Certains élèves **écrivent les nombres sans se soucier de la position de numération.**

Remédiation

Rappeler que **le chiffre des dizaines est à gauche et celui des unités à droite.**

2 3 4

Erreur fréquente

Pour comparer deux nombres, certains élèves additionnent leurs chiffres et **considèrent que le plus grand est celui dont la somme des chiffres est la plus grande.**

Remédiation

Écrire les décompositions additives en « *d* + *u* » des nombres considérés. Par exemple, si l'on souhaite comparer 25 et 32, on écrira « 25 = 20 + 5 » et « 32 = 30 + 2 », ce qui permet de mettre l'accent de façon relativement simple sur le rôle prépondérant du chiffre des dizaines.

5

Erreur fréquente

Certains élèves **comparent uniquement les unités pour ranger les nombres dans l'ordre croissant.**

Remédiation

Faire surligner les nombres avec 6 dizaines d'une couleur, avec 8 dizaines d'une deuxième couleur, et ainsi de suite. **Utiliser également l'écriture additive « *d* + *u* »** pour montrer que plusieurs nombres ont le même chiffre des dizaines (82 ou 84) et qu'il faut regarder les chiffres des unités pour déterminer quel est le plus petit nombre.

3 Calculer en ligne des sommes (1)

OBJECTIF DE LA SÉQUENCE
Ajouter un nombre à un chiffre.

JOUR 1 Découverte 40 min

Objectif de l'activité
Calculer en ligne des sommes dont l'un des termes est un nombre inférieur à 10.

Matériel
- **Par élève :**
  - **1 ardoise** ; 1 **feutre effaçable**.
- **Par binôme :**
  - **1 droite graduée de 0 à 20** ;
  - **2 pions** ;
  - **1 dé.**

Déroulement de la séance
- **Mise en situation** ■ oral collectif ■ 5 min
- **Recherche** ■ par binôme ■ 15 min
- **Mise en commun** ■ oral collectif ■ 15 min
- **Institutionnalisation** ■ oral collectif ■ 5 min

Photo 2 : une partie entre deux élèves

Pistes de différenciation
- Pour les élèves qui commettent des erreurs récurrentes de calcul, **leur proposer des cubes unités pour représenter l'addition à calculer**.
- Pour les élèves plus à l'aise, **proposer une droite graduée de 0 à 40**.

Mise en situation — 5 min

■ Rappeler brièvement aux élèves le principe de l'addition et la manière apprise au CP de présenter une addition.
Écrire un exemple au tableau en dessinant 7 cœurs puis 4 cœurs et en utilisant l'écriture mathématique : 7 + 4 =.

■ Demander : *Combien y a-t-il de cœurs en tout dessinés au tableau ?* Écrire le résultat au tableau et dire en montrant avec le doigt : *7 cœurs plus 4 cœurs égalent 11 cœurs.*

Photo 1 : rappel de l'écriture mathématique de l'addition

Recherche — 15 min

■ Distribuer 2 pions et 1 dé à chaque binôme, ainsi qu'une droite graduée. Chaque élève pose son pion au-dessus de la graduation du zéro.
Consigne : *Chacun votre tour, jetez le dé, écrivez et calculez sur votre ardoise l'addition à effectuer pour avancer : « zéro plus le nombre indiqué par le dé ». Vérifiez votre résultat en avançant d'autant de graduations que le nombre indiqué sur le dé. En cas d'erreur, revenez à votre place. Jouez ainsi à tour de rôle. Le premier qui dépasse 20 a gagné !*

■ Le jeu continue jusqu'à ce qu'un élève arrive ou dépasse 20.

■ Selon le temps disponible, laisser jouer une seconde partie.

Conseils
- Proposer de **lancer le dé dans une barquette** pour qu'il ne roule pas par terre.
- Demander aux élèves de **garder tous les calculs effectués sur l'ardoise** afin de repérer les erreurs.

Mise en commun — 15 min

■ Présenter les tables d'addition de 0 à 9 préalablement préparées au tableau, mais sans les résultats.

■ Envoyer dix élèves au tableau pour compléter les tables d'addition en inscrivant les résultats manquants.

■ Une fois que les résultats sont inscrits, demander : *Voyez-vous des erreurs ?* Si les élèves ne voient pas les erreurs, les entourer et demander le résultat correct pour le noter au tableau : *Vous pouvez utiliser votre droite graduée pour trouver le résultat.*

■ Attirer l'attention des élèves sur la commutativité de l'addition en demandant : *Quel est le résultat de « 8 + 5 » et de « 5 + 8 » ou de « 3 + 6 » et de « 6 + 3 » ?*

Institutionnalisation — 5 min

■ **Distribuer la trace écrite** et la faire coller dans le cahier.

3 Calculer en ligne des sommes (1)

Pour calculer 8 + 4, on part de 8
et on réalise 4 sauts en avançant sur la droite graduée,
ce qui revient à ajouter 4 unités.

8 + 4 = 12

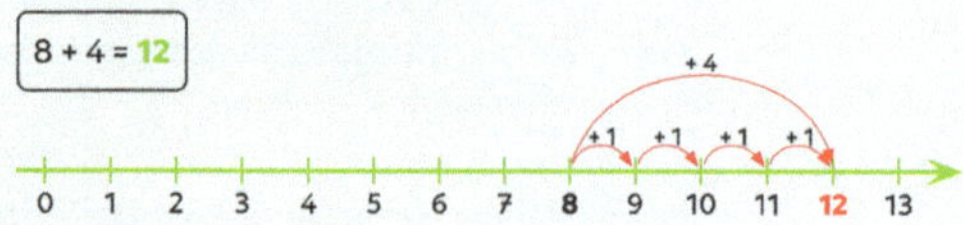

■ Expliquer la trace écrite :
Pour calculer « 8 + 4 », on part de 8 et on réalise 4 sauts en avançant sur la droite graduée, ce qui revient à ajouter 4 unités. On peut aussi mémoriser dans sa tête (par exemple, savoir par cœur que huit plus quatre égale douze).

MATÉRIEL ET DOCUMENTS

www.maths-super-simples.editions-bordas.fr, Séquence 3

CALCUL MENTAL JOUR 1

10 min

5. *u* + *u* avec franchissement de la dizaine.

➥ *p. 26*

CALCUL MENTAL JOUR 2

10 min

6. *du* + *1* avec franchissement de la dizaine (résultats ⩽ 20).

➥ *p. 26*

Activité complémentaire

Réviser les tables d'addition de 0 à 9

En aval de la séance de découverte, prévoir de courtes séances décrochées pour aider les élèves à mémoriser les additions « $x+1$ », « $x+2$ », « $x+3$ », *etc.* Exercer la mémoire des élèves à raison d'une table par semaine.

▸ ***1re phase***
Donner les tables d'addition de 1 à 9 dans l'ordre à compléter.

▸ ***2e phase***
Donner les tables d'addition de 1 à 9 dans le désordre à compléter.

▸ ***3e phase***
Donner les tables d'addition de 1 à 9 mélangées à compléter.
Modalités possibles :
1) la table d'addition est écrite et il n'y a que le résultat à ajouter ;
2) la table d'addition doit être construite en totalité par l'élève.

▸ ***4e phase***
Travailler en calcul mental sur l'ardoise.

JOUR 2 Entraînement 30 min

3 Calculer en ligne des sommes (1)

1 **Calcule.**

7 + 2 = 9	6 + 4 = 10	8 + 2 = 10
7 + 3 = 10	6 + 5 = 11	9 + 2 = 11
7 + 4 = 11	6 + 3 = 9	7 + 2 = 9

2 **Complète** et **calcule.**

3 + 12 = 12 + 3 = 15	4 + 15 = 15 + 4 = 19
2 + 13 = 13 + 2 = 15	3 + 10 = 10 + 3 = 13
2 + 11 = 11 + 2 = 13	5 + 9 = 9 + 5 = 14

3 **Complète.**

7 + 5 = 12	8 + 6 = 14	6 + 2 = 8
9 + 6 = 15	10 + 7 = 17	11 + 8 = 19
10 + 4 = 14	12 + 1 = 13	13 + 5 = 18

4 **Calcule.**

6 + 3 = 9	8 + 4 = 12	5 + 2 = 7
11 + 2 = 13	15 + 5 = 20	12 + 3 = 15
5 + 11 = 16	3 + 10 = 13	4 + 16 = 20

CAHIER DU JOUR

5 **Recopie** et **calcule.**

- 6 + 1
- 9 + 4
- 12 + 2
- 16 + 4

1 2 4

Erreur fréquente

Certains élèves **trouvent systématiquement le « résultat moins un »** car ils commettent une erreur de comptage en ajoutant le second terme.
Par exemple, si l'exercice proposé consiste à calculer « 7 + 3 », ils comptent immédiatement « 1 » sur le 7, puis « 2 » sur le 8 et « 3 » sur le 9. Ils concluent donc que « 7 + 3 = 9 ».

Remédiation

Compter systématiquement sur les doigts en insistant pour que l'élève compte « 1 » quand il lève un doigt et non pas avant.
Permettre la **manipulation avec la droite graduée.**

3

Erreur fréquente

Certains élèves **ne comprennent pas l'importance de l'ordre des nombres et des signes dans une addition à trou.** Ainsi, si on leur demande de compléter l'opération « 9 + ? = 15 », ils écriront que la réponse est 24, comme si l'énoncé était « 9 + 15 = ? ».

Remédiation

Effectuer la vérification de l'addition en utilisant le nombre erroné. Par exemple, dans le cas cité ci-dessus, dire : « *9 plus 24 n'est pas égal à 15, mais 9 plus 24 est égal à 33.* » Une fois que l'erreur est admise, il est possible de s'aider d'une représentation ou d'effectuer avec les élèves une démarche d'essais/erreurs jusqu'à trouver la réponse correcte.

4 Calculer en ligne des différences (1)

OBJECTIF DE LA SÉQUENCE
Soustraire un nombre à un chiffre.

JOUR 1 Découverte 40 min

Objectif de l'activité
Calculer en ligne des différences dont l'un des termes est un nombre inférieur à 10.

Matériel

- **Par élève :**
  - 1 **ardoise** ; 1 **feutre effaçable**.
- **Par binôme :**
  - 1 **droite graduée de 0 à 20** ;
  - 2 **pions** ;
  - 1 **dé**.

Déroulement de la séance

- **Mise en situation** • oral collectif • 5 min
- **Recherche** • par binôme • 15 min
- **Mise en commun** • oral collectif • 15 min
- **Institutionnalisation** • oral collectif • 5 min

Mise en situation — 5 min

Rappeler brièvement aux enfants le principe de la soustraction et la manière apprise au CP de la présenter. Écrire un exemple au tableau : dessiner 15 cœurs puis barrer 6 cœurs. Utiliser l'écriture mathématique « *15 – 6 =* ».

Demander : *Combien reste-t-il de cœurs qui ne sont pas barrés ?* Attendre la réponse des élèves et écrire le résultat au tableau. Dire en montrant avec le doigt l'écriture mathématique : *15 cœurs moins 6 cœurs égalent 9 cœurs.*

Photo 1 : rappel de l'écriture mathématique de la soustraction

Recherche — 15 min

Distribuer 2 pions et 1 dé, ainsi qu'une droite graduée, à chaque binôme. Chaque élève pose son pion au-dessus de la graduation du 20.

Consigne : *Chacun votre tour, lancez le dé, écrivez et calculez sur votre ardoise la soustraction « vingt moins le nombre du dé ». Vérifiez votre résultat en reculant d'autant de graduations que le nombre indiqué par le dé. En cas d'erreur, revenez à votre place. Jouez ainsi à tour de rôle. Le premier qui arrive à 0 a gagné !*

Le jeu continue jusqu'à ce qu'un élève arrive à 0. Si, en cours de jeu, un des élèves doit effectuer une opération impossible, par exemple « 5 – 6 », il laisse son pion à sa place. L'avantage est que grâce à l'utilisation de la droite graduée, l'élève est déjà sensibilisé au fait qu'une soustraction peut être impossible.

Selon le temps disponible, laisser jouer une seconde partie.

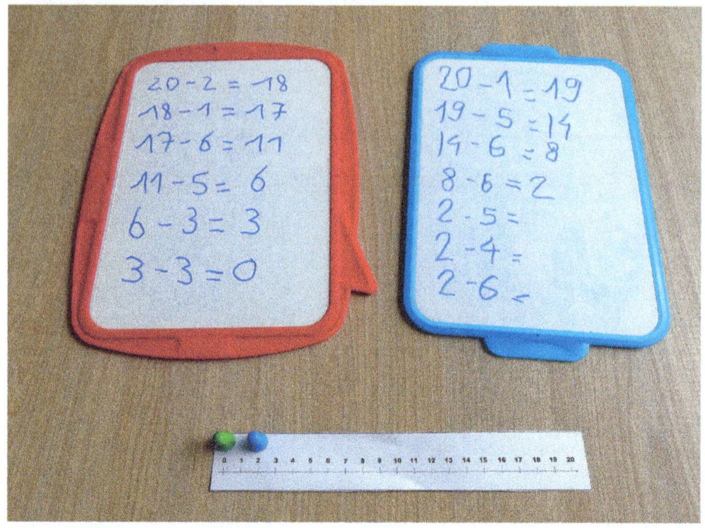

Photo 2 : une partie entre deux élèves. Le second élève a marqué des soustractions impossibles.

Conseils

- Proposer de **lancer le dé dans une barquette** pour qu'il ne roule pas par terre.
- Demander aux élèves de **garder tous les calculs effectués sur l'ardoise** afin de repérer les erreurs.

Pistes de différenciation

- Pour les élèves qui commettent des erreurs récurrentes de calcul, leur **proposer des cubes unités pour représenter la soustraction à calculer**.
- Pour les élèves plus à l'aise, **ajouter une seconde droite graduée de 21 à 40** et les faire commencer à 40.

Mise en commun — 15 min

Dessiner au tableau un axe des nombres de 0 à 20 et jouer une partie contre les élèves, qui viennent lancer le dé à tour de rôle. Détailler précisément les différentes étapes : *Mon jeton est sur 20. Je lance le dé et le 6 apparaît. Je peux donc écrire : 20 – 6 =.*

Pour trouver le résultat, je recule mon jeton de 6 graduations et j'arrive sur 14. Je peux donc écrire : 20 – 6 = 14.

Quand la soustraction est impossible, montrer avec le jeton qu'il n'est pas possible de reculer à gauche du zéro puisqu'il n'y plus de graduation.

Proposer ensuite aux élèves de trouver le résultat d'une soustraction à trou en utilisation la droite graduée, par exemple : 12 – ... = 7. Recueillir les propositions des élèves et mettre en avant la procédure où les élèves comptent combien il y a de graduations de 12 à 7, et la procédure où ils utilisent l'addition à trou : 7 + ... = 12.

MATÉRIEL ET DOCUMENTS

www.maths-super-simples.editions-bordas.fr, Séquence 4

CALCUL MENTAL JOUR 1

7. Le compte à rebours : de 1 en 1 en arrière (nombre de départ ≤ 99).
10 min ➥ *p. 27*

CALCUL MENTAL JOUR 2

8. *du – 1* avec franchissement de la dizaine (du ≤ 20).
10 min ➥ *p. 27*

Institutionnalisation

5 min

- **Distribuer la trace écrite** et la faire coller dans le cahier.

4 Calculer en ligne des différences (1)

• Pour calculer 12 – 4, on part de 12 et on réalise 4 sauts en reculant sur la droite graduée, ce qui revient à enlever 4 unités.

12 – 4 = 8

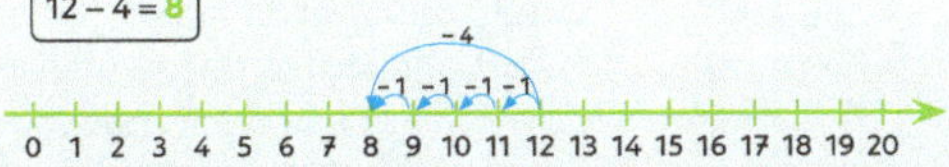

• On peut vérifier en faisant une addition : 8 + 4 = 12.

- Expliquer la trace écrite :

Pour calculer « 12 – 4 », on part de 12 et on réalise 4 sauts en reculant sur la droite graduée, ce qui revient à enlever 4 unités.

Activité complémentaire

Mémoriser

Au cours de la période 1, consacrer de courtes séances de calcul mental portant sur des soustractions simples du type : « *x – 1* », « *x – 2* », « *x – 3* ».

JOUR 2 Entraînement

35 min

4 Calculer en ligne des différences (1)

1 Complète.

7 – 2 = 5	8 – 5 = 3	11 – 3 = 8	16 – 4 = 12
5 + 2 = 7	5 + 3 = 8	3 + 8 = 11	4 + 12 = 16

2 Calcule.

10 – 7 = 3	13 – 5 = 8	15 – 4 = 11
12 – 3 = 9	14 – 4 = 10	10 – 5 = 5

3 Complète.

5 – 1 = 4	7 – 3 = 4	9 – 2 = 7
8 – 3 = 5	10 – 1 = 9	6 – 2 = 4
12 – 2 = 10	15 – 5 = 10	19 – 8 = 11

4 Calcule.

8 – 2 = 6	10 – 7 = 3	16 – 4 = 12
9 – 5 = 4	13 – 6 = 7	20 – 9 = 11
14 – 4 = 10	8 – 4 = 4	15 – 6 = 9

CAHIER DU JOUR

5 Recopie et calcule.

• 7 – 3 • 12 – 2 • 16 – 5 • 11 – 5

1 2 3 4

Erreur fréquente

Certains élèves **commettent des erreurs de décomptage lorsqu'ils effectuent des soustractions à l'aide de la droite graduée.** Par exemple, si l'exercice proposé consiste à calculer « 11 – 3 », ils placent le 11 sur l'axe et comptent immédiatement « 1 ». Ils reculent sur le 10 et comptent « 2 », puis sur le 9 et comptent « 3 ». Ils concluent donc que « 11 – 3 = 9 ».
Ils commettent également cette erreur s'ils utilisent leurs doigts pour compter.

Remédiation

Compter systématiquement sur les doigts les nombres à retirer. Préciser, en outre, qu'on ne baisse un doigt que lorsqu'on recule d'une unité sur l'axe. Dans l'exemple, placer d'abord le 11, puis tracer une flèche entre le 11 et le 10. Lever un doigt et dire : « *11 moins 1 égale 10.* » Relier de même le 10 et le 9 en levant un deuxième doigt et dire : « *11 moins 2 égale 9* », poursuivre, jusqu'à arriver à la conclusion : « *11 moins 3 égale 8* ».

1 2 3 4

Erreur fréquente

Certains élèves **additionnent au lieu de soustraire.**

Remédiation

Leur faire **surligner le signe de l'opération.**

6 Mesurer des longueurs

OBJECTIF DE LA SÉQUENCE

Mesurer et comparer des segments en cm.

JOUR 1 Découverte 35 min

Objectif de l'activité

Utiliser la règle graduée pour mesurer des longueurs et les comparer.

Matériel

- **Par élève :**
  - **1 règle graduée**, 1 **crayon de papier** ;
  - **1 feuille A4 avec un bateau dessiné** ;
- **Pour la classe :**
  - 1 **règle de 1 mètre** ;
  - la **droite graduée** de la classe.

Déroulement de la séance

- **Mise en situation** ▪ oral collectif ▪ 10 min
- **Recherche** ▪ travail individuel ▪ 10 min
- **Mise en commun** ▪ oral collectif ▪ 10 min
- **Institutionnalisation** ▪ oral collectif ▪ 5 min

Mise en situation 10 min

▪ Rappeler aux élèves comment mesurer la longueur d'un objet avec la règle graduée en dessinant au tableau la lettre E (faire en sorte que tous les segments qui composent le E soient en centimètres entiers). Expliquer la procédure : *Je place ma règle sous le segment. Je fais glisser la règle de façon à aligner le 0 en face de l'extrémité du segment. Puis je lis sur la règle le nombre de la graduation qui se trouve en face de l'autre extrémité de ce segment.* À chaque fois, faire venir un élève pour lire ce nombre et lui demander d'écrire au tableau la mesure trouvée. Insister pour qu'il écrive sa réponse en précisant l'unité. Insister sur la place de la main au milieu de la règle pour que celle-ci reste stable et ne bouge pas.

▪ Demander ensuite aux élèves : *Quel est le segment le plus long ? Quel est le segment le plus petit ?*

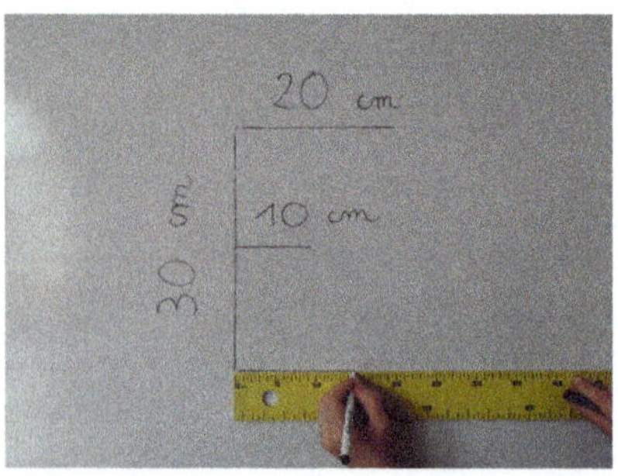

Photo 1 : démonstration de la mesure d'un segment. L'enseignant place la règle et un élève vient lire et écrire la longueur trouvée.

Recherche 10 min

▪ Distribuer aux élèves la feuille avec le dessin du bateau. Consigne : *Estimez, sans les mesurer, les longueurs de chaque segment sur ce dessin de bateau. Écrivez votre estimation en centimètre.*

▪ Laisser 5 minutes et circuler dans les rangs pour désigner certains segments que les élèves auraient oublié d'estimer, par exemple le segment du mât, puis ajouter : *Mesurez chaque segment avec votre règle et écrivez la réponse exacte si votre estimation était fausse. Ensuite, vous entourerez la mesure du segment le plus long et la mesure du segment le plus court.*

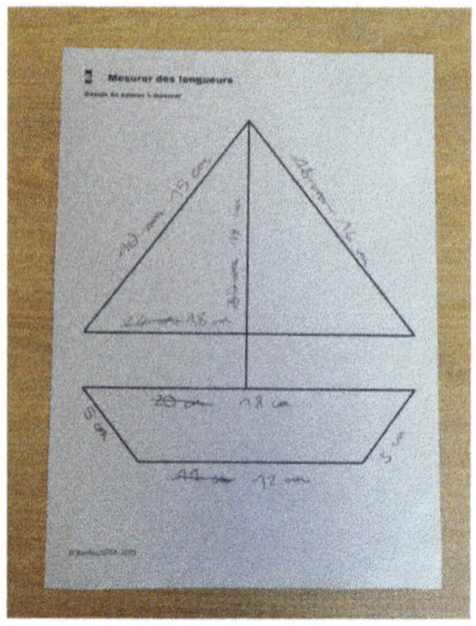

Photo 2 : production d'un élève

▪ Faire ranger la feuille de recherche des élèves dans le lutin, la pochette ou le cahier de recherche.

Conseil

- **Ramasser toutes les règles graduées des élèves** afin qu'ils ne soient pas tentés de les utiliser lors de la phase d'estimation.
- Pour les élèves qui auraient rapidement fini, leur demander de **comparer leur travail avec celui de leur voisin**, et de le modifier s'ils pensent s'être trompé.

Pistes de différenciation

- Certains élèves peuvent être bloqués par le fait d'estimer une longueur. **Leur donner un petit objet**, par exemple un cube, en leur disant : *« Ce cube mesure 2 cm de côté. Si on met ce cube à côté de ce segment, combien mesure ce segment à ton avis ? »*
- **Guider les mains des élèves** qui continuent à ne pas placer le 0 de la règle face à une extrémité.

Mise en commun 10 min

▪ Rassembler les élèves devant le tableau avec leur travail et afficher une ou deux productions significatives comportant à la fois des erreurs d'estimation (il devrait y en avoir beaucoup) mais aussi des erreurs de mesure et des erreurs dans l'identification du segment le plus long ou le plus court.

▪ Demander aux élèves : *En comparant avec ce que vous avez fait, êtes-vous d'accord avec les mesures du bateau affichées au tableau ?* Chaque fois qu'il y a un désaccord, faire vérifier la mesure par un élève en verbalisant en même temps qu'il y procède :
1) Je place la règle sous le segment à mesurer ;
2) J'aligne le 0 de la règle avec l'extrémité du segment ;
3) Je lis la mesure sur la règle face à l'autre extrémité.
Quand une correction est nécessaire, insister pour que l'élève écrive l'unité de mesure.

▪ Valider le segment le plus long et le plus court en demandant aux élèves d'expliquer pourquoi. Si nécessaire, utiliser la droite graduée de la classe.

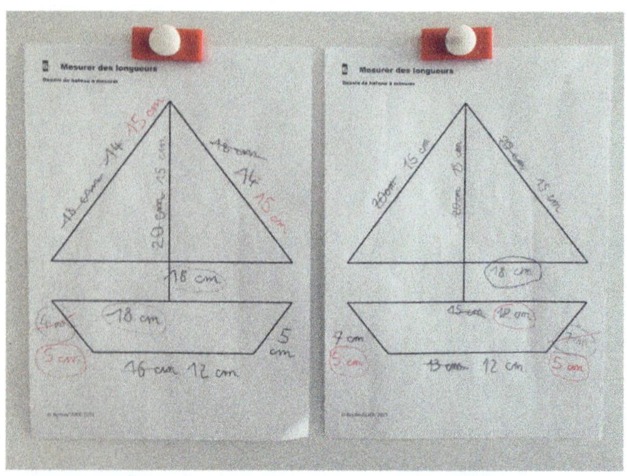

Photo 3 : productions d'élèves corrigées au tableau

MATÉRIEL ET DOCUMENTS

www.maths-super-simples.editions-bordas.fr, Séquence 6

CALCUL MENTAL JOUR 1 10 min

9. Poursuis la comptine : de 2 en 2 à partir d'un nombre pair, jusqu'à 100.
➥ *p. 27*

CALCUL MENTAL JOUR 2 10 min

10. *du + 2* (résultats ⩽ 20).
➥ *p. 27*

Institutionnalisation

5 min

■ Rappeler la procédure : *Pour mesurer la longueur d'un segment, je place le 0 de la règle en face de la première extrémité du segment. Puis je lis sur la règle le nombre de la graduation qui se trouve en face de la seconde extrémité du segment. J'obtiens alors la longueur du segment en centimètre.*

■ Distribuer la trace écrite et la faire coller dans le cahier.

6 Mesurer des longueurs

Le **centimètre (cm)** est une unité de mesure de longueur utilisée dans presque tous les pays du monde.
Pour mesurer la longueur de cette bande :
- **on place le 0 de la règle sur l'extrémité** de la bande ;
- puis on lit la mesure de longueur sur la règle en regardant **l'autre extrémité**.

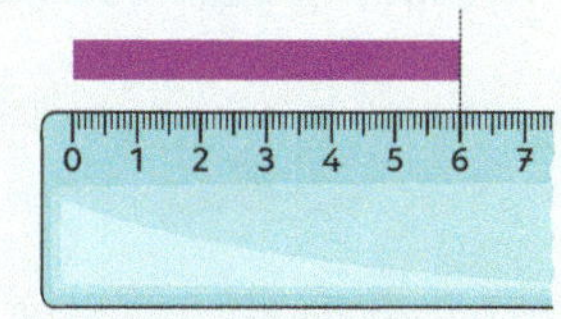

La longueur de la bande est de **6 cm**.

JOUR 2 Entraînement

30 min

6 Mesurer des longueurs

Matériel : règle graduée

1 **Mesure** avec ta règle les segments et **complète**.

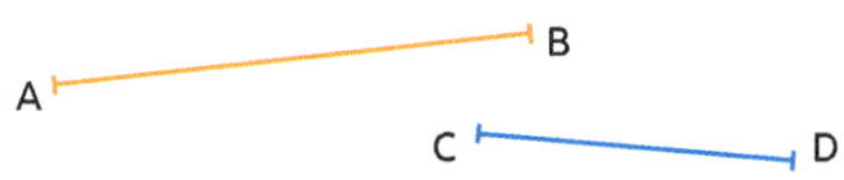

AB = 6 cm
CD = 4 cm

2 **Mesure** chaque bande avec ta règle et **colorie** la plus longue.

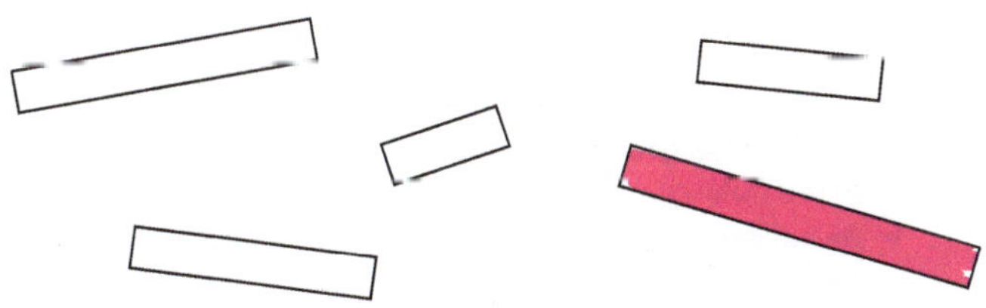

3 **Mesure** la longueur de chaque segment avec ta règle et **complète** le tableau.

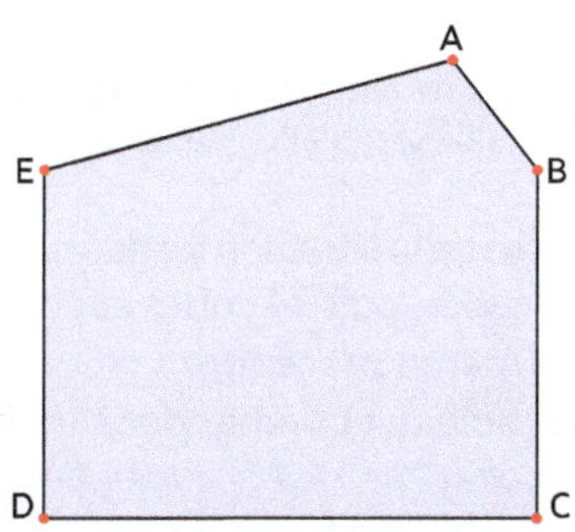

AB	2 cm
BC	5 cm
CD	7 cm
DE	5 cm
EA	6 cm

CAHIER DU JOUR

4 **Mesure** les segments sur la feuille distribuée et complète le tableau.

1 2 3

Erreur fréquente

Certains élèves **placent l'extrémité de leur règle, et non le 0, sur l'extrémité de l'objet à mesurer.**

Remédiation

Expliquer que ce n'est pas la règle graduée, en tant qu'objet, qui est l'unité de mesure, mais bien le centimètre qui apparaît sur la graduation. Par conséquent, l'extrémité de l'objet doit être placée face à l'extrémité de la partie graduée de la règle, autrement dit face au 0. **Montrer, règle à la main, la façon correcte de procéder**, individuellement ou face à la classe.

2

Erreur fréquente

La mesure est exacte **mais il manque l'unité.**

Remédiation

Rappeler aux élèves qu'ils ont utilisé au CP un objet pour mesurer (une bande de papier, par exemple) et que leur résultat était exprimé en nombre de cette unité. Maintenant, ils utilisent la règle qui est graduée en centimètre. Ils doivent donc le montrer en écrivant « cm » après la mesure.

7 Utiliser les dizaines et les unités

OBJECTIF DE LA SÉQUENCE
Réaliser des groupements et faire des échanges.

JOUR 1 Découverte 40 min

Objectifs de l'activité
- Dénombrer une quantité.
- Identifier le chiffre des dizaines et celui des unités.

Matériel
- **Par élève :**
  - 1 **barquette** contenant 17 **cubes** (prévoir 408 **cubes** pour une classe de 24 élèves) ;
  - 1 **ardoise** ; 1 **feutre effaçable** (ou le cahier de recherche et un crayon de papier).
- **Pour la classe :**
  - 1 **barquette** contenant 36 **barres de 10** posée sur le bureau de l'enseignant.
- **Pour l'activité complémentaire :**
  - Des **fiches** présentant des collections d'objets en grand nombre.

Déroulement de la séance
- **Mise en situation** ■ oral collectif ■ 5 min
- **Recherche** ■ individuelle, puis par binôme, puis par 4 ■ 20 min
- **Mise en commun** ■ oral collectif ■ 10 min
- **Institutionnalisation** ■ oral collectif ■ 5 min

Mise en situation 5 min

- Expliquer aux élèves qu'ils vont d'abord travailler seuls, puis par binômes et enfin par quatre.

Présenter la tâche : *Vous allez devoir dénombrer des quantités de cubes de plus en plus importantes. Quelle est la méthode la plus efficace et la plus rapide ?*

- Certains élèves peuvent proposer de compter les cubes un par un, mais il est important de leur rappeler la méthode découverte au CP qui consiste à grouper par 10.

Insister sur la correspondance : *10 unités, c'est 1 dizaine.*

Recherche 20 min

- Distribuer à chaque élève une barquette contenant 17 cubes.

1re phase
- Consigne : *Dénombrez puis dessinez sur votre ardoise le nombre de cubes que vous avez reçus. Écrivez ensuite ce nombre sous la forme de dizaines et d'unités. Comparez avec votre voisin pour vous mettre d'accord sur le nombre exact de cubes dans chaque barquette.* Demander aux élèves d'écrire la quantité de cubes sous la forme « dizaines et unités » pour les inciter à réaliser des groupements par 10.

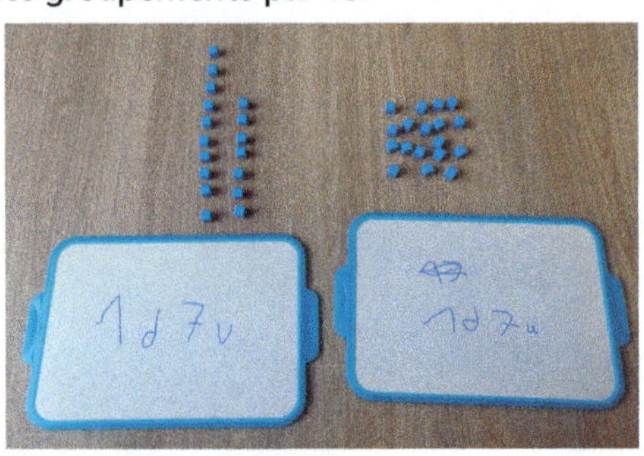

Photo 1 : production de deux élèves, au moment de comparer les résultats. L'élève de droite, qui avait dénombré les cubes un par un, s'est rendu compte qu'il n'avait pas suivi la consigne. Il a donc barré 17 et écrit ce nombre sous forme de 1 d 7 u.

2e phase
- Consigne pour le binôme : *Quand vous êtes d'accord sur le nombre d'éléments que vous avez reçus, versez sur la table tous les cubes et dénombrez combien vous avez de cubes en tout. Écrivez le résultat sous forme de dizaines et d'unités.*

Rajouter : *Dès que vous avez un groupe de 10 cubes, vous venez l'échanger contre une barre de 10.*

3e phase
- Consigne pour le groupe de 4 : *Par groupes de 4, rassemblez vos cubes et vos barres sur une table et dénombrez combien vous avez de cubes en tout. Échangez dès que possible un groupe de 10 cubes contre une barre de 10. Écrivez le nombre obtenu sous la forme de dizaines et d'unités.*

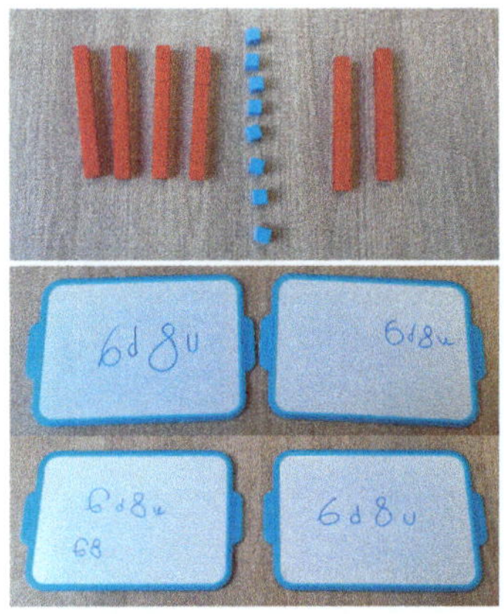

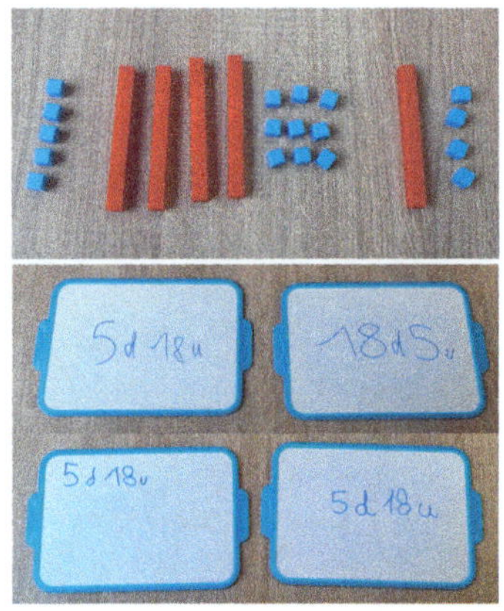

Photos 2 et 3 : le premier groupe a correctement réalisé les échanges alors que le second groupe a oublié d'échanger contre une barre de 10, mais les élèves sont restés cohérents par rapport à leur résultat, sauf un élève qui confond unités et dizaines.

Pistes de différenciation
- **Réaliser les groupements par dix et les échanges avec les élèves en les guidant.**
- **Verbaliser à voix haute pour l'élève** : « *Tu échanges 10 cubes contre une barre de 10* ».

Mise en commun 10 min

Conseil
- Lors de la mise en commun, **faire venir au tableau les élèves qui ont été repérés en difficulté** lors de la situation de découverte.

- Reprendre les trois phases de la situation de découverte en proposant de dénombrer 17 cubes, puis 34 cubes et enfin 68 cubes.

À chaque fois, utiliser la même procédure :

1) Dessiner les cubes au tableau et demander à un élève de les dénombrer en disant : *Constitue des groupes de 10 cubes et remplace chaque groupe par une barre de 10 ;*

2) Faire venir un autre élève et dire : *Écris sous les cubes le nombre de dizaines et le nombre d'unités ;*

3) Demander à un troisième élève de venir écrire le nombre de cubes en tout.

- Procéder de même pour 34 cubes et 68 cubes, en partant des résultats trouvés à l'étape précédente. Par exemple, pour 34 cubes, dessiner 2 barres de 10 et 14 cubes isolés.

MATÉRIEL ET DOCUMENTS

www.maths-super-simples.editions-bordas.fr, Séquence 7

CALCUL MENTAL JOUR 1 — 10 min

11. Le gobelet : + 1 et + 2 avec tout = 20.

p. 27

CALCUL MENTAL JOUR 2 — 10 min

12. $u - u$ (résultats de 0 à 9).

p. 27

Institutionnalisation (5 min)

- **Distribuer la trace écrite** et la faire coller dans le cahier.
- Lire aux élèves la démarche.

7 Utiliser les dizaines et les unités

- Pour dénombrer plus vite les éléments d'une collection...
- je regroupe les éléments par groupes de 10
- puis j'échange chaque groupe contre une dizaine. J'obtiens 4 d 3 u ou 43 cubes.

dizaines	unités
4	3

Activité complémentaire

Apprendre à dénombrer en utilisant le groupement par dix

En aval de la séance de découverte, prévoir de courtes séances tous les matins, pendant deux semaines, pour automatiser les groupements par 10. La feuille sera collée dans le cahier de recherche à la fin.

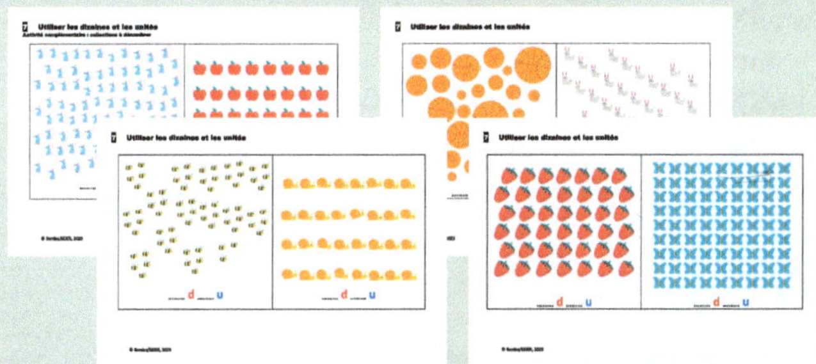

Consigne : *Dénombrez le plus vite possible cette collection sans compter les éléments un par un. Écrivez le résultat trouvé sous forme de dizaines et unités et sous forme d'un nombre.*

JOUR 2 Entraînement (30 min)

7 Utiliser les dizaines et les unités

1 • **Entoure** des paquets de 10 jetons.

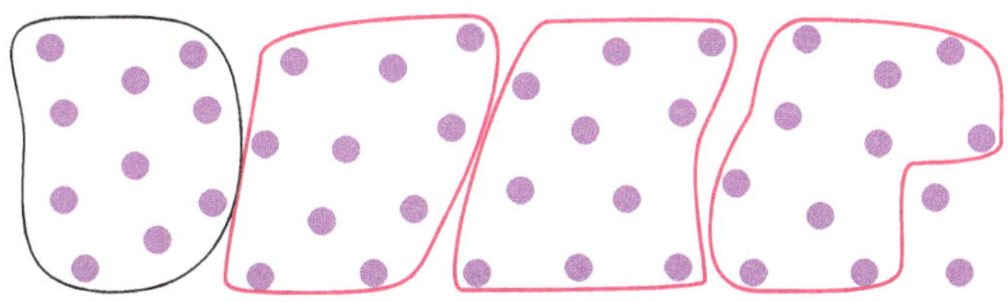

• **Complète** le tableau et la phrase.

d	u
4	2

Il y a ...42... jetons.

2 **Colorie** en bleu la bonne étiquette.

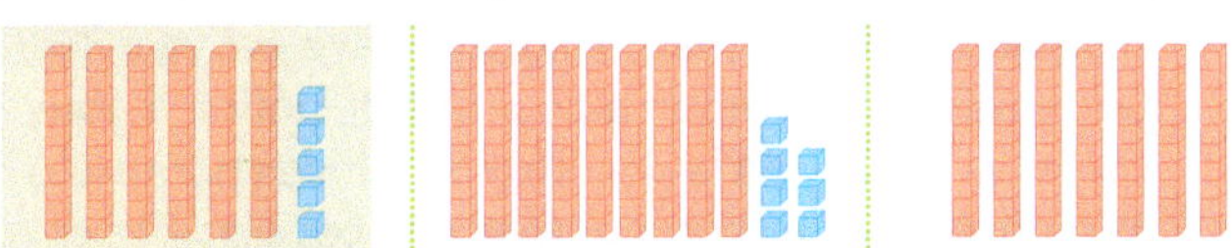

56 — 65 | 97 — 79 | 7 — 70

3 **Relie** les étiquettes équivalentes.

3 dizaines 6 unités	63
6 dizaines 3 unités	47
4 unités 7 dizaines	36
4 dizaines 7 unités	74

CAHIER DU JOUR

4 **Dessine** les dizaines et les unités pour représenter : 33, 50 et 27.

1

Erreur fréquente

Les élèves **se trompent en entourant les jetons** pour faire des paquets de 10.

Remédiation

Leur demander de **recompter systématiquement le nombre de jetons** dans les paquets réalisés et de les barrer au fur et à mesure.

1 2 3

Erreur fréquente

Les élèves **confondent le chiffre des dizaines et celui des unités** ou **ne comprennent pas que ces chiffres véhiculent des informations différentes** dues à leurs positions respectives.

Remédiation

Insister régulièrement sur le fait que le chiffre des dizaines est à gauche et celui des unités à droite. Vérifier, le cas échéant, que les élèves savent distinguer leur gauche de leur droite.

Faire entourer le chiffre des dizaines en rouge et le chiffre des unités en bleu.

8 Calculer en ligne des sommes (2)

OBJECTIF DE LA SÉQUENCE
Ajouter des nombres à deux chiffres, sans franchissement de dizaine.

JOUR 1 Découverte 35 min

Objectif de l'activité
Additionner des nombres de deux chiffres en utilisant la décomposition en dizaines et unités : *du + du = d + u + d + u*.

Matériel
- **Par élève :**
  - **4 barres de 10**, 9 **cubes unité** ;
  - 1 **ardoise**, 1 **feutre** effaçable, 1 **crayon** de papier.
- **Pour l'activité complémentaire :** des **arbres de calcul** vierges.

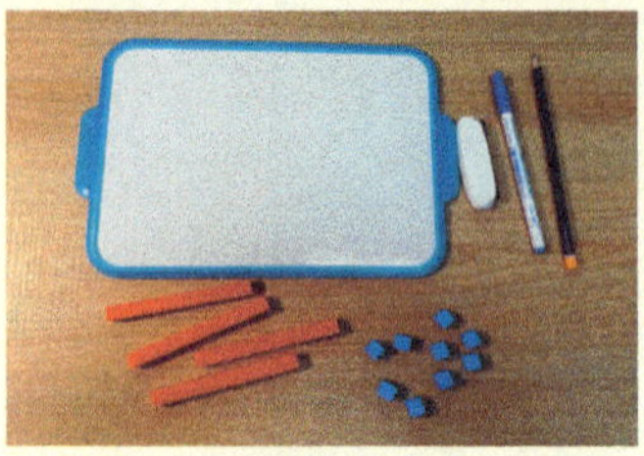

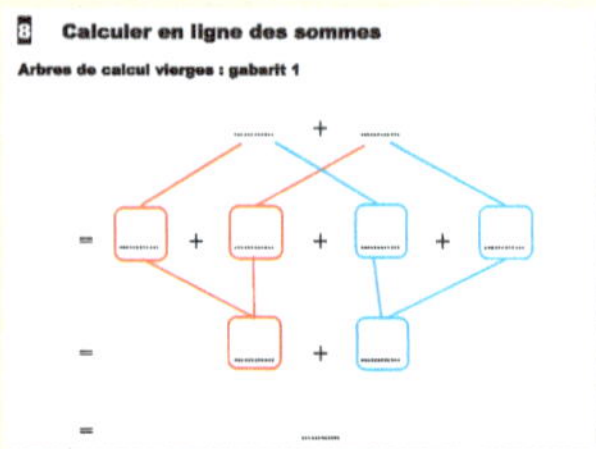
Calculer en ligne des sommes
Arbres de calcul vierges : gabarit 1

Photo 1 : le matériel pour les élèves

Déroulement de la séance
- **Mise en situation** ■ oral collectif ■ 5 min
- **Recherche** ■ individuelle ■ 15 min
- **Mise en commun** ■ oral collectif ■ 10 min
- **Institutionnalisation** ■ oral collectif ■ 5 min

Mise en situation 5 min

■ Amorcer la séance en réactivant la décomposition d'un nombre en dizaines et unités : *18, c'est 10 + 8 ou 1d et 8u.* Et écrire au tableau : 18 = 10 + 8 = 1d 8u.

■ Interroger les élèves : *15, c'est … ?* Continuer avec des nombres comme 26, 47, 63, 32, 58, 72, 94, 82, 37, 54, 91, 76, 22.
À chaque fois, écrire la réponse entière au tableau.

■ Distribuer les cubes et les barres.

Recherche 15 min

1re phase
■ Consigne : *Sur votre ardoise, calculez l'addition « 35 + 14 ». Commencez par représenter 35 et 14 en dessinant des barres de 10 et des cubes unités.*
Laisser les élèves chercher puis discuter des méthodes utilisées. Valider la méthode la plus efficace, qui consiste à grouper les barres de 10 ensemble et les cubes ensemble.

■ Représenter cette méthode au tableau afin qu'elle serve de référence aux élèves tout au long de la séance.

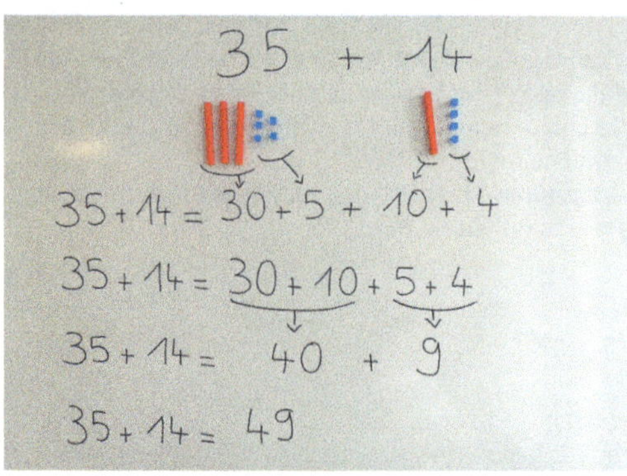

Photo 2 : explication de la méthode

2de phase
■ Donner deux autres additions, 32 + 16 et 23 + 22 : *Utilisez la méthode de calcul en ligne comme celle au tableau pour calculer le résultat de ces deux additions. Quand vous avez trouvé le résultat, vérifiez en dessinant des barres et des cubes.*
Demander aux élèves d'utiliser les deux côtés de leur ardoise (un côté par addition) et circuler dans les rangs.

Photo 3 : l'ardoise d'un élève. Celui-ci a transformé une dizaine en une unité. Il est possible de lui faire prendre conscience de son erreur en lui demandant de tracer une flèche entre le matériel dessiné et l'addition à calculer.

Pistes de différenciation
- Permettre aux élèves d'utiliser le **matériel de numération tout au long de la phase de recherche**, et pas seulement pour vérifier le résultat.
- Donner des **additions plus simples**, comme 12 + 11, afin que les élèves puissent **se focaliser sur la méthode** et non pas sur la compétence de calcul (additionner correctement deux chiffres).
- Apporter un **étayage oral** en guidant l'élève à chaque étape.
- Donner une **troisième addition** pour les plus rapides.

Mise en commun 10 min

■ Faire venir un élève au tableau pour calculer l'addition 34 + 12. Lui demander de dessiner les barres de 10 et les cubes, puis de décomposer chaque nombre en disant : *34, c'est 30 + 4 et 12, c'est 10 + 2.*
Faire écrire : 34 + 12 = 30 + 4 + 10 + 2, et demander à la classe : *Que faut-il faire ensuite ?*
Reformuler les différentes propositions des élèves : *On regroupe les dizaines avec les dizaines pour les additionner et on regroupe les unités avec les unités pour les additionner.*

■ Faire écrire cette étape par l'élève qui est au tableau :
34 + 12 = 30 + 10 + 4 + 2
34 + 12 = 40 + 6 = 46
Insister pour qu'à chaque ligne, l'élève écrive *« 34 + 12 = … ».*
Cette mise en commun a pour but de définir à nouveau clairement les étapes de la décomposition des nombres en dizaines et en unités et le regroupement de ces dizaines et de ces unités afin de les additionner plus facilement.

■ Poursuivre *: Il existe une autre façon de présenter votre calcul et vous l'avez déjà utilisée au CP : il s'agit de l'arbre de calcul.*
Représenter un arbre de calcul au tableau avec les liens rouges et bleus pour guider la décomposition des nombres.
Placer à nouveau l'addition 34 + 12 et remplir l'arbre de calcul en demandant aux élèves comment placer les nombres.
On pourra, dans un premier temps, ajouter une ligne avant celle consacrée au rapprochement des nombres : 34 + 12 = 30 + 4 + 10 + 2.

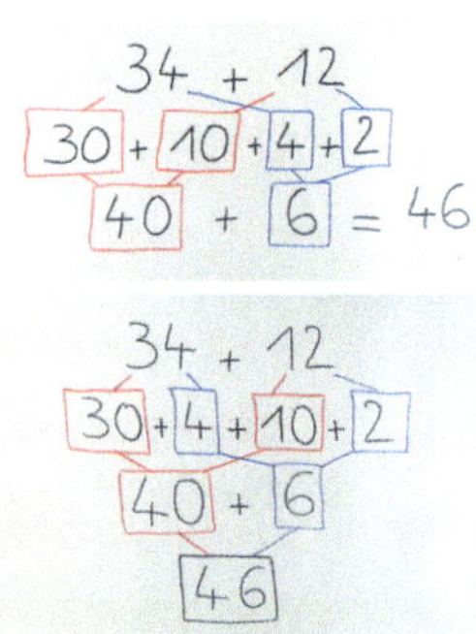

Photos 4 et 5 : mise en commun au tableau

MATÉRIEL ET DOCUMENTS

www.maths-super-simples.editions-bordas.fr, Séquence 8

CALCUL MENTAL JOUR 1 — 10 min

13. Le compte à rebours : de 2 en 2 en arrière (du < 60).
➥ *p. 28*

CALCUL MENTAL JOUR 2 — 10 min

14. *du* – 2 (*du* ⩽ 99).
➥ *p. 28*

Activité complémentaire

La technique de l'arbre de calcul pour additionner deux nombres

Cette technique aura sans doute déjà été vue au CP. Cependant, il faut prévoir en aval de la séance de découverte de courtes séances décrochées pour la consolider chez tous les élèves.

▶ Donner une addition et distribuer une feuille avec le canevas de calcul : *En utilisant les arbres de calcul, vous devez trouver le résultat de chaque addition.*

Laisser les élèves chercher. Circuler dans les rangs pour guider.

▶ Donner impérativement aux élèves un canevas du calcul, indiquant clairement quels nombres doivent être décomposés ou additionnés, leur emplacement à chaque étape et les traits de couleur rouge ou bleue qui renseignent si on travaille sur les dizaines ou les unités.

Pistes de différenciation

▶ Utiliser les **cubes** et des **barres** pour faciliter la **décomposition** des nombres et pour vérifier le **résultat** trouvé avec l'arbre de calcul.

Institutionnalisation — 5 min

- **Distribuer la trace écrite** et la faire coller dans le cahier.
- Lire la leçon en détaillant chaque méthode.

8 Calculer en ligne des sommes (2)

Pour calculer plus facilement **25 + 13**,
je peux décomposer chaque nombre en dizaines et unités,
puis additionner séparément les dizaines puis les unités.

- Pour cela, je peux m'aider d'un arbre de calcul :

25 + 13
= 20 + 5 + 10 + 3
= 30 + 8
= **38**

- Ou bien je peux calculer en ligne et en étapes :

25 + 13 = 20 + 5 + 10 + 3
25 + 13 = 20 + 10 + 5 + 3
25 + 13 = 30 + 8

25 + 13 = **38**

JOUR 2 Entraînement — 30 min

8 Calculer en ligne des sommes (2)

1 Complète et **calcule.**

25 + 13	32 + 17	54 + 33
= 20 + 10 + 5 + 3	= 30 + 10 + 2 + 7	= 50 + 30 + 4 + 3
= 30 + 8	= 40 + 9	= 80 + 7
= 38	= 49	= 87

2 Calcule.

62 + 26	26 + 43	45 + 41
= 60 + 2 + 20 + 6	= 20 + 6 + 40 + 3	= 40 + 5 + 40 + 1
= 60 + 20 + 2 + 6	= 20 + 40 + 6 + 3	= 40 + 40 + 5 + 1
= 80 + 8	= 60 + 9	= 80 + 6
= 88	= 69	= 86

3 Calcule.

69 + 20	25 + 14	55 + 43
= 60 + 9 + 20	= 20 + 5 + 10 + 4	= 50 + 5 + 40 + 3
= 60 + 20 + 9	= 20 + 10 + 5 + 4	= 50 + 40 + 5 + 3
= 80 + 9	= 30 + 9	= 90 + 8
= 89	= 39	= 98

CAHIER DU JOUR

4 Recopie et **calcule.**

- 34 + 45
- 78 + 20
- 56 + 23
- 81 + 16

1

Erreur fréquente

Les nombres n'ont **pas été reportés dans les bonnes cases**, même si les décompositions sont correctes.

Remédiation

L'erreur n'empêche pas de trouver le résultat exact, mais elle signifie que l'élève n'a pas compris qu'il est en train de décomposer les nombres en dizaines et en unités pour les additionner plus simplement, ou bien il n'a toujours pas intégré le codage bleu/rouge. Faire **repasser au feutre rouge le chiffre des dizaines** et **au feutre bleu le chiffre des unités** dans chacun des deux nombres.

1 2 3

Erreur fréquente

Les nombres ne sont **pas décomposés en dizaines entières**. Par exemple, l'élève écrit 2 au lieu de 20.

Remédiation

Utiliser **les barres de 10 et les cubes** pour représenter le nombre.

3

Erreur fréquente

La **décomposition est incorrecte ou incomplète**, l'élève ne maîtrise pas encore cette méthode.

Remédiation

Repasser par l'étape où un **canevas de calcul** est proposé avec la suite des signes comme : ... + ... + ... + ... = ...

10 Comparer et estimer des longueurs (1)

OBJECTIF DE LA SÉQUENCE
Mettre en relation les unités : m, dm et cm.

JOUR 1 Découverte 40 min

Objectif de l'activité
Utiliser un double décimètre pour exprimer des longueurs en centimètre et en décimètre.

Matériel
- **Par élève :**
  - **1 crayon de papier** ;
  - **1 feuille A4 avec 4 segments de 10 et de 20 cm** ;
  - **1 double décimètre.**

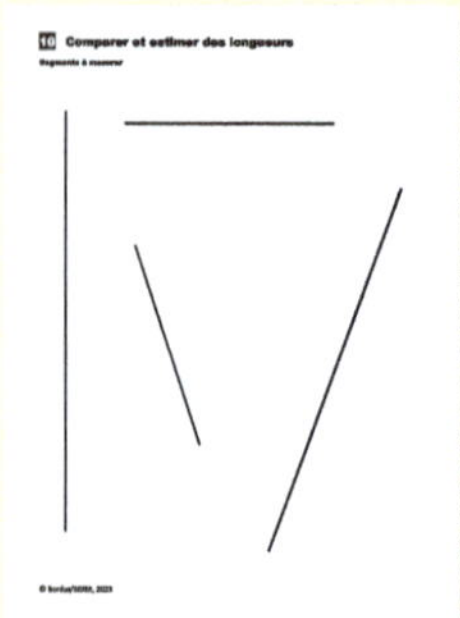

Photo 1 : la feuille à imprimer pour les élèves

Déroulement de la séance
- **Mise en situation** ▪ oral collectif ▪ 5 min
- **Recherche** ▪ individuelle puis par groupe ▪ 20 min
- **Mise en commun** ▪ oral collectif ▪ 10 min
- **Institutionnalisation** ▪ oral collectif ▪ 5 min

Mise en situation — 5 min

▪ Rappeler aux élèves comment mesurer une longueur : tracer un segment au tableau de 10 cm et le mesurer. Avant de faire la démonstration, demander : *Comment dois-je placer le 0 de la règle ? Où se lit la mesure ? Quelle sera l'unité du nombre obtenu ?*

▪ Écrire le résultat « 10 cm » sous le segment en rappelant que « cm » est l'abréviation de « centimètre ».

Recherche — 20 min

1re phase

▪ Introduire le décimètre comme l'unité de mesure égale à 10 cm puis écrire au tableau « 10 cm = 1 dm ». Signaler également que 2 dm = 20 cm, 3 dm = 30 cm, etc.

▪ Distribuer aux élèves la feuille A4 imprimée.
Consigne : *Estimez, sans mesurer, chaque segment. Écrivez votre estimation en décimètre. Puis mesurez chaque segment avec votre règle et écrivez la nouvelle mesure si votre estimation était fausse.*

▪ On peut s'attendre à ce qu'une majorité d'estimations soient fausses, d'une part parce que cela est un exercice difficile, d'autre part parce c'est la première fois que les élèves utilisent le décimètre.

Pistes de différenciation
- Circuler dans les rangs et **rectifier la position de la règle** si celle-ci est incorrecte.
- **Borner les segments au feutre rouge** afin de mieux repérer leurs extrémités.
- Pour l'estimation et la mesure exacte, **passer d'abord par l'étape des cm avant de demander aux élèves de transformer en dm.**

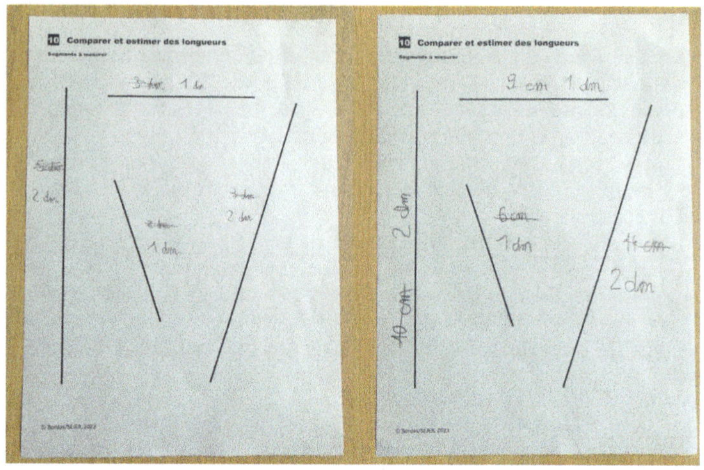

Photos 2 et 3 : les productions des élèves

▪ Faire ranger la feuille de recherche des élèves dans le lutin, la pochette ou le cahier de recherche.

2de phase

▪ Former des groupes de 5 élèves minimum de niveaux hétérogènes.
Consigne : *En utilisant vos règles pour mesurer, et avec ce que vous avez dans vos trousses, constituez une file d'objets qui, mis bout-à-bout, doit mesurer 100 cm. Le groupe gagnant est celui qui se rapprochera le plus près possible des 100 cm.*

▪ Quand un groupe pense avoir fini, il demande la validation. Utiliser le mètre du tableau en disant explicitement : *Je pose le 0 de la règle du tableau face à l'extrémité du premier objet (trousse, stylo, gomme, etc.) et je vérifie si l'extrémité du dernier objet arrive pile face au nombre 100 de ma règle.*

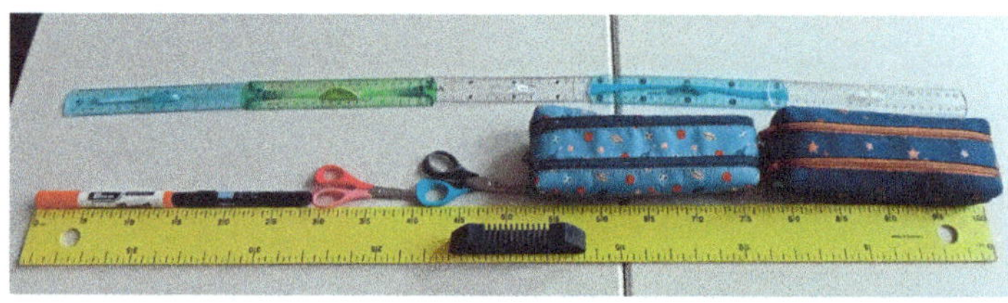

Photo 4 : la vérification avec le mètre de l'enseignant

Pistes de différenciation
- **Aider les élèves à additionner leurs règles**. Par exemple, dire aux élèves que deux règles de 20 cm vont permettre de mesurer une file d'objets de 40 cm.
- Si les élèves utilisent leurs règles mises bout-à-bout, **accepter au début que la graduation 20 ne soit pas face à la graduation 0 de la seconde règle.** Faire rectifier cette erreur une fois que les élèves ont compris qu'il faut utiliser cinq règles de 20 cm pour obtenir 100 cm.
- Pour les plus rapides, **proposer de réaliser une file d'objets de 5 dm.**

Mise en commun — 10 min

▪ Afficher au tableau quatre productions d'élèves de la phase 1 et faire le bilan de cette première activité. Montrer aux élèves que l'estimation est difficile, mais que beaucoup ont réussi à mesurer correctement les segments dans un deuxième temps.

- Tracer 3 segments au tableau de 1 cm, 1 dm et 1 m et demander aux élèves d'estimer leur longueur. Noter les réponses au-dessus des segments.
Demander : *Combien y a-t-il de centimètres dans 1 décimètre ? Combien y a-t-il de décimètres dans 1 mètre ? Combien y a-t-il de centimètres dans 1 mètre ?*
Écrire au tableau, au-dessus des segments : 1 dm = 10 cm, 1 m = 10 dm, 1 m = 100 cm. Vérifier en faisant compter à des élèves les graduations sur la règle du tableau.
- Montrer plusieurs objets (une gomme, une écharpe, un livre, un trombone, un cahier, une corde à sauter) en les positionnant successivement en dessous de chaque segment (1 cm, 1 dm et 1 m) et demander si, pour chacun d'eux, il faut utiliser le centimètre, le décimètre ou le mètre pour le mesurer.

Institutionnalisation (5 min)

- **Distribuer la trace écrite** et la faire coller dans le cahier.
- Relire les correspondances entre les unités et les exemples.

10 Comparer et estimer des longueurs (1)

Voici quelques **unités de longueur** :
- 1 **mètre** (**m**) vaut 100 centimètres.
- 1 **décimètre** (**dm**) vaut 10 centimètres.
- 1 mètre vaut donc 10 décimètres.

1 m = 100 cm
1 dm = 10 cm
1 m = 10 dm

Une gomme mesure environ **5 cm**.

Une petite règle mesure **2 dm**, c'est un « double décimètre » !

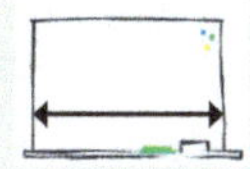
Un tableau mesure environ **3 m** de long.

JOUR 2 Entraînement (30 min)

10 Comparer et estimer des longueurs (1)

1 **Colorie** la bonne unité de mesure pour chaque objet.

3 m | 3 cm

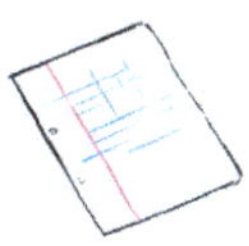
30 cm | 30 m

5 m | 5 cm

1 cm | 1 m

2 **Complète** les phrases avec la bonne unité : *m* ou *cm*.
- La cour de récréation mesure 40 ...m... de long.
- La longueur d'un crayon est d'environ 18 ...cm... .
- Certains joueurs de basket-ball mesurent plus de 2 ...m... .
- La longueur d'une calculatrice est d'environ 12 ...cm... .

3 **Complète.**

1 m = ...100... cm | 1 m = ...10... dm | 1 dm = ...10... cm

4 **Relie** chaque objet à sa mesure.

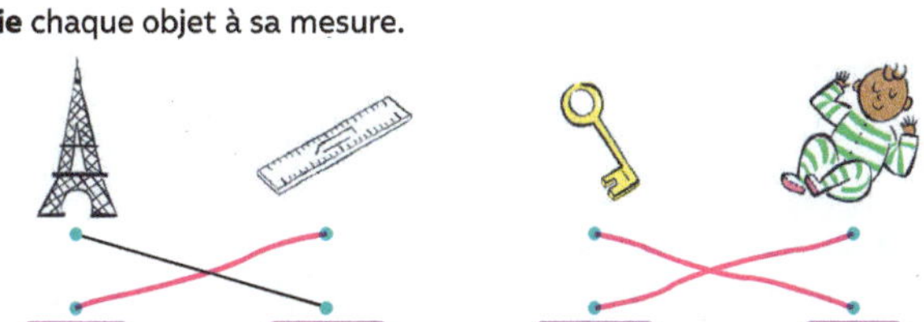

2 dm | 300 m | 50 cm | 8 cm

CAHIER DU JOUR

5 **Recopie** les phrases et **complète** avec la bonne unité : *cm*, *dm* ou *m*.
- La grande règle de la classe mesure 1 ...m... .
- Un cartable a une longueur de 4 ...dm... .
- La longueur d'une craie neuve est de 10 ...cm... .

1 2 3

Erreur fréquente

Certains élèves **n'ont pas la notion de la distance suffisamment développée pour concevoir des longueurs en mètre.**

Remédiation

Faire visualiser les longueurs considérées à chaque fois que cela est possible. Par exemple : si l'on parle d'un joueur qui mesure 2 m, utiliser deux fois la règle du tableau pour mesurer sa propre taille et la communiquer à l'élève.

3

Erreur fréquente

Certains élèves **n'ont pas mémorisé les correspondances entre les unités** et ne savent pas les retrouver tout seuls.

Remédiation

Leur montrer la règle du tableau et leur faire compter les graduations dessus.

11 Représenter le nombre 100

OBJECTIF DE LA SÉQUENCE
Comprendre la numération décimale.

JOUR 1 Découverte 40 min

Objectif de l'activité
Utiliser les différentes écritures du nombre 100.

Matériel

▸ **Par élève :**
- 4 **plaques de 100** ;
- 1 **crayon de papier ; 1 feuille A4** avec une fleur du nombre 300 à compléter, et une fleur où seul le tableau de numération est complété avec 200.

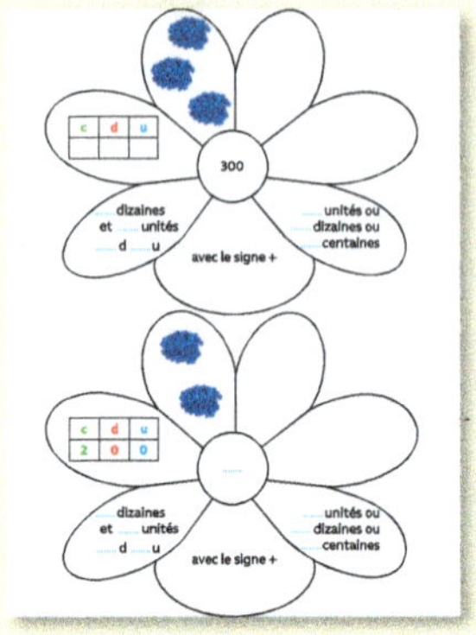

Photo 1 : la feuille de recherche

▸ **Pour la classe :**
- 1 **affiche de la fleur du 100** ;
- 3 **surligneurs** bleu, rouge et vert ; des **craies** blanches et de couleur.

Déroulement de la séance

▸ **Mise en situation** ■ oral collectif ■ 10 min
▸ **Recherche** ■ individuelle ■ 15 min
▸ **Mise en commun** ■ oral collectif ■ 10 min
▸ **Institutionnalisation** ■ oral collectif ■ 5 min

Mise en situation 10 min

■ Présenter au tableau la fleur vierge du 100 déjà vue au CP et la compléter avec les élèves en leur posant des questions pour chaque pétale.
– Pour représenter 100, combien faut-il dessiner de cubes ? De barres de 10 ?
Dire aux élèves que cela va être trop long de dessiner 100 cubes un par un et que l'on représente un tas de cubes dans lequel on imagine qu'il y a 100 cubes.
– Comment décomposer sous forme de d'unités, de dizaines, de centaine ?
– Comment écrire 100 dans un tableau de numération et sous forme d'addition ?

■ Présenter le nouveau matériel : les plaques de 10 × 10 cubes que nous appellerons plaques de 100 dans la suite de ce Guide. Montrer sur une plaque qu'il y a bien 10 rangées de 10 cubes, soit 10 dizaines, et préciser que si on s'amusait à les compter, on trouverait 100 cubes représentés sur la plaque.

■ Demander à un élève de venir compléter un pétale en dessinant la plaque de 100.

Photo 2 : la fleur du 100

Recherche 15 min

■ Distribuer la feuille A4 avec les deux nouvelles fleurs à compléter et montrer qu'un nouveau pétale a été ajouté pour dessiner les plaques de 100. Montrer également que les cubes ont déjà été dessinés pour éviter que les élèves y passent trop de temps. Consigne : *Avec les plaques de 100 à votre disposition, représentez le nombre indiqué sur la fleur puis complétez les pétales.*

■ Circuler dans les rangs et réexpliquer si nécessaire la valeur et la place de chaque chiffre dans le nombre : montrer dans 300 et 200 le chiffre des unités, le chiffre des dizaines et le chiffre des centaines.

■ Surligner ces chiffres et les mots unités, dizaines, centaines en bleu, rouge et vert sur les fleurs des élèves.
La parfaite maîtrise de la notion de dizaines et d'unités est, plus que jamais, cruciale. Les centaines, à bien des égards, se manipulent comme les dizaines et les unités et ne devraient pas poser de problème particulier aux élèves maîtrisant convenablement la numération positionnelle jusqu'à 100.

■ Faire ranger la feuille de recherche des élèves dans le lutin, la pochette ou le cahier de recherche.

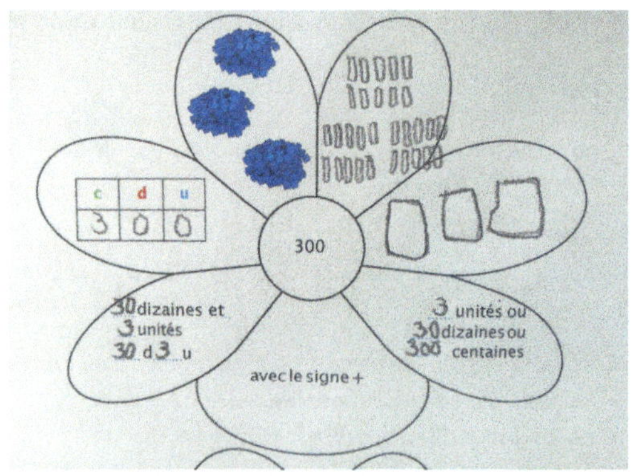

Photo 3 : la fleur du 300 complétée par un élève avec des erreurs dans la décomposition en unités, dizaines et centaines

Pistes de différenciation

▸ **Redonner des barres de 10** si nécessaire.
▸ Aider les élèves à s'organiser : **faire d'abord remplir le tableau de numération puis dessiner les barres de 10**.
▸ Dans le pétale de l'écriture additive, **entourer pour faire des paquets de 10 nombres**.

Mise en commun 10 min

■ Dessiner deux fleurs vierges de 200 et 300 avec sept pétales et pré-remplir les tas de 100 cubes.
Interroger les élèves pour remplir les autres pétales. Choisir des élèves identifiés en difficulté sur certaines représentations des centaines.
Faire venir un élève au tableau permet de constater à quel moment il se trompe et sur quelle représentation ou manipulation il faut remédier.

■ Insister sur la façon de remplir le tableau de numération : *Quand il n'y a pas d'unité ou pas de dizaine, que met-on dans cette colonne du tableau ? Un 0. Peut-on écrire 30 avec deux chiffres dans la colonne des dizaines ? Non. Que faut-il faire ?*

MATÉRIEL ET DOCUMENTS

www.maths-super-simples.editions-bordas.fr, Séquence 11

CALCUL MENTAL JOUR 1 10 min

17. Poursuis la comptine : de 10 en 10 jusqu'à 100.
➥ *p. 28*

CALCUL MENTAL JOUR 2 10 min

18. *du + 10* (résultats ⩽ 100).
➥ *p. 28*

Certains élèves peuvent proposer de placer le 3 à gauche, dans la colonne des centaines.
Questionner à nouveau : *En regardant ce tableau de numération, combien voyez-vous de centaines ? Combien voyez-vous de dizaines ? Combien voyez-vous d'unités ?*
Reprendre les réponses des élèves pour conclure : *Ce nombre se lit « trois-cents » et s'écrit « 3-0-0 » ou ce nombre se lit « deux-cents » et s'écrit « 2-0-0 ».*

Institutionnalisation

5 min

Distribuer la trace écrite et la faire coller dans le cahier.

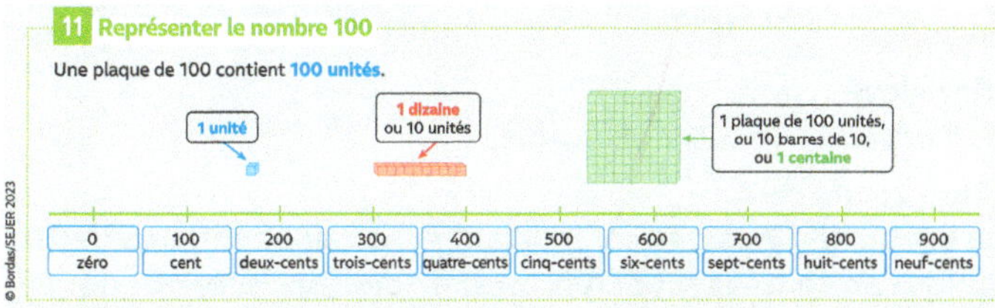

11 Représenter le nombre 100

Une plaque de 100 contient 100 unités.

1 unité

1 dizaine ou 10 unités

1 plaque de 100 unités, ou 10 barres de 10, ou 1 centaine

0	100	200	300	400	500	600	700	800	900
zéro	cent	deux-cents	trois-cents	quatre-cents	cinq-cents	six-cents	sept-cents	huit-cents	neuf-cents

JOUR 2 Entraînement

30 min

11 Représenter le nombre 100

1 Chaque sac contient 10 billes. **Entoure** 100 billes.

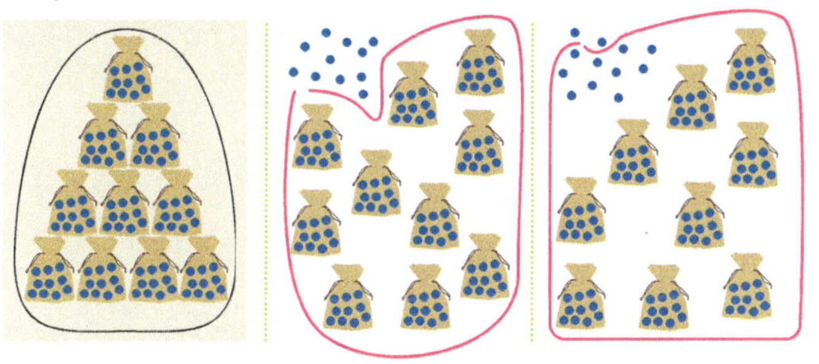

2 **Entoure** pour faire 100 et **complète**.

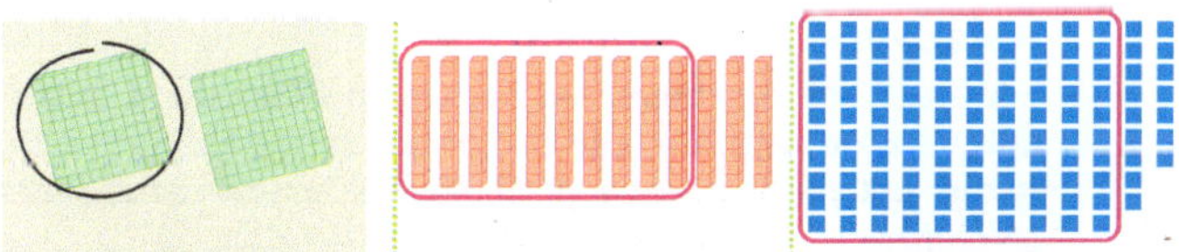

100, c'est aussi 1 centaine.

100, c'est aussi 10 dizaines.

100, c'est aussi 100 unités.

3 **Colorie** en jaune toutes les étiquettes qui valent 100.

1 d | 10 + 10 + 10 + 10 + 10 + 10 + 10 + 10 + 10 + 10

100 unités | 1 centaine | 1 c | cent

9 dizaines et 10 unités | 11 dizaines

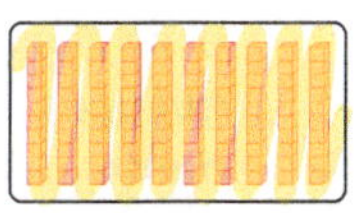

CAHIER DU JOUR

4 **Complète** les étiquettes sur la feuille distribuée pour faire 100.

1

Erreur fréquente

Certains élèves **peinent à compléter une quantité pour obtenir une centaine.**

Remédiation

Utiliser et faire utiliser systématiquement les mots « dizaine » et « unité » pour décrire toutes les manipulations. Rappeler qu'une centaine vaut 10 dizaines ; habituer les élèves à compléter les quantités à la dizaine supérieure d'abord, puis à la centaine. Cette compétence sera réinvestie et approfondie dans la suite de l'année.

2

Erreur fréquente

Certains élèves **n'ont pas encore compris, ou tout simplement mémorisé, la correspondance entre une centaine et le nombre d'unités ou de dizaines.**

Remédiation

Repasser par la manipulation qui consiste à dénombrer 100 cubes, puis à rendre ce dénombrement plus efficace en faisant des paquets de 10.

3

Erreur fréquente

Certains élèves **ne parviennent pas à transposer convenablement aux centaines les connaissances acquises sur les unités et sur les dizaines.**

Remédiation

Montrer successivement comment les mêmes types de calculs peuvent s'appliquer sur les unités, les dizaines et les centaines en utilisant des représentations. Par exemple : trois cubes = 1 + 1 + 1 = 3 ; trois barres = 10 + 10 + 10 = 30 ; trois plaques = 100 + 100 + 100 = 300.

12 Calculer les compléments à 10 et à 100

OBJECTIF DE LA SÉQUENCE
Décomposer et recomposer les nombres 10 et 100.

JOUR 1 Découverte — 35 min

Objectif de l'activité
Identifier et retenir les décompositions additives du nombre 100.

Matériel
- **Par élève :**
  - 1 **ardoise** ; 1 **feutre effaçable**.
- **Par groupe de 4 :**
  - 6 **jeux de 27 cartes** comportant les dizaines entières de 10 à 90 représentées sous trois formes : chiffres, d, barres de 10.

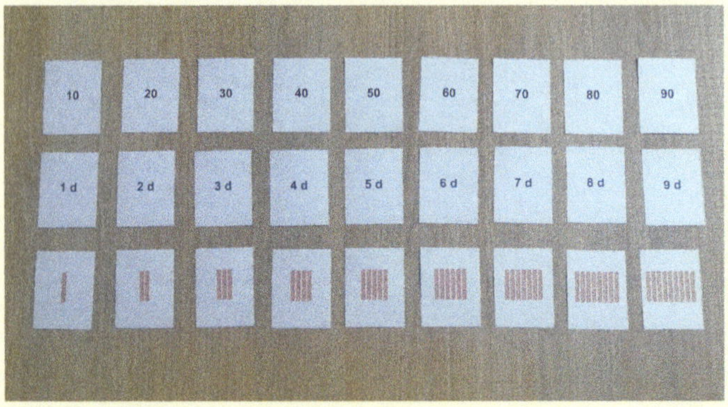

Photo 1 : les cartes pour les élèves

- **Pour la classe :**
  - de la **pâte adhésive** ou 27 **aimants**.

Déroulement de la séance
- **Mise en situation** ▪ oral collectif ▪ 5 min
- **Recherche** ▪ groupe de 4 ▪ 15 min
- **Mise en commun** ▪ oral collectif ▪ 10 min
- **Institutionnalisation** ▪ oral collectif ▪ 5 min

Mise en situation — 5 min

- Revoir avec les élèves les compléments à 10.

Utiliser le procédé La Martinière avec l'ardoise pour demander successivement le complément à 10 de 9, 5, 7, 4, 1, 8, 2, 6, 0 et 3 en demandant par exemple : *Quel est le complément à 10 de 9 ?* Montrer la table d'addition du 10 si nécessaire.

Recherche — 15 min

1re phase

- Présenter les cartes aux élèves et expliquer : *Toutes les dizaines entières de 10 à 90 sont représentées sur ces cartes sous trois formes : avec des barres de 10, avec des chiffres, ou avec leur nombre de dizaines.*

- Former des groupes hétérogènes de 4 élèves et distribuer un paquet de cartes par groupe.

Consigne : *Distribuez 3 cartes à chaque élève puis placez les cartes restantes sur la table, face visible. Le but du jeu est de former des paires de cartes dont l'addition est égale à 100. Chaque élève joue à tour de rôle et choisit une carte sur la table pour essayer de former une paire. Quand il pense avoir réussi, il montre sa paire de cartes aux autres élèves afin que ceux-ci puissent valider. S'il a raison, il garde les deux cartes. S'il s'est trompé, il repose la carte qu'il avait tirée au milieu de la table. Le gagnant est celui qui a trouvé le plus rapidement possible 3 paires de cartes qui font 100.*

- La constitution en groupes hétérogènes permet d'avoir au moins un élève expert capable de valider ou d'expliquer si le résultat est incorrect.

2de phase

- Demander aux élèves de refaire une deuxième partie en associant des paires dont l'addition est égale à 100 mais dont la représentation utilise la même forme, par exemple deux cartes avec des chiffres, deux cartes avec des dizaines ou deux cartes avec des barres de 10.

Consigne : *Vous ne pouvez faire de paires qu'avec des cartes dont l'écriture a la même forme : les chiffres avec les chiffres, les dizaines avec les dizaines, les barres de 10 avec les barres de 10.*

Photo 2 : constitution d'une paire sur la table de jeu

Pistes de différenciation
- Si nécessaire, **regrouper les élèves en difficulté et faites-les jouer uniquement avec les cartes comportant des barres de 10.** Puis refaire une partie avec les dizaines et enfin une partie avec les cartes en chiffres.
- **Donner des barres de 10** pour vérifier que la paire totalise bien 100.

Mise en commun — 10 min

- Regrouper les élèves devant le tableau. Prendre un jeu de cartes et distribuer une carte à chaque élève. Placer au tableau une des cartes restantes avec de la pâte adhésive et demander : *Qui a la carte écrite de la même façon que la mienne et qui peut faire le complément à 100 ?* Fixer la carte correspondante au tableau.

Faire ainsi de suite pour constituer toutes les paires.
Insister dans la verbalisation en disant, par exemple : *Qui a le complément à 20 pour faire 100, ou combien faut-il ajouter à 20 pour faire 100 ? Qui a le complément des 4 dizaines pour faire 100, ou combien faut-il ajouter de dizaines à 4 dizaines pour obtenir 100 ?*

- Montrer qu'il existe une ressemblance avec les compléments à 10, pour lesquels on cherche des unités à ajouter, et les compléments à 100, pour lesquels on cherche des dizaines à ajouter. Par exemple : 3 + 7 = 10 et 30 + 70 = 100.

MATÉRIEL ET DOCUMENTS

www.maths-super-simples.editions-bordas.fr, Séquence 12

CALCUL MENTAL JOUR 1 — 10 min

19. Le compte à rebours : de 10 en 10 en arrière (nombre de départ < 100).

➥ p. 28

CALCUL MENTAL JOUR 2 — 10 min

20. *du – 10 (du < 100).*

➥ p. 29

Institutionnalisation — 5 min

- Distribuer la trace écrite et la faire coller dans le cahier.
- Lire les étiquettes de la trace écrite en procédant de cette façon (par exemple, avec 80) : *100 est égal à 80 + 20, le nombre 20 est le complément de 80 pour faire 100, ou le nombre 80 est le complément de 20 pour faire 100.*

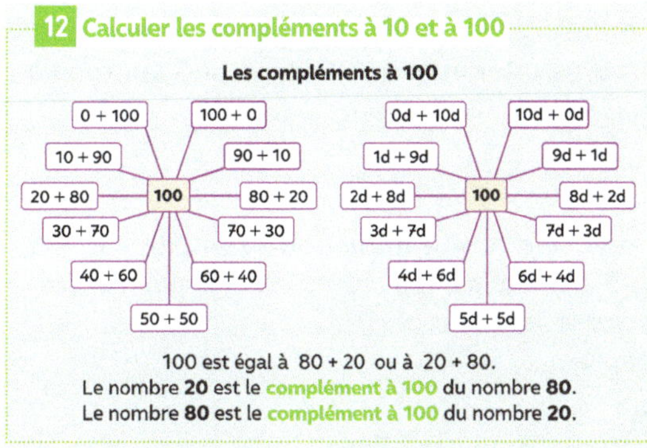

JOUR 2 Entraînement — 30 min

12 Calculer les compléments à 10 et à 100

1 **Complète** les additions.

5 + 5 = 10	8 + 2 = 10	10 = 1 + 9
10 = 7 + 3	6 + 4 = 10	3 + 7 = 10

2 **Complète.**

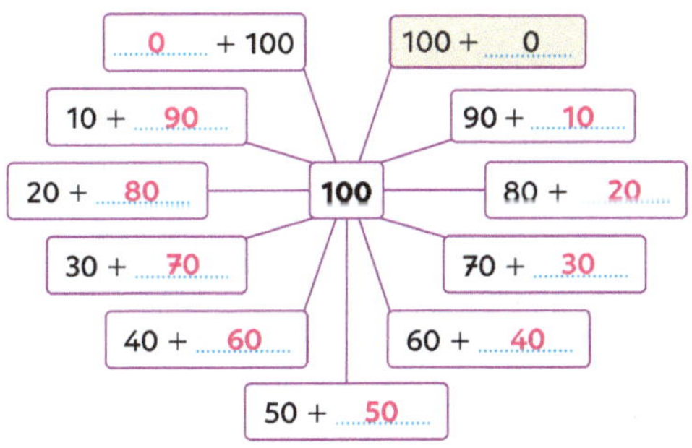

3 **Complète** les étiquettes pour faire 100.

5 d + 5 d	3 d + 7 d	1 d + 9 d
50 + 50	30 + 70	10 + 90

4 **Colorie** en jaune les étiquettes qui valent 100 et en bleu les étiquettes qui valent 10.

6 + 4	8 d + 2 d	8 u + 2 u	90 + 10
30 + 70	50 u + 5 d	5 u + 5 u	10 + 0

CAHIER DU JOUR

5 **Recopie** et **complète** les calculs.

- 50 + 50 = 100
- 90 + 10 = 100
- 100 = 20 + 80

1 4

Erreur fréquente

Certains élèves se trompent encore **car ils n'ont pas mémorisé correctement les additions de la maison du 10.**

Remédiation

Leur demander de **les apprendre** et/ou les inciter à **utiliser l'affichage de la maison du 10.**

2 3

Erreur fréquente

Certains élèves **peuvent confondre les compléments à 10 et les compléments à 100.**

Remédiation

Repasser par la manipulation : pour les compléments à 10 avec les cubes, et pour les compléments à 100 avec les barres de 10.

14 Positionner des nombres sur une droite numérique (1)

OBJECTIF DE LA SÉQUENCE
Situer des nombres sur une droite graduée.

JOUR 1 Découverte 35 min

Objectif de l'activité
Insérer des nombres inférieurs à 100 dans une suite déjà ordonnée.

Matériel
- **Par élève :**
  - **1 feuille A4 avec une droite numérique comportant des repères tous les 5 intervalles,** 0 et 100 sont déjà placés (prévoir des droites numériques en plus) ;
  - **1 crayon de papier.**
- **Pour la classe :**
  - **1 fil à linge** de 6 m ; 11 **pinces à linge** ;
  - 38 **maillots-nombres** imprimés et découpés (tous les nombres de 0 à 30 et toutes les dizaines entières jusqu'à 100).

Déroulement de la séance
- **Mise en situation** ■ oral collectif ■ 5 min
- **Recherche** ■ collective puis en individuelle ■ 15 min
- **Mise en commun** ■ oral collectif ■ 10 min
- **Institutionnalisation** ■ oral collectif ■ 5 min

Mise en situation 5 min

Présenter le matériel : la corde à linge accrochée devant le tableau, d'un mur à l'autre, et les maillots des dizaines entières de 0 à 100. Préciser : *Un maillot qui est fixé avec une pince à linge ne peut pas être déplacé.*

Recherche 15 min

1re phase

■ Fixer le maillot 0 au début du fil avec une pince à linge. Distribuer les maillots-nombres 10, 20, 30, 40, 50, 60, 70, 80, 90 et 100 et des pinces à linge à 10 élèves.
Consigne : *Venez au tableau et rangez-vous dans l'ordre croissant de votre maillot-nombre.*

■ Vérifier avec le reste de la classe si les élèves sont bien rangés, puis demander aux élèves de poser leur maillot sur le fil. Vérifier à nouveau avec le reste de la classe si le placement est correct. Insister pour qu'il y ait la même distance sur le fil entre chaque maillot.

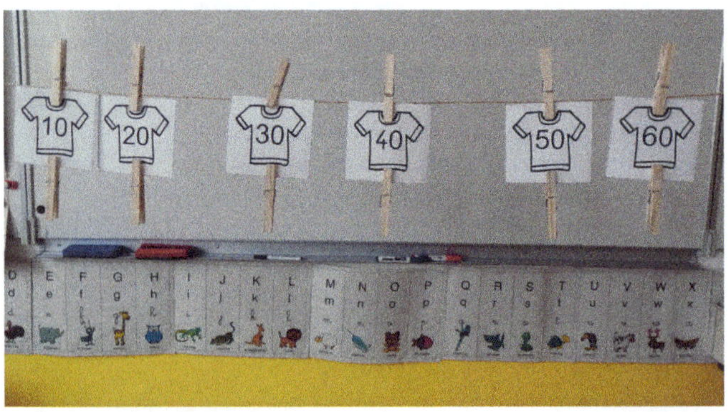

Photo 1 : les élèves n'ont pas disposé correctement les dizaines : il n'y a pas le même écart.

■ Faire un exemple en rapprochant le maillot-nombre 20 très près du maillot-nombre 10 et demander aux élèves pourquoi cette position n'est pas correcte. Synthétiser les réponses des élèves en disant : *Il doit y avoir la même distance entre 10 et 20 qu'entre 20 et 30, 30 et 40… et assez pour pouvoir placer 9 maillots-nombres (11, 12, 13, 14, 15, 16, 17, 18 et 19) entre 10 et 20. Cette règle est valable entre chaque maillot-nombre de dizaines entières.*

■ Distribuer les maillots-nombres 11 à 19.
Consigne : *Venez au tableau et rangez-vous dans l'ordre croissant de votre maillot nombre.*
Après avoir vérifié avec la classe le placement des élèves, leur demander d'accrocher leurs maillots sur le fil entre 10 et 20.

2de phase

■ Retourner tous les maillots-nombres sauf 0 et 100 pendant qu'un élève distribue à chacun une droite numérique avec les nombres 0 et 100 déjà placés.
Consigne : *Placez les dizaines entières sur cette droite numérique puis cherchez, et écrivez à quels nombres correspondent les graduations qui restent.*

■ Comme les élèves vont avoir tendance à placer une dizaine entière sur chaque graduation, ils vont constater que 90 est très loin de 100. Il sera nécessaire de redonner une autre droite numérique pour un nouvel essai.

■ Faire ranger la feuille de recherche des élèves dans le lutin, la pochette ou le cahier de recherche.

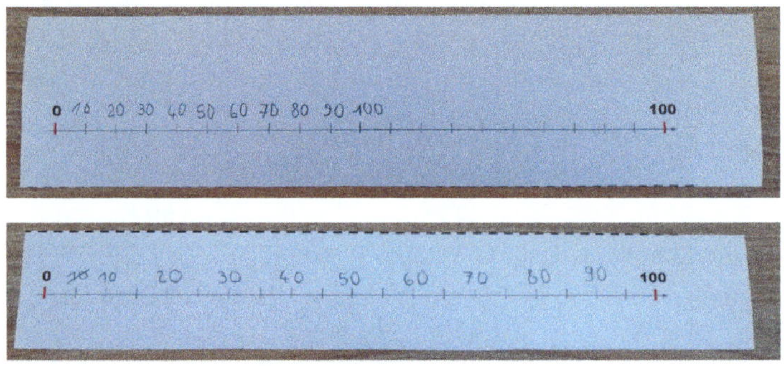

Photo 2 : production de deux élèves

Pistes de différenciation
- **Placer le nombre 50** sur la droite numérique.
- **Placer les premières dizaines** avec les élèves.
- Pour les élèves qui ont réussi et fini rapidement, **leur demander de placer des nombres** supplémentaires, par exemple : 21, 34, 46, 59, 61, 74, 76, 89, 99.

Mise en commun 10 min

■ Reproduire au tableau une droite numérique de 0 à 100 avec des graduations de 5 en 5. Appeler un élève au tableau et lui demander de placer 10 sur la droite numérique. Continuer pour toutes les autres dizaines entières en appelant un élève différent à chaque fois et faire valider les positions des nombres par la classe.

■ Interroger les élèves : *À quel nombre correspond la graduation qu'on n'a pas utilisée entre 10 et 20 ?* Noter au tableau toutes les propositions des élèves qui correspondent à des nombres entre 10 et 20. Laisser les élèves échanger pour trouver la réponse correcte.

MATÉRIEL ET DOCUMENTS

www.maths-super-simples.editions-bordas.fr, Séquence 14

CALCUL MENTAL JOUR 1 — 10 min

21. Le tableau des nombres : *du + 1, du + 10 ; du – 1, du – 10,* avec franchissement de dizaines.

➥ *p. 29*

CALCUL MENTAL JOUR 2 — 10 min

22. *du + 1, du + 2, du + 10* et commutativité *(du ⩽ 20).*

➥ *p. 29*

■ Recommencer pour la graduation vide entre 20 et 30 et faire prendre conscience aux élèves que toutes les graduations qui restent à trouver sont à égale distance de la dizaine entière inférieure et de la dizaine entière supérieure. En déduire que les autres nombres à placer sont 35, 45, 55, 65, 75, 85 et 95. Les placer sur la droite numérique du tableau.

Conseils

▸ Faire en sorte que **tous les élèves aient pu venir au tableau** pour participer à une des activités.

▸ Suivant la configuration de la salle de classe, il est possible de mettre **4 ou 5 fils tendus les uns en dessous des autres** si on manque de largeur.

Institutionnalisation — 5 min

■ **Distribuer la trace écrite** et la faire coller dans le cahier.

■ Reprendre l'explication : *Sur une droite graduée, tous les nombres sont à égale distance, et chaque nombre a une place précise. On peut retrouver la place d'un nombre si au moins deux nombres repères sont donnés.*

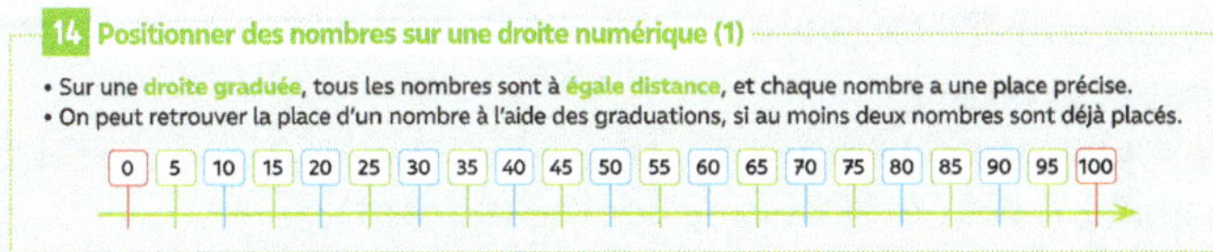

JOUR 2 Entraînement — 30 min

14 Positionner des nombres sur une droite numérique (1)

1 **Écris** les nombres manquants sur la droite numérique.

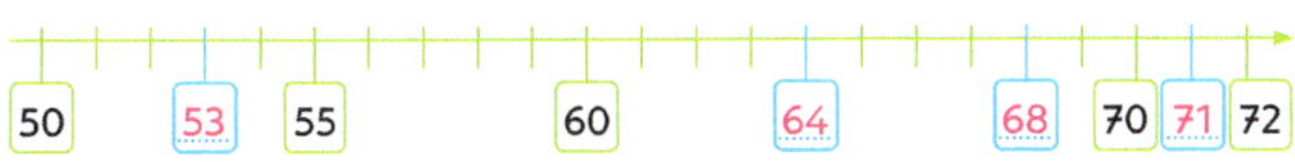

2 **Place** les nombres suivants sur la droite numérique : 24, 47, 35 et 16.

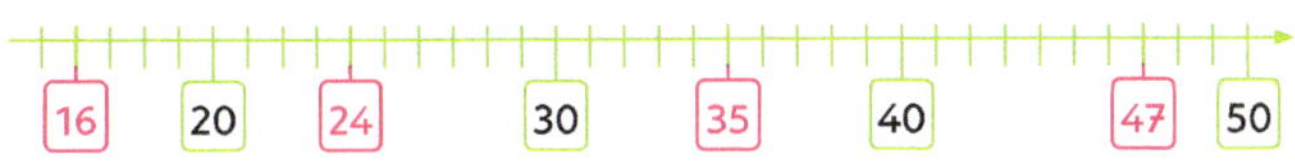

3 **Complète** la droite numérique.

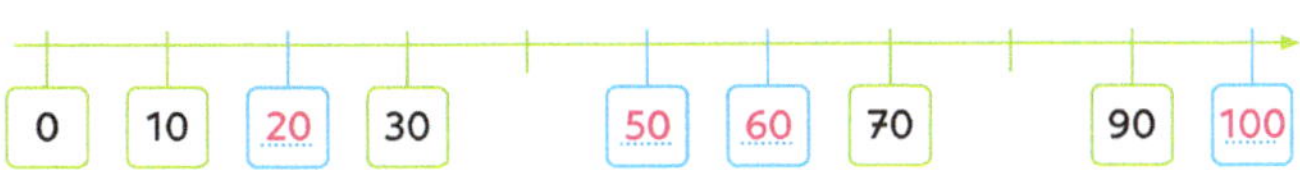

4 • **Complète** les graduations de 10 en 10.
• **Relie** les étiquettes à leur place sur la droite numérique.

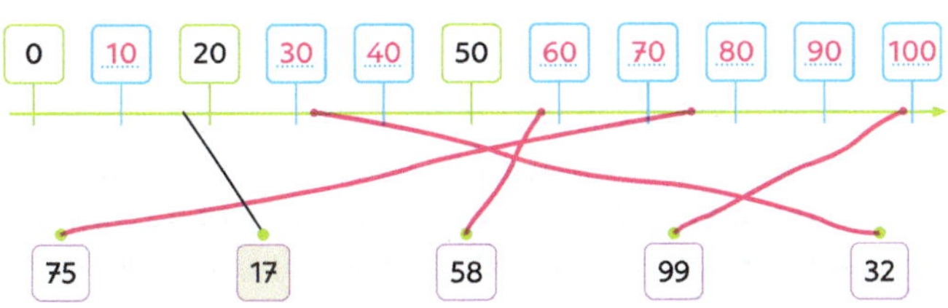

CAHIER DU JOUR

5 **Complète** les graduations sur la fiche distribuée et **relie** les étiquettes.

1 2 3 4

Erreur fréquente

Les nombres écrits sont incorrects.

Remédiation

Faire écrire tous les nombres au-dessus de chaque graduation.

3

Erreur fréquente

Les nombres écrits ne sont pas des dizaines entières.

Remédiation

Demander à l'élève de lire tous les nombres déjà placés et de trouver quel est leur point commun : le chiffre des unités est 0.

4

Erreur fréquente

Les nombres ne sont pas à leur place.

Remédiation

Demander à l'élève de retrouver un nombre déjà placé qui a le même nombre de dizaines que celui qu'il veut placer. Puis lui demander si celui-ci est plus grand ou plus petit que celui qu'il veut placer. Par exemple, pour placer 58, lui faire réciter la comptine numérique à partir de 50.

15 Se situer dans l'espace proche

OBJECTIF DE LA SÉQUENCE
Décrire une position, un déplacement dans le quartier.

JOUR 1 Découverte 35 min

Objectif de l'activité
Décrire le trajet pour aller d'un endroit à un autre à partir d'un plan.

Matériel
- **Par élève :**
  - 1 **plan de ville en noir et blanc** sur une feuille A4 ou A3 ;
  - des **crayons de couleur**, 1 **crayon de papier**.
- **Pour la classe :**
  - 1 **plan de ville agrandi** affiché au tableau (ce plan étant simple, il peut être dessiné par l'enseignant) ;
  - des **craies** de couleurs rouge, verte et bleue ;
  - 1 **personnage** de type Playmobil.

Déroulement de la séance
- **Mise en situation** ■ oral collectif ■ 5 min
- **Recherche** ■ individuelle puis collective ■ 15 min
- **Mise en commun** ■ oral collectif ■ 10 min
- **Institutionnalisation** ■ oral collectif ■ 5 min

Mise en situation 5 min

■ Présenter le plan agrandi au tableau et demander aux élèves de dire ce qu'ils voient. Lister avec les élèves toutes les indications présentes sur le plan et expliquer les différences entre « rue », « avenue » et « boulevard ».

■ Appeler les élèves au tableau à tour de rôle pour localiser les différents lieux sur le plan : le parc, l'école, la gare, la mairie, puis les maisons des trois enfants.

Recherche 15 min

1re phase
■ Distribuer un plan à chaque élève et demander : *Coloriez la maison d'Amina en rouge, celle de Julian en vert et celle de Carmen en bleu.* Le faire en même temps que les élèves au tableau et circuler dans les rangs pour vérifier qu'il n'y ait pas d'erreur.

2de phase
■ Consigne : *Sur votre plan, tracez trois trajets : en rouge, celui de la maison d'Amina à la mairie, en vert celui de l'école à la maison de Julian, et en bleu celui de la maison de Carmen à celle d'Amina.*
Symboliser ces trois consignes sur le tableau de la façon suivante :
- maison d'Amina → mairie
- école → maison de Julian
- maison de Carmen → maison d'Amina.

Les élèves pourront recourir à ces indications s'ils ne savent plus ce qu'ils doivent faire.

■ Demander à un élève de venir tracer le premier trajet sur le plan du tableau. Lui demander de décrire aux autres élèves ce trajet (de chez Amina à la mairie) en s'appuyant sur les indications du plan. Encourager à utiliser le bon vocabulaire : *tourner à droite/à gauche, prendre la deuxième rue à droite*, à citer le nom des rues empruntées, *etc.*

■ Un deuxième élève vient ensuite au tableau décrire le trajet à l'envers.

Demander : *Qu'est-ce qui change entre le trajet à l'aller et celui au retour ?* Faire prendre conscience aux élèves que pour décrire un trajet, il faut prendre en compte la position de la personne qui se déplace. Refaire le trajet avec une petite figurine pour repérer la droite et la gauche : cela ne correspond pas toujours à la droite et à la gauche du tableau.

■ Procéder de même pour les deux autres trajets.

■ Faire ranger la feuille de recherche des élèves dans le lutin, la pochette ou le cahier de recherche.

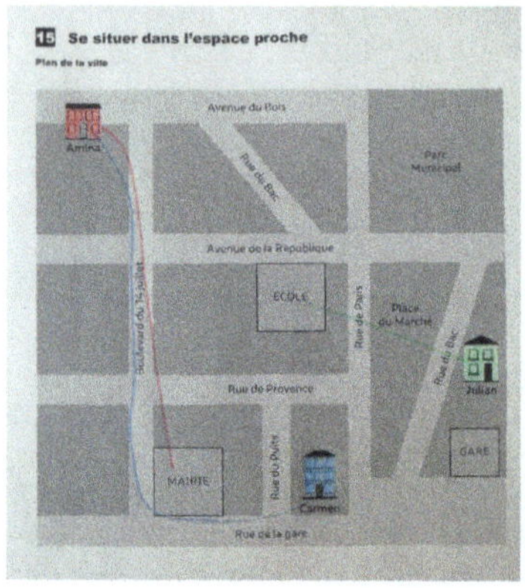

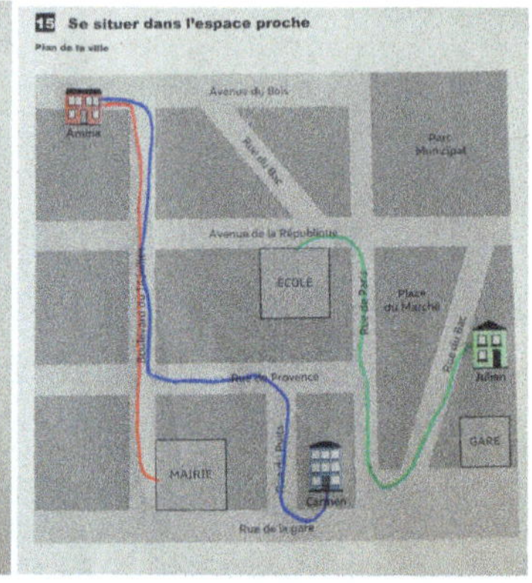

Photos 1 et 2 : trajets réalisés par deux élèves. Le premier élève n'a pas compris qu'il fallait suivre le trajet des rues pour aller d'un endroit à l'autre. C'est ce type d'élève qu'il faudra envoyer au tableau dans la seconde phase.

Conseil
- Dans l'idéal, **il serait plus intéressant de travailler sur le plan de la ville où se trouve l'école**, et donc d'adapter cette séance de découverte à ce plan. Il est possible d'obtenir un plan de la ville en s'adressant à la mairie. Si nécessaire, le simplifier en le décalquant et en ne gardant que les bâtiments principaux.

Pistes de différenciation
- Expliquer à l'élève **qu'il doit obligatoirement suivre des rues** et qu'il ne peut pas traverser les blocs gris foncés.
- **Donner une petite figurine** pour permettre à l'élève de s'orienter sur son plan.
- **Tourner le plan** pour permettre à l'élève de se repérer dans le sens du déplacement.

Mise en commun 10 min

■ Demander aux élèves de reprendre leur plan. Leur proposer une nouvelle situation de ce type : *Julian sort de chez lui et tourne à gauche, il prend la troisième rue à droite puis la troisième rue à gauche. Où est-il arrivé ?*
Pendant la description du trajet, les élèves suivent avec le doigt sur leur plan. Afin de vérifier, répéter la description puis recueillir les réponses des élèves. Un élève vient au tableau et trace le trajet à la craie en écoutant la description pour la troisième fois.

■ Proposer un autre trajet : *Je sors de la gare et je prends la première rue à droite, puis la première rue à gauche, et enfin la deuxième rue à droite. Je marche jusqu'au bout, où suis-je arrivé(e) ?*

■ Conclure : *Un plan permet de représenter simplement un lieu, en faisant comme si l'on se trouvait au-dessus de ce lieu. Pour décrire un trajet, il faut se mettre à la place de la personne qui fait ce trajet.*

MATÉRIEL ET DOCUMENTS

www.maths-super-simples.editions-bordas.fr, Séquence 15

CALCUL MENTAL JOUR 1 — 10 min

23. Le nombre caché : entre 0 et 99.

➥ p. 29

CALCUL MENTAL JOUR 2 — 10 min

24. Le gobelet : les compléments à 5.

➥ p. 29

Activité complémentaire

Découvrir son quartier

En aval de la séance de découverte, il serait intéressant que les élèves travaillent sur la configuration de leur quartier, en ayant fait au préalable une **balade dans les rues autour de l'école**. Pendant cette exploration, prendre des photographies pour les réutiliser en classe.

Institutionnalisation — 5 min

Distribuer la trace écrite et la faire coller dans le cahier.

15 Se situer dans l'espace proche

- Un **plan** permet de représenter simplement un lieu, en faisant comme si l'on se trouvait au-dessus de ce lieu.
- Pour **décrire le trajet**, il faut se mettre à la place de la personne qui fait ce trajet.

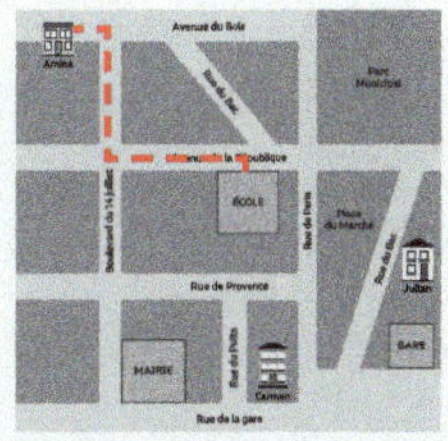

Amina sort de chez elle, puis tourne à droite dans le boulevard du 14 juillet.
Elle tourne ensuite dans la première rue à gauche, l'avenue de la république, pour arriver à l'école.

JOUR 2 Entraînement — 35 min

15 Se situer dans l'espace proche

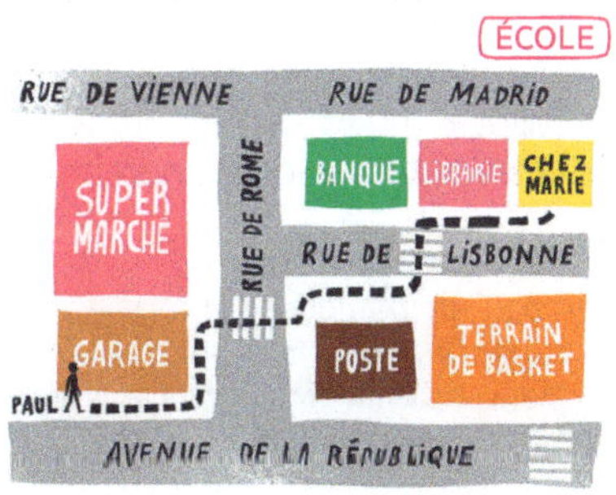

1 **Observe** le plan et **entoure** la bonne réponse.

Il y a une école sur le plan.	Vrai	(Faux)
Le supermarché est à côté du garage.	(Vrai)	Faux
La banque est en face de la poste.	(Vrai)	Faux
Marie habite avenue de la République.	Vrai	(Faux)

2 **Réponds** à l'aide du plan. Qu'y a-t-il :
- en face de chez Marie ? Le terrain de basket.
- au coin de la rue de Madrid et de la rue de Rome ? La banque.
- à côté du garage ? Le supermarché.

3 Paul va chez Marie. **Complète** son trajet.

Paul se trouve devant le garage. Il tourne à gauche dans la rue de Rome et traverse le passage piéton. Puis il continue tout droit dans la rue de Lisbonne. Il traverse sur le passage piéton et continue à droite pour arriver chez Marie.

4 Sur le plan, **dessine** une école rue de Madrid en face de chez Marie.

CAHIER DU JOUR

5 **Trace** sur le plan distribué le trajet de Téa pour se rendre au terrain de basket.

1 2 3 4

Erreur fréquente

La description d'un trajet sur un plan est un exercice très complexe pour les enfants, qui ne **comprennent pas toujours que la notion de droite et de gauche n'est pas absolue, mais relative** à la position de la personne en train de se déplacer.

Remédiation

Si possible, **utiliser une figurine munie de mains ou de bras** pour matérialiser la façon dont la personne avance sur son trajet. De cette manière, il est possible de montrer clairement la direction prise à chaque tournant, en désignant la main appropriée de la figurine : si la figurine tourne du côté de sa main droite, elle tourne réellement à droite.

3

Erreur fréquente

Les élèves peuvent se tromper en utilisant les expressions : ***à gauche, tout droit, devant, à droite.***

Remédiation

Pour aider l'élève à se repérer et à utiliser les termes exacts, **tourner la feuille de façon à ce que le regard de l'élève soit toujours orienté dans le sens du déplacement**. Par exemple : « *Si le trajet tourne à gauche, bascule la feuille avec le plan vers la droite.* »

16 Coder un déplacement

OBJECTIF DE LA SÉQUENCE
Programmer des déplacements.

JOUR 1 Découverte 35 min

Objectif de l'activité
Tracer et coder un chemin sur un quadrillage.

Matériel
- **Par élève :**
  - 1 feuille avec un **quadrillage 7 × 6** sur lequel figurent 3 souris, 3 morceaux de fromage et 3 chats, et le **tableau des parcours** à compléter ;
  - 1 **crayon rouge**, 1 **crayon jaune**, 1 **crayon vert**.
- **Pour la classe :**
  - le **quadrillage 7 × 6 agrandi** affiché au tableau ;
  - le **code de déplacement** ;
  - des **craies de couleur**.

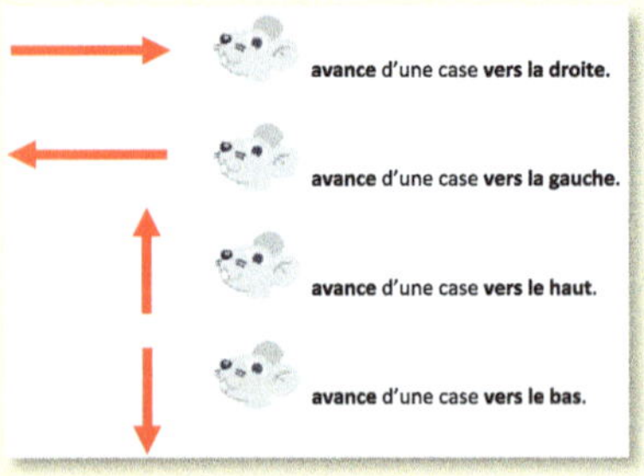

Photo 1 : le code de déplacement

Déroulement de la séance
- **Mise en situation** ▪ oral collectif ▪ 5 min
- **Recherche** ▪ individuelle ▪ 15 min
- **Mise en commun** ▪ oral collectif ▪ 10 min
- **Institutionnalisation** ▪ oral collectif ▪ 5 min

Mise en situation 5 min

- Distribuer la feuille d'activité à chaque élève.
- Réactiver la lecture du quadrillage :
1) Coloriez en rouge la souris qui se trouve dans la case sur la première ligne et la troisième colonne.
2) Coloriez en rouge le fromage qui se trouve dans la case sur la troisième ligne et la première colonne.
3) Coloriez en jaune la souris qui se trouve dans la case sur la première ligne et la septième colonne.
4) Coloriez en jaune le fromage qui se trouve dans la case sur la quatrième ligne et la septième colonne.
5) Coloriez en vert la souris qui se trouve dans la case sur la cinquième ligne et la deuxième colonne.
6) Coloriez en vert le fromage qui se trouve sur la sixième ligne et la cinquième colonne.
Attendre que les élèves aient fini de colorier un motif avant de donner la consigne suivante et circuler dans les rangs pour s'assurer qu'ils ne se sont pas trompés.

Photo 2 : la feuille de l'activité après le coloriage des motifs

Recherche 15 min

1re phase
- Présenter la tâche : *Votre mission consiste à aider chaque souris à trouver son morceau de fromage, tout en évitant les chats. Les règles sont les suivantes :*
1) La souris rouge va manger le fromage rouge, la souris jaune va manger le fromage jaune et la souris verte va manger le fromage vert.
2) Une souris ne doit croiser ni un chat, ni une autre souris sur son parcours (si deux souris se rencontrent, elles vont se battre).
3) Tracez le parcours de chaque souris sur le quadrillage avec un crayon de couleur différent à chaque fois.
4) Tracez le déplacement case après case, avec des flèches. Chaque flèche doit être à cheval sur deux cases : La souris part de sa case et va jusqu'à la case du fromage.
- Laisser 5 minutes aux élèves pour réaliser les trois tracés. En profiter pour aider les élèves en difficulté en les guidant sur le premier tracé.

2de phase
- Afficher et présenter le code de déplacement au tableau : *À présent, vous allez résumer dans le tableau le parcours de chaque souris en utilisant le code suivant. Sans se tourner, la souris peut se déplacer vers la droite, vers la gauche, vers le haut ou vers le bas.*
- Faire ranger la feuille de recherche des élèves dans le lutin, la pochette ou le cahier de recherche.

Pistes de différenciation
▸ Les élèves peuvent manquer de précision dans le tracé, en particulier pour tracer une flèche à cheval sur deux cases. Dans ce cas, proposer un **quadrillage agrandi** afin qu'ils aient davantage de place pour terminer une flèche et en commencer une autre dans une même case.

Mise en commun 10 min

- Afficher au tableau le quadrillage agrandi. Faire venir trois élèves et demander à chacun, l'un après l'autre, de tracer le chemin d'une souris jusqu'à un morceau de fromage.
- Demander : *Comment peut-on coder ces déplacements ?* Les trois élèves écrivent leur proposition sous le quadrillage.
- Faire échanger les élèves. Montrer qu'ils oublient souvent de coder le premier déplacement, qui fait sortir la souris de sa case.

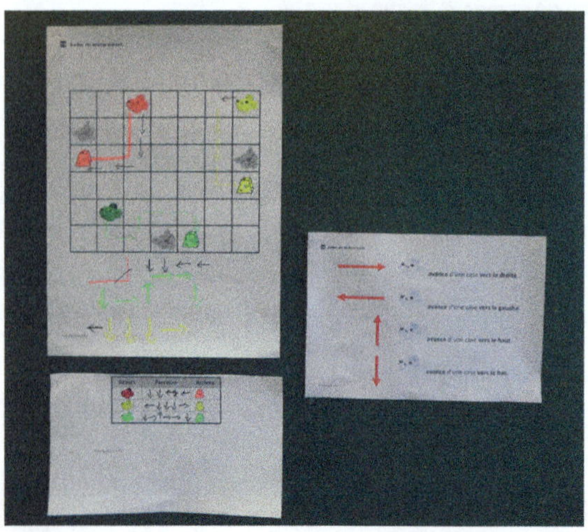

Photo 3 : mise en commun au tableau

MATÉRIEL ET DOCUMENTS

www.maths-super-simples.editions-bordas.fr,
Séquence 16

CALCUL MENTAL JOUR 1 — 10 min

25. Soustraire *du* – 1, *du* – 2, *du* – 10 (du ⩽ 20).
➥ *p. 29*

CALCUL MENTAL JOUR 2 — 10 min

26. Trouver les compléments à 5.
➥ *p. 29*

■ Si les élèves n'ont pas tracé leur parcours avec des flèches, mais avec un tracé continu, afficher un nouveau quadrillage vierge et tracer un parcours en utilisant des flèches successives : *Tracer les déplacements de case en case en utilisant des flèches permet de coder directement le parcours. Par exemple, pour la souris jaune : se déplacer d'une case vers la gauche, de trois cases vers le bas et d'une case vers la droite.*

Séance complémentaire proposée dans de guide
Coder un déplacement avec *ScratchJr*
À partir du CE1, les élèves sont invités à coder des déplacements à l'aide d'un logiciel de programmation adapté. Le Fichier de l'élève étant consacré aux activités d'application et d'entraînement « papier-crayon », **une séance de manipulation entièrement numérique est proposée dans ce guide page suivante** : « 16 bis - Coder un déplacement avec *ScratchJr* ».

Institutionnalisation — 5 min

Distribuer la trace écrite et la faire coller dans le cahier.

16 Coder un déplacement

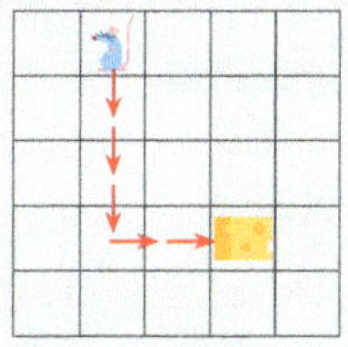

- On peut **coder** avec des **flèches** le **parcours** de la souris vers le fromage.

Départ	Parcours	Arrivée
	↓ ↓ ↓ → →	

- La souris doit se déplacer de trois cases vers le **bas** et de deux cases vers la **droite**.

JOUR 2 Entraînement — 30 min

16 Coder un déplacement

1 **Trace** avec des flèches sur les quadrillages le parcours pour aller du vélo jusqu'à la maison en évitant les feux rouges.
Ensuite, **reporte** chaque parcours.

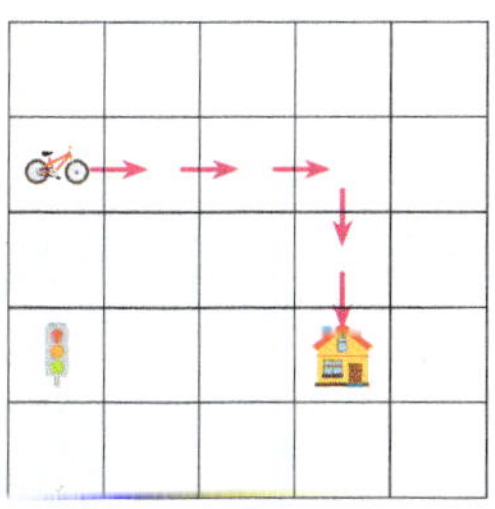

Départ	Parcours	Arrivée
	→ → → ↓ ↓	

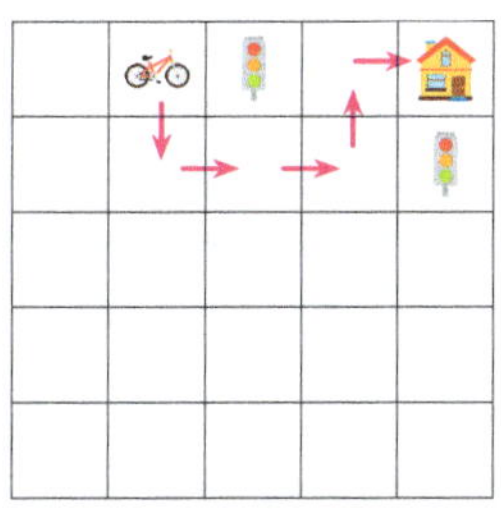

Départ	Parcours	Arrivée
	↓ → → ↑ →	

1 2 Erreur fréquente
Certains élèves **oublient la flèche pour sortir de la case initiale**.

Remédiation
Renforcer le cadre de la case de départ avec un feutre noir pour bien faire apparaître la position initiale.

2 L'âne veut manger la carotte.
- **Trace** avec des flèches sur le quadrillage le parcours de l'âne.
- **Reporte** ton parcours dans le tableau.

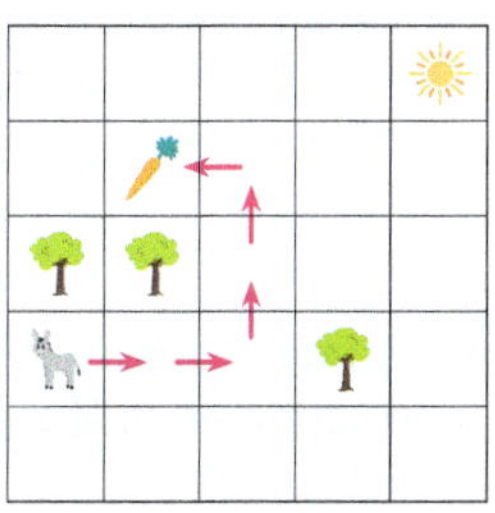

Départ	Parcours	Arrivée
	→ → ↑ ↑ ←	

1 2 Erreur fréquente
Certains élèves **utilisent un trait continu pour tracer le parcours**, ce qui est source d'erreurs quand il s'agit de reporter le codage dans le tableau.

Remédiation
Demander de **tracer le parcours uniquement avec des flèches.**

CAHIER DU JOUR
3 **Reporte** le parcours de Jules sur la feuille distribuée et **écris** le nom de l'objet qu'il a trouvé.

Coder un déplacement avec *ScratchJr*

OBJECTIF DE LA SÉQUENCE
Programmer les déplacements d'un personnage sur un écran.

JOUR 3 Découverte 40 min

Objectifs de l'activité
- Utiliser un logiciel pour coder un déplacement.
- Concevoir et réaliser un projet avec *ScratchJr*.

Matériel
- **Par élève ou par binôme selon le matériel disponible dans l'école :**
  - 1 **tablette** avec l'application *ScratchJr* installée ;
  - 1 **fiche** activité imprimée.
- **Pour la classe :**
  - 1 **vidéoprojecteur relié à un support** (tablette ou smartphone) contenant l'application *ScratchJr*.

Déroulement de la séance
- **Mise en situation** ■ oral collectif ■ 10 min
- **Recherche** ■ individuelle et collective ■ 30 min + 25 min
- **Mise en commun** ■ oral collectif ■ 10 min
- **Institutionnalisation** ■ oral collectif ■ 5 min

Remarques
- *ScratchJr* est un langage visuel de programmation à vocation ludique et éducative. Son interface ludique et la simplicité de sa prise en main le rendent accessible. Le logiciel est libre, gratuit et multiplateforme. https://www.scratchjr.org/learn/interface
- *ScratchJr* est développé par le Developmental Technologies (DevTech) Research Group au Eliot-Pearson Department of Child Study and Human Development à Tufts University.

Conseils
- En CE1, l'utilisation de *Scratch* dans sa version non simplifiée est déconseillée car plusieurs notions sont hors programme (les angles, notamment, dans le cadre des déplacements).

Mise en situation 10 min

■ Vidéoprojeter l'interface *ScratchJr* pour que les élèves fassent les manipulations en même temps que l'enseignant.

■ Présenter aux élèves les différentes zones de l'écran de travail : *Sur cet écran, vous avez au centre la scène sur laquelle se déroule l'action. Vous pouvez déplacer le personnage avec le doigt et ajouter d'autres personnages grâce au bouton « + » sur le côté. Pour retirer un personnage, on appuie un moment dessus et on supprime en cliquant sur la croix rouge. Supprimez le petit chat et choisissez le personnage de votre choix. Déplacez-le à gauche de la scène avec votre doigt.*

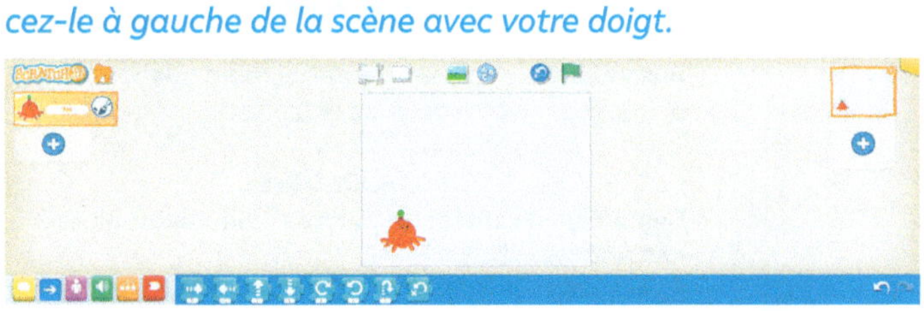

Capture 1 : le personnage choisi est placé à gauche de la scène

■ Présenter ensuite les catégories de blocs de programmation en bas de l'écran : *Voici les différentes briques de programmation qui permettent d'animer la scène : les blocs de démarrage (en jaune), de déplacement (en bleu), d'apparence (en violet), de sons (en vert), de contrôle (en orange) et de fin (en rouge). Aujourd'hui, nous allons surtout découvrir les briques bleues : les briques de déplacement.*

Recherche 30 min

■ Faire choisir aux élèves un décor pour leur scène : *Appuyez sur l'image « paysage » en haut au centre. On appelle ça une icône. Puis choisissez un décor pour votre personnage. Appuyez sur l'icône « valider ».*

Capture 2 : quelques icônes

■ Présenter les quatre premières briques bleues :
1. se déplacer d'une case vers la droite ;
2. se déplacer d'une case vers la gauche ;
3. monter d'une case ;
4. descendre d'une case.

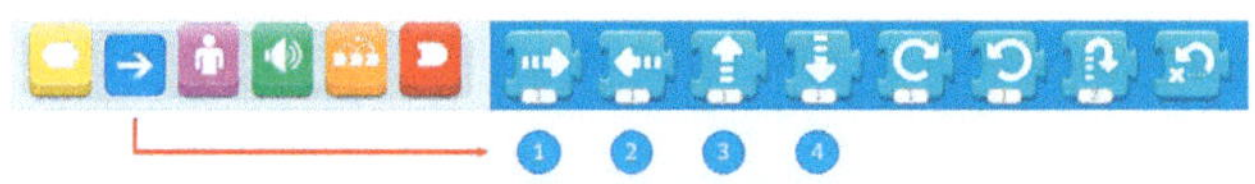

Capture 3 : les briques de mouvement des personnages

Mission 1

■ Consigne : *Vous allez déplacer votre personnage en ligne droite. Pour cela nous allons emboîter des blocs dans la zone de programmation et dire ce que le personnage doit faire. Cela s'appelle un programme. On commence toujours par une brique de démarrage, comme le drapeau vert. Ensuite on ajoute des briques de déplacement. Et on termine par une brique de fin.*

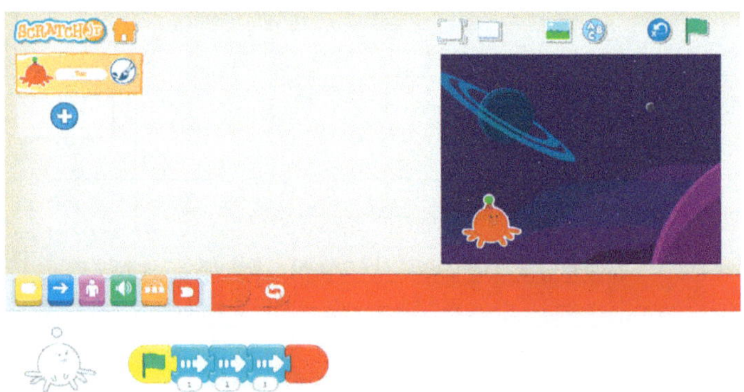

Capture 4 : script de la mission

Pour exécuter le programme, c'est-à-dire « jouer la scène », on touche n'importe quelle partie du programme. Pour effacer une brique, appuyez dessus et faites-la glisser en dehors de la zone de programmation. Pour replacer le personnage dans sa position initiale on appuie sur le bouton « retour » sur la barre du haut.

■ Circuler dans les rangs et vérifier que tous les élèves arrivent à faire le script. Effectuer la correction en vidéo-projection et verbaliser chaque action.

Mission 2

■ Consigne : *Vous allez maintenant déplacer votre personnage en ligne droite puis le faire monter. Comment allez-vous modifier votre programme ?*

Faire venir deux élèves sur l'application projetée et demander aux élèves de la classe de corriger éventuellement les actions du binôme.

Mission 3

■ Consigne : *Remettez votre personnage dans sa position de départ. Vous pouvez afficher un quadrillage grâce à l'icône « grille » en haut de l'ecran. Vous allez déplacer votre personnage vers la droite de 6 cases puis le faire monter de 4 cases, aller encore à droite de 3 cases puis descendre de 2 cases. Comment allez-vous modifier votre programme ?*

■ Écrire au tableau le parcours demandé sous forme de flèches, comme lors de la Séquence 16 sur papier.

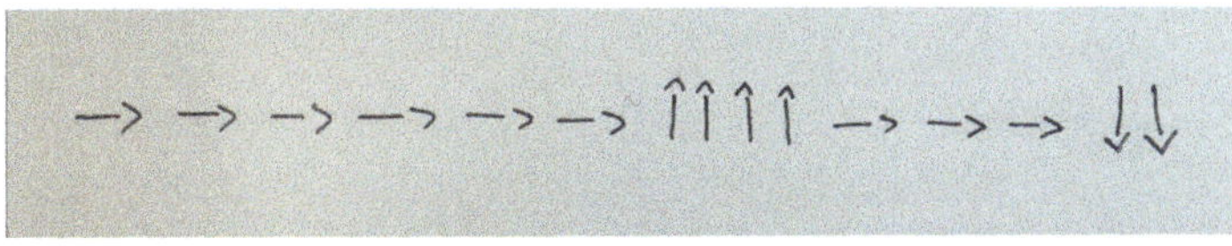

Photo 1 : le parcours dessiné au tableau

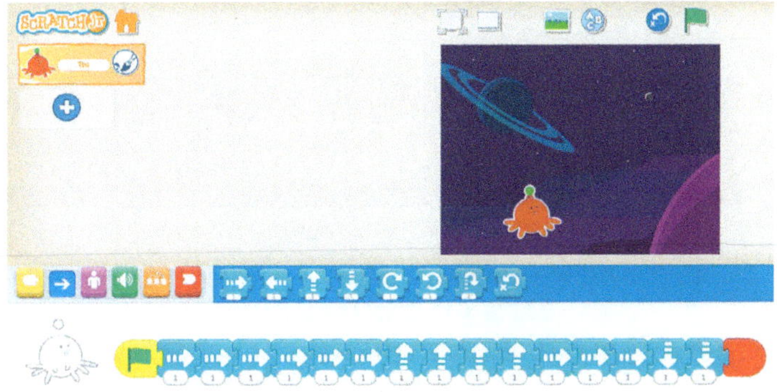

Capture 5 : le programme écrit par un élève

■ Corriger le script en envoyant un élève au tableau. Faire remarquer que plutôt que de mettre 6 flèches de suite, on peut paramétrer chaque brique de déplacement avec un nombre de répétitions : *Cela déplace le personnage vers la droite du nombre de cases écrit sous la brique.*

JOUR 4 Application 40 min

Recherche 30 min

Mission 4

■ Repartir d'une scène vierge avec les élèves. Faire ajouter un personnage : le ballon, et sélectionner le décor du terrain de basket. Les positionner comme sur le modèle. Faire la démonstration à la classe avec le vidéoprojecteur.

Capture 6 : la situation de départ de la mission 4

■ Consigne : *Le chat joue au basket et veut marquer un panier. Le ballon est dans ses mains. Vous allez écrire un programme pour réaliser cette scène.*

■ Demander :

1) Quel personnage ou objet est concerné par ce programme ?

Ce programme concerne le ballon.

2) Où se trouve le ballon à la fin du programme ?

À la fin du programme, le ballon se trouve dans le panier.

3) Quel programme doit-on écrire pour que le ballon se retrouve dans le panier ?

Les élèves peuvent s'aider de l'affichage de la grille pour déterminer le nombre de pas.

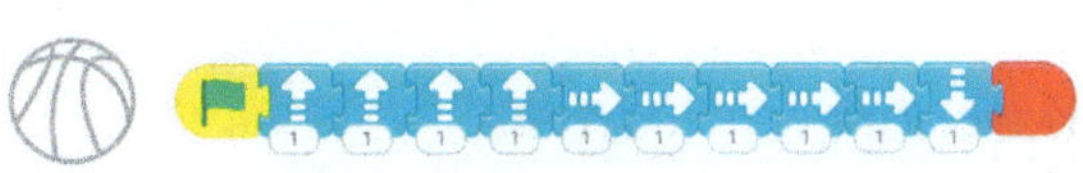

Capture 7 : la proposition d'un élève.

Remarques

▶ Déplacer un personnage sur un écran peut sembler une activité déjà beaucoup pratiquée dans les jeux vidéo. Mais dans ces jeux, les élèves déplacent en général des personnages par petites touches successives. L'objectif est ici différent car il s'agit d'**anticiper un déplacement complet** et d'**écrire les instructions** permettant d'obtenir ce déplacement.

▶ L'initiation à la programmation permet de travailler les **compétences** suivantes :
- se repérer, s'orienter en utilisant des repères ;
- adopter une démarche scientifique : utilisation d'un langage spécifique, contrôle, essais-erreurs ;
- développer l'abstraction : apprendre à anticiper l'effet de telle ou telle séquence d'instructions avant même de la faire exécuter.

Mise en commun 10 min

■ Demander à un élève de venir effectuer son déplacement sur l'interface projetée au tableau et décrire aux autres élèves de la classe le programme. Encourager à utiliser le bon vocabulaire : *programme, brique de démarrage, brique de déplacement à droite/à gauche/vers le haut, brique de fin, démarrage du programme, réinitialisation.*

■ Conclure : *Pour animer un personnage, je sélectionne mon personnage et j'écris un programme en utilisant les briques du logiciel. Un programme est une chaîne d'actions qui a toujours une brique de début et une brique de fin.*
En combinant des actions simples, on peut réaliser une action complexe.

Institutionnalisation 5 min

Distribuer la trace écrite et la faire coller dans le cahier.

16 Utiliser un logiciel pour coder un déplacement

- Un **programme** est une chaîne d'actions qui a une brique de **début** et une brique de **fin**.
- En **combinant des actions simples,** on peut écrire un programme dans un langage que l'ordinateur est capable d'interpréter.

- Pour **déplacer un personnage,** je sélectionne mon personnage et j'écris un programme en utilisant des briques de programmation. J'exécute ensuite le programme.

18 Je fais le point

1 **Écris** en chiffres puis en lettres.

- 3 dizaines et 9 unités : 39 trente-neuf
- 7 dizaines 1 unité : 71 soixante-et-onze
- 5 unités 3 dizaines : 35 trente-cinq
- 10 dizaines : 100 cent

2 **Complète** avec =, ou <, ou bien >.

- 28 < 71
- 42 > 6
- 67 < 69
- 4 + 3 = 7

3 **Calcule**.

3 + 5 = 8	7 + 4 = 11	8 − 2 = 6	5 = 10 − 5
42 + 7 = 49	76 + 3 = 79	51 + 10 = 61	48 + 40 = 88

4 **Complète**.

9 + 7 = 16	10 + 10 = 20	15 − 7 = 8	20 − 3 = 17
25 + 5 = 30	78 + 2 = 80	91 + 9 = 100	40 = 20 + 20

5
- **Observe** la grille.
- **Trace** avec des flèches un parcours qui permet d'aller de la case verte à la case rose
- **Reporte** ton parcours dans le tableau.

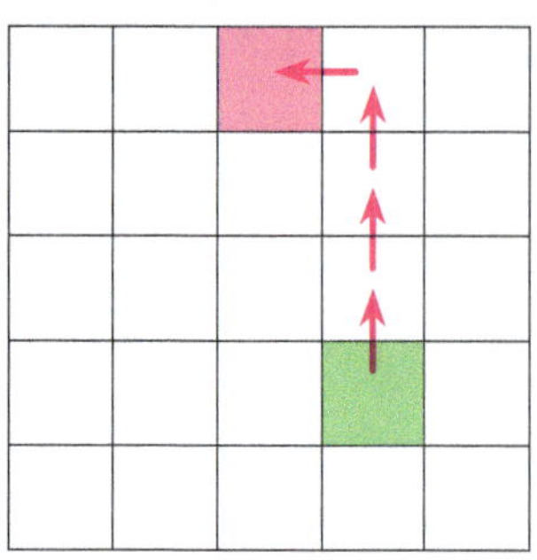

Départ	Parcours	Arrivée
■ (vert)	↑ ↑ ↑ ←	■ (rose)

Exploitation pédagogique des séquences

Période 2

Les quatre séquences de la période 2 poursuivent le travail initié en période 1 sur les **problèmes du champ additif**. L'enjeu de cette période est d'amener les élèves à s'engager dans un traitement mathématique des situations, allant, au rythme de chacun, vers une **résolution plus abstraite, en construisant des schémas**. Le choix de l'opération est alors laissé à l'élève : pour mieux comprendre les relations entre les nombres et le sens du signe « + », il lui faut une alternative : le signe « – ». L'élève donnera plus de sens à une écriture donnée si elle n'est pas la seule mobilisable.

21 Problèmes

1 Dans mes deux poches, j'ai 24 billes en tout. J'ai 10 billes dans ma poche gauche. Combien y a-t-il de billes dans ma poche droite ?

- **Écris** un calcul avec + ou – et **calcule** : 10 + (14) = 24
- **Entoure** le nombre qui répond à la question dans ton calcul.
- **Écris** la phrase réponse : Il y a 14 billes dans ma poche droite.

2 Sur la table, il y a 15 livres. On dépose des livres supplémentaires. Maintenant, il y a 26 livres. Combien de livres ont été déposés ?

- **Complète** le schéma.

- **Écris** un calcul avec + ou – et **calcule** : 26 – 15 = (11)
- **Écris** la phrase réponse : On a déposé 11 livres sur la table.

3 On cherche le nombre de figurines que Lila a donné à Zoé. Lila avait 28 figurines. Elle en donne à Zoé. Maintenant Lila a 19 figurines.

- **Dessine** le schéma.

- **Écris** un calcul avec + ou – et **calcule** : 28 – 19 = (9)
- **Écris** la phrase réponse : Lila a donné 9 figures à Zoé.

Déroulement suggéré

- Résoudre le premier problème collectivement avec la classe, Fichier fermé, avec du matériel (24 billes ou jetons) et mimer la situation aux élèves : sortir 10 billes de la poche gauche et leur demander le nombre de billes dans la poche droite, connaissant le « tout » écrit au tableau. Ainsi, certains élèves vont pouvoir accéder à une première représentation mentale abstraite et effectuer un calcul mental (d'autant plus que les données numériques choisies sont « sympathiques »). Les autres élèves font la recherche sur leur ardoise. Pour la correction, effectuer au tableau la représentation schématique en verbalisant la procédure à voix haute. Faire ouvrir et remplir le Fichier élève : écrire l'addition à trou correspondante (ou la soustraction réciproque) et entourer le résultat du problème.

  Conclure : *Pour trouver le nombre de billes dans ma poche droite, je pars du nombre de billes dans ma poche gauche : 10, et je cherche le nombre de billes à ajouter pour arriver au nombre total de billes : 24.*
  10 + [14] = 24
  Je peux aussi poser une soustraction 24 – 10 = [14]
  Il y a 14 billes dans ma poche droite.

- Laisser la résolution de ce problème affichée au tableau pendant que les élèves résolvent individuellement les autres problèmes. Afin qu'il n'y ait pas de problème de lecture/déchiffrage, lire chaque énoncé deux fois à haute voix à toute la classe.

- Réaliser la correction de façon collective, problème après problème : inviter chaque fois au tableau un élève qui aura été identifié en difficulté.

1 2 3

Erreur fréquente

Les élèves **additionnent les deux données numériques** de l'énoncé.

Remédiation

Faire **mimer** la situation et **verbaliser les relations entre les données numériques de l'énoncé**. Il n'y a pas de schématisation type attendue.
Il est possible également d'utiliser la bande numérique afin de faire chercher le complément : 10 pour aller à 20 puis 4 pour aller à 24.

- Cette séquence propose des problèmes à une étape relevant des **structures additives du type « parties-tout »**, et plus précisément de **rechercher le nombre d'éléments d'une partie en connaissant le nombre d'éléments de l'autre partie et du tout**. Ces problèmes peuvent se résoudre par une addition à trou ou une soustraction. Faire remarquer aux élèves que la réponse au problème ne se trouve pas forcément après le signe « = ».

Des **problèmes ouverts** doivent compléter ces séances. Les fichiers texte des énoncés sont proposés sur le site de la collection pour permettre de **générer de nouveaux énoncés en intervenant sur les variables suivantes** :
- modifier les **données numériques**, en veillant à **ne pas proposer de tout supérieur ou égal à 250 pour les problèmes du champ additif et sans changer le contexte** ;

Les séquences 25 puis 35 proposent de résoudre des **problèmes complexes** à deux étapes, abordés dès le CP à partir de la période 4. **Trois données doivent donc être connectées pour élaborer la réponse**. Cette résolution de problème en deux étapes permet de s'assurer plus solidement des compétences acquises par les élèves, et favorise la construction des compétences en arithmétique. La modélisation des schémas « parties-tout » est une stratégie d'enseignement pour apprendre à résoudre ces problèmes en les ramenant explicitement à deux problèmes à une étape.

25 Problèmes

1 Dans la réserve du gymnase il y a 76 ballons :
22 ballons de foot, 31 ballons de basket et des ballons de rugby.
Combien y a-t-il de ballons de rugby ?

Étape 1 : nombre de ballons de foot et de basket

22	31
?	

- **Écris** un calcul avec + ou − et **calcule** : 22 + 31 = (53)
- **Entoure** le nombre qui répond à la question dans le calcul.

Étape 2 : nombre de ballons de rugby

- **Complète** le schéma.

53	?
76	

- **Écris** un calcul avec + ou − et **calcule** : 76 − 53 = (23)
- **Écris** la phrase réponse : Il y a 23 ballons de rugby.

2 Un train de trois wagons compte 210 voyageurs en tout. On cherche le nombre de voyageurs dans le troisième wagon. Dans le premier wagon, il y a 50 voyageurs. Dans le deuxième wagon, il y a 60 voyageurs.

Étape 1 : nombre de voyageurs dans les deux premiers wagons

- **Complète** le schéma.

50	60
?	

- **Écris** un calcul avec + ou − et **calcule** : 50 + 60 = (110)

Étape 2 : nombre de voyageurs dans le troisième wagon

- **Dessine** le schéma.

110	?
210	

- **Écris** un calcul avec + ou − et **calcule** : 210 − 110 = (100)
- **Écris** la phrase réponse : Il y a 100 voyageurs dans le troisième wagon.

1 2 3

Erreur fréquente

Les élèves **ne savent pas connecter les données pour élaborer la réponse**.

Remédiation

Représenter la situation à l'élève avec du matériel et **verbaliser le problème avec lui** pour trouver la bonne relation.

Déroulement suggéré

- Mimer le premier problème à la classe et noter les données au tableau dans un dessin d'un ensemble et de trois sous-ensembles.

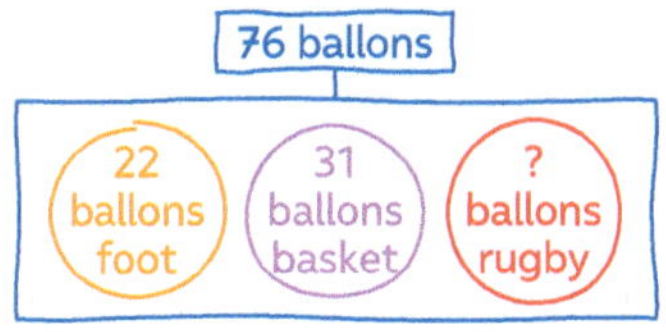

Faire faire la recherche sur l'ardoise aux élèves. Expliquer que la résolution va se faire en deux étapes. Représenter le schéma de la première étape au tableau en verbalisant cette étape du problème. Demander aux élèves de trouver la relation entre les nombres à l'aide de cette modélisation, d'effectuer le calcul, puis d'entourer le nombre qui répond à cette première étape dans le calcul en ligne. Demander à un élève d'énoncer la phrase réponse de la première étape et l'écrire au tableau. Faire de même pour la seconde étape.

Conclure et s'appuyant sur les deux schémas : *Pour trouver le nombre de ballons de rugby, on cherche d'abord combien d'autres ballons il y a. On ajoute les 22 ballons de foot aux 31 ballons de basket en posant une addition.*
22 + 31 = [53]
Il y a 53 ballons de foot et de basket dans la réserve. Ceux qui restent sont des ballons de rugby. Comme je connais le nombre total de ballons dans la réserve, je peux maintenant trouver le nombre de ballons de rugby. 76 ballons dans la réserve moins les 53 ballons de foot et de basket, égale 23 ballons de rugby.
76 − 53 = [23] ou 53 + [23] = 76
Il y a 23 ballons de rugby.

- Laisser la résolution de ce problème affichée au tableau durant la résolution individuelle de l'autre problème. Si besoin, lire l'énoncé deux fois à haute voix à toute la classe.
- Réaliser la correction de façon collective en invitant au tableau un élève qui aura été identifié en difficulté.

- puis modifier le contexte, mais **sans changer les données numériques** ;
- ensuite, modifier **à la fois le contexte et les données numériques**, en veillant à **privilégier des nombres sympathiques** ;
- enfin, on peut proposer de travailler sur les **longueurs (m, cm, dm)** à la suite de la séquence 21 : *« Un vélo et sa remorque font 250 cm de long. La remorque mesure 110 cm de long. Quelle est la longueur du vélo ? ».*

➥ **Version personnalisable** de chaque énoncé de problème : **maths-super-simples.editions-bordas.fr**

La séquence 29 propose des **problèmes du champ additif avec recherche du tout** avec, pour nouveauté, de proposer à présent **trois collections**. L'objectif principal de la séquence est d'écrire le calcul en ligne. Cela permet également de revoir les procédures de calcul en ligne les plus efficaces (décomposition des nombres en dizaines et unités).
On rappelle que **la verbalisation est une phase d'étayage très importante au CE1**. En s'appuyant sur les productions des élèves, s'attacher à formuler et reformuler le langage mathématique précis (sens des symboles et lexique spécifique). Veiller également à verbaliser ses procédures à l'attention des élèves

29 Problèmes

1 Dans l'école il y a trois classes. Dans la première classe, il y a 25 élèves, dans la deuxième classe 24 élèves et dans la troisième classe 26 élèves. Combien y a-t-il d'élèves dans l'école ?

25	24	26
?		

- **Écris** un calcul avec + ou − et **calcule** : 25 + 24 + 26 = (75)
- **Entoure** le nombre qui répond à la question dans ton calcul.
- **Écris** la phrase réponse : Il y a 75 élèves dans l'école.

2 On cherche le nombre total d'images collectionnées. Anna possède 17 images, Léo en a 20 et Zara 15.
- **Complète** le schéma.

17	20	15
?		

- **Écris** un calcul avec + ou − et **calcule** : 17 + 20 + 15 = (52)
- **Écris** la phrase réponse : Il y a 52 images au total.

3 Dans le refuge on soigne 15 chiens, 17 chats et 23 oiseaux. Quel est le nombre total d'animaux soignés ?
- **Dessine** le schéma.

15	17	23
?		

- **Écris** un calcul avec + ou − et **calcule** : 15 + 17 + 23 = (55)
- **Écris** la phrase réponse : Il y a 55 animaux soignés au total.

Déroulement suggéré

Résoudre le premier problème collectivement avec la classe, Fichier fermé, en reconstruisant au tableau le schéma du problème. Les élèves travaillent sur leur ardoise. Procéder à une correction collective, puis faire ouvrir et remplir le Fichier élève.

Conclure : *On cherche le nombre total d'élèves dans l'école. Pour cela on additionne le nombre d'élèves des trois classes : 25 + 24 + 26.*

Pour calculer facilement cette addition, je peux décomposer les nombres.

25 + 24 + 26 = 20 + 5 + 20 + 4 + 20 + 6

Je regroupe les dizaines et les unités.

20 + 20 + 20 + 5 + 4 + 6 = 60 + 15 = 60 + 10 + 5 = 75

25 + 24 + 26 = [75]

Il y a 75 élèves dans l'école.

Laisser la résolution de ce problème affichée au tableau pendant que les élèves résolvent individuellement les autres problèmes. Afin qu'il n'y ait pas de problème de lecture/déchiffrage, lire chaque énoncé deux fois à haute voix à toute la classe.

Réaliser la correction de façon collective, problème après problème : inviter chaque fois au tableau un élève qui aura été identifié en difficulté.

1 2 3

Erreur fréquente

Les élèves éprouvent **des difficultés à effectuer une addition à trois termes.**

Remédiation

Distribuer du **matériel de manipulation** (barres de 10 et cubes unités). C'est l'occasion de revoir les procédures de calcul par décomposition. On peut aussi proposer des arbres de calcul.

- Cette séquence propose des problèmes à une étape relevant des **structures additives du type « parties-tout », avec recherche du tout**.

Des **problèmes ouverts** doivent compléter ces séances. Les fichiers texte des énoncés sont proposés sur le site de la collection pour permettre de **générer de nouveaux énoncés en intervenant sur les variables suivantes** :
- modifier les **données numériques**, en veillant à **ne pas proposer de résultat supérieur ou égal à 200 et sans changer le contexte** ;
- puis modifier le **contexte**, mais **sans changer les données numériques** ;

afin que ceux-ci soient capables à leur tour de verbaliser les leurs : lorsqu'un élève explicite ses actions, sa démarche et ses solutions, il prend du recul, il peut formuler des hypothèses et prendre conscience de ses propres stratégies. **L'écoute de cette verbalisation permet, en outre, de proposer un étayage adapté aux élèves en difficulté.**
Le matériel de manipulation peut être utilisé pour valider les solutions proposées et identifier d'éventuelles erreurs de procédure : *Peux-tu dire quelle solution tu as trouvée ? Comment peux-tu vérifier ?*

35 Problèmes

1 Dans la bibliothèque, il y a 174 livres en tout. 78 sont des romans et 45 des bandes dessinées. Le reste sont des documentaires. Combien y a-t-il de documentaires ?

Étape 1 : nombre de romans et bandes dessinées

78	45
?	

- **Écris** un calcul avec + ou − et **calcule** : 78 + 45 = (123)
- **Entoure** le nombre qui répond à la question dans ton calcul.

Étape 2 : nombre de documentaires

- **Complète** le schéma.

123	?
174	

- **Écris** un calcul avec + ou − et **calcule** : 174 − 123 = (51)
- **Écris** la phrase réponse : Il y a 51 documentaires.

2 Pendant la récréation, on compte 127 élèves de CP, CE1 et CE2. Il y a 38 élèves de CP et 43 élèves de CE1. Combien y a-t-il d'élèves de CE2 ?

Étape 1 : nombre d'élèves de CP et CE1

- **Complète** le schéma.

38	43
?	

- **Écris** un calcul avec + ou − et **calcule** : 38 + 43 = (81)

Étape 2 : nombre d'élèves de CE2

- **Dessine** le schéma.

81	?
127	

- **Écris** un calcul avec + ou − et **calcule** : 127 − 81 = (46)
- **Écris** la phrase réponse : Il y a 46 élèves de CE2.

1 2 3

Erreur fréquente

Les élèves **se trompent d'opération.**

Remédiation

Avec le matériel, **faire mimer la situation** et montrer que la stratégie de résolution n'est pas bonne et que le résultat n'est pas correct. Corriger les erreurs de calcul éventuelles, mais **le plus important est que l'élève ait trouvé la bonne relation entre les nombres.**
Simplifier les données numériques et prendre des valeurs inférieures à 20.

Déroulement suggéré

Énoncer le premier problème à la classe en notant les données au tableau sous forme de croquis comprenant un ensemble et trois sous-ensembles.

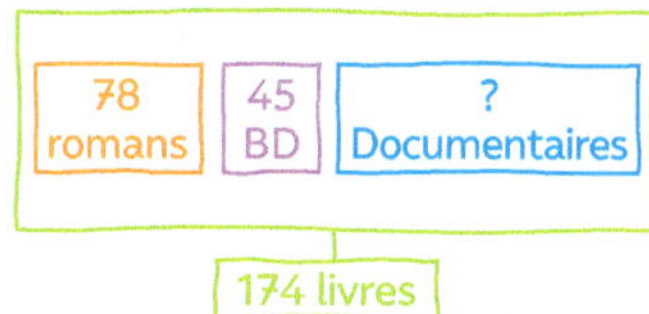

Faire faire la recherche sur l'ardoise. Expliquer que la résolution va se faire en deux étapes. Représenter le schéma de la première étape au tableau en verbalisant cette étape du problème. Demander aux élèves de trouver la relation entre les nombres à l'aide de cette modélisation, d'effectuer le calcul, puis d'entourer le nombre qui répond à cette première étape dans le calcul en ligne. Demander à un élève d'énoncer la phrase réponse de cette première étape et l'écrire au tableau. Conserver la même approche pour la seconde étape.

Conclure en s'appuyant sur les deux schémas : *Pour trouver le nombre de documentaires dans la bibliothèque, on cherche d'abord combien d'autres livres il y a. On ajoute les 78 romans aux 45 bandes dessinées en posant une addition.*
78 + 45 = [123]
Il y a 123 romans et bandes dessinées dans la bibliothèque. Comme je sais qu'il y a 174 livres au total et que ceux qui restent sont des documentaires, je peux maintenant trouver leur nombre.
174 livres dans la bibliothèque moins les 123 romans et bandes dessinées :
174 − 123 = [51] ou 123 + [51] = 174
Il y a 51 documentaires.

Laisser la résolution de ce problème affichée au tableau durant la résolution individuelle de l'autre problème. Si besoin, lire l'énoncé deux fois à haute voix à toute la classe.

Réaliser la correction de façon collective en invitant au tableau un élève qui aura été identifié en difficulté.

- ensuite, modifier **à la fois le contexte et les données numériques**, en veillant à **ne pas proposer de résultat supérieur ou égal à 200** ;
- enfin, on peut proposer de travailler sur les **longueurs (m, cm, dm)** à la suite de la séquence 29 : « *Un parcours d'obstacles a trois parties. La zone de saut fait 22 m, la zone pour ramper 12 m et la zone suspendue 14 m. Quelle est la longueur totale du parcours ?* »

Version personnalisable de chaque énoncé de problème : **maths-super-simples.editions-bordas.fr**

19 Connaître les nombres jusqu'à 599

OBJECTIF DE LA SÉQUENCE
Lire, écrire et représenter les nombres jusqu'à 599.

JOUR 1 Découverte 35 min

Objectif de l'activité
Connaître l'écriture en chiffres, et la décomposition en centaines, dizaines et unités, des nombres jusqu'à 599.

Matériel

- **Par élève :**
  - 2 **bons de commande format A5** parmi les 4 proposés en téléchargement ;
  - 1 **crayon de papier**.

Photo 1 : les bons de commande

- **Pour la classe :**
  - 1 **droite numérique** allant de 100 à 220 affichée au tableau, avec des graduations toutes les 10 unités.

Déroulement de la séance

- **Mise en situation** ■ oral collectif ■ 5 min
- **Recherche** ■ individuelle ■ 15 min
- **Mise en commun** ■ oral collectif ■ 10 min
- **Institutionnalisation** ■ oral collectif ■ 5 min

Mise en situation — 5 min

- Rappeler le nom et l'écriture des centaines en montrant une plaque de 100 et en demandant : *Combien de cubes contient cette plaque ? Comment l'écrit-on ? Comment décomposer ce nombre en centaines, dizaines et unités ?*
- Écrire les réponses des élèves au tableau et lire à voix haute : *Cette plaque représente 100 cubes, ou 1 centaine 0 dizaine 0 unité, ou 10 dizaines 0 unité.*
- Refaire la même démarche avec 4 plaques de 100, puis 2 plaques de 100 et enfin 5 plaques de 100.

Recherche — 15 min

- Dire aux élèves que l'on souhaite commander des cubes et que le nombre de cubes qu'on veut commander est écrit en centaines, dizaines ou unités.
- Consigne : *Chaque élève va recevoir deux bons de commande. Vous devez dessiner le nombre de cubes commandés sous la forme d'unités, de barres de 10 et de plaques de 100 cubes puis indiquer le nombre total de cubes que cela représente.*
- Distribuer les bons de commande.
- Faire ranger la feuille de recherche des élèves dans le lutin, la pochette ou le cahier de recherche.

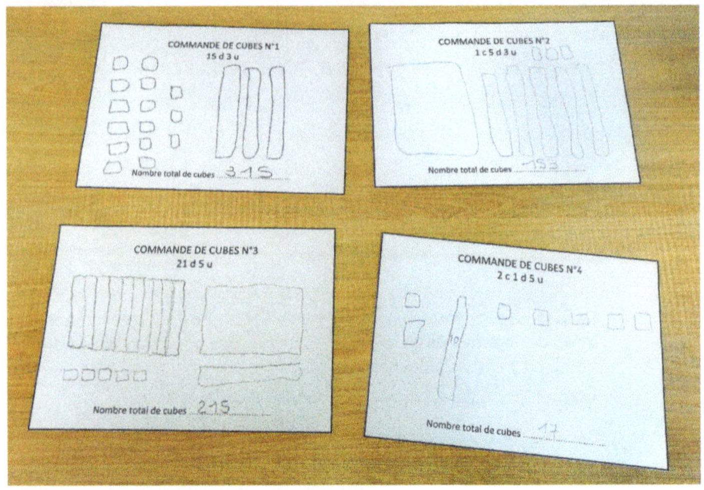

Photo 2 : les commandes de quatre élèves

Pistes de différenciation

- **Donner du matériel à manipuler** pour les élèves en difficulté.
- **Guider les élèves pour dessiner les cubes**. Si nécessaire, faire un exemple avec eux.
- **Donner des bons de commande sans centaines** aux élèves les plus en difficulté afin qu'ils puissent dessiner du matériel qu'ils connaissent déjà bien.
- Pour les plus rapides, **donner une troisième ou quatrième commande à compléter**.

Mise en commun — 10 min

- Afficher les quatre bons de commande vierges et commencer par le premier en demandant : *Comment représente-t-on 15 d 3 u avec les barres de 10 et les cubes ?* Dessiner 15 barres de 10 et 3 cubes au tableau. Demander quel est ce nombre et, quand la réponse est donnée, écrire : « 153 ». Procéder de la même manière pour la commande n° 2 qui fera apparaître le dessin d'une plaque de 100.
- Faire comparer les deux dessins de cubes représentant 153 et demander pourquoi les deux dessins sont différents. Valoriser la réponse d'un élève qui dirait que 10 barres de 10, c'est la même chose qu'une plaque de 100. Entourer alors les 10 barres de 10 de la commande n° 1 au tableau et dire : *Contre quoi puis-je échanger ces 10 barres de 10 ? Une plaque de 100.* Effacer les 10 barres de 10 et dessiner une plaque de 100 à la place puis verbaliser : *Nous avons maintenant une plaque de 100, 5 barres de 10 et toujours 3 unités.*
- Interroger à nouveau les élèves pour compléter les commandes n° 3 et n° 4 et trouver le nombre 215.
- Tracer au tableau une droite numérique de 100 à 220 avec des graduations toutes les dizaines. Faire venir un élève au tableau pour écrire les nombres manquants sur les graduations et pour désigner dans quels intervalles se trouvent 153 et 215.
- Refaire cette opération avec d'autres élèves et en proposant des nombres entre 100 et 220. Demander à chaque élève d'expliquer comment il fait. Reformuler pour les autres élèves si l'explication n'est pas claire.

MATÉRIEL ET DOCUMENTS

www.maths-super-simples.editions-bordas.fr, Séquence 19

CALCUL MENTAL JOUR 1

10 min **27.** Identifier une quantité organisée jusqu'à 599.
➥ *p. 30*

CALCUL MENTAL JOUR 2

10 min **28. Le nombre caché :** entre 50 et 100.
➥ *p. 30*

Institutionnalisation

5 min

- **Distribuer la trace écrite** et la faire coller dans le cahier.
- Dire : *147 peut être représenté de différentes façons :*
– Avec une plaque de 100, 4 barres de 10 et 7 cubes ;
– En écrivant « 1 c 4 d 7 u » ou « 1 centaine 4 dizaines 7 unités ».

19 Connaître les nombres jusqu'à 599

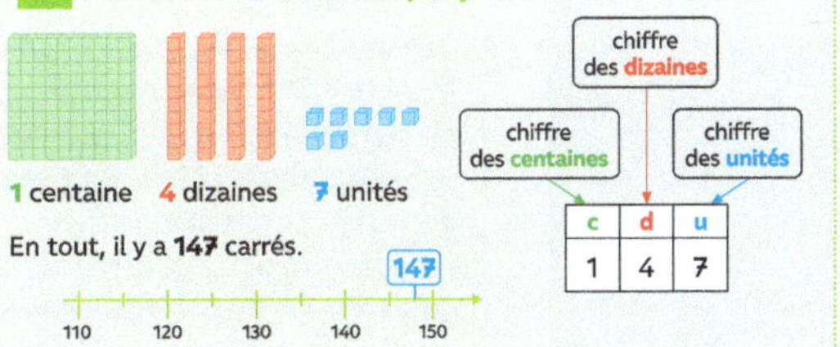

Activité complémentaire

Apprendre à écrire les nombres de 100 à 999

- À partir de cette période 2, prévoir des activités décrochées pour faire apprendre l'écriture des nombres en lettres et en chiffres de 100 à 999. Cela peut se faire sous forme de rituels de 10 minutes, tous les matins, pendant que l'enseignant remplit les appels de la classe, de la cantine, du goûter et/ou de l'étude.
- Faire des dictées de nombres sur l'ardoise en lettres et en chiffres.

JOUR 2 Entraînement

30 min

19 Connaître les nombres jusqu'à 599

1 Complète la droite numérique.

300 · 320 · 350 · 360 · 390 · 410 · 440 · 450 · 490

2 Complète.

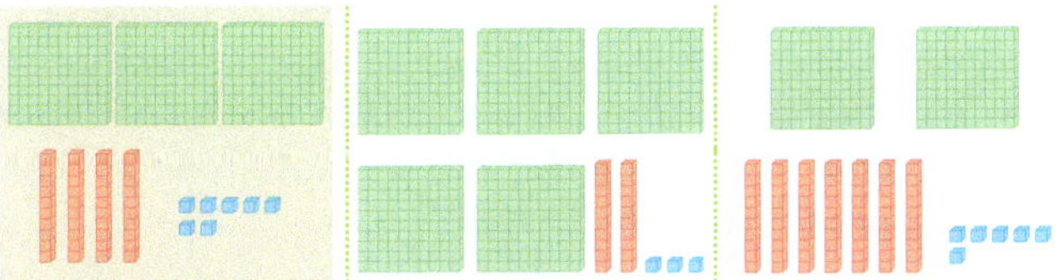

3 centaines	5 centaines	2 centaines
4 dizaines	2 dizaines	7 dizaines
7 unités	3 unités	6 unités
→ Il y a 347 cubes.	→ Il y a 523 cubes.	→ Il y a 276 cubes.

3 Complète.

- 107 c'est 1 centaine, 0 dizaine et 7 unités.
- 53 c'est 0 centaines, 5 dizaines et 3 unités.
- 480 c'est 0 unité, 8 dizaines et 4 centaines.
- 274 c'est 2 centaines, 7 dizaines et 4 unités.
- 108 c'est 8 unités, 0 dizaine et 1 centaine.

4 Écris en chiffres.

- deux-cent-soixante-huit : 268
- trois-cent-quatre-vingt-onze : 391
- quatre-cent-trente-trois : 433
- cinquante-neuf : 59
- cent-neuf : 109
- cinq-cent-vingt : 520

CAHIER DU JOUR

5 Écris en lettres les nombres 153, 472 et 581.

1

Erreur fréquente

Certains élèves **se trompent parce qu'ils sautent des graduations.**

Remédiation

Donner une **droite numérique agrandie** et les autoriser **à écrire les nombres non demandés.**

2 3

Erreur fréquente

Certains élèves **n'ont pas stabilisé la position et la valeur des chiffres dans un nombre à deux ou trois chiffres.**

Remédiation

Leur demander de **se référer à l'affichage de la classe, ou à la trace écrite dans leur cahier de leçons,** pour retrouver la valeur de chaque chiffre.

2 3

Erreur fréquente

Certains élèves **confondent encore la valeur des cubes, des barres de 10 et des plaques de 100.**

Remédiation

Leur demande de **se référer à l'affichage de la classe, ou à la trace écrite dans leur cahier de leçons,** pour retrouver la correspondance des cubes, des barres de 10 et des plaques de 100.
Refaire la manipulation devant eux : « *Je peux échanger 10 barres de 10 contre une centaine.* »

20 Comparer, ordonner les nombres jusqu'à 599

OBJECTIF DE LA SÉQUENCE

Comparer des nombres à trois chiffres.

JOUR 1 Découverte — 35 min

Objectif de l'activité

Matérialiser deux nombres à trois chiffres avec des cubes pour déterminer lequel est le plus grand.

Matériel

- **Par élève :**
  - 4 **feuilles A4 avec quatre couples de nombres à comparer** ;
  - des **barres de 10** et des **cubes unités** ;
  - 1 **crayon de couleur bleu** ; 1 **crayon de couleur vert** ; 1 **crayon de couleur rouge**.
- **Par binôme :**
  - 5 **plaques de 100**, 4 **barres de 10** et 7 **cubes unités**.
- **Pour le tableau :**
  - 1 **craie blanche** ; 1 **craie rouge** ; 1 **craie verte** ; 1 **craie bleue**.

Déroulement de la séance

- **Mise en situation** ■ oral collectif ■ 5 min
- **Recherche** ■ binôme puis individuelle ■ 15 min
- **Mise en commun** ■ oral collectif ■ 10 min
- **Institutionnalisation** ■ oral collectif ■ 5 min

Mise en situation — 5 min

■ Présenter les feuilles contenant 4 couples de nombres à comparer et le matériel de dénombrement aux élèves. Demander aux élèves : *À quoi correspond un cube ? une barre rouge ? une plaque verte ?* Dessiner un cube, une barre de 10 et une plaque de 100 au tableau et écrire les réponses des élèves afin qu'ils puissent s'y référer si nécessaire.

Recherche — 15 min

1re phase

■ Distribuer à chaque élèves les 4 feuilles imprimés et du matériel pour chaque binôme.

Consigne : *Vous allez travailler par deux. Mettez-vous d'accord sur la représentation du premier nombre en utilisant les cubes, les barres de 10 et les plaques de 100. Puis dessinez chacun, sous le premier nombre, sa représentation en plaques de 100 vertes, barres de 10 rouges et cubes unités bleus. Faites cela pour les sept autres nombres.*

■ L'objectif est que les élèves associent directement le nombre de centaines au nombre de plaques, le nombre de dizaines au nombre de barres de 10 et le nombre d'unités au nombre de cubes dessinés.

2de phase

■ Consigne : *Vous allez travailler seuls maintenant. En regardant le matériel dessiné, entourez le plus grand des deux nombres et placez le signe qui convient entre les deux nombres : inférieur (<) ou supérieur (>).*

Les élèves peuvent trouver facilement quel nombre est le plus grand des deux. Sauf pour le dernier couple (532/432).

■ Au cours de cette activité, les élèves vont constater que lorsqu'il y a le même nombre de plaques de 100, la comparaison va porter sur les dizaines et, quand il y a le même nombre de plaques de 100 et le même nombre de barres de 10, la comparaison va porter sur les unités.

■ Faire ranger la feuille de recherche des élèves dans le lutin, la pochette ou le cahier de recherche.

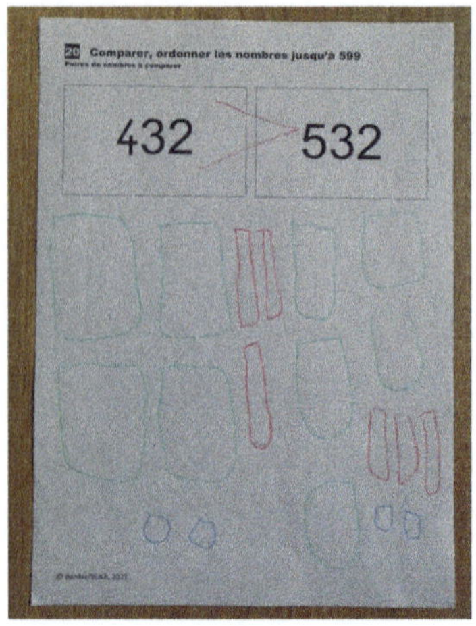

Photo 1 : production d'un élève avec une erreur pour la dernière paire

Pistes de différenciation

- **Donner davantage de barres de 10** pour les élèves qui auraient besoin de dénombrer toutes les dizaines une par une avant de faire un échange dix barres de 10 contre une plaque de 100.
- **Guider les élèves en montrant le chiffre des centaines du nombre** et en leur demandant de **dessiner les plaques de 100 correspondantes**. Puis montrer le chiffre des dizaines en leur demandant de dessiner les barres de 10. De même montrer le chiffre des unités pour dessiner les cubes.

Mise en commun — 10 min

■ Pour chaque paire de cartes, afficher des travaux d'élèves erronés. Envoyer successivement quatre élèves au tableau vérifier et expliquer pourquoi ils ne sont pas d'accord. Faire redessiner les cubes, les barres de 10 et les plaques de 100.

■ Échanger avec les élèves pour faire émerger la façon dont ils procèdent pour comparer les nombres sur les deux cartes. Questionner : *Comment faites-vous pour savoir si un nombre est plus grand ou plus petit qu'un autre ?*

Faire émerger le constat suivant et le verbaliser pour les élèves :

1) Quand deux nombres ont le même nombre de centaines, le plus grand est celui qui a le plus grand nombre de dizaines.

2) Quand deux nombres ont le même nombre de centaines et le même nombre de dizaines, le plus grand est celui qui a le plus grand nombre d'unités.

■ Demander pour chaque paire : *Quel est le plus grand nombre ? Que peut-on écrire entre les deux nombres ?* Faire écrire par les élèves les inégalités trouvées entre chaque paire de nombres.

Institutionnalisation — 5 min

Distribuer la trace écrite et la faire coller dans le cahier.

Dire : *Pour comparer deux nombres à trois chiffres, on compare d'abord les chiffres des centaines puis ceux des dizaines puis ceux des unités.*

20 Comparer, ordonner les nombres jusqu'à 599

Pour comparer deux nombres à trois chiffres,
on compare d'abord les chiffres des centaines, puis ceux des dizaines, puis ceux des unités.

- **Comparons 532 et 432**
532 et 432 ne sont pas dans la même centaine.
On compare donc les chiffres des centaines.
5 > 4, donc 532 > 432.

- **Comparons 448 et 472**
448 et 472 sont dans la même centaine, mais pas dans la même dizaine. On compare donc les chiffres des dizaines.
4 < 7, donc 448 < 472.

- **Comparons 304 et 301**
304 et 301 sont dans la même centaine et dans la même dizaine.
On compare donc les chiffres des unités.
4 > 1, donc 304 > 301.

MATÉRIEL ET DOCUMENTS

www.maths-super-simples.editions-bordas.fr, Séquence 20

CALCUL MENTAL JOUR 1 — 10 min

29. Poursuis la comptine : de 3 en 3 jusqu'à 60. ➥ *p. 30*

CALCUL MENTAL JOUR 2 — 10 min

30. Décomposer des nombres ⩽ 599 en centaines, dizaines et unités. ➥ *p. 30*

Activité complémentaire

Ranger les nombres par ordre croissant ou décroissant

▶ Selon les besoins, prolonger en proposant une activité de classement de trois nombres à trois chiffres écrits au tableau : par ordre croissant ou décroissant.

▶ Progression :
– 3 nombres avec des centaines et des dizaines différentes ;
– 3 nombres avec des centaines identiques et des dizaines différentes ;
– 3 nombres avec des centaines et des dizaines identiques.

JOUR 2 Entraînement — 30 min

20 Comparer, ordonner les nombres jusqu'à 599

1 **Écris** les nombres représentés puis **complète** avec =, ou <, ou bien >.

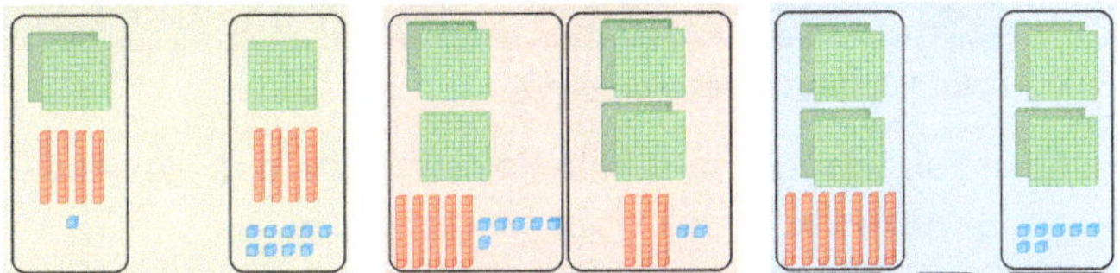

241 > 149 — 356 < 432 — 470 > 407

2 **Complète** avec =, ou <, ou bien >.

168 > 148	457 > 452	375 < 573
412 > 399	280 > 208	463 > 364

3 **Complète** avec un nombre qui convient.

457 < 475	240 > 140	208 < 280	589 < 599
299 < 499	500 > 350	468 > 458	501 = 501

4 **Complète** les nombres avec des chiffres qui conviennent.

379 < 389	590 > 5 4 7	40 9 > 408
3 60 > 160	499 < 5 45	5 57 > 475

5 **Range** les nombres dans l'ordre décroissant.

369 283 191 508 190 67

508 • 369 • 283 • 191 • 190 • 67

CAHIER DU JOUR

6 **Recopie** les nombres suivants dans l'ordre croissant.

479 42 480 407 566 196

1

Erreur fréquente

Certains élèves **confondent la valeur des cubes, des barres de 10 et des plaques de 100**.

Remédiation

Se référer au mémo écrit sur le tableau dans la mise en situation.

2 3 4 5

Erreur fréquente

Certains élèves **n'utulisent pas la bonne procédure pour comparer deux nombres** et commencent, par exemple, par les unités.

Remédiation

Utiliser l'ardoise pour recopier en plus gros les deux nombres à comparer et **faire entourer le chiffre des centaines en vert, le chiffre des dizaines en rouge et le chiffre des unités en bleu**, puis expliquer qu'il faut **comparer les chiffres entourés de la même couleur** en commençant par ceux entourés en vert, puis ceux entourés en rouge et enfin ceux entourés en bleu.

2 3 4 5

Erreur fréquente

Pour comparer deux nombres, certains élèves **additionnent leurs chiffres et considèrent que le plus grand nombre est celui dont la somme des chiffres est la plus grande**.

Remédiation

Repasser par l'étape de la représentation avec les cubes, les barres de 10 et les plaques de 100 pour montrer qu'il ne faut pas additionner les chiffres des nombres pour les comparer.

5

Erreur fréquente

L'ordre décroissant proposé n'est pas correct.

Remédiation

Verbaliser à nouveau la méthode à utiliser pour classer des nombres dans l'ordre croissant, mais à l'envers. **Utiliser une droite numérique pour placer ces nombres** et permettre à l'élève de se rendre compte de leurs places les uns par rapport aux autres.

OBJECTIF DE LA SÉQUENCE
Tracer des segments passant par des points alignés.

JOUR 1 Découverte 35 min

Objectif de l'activité
Utiliser la règle pour tracer une droite passant par deux ou trois points alignés.

Matériel
- **Par élève :**
  - **1 règle graduée** ;
  - **1 crayon de papier** bien taillé ;
  - **1 feuille présentant une vingtaine de points, dont certains sont alignés.**

Déroulement de la séance
- **Mise en situation** • oral collectif • 5 min
- **Recherche** • individuelle • 15 min
- **Mise en commun** • oral collectif • 10 min
- **Institutionnalisation** • oral collectif • 5 min

Mise en situation 5 min

• Réactiver la méthode du tracé d'un segment. Faire la démonstration au tableau avec deux points A et B.

• Refaire la démonstration avec deux nouveaux points C et D en expliquant qu'il est possible aussi de tracer une droite. Verbaliser les différences entre segment et droite : *Un segment est une partie de droite limitée à chaque extrémité par deux points. Une droite se prolonge au-delà des points et elle n'a pas de limite, même si on est obligé d'arrêter son tracé car on ne peut pas la continuer indéfiniment en dehors de la feuille.*

Conseil
- **Rester exigeant sur la présentation de tous les cahiers, et insister pour que les élèves soulignent la date et les titres avec leur règle** en se superposant bien sur une ligne du cahier et en respectant la longueur du segment, par exemple sur cinq carreaux. Ce travail de précision ne pourra que les entraîner à produire des tracés rigoureux en géométrie.

Recherche 15 min

• Distribuer une feuille avec les points à chaque élève et montrer comment repérer et relier trois points alignés (ou plus) avec une règle et un crayon.
Inviter les élèves à suivre les règles suivantes :
– Choisissez trois points que vous jugez alignés et tracez la droite qui passe par ces points. En cas de succès (points effectivement alignés et tracé à la règle réussi), vous marquez un point.
– Si vous repérez et reliez quatre points alignés, vous marquez deux points.
– Celui qui a le plus de points à la fin du jeu a gagné.

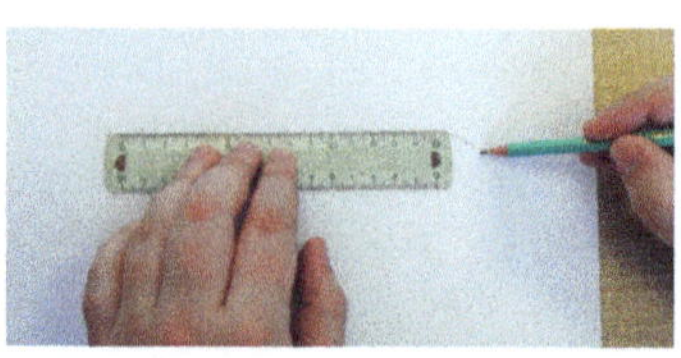

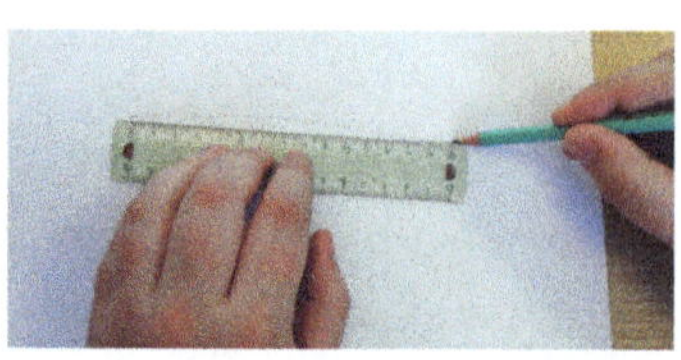

Photos 1 et 2 : la main de l'élève est correctement positionnée sur la droite pour le tracé

• À la fin de la séance, ramasser les recherches des élèves pour attribuer les points.

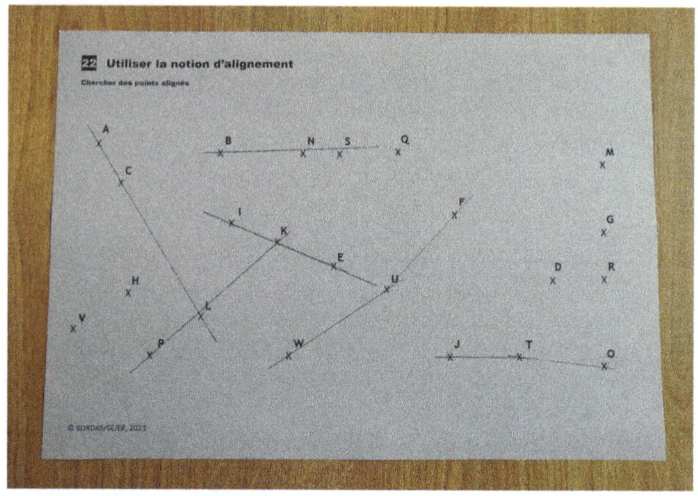

Photo 3 : les tracés d'un élève

• Faire ranger la feuille de recherche des élèves dans le lutin, la pochette ou le cahier de recherche.

Pistes de différenciation
- **Aider l'élève à positionner la règle** ainsi que ses doigts pour maintenir la règle.
- Une fois que l'élève pense avoir bien positionné sa règle, **lui montrer successivement les trois points en lui demandant de vérifier si la règle passe bien au centre de la croix** qui marque l'emplacement de chaque point.
- Demander de **tracer la droite en un seul geste**, sans revenir en arrière.

Mise en commun 10 min

• Regrouper les élèves devant le tableau pour observer quelques productions significatives. Entourer les droites qui comportent des erreurs et attribuer des points à celles qui sont correctes. Montrer les droites non rectilignes ou dédoublées.

• Demander : *Que faut-il faire pour montrer que trois points sont alignés ?* Faire verbaliser aux élèves les trois étapes :
1) Placer la règle juste sous les trois points.
2) Poser la pointe du crayon au ras de la règle et tracer une droite de la gauche vers la droite (pour les droitiers) sans lever le crayon et en maintenant la pointe du crayon contre la règle.
3) Si la droite passe par les trois points, on peut dire qu'ils sont alignés.
Insister sur le placement de la main qui tient la règle et sur le tracé léger qui se fait sans appuyer sur le papier.

Institutionnalisation 5 min

• **Distribuer la trace écrite** et la faire coller dans le cahier.

• Dire : *Des points sont alignés quand on peut tracer un segment ou une droite passant par eux.*

22 Repérer un alignement

Des points **situés sur une même droite** sont des points **alignés**.

- A, B, D et E sont alignés.
- A, B et C ne sont pas alignés.

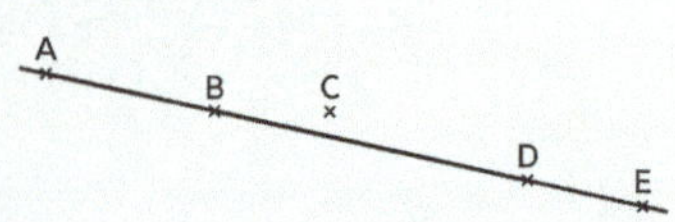

CALCUL MENTAL JOUR 1
10 min
31. *du* + 3 avec franchissement de la dizaine (résultats ⩽ 30).
➥ *p. 30*

CALCUL MENTAL JOUR 2
10 min
32. Petits problèmes oraux additifs et soustractifs.
➥ *p. 30*

JOUR 2 Entraînement 30 min

22 Repérer un alignement

Matériel : règle

1 Avec ta règle, **trace** la droite qui passe par les points A et B.

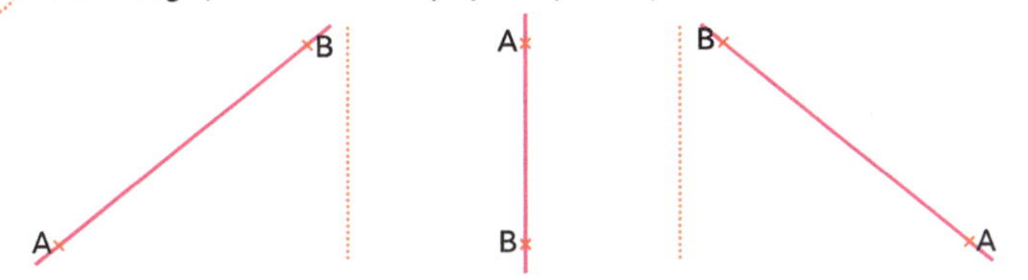

2 Avec ta règle, **trace** les segments AC et BD.

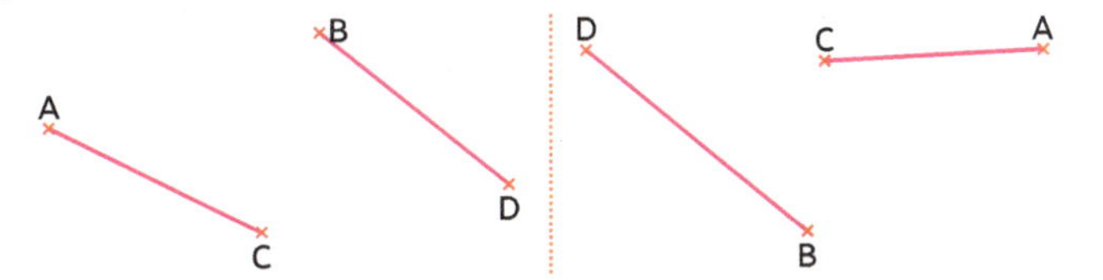

3 • **Coche** le dessin sur lequel les trois points sont alignés.
• Sur ce dessin, **trace** la droite qui passe par ces trois points.

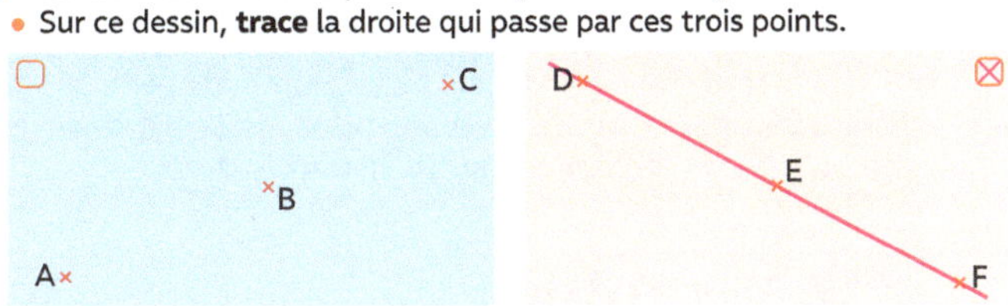

4 **Trace** quatre points A, B, C et D alignés.

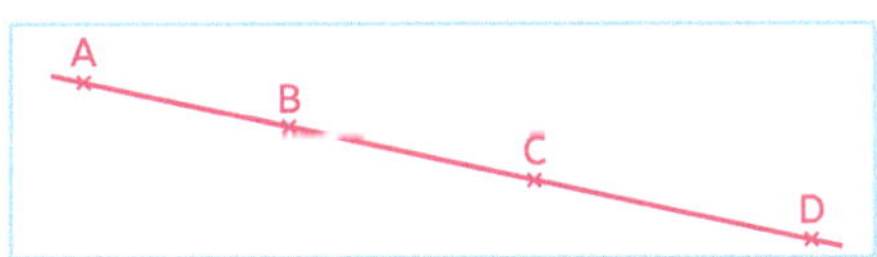

CAHIER DU JOUR

5 **Place** un point C pour que les points A, B et C soient alignés.

1 2 3 4

Erreur fréquente

La **manipulation de la règle** est souvent problématique.

Remédiation

Inviter les élèves à **garder systématiquement la main gauche (s'ils sont droitiers) sur la règle**, en appuyant bien pour que celle-ci ne bouge pas, et à ne s'aider de la main droite que pour les réglages fins.

3

Erreur fréquente

Certains élèves **pensent que trois points « presque » alignés le sont effectivement.** Dans un tel cas, pour procéder à une vérification, ils traceront une ligne « légèrement » brisée et affirmeront qu'on peut la considérer comme droite.

Remédiation

Si trois points A, B et C sont « presque » alignés, **tracer et prolonger le plus possible les droites AB et BC** de façon à ce que l'on voie clairement qu'il s'agit de deux droites bien distinctes. Conclure en disant que si A, B et C étaient alignés, on aurait sur la figure une seule droite et non pas deux.

4

Erreur fréquente

Les quatre points **ne sont pas alignés.** Les élèves ont tracé plusieurs droites.

Remédiation

Demander aux élèves de tracer tout d'abord trois points A, B et C alignés. **Leur suggérer de commencer par le tracé d'une droite.**

23 Connaître les doubles et les moitiés

OBJECTIF DE LA SÉQUENCE
Mémoriser les doubles et moitiés des nombres inférieurs à 10 et des dizaines entières.

JOUR 1 Découverte 35 min

Objectif de l'activité
Calculer des doubles et des moitiés avec du matériel de numération.

Matériel
- **Par binôme :**
  - 1 **plaque de 100**, 5 **barres de 10**, 9 **cubes unité** ;
  - 1 **ardoise ;** 1 **feutre effaçable**.

Déroulement de la séance
- **Mise en situation** ■ oral collectif ■ 5 min
- **Recherche** ■ individuelle puis en binôme ■ 15 min
- **Mise en commun** ■ oral collectif ■ 10 min
- **Institutionnalisation** ■ oral collectif ■ 5 min

Mise en situation 5 min

■ Distribuer le matériel et expliquer aux élèves qu'ils vont travailler par deux.
Indiquer qu'il faudra bien conserver les résultats de chaque manipulation sur l'ardoise pour la mise en commun.

Recherche 15 min

1re phase
■ Consigne : *Chacun représente le nombre 30 avec les barres de 10 puis vous mettez en commun vos cubes pour trouver le résultat de l'addition : 30 + 30 = ? Notez cette opération et son résultat sur votre ardoise.*

■ Recommencer avec le nombre 50, puis avec le nombre 100, pour trouver le résultat de la réunion des deux collections sous la forme d'une addition « 50 + 50 = … » et « 100 + 100 = … ».

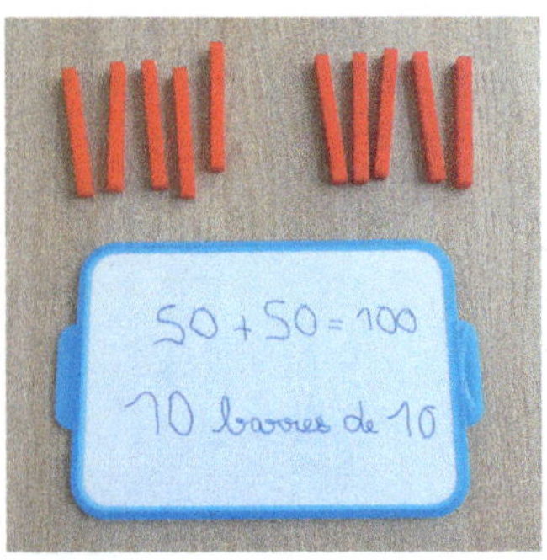

Photos 1 et 2 : traces des manipulations phase 1

2de phase
■ Consigne : *Représentez ensemble le nombre 40 sur la table avec vos cubes, puis partagez vos cubes en deux parties égales afin de compléter l'addition à trous « … + … = 40 ». Notez et complétez cette opération sur votre ardoise.*

■ Recommencer avec le nombre 50, puis avec le nombre 100, pour trouver le résultat de « … + … = 50 » et « … + … = 100 ».
Ajouter : *N'effacez pas les additions que vous avez écrites ; retournez votre ardoise pour continuer à écrire de l'autre côté.*

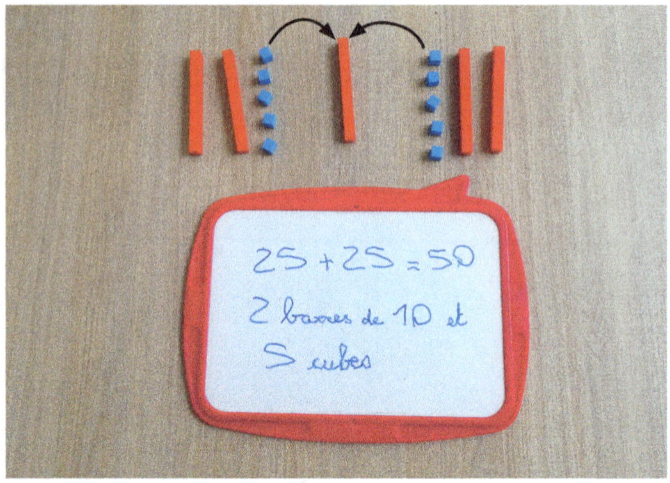

Photo 3 : procédure experte

Pistes de différenciation
- **Guider certains élèves pour leur rappeler ce qui est demandé** : constituer une collection pour la regrouper avec celle de son voisin, ou bien constituer une collection puis la diviser en deux parties égales.
- Pour trouver les moitiés, **expliquer la procédure de partage qui consiste à distribuer alternativement une barre d'un côté puis une barre de l'autre jusqu'à épuisement du tas.**
- Rappeler aux élèves en difficulté que **pour partager une barre de 10, il faut l'échanger contre 10 cubes** ou que **pour partager une plaque de 100, il faut l'échanger contre 10 barres de 10.**

Mise en commun 10 min

■ Faire appel aux élèves pour compléter au tableau les additions : 30 + 30, 50 + 50 et 100 + 100. Si nécessaire, dessiner les barres de 10 pour montrer la manipulation.
Demander : *Qu'avez-vous cherché en calculant ces additions ?*
Conclure avec la classe qu'il s'agit du double du nombre que l'on cherche en posant ce type d'addition.
Questionner à nouveau : *Comment calculer le double de 40 sans les cubes ?* Faire apparaître que « 40 + 40 » c'est 4 dizaines plus 4 dizaines, donc le résultat est 8 dizaines ou encore 80. Donc 40 + 40 = 80.

■ Dessiner une représentation du nombre 25 sous forme de 2 barres de 10 et de 5 cubes. Demander à un élève de venir dessiner le double et de calculer le résultat. Conclure : *Le double de 25, c'est le double de 20 plus le double de 5.*
Écrire : 25 + 25 = 20 + 20 + 5 + 5 = 40 + 10 = 50.

■ Faire appel aux élèves pour compléter au tableau les additions à trous : « … + … = 50 » et « … + … = 100 ». Refaire obligatoirement la manipulation pour montrer que pour partager 50, il faut casser une dizaine afin de pouvoir mettre 5 cubes de chaque côté.
Demander : *Qu'avez-vous cherché en calculant ces additions ?*
Conclure avec la classe qu'il s'agit de la moitié du nombre que l'on cherche en posant ce type d'addition.

MATÉRIEL ET DOCUMENTS

www.maths-super-simples.editions-bordas.fr, Séquence 23

CALCUL MENTAL JOUR 1 — 10 min

33. Poursuis la comptine : de 4 en 4 (jusqu'à 80).

➥ *p. 31*

CALCUL MENTAL JOUR 2 — 10 min

34. *du* + 4 (résultats ⩽ 30).

➥ *p. 31*

Institutionnalisation

5 min

- **Distribuer la trace écrite** et la faire coller dans le cahier.

23 Connaître les doubles et les moitiés

Pour trouver le double d'un nombre, on l'additionne à lui-même.

• **Quel est le double de 25 ?**
On peut décomposer 25 pour calculer plus facilement :
25 c'est 20 + 5.

Le double de 20 + Le double de 5
40 + 10 = 50

Donc 25 + 25 = 50
Le **double** de 25, c'est 50.
La **moitié** de 50, c'est 25.

La moitié de 30, c'est 15
La moitié de 40, c'est 20
La moitié de 50, c'est 25
La moitié de 100, c'est 50

JOUR 2 Entraînement

40 min

23 Connaître les doubles et les moitiés

1 Complète.

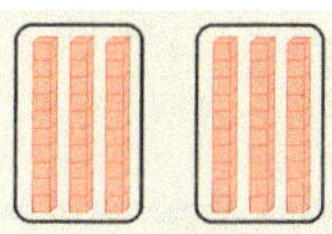

30 + 30 = 60
Le double de 30 est 60.
La moitié de 60 est 30.

6 + 6 = 12
Le double de 6 est 12.
La moitié de 12 est 6.

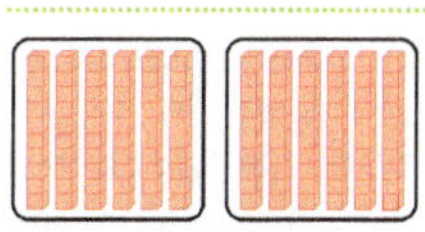

60 + 60 = 120
Le double de 60 est 120.
La moitié de 120 est 60.

2 Calcule ces doubles.

4 + 4 = 8	5 + 5 = 10	8 + 8 = 16
40 + 40 = 80	20 + 20 = 40	50 + 50 = 100

3 Relie chaque nombre à sa moitié.

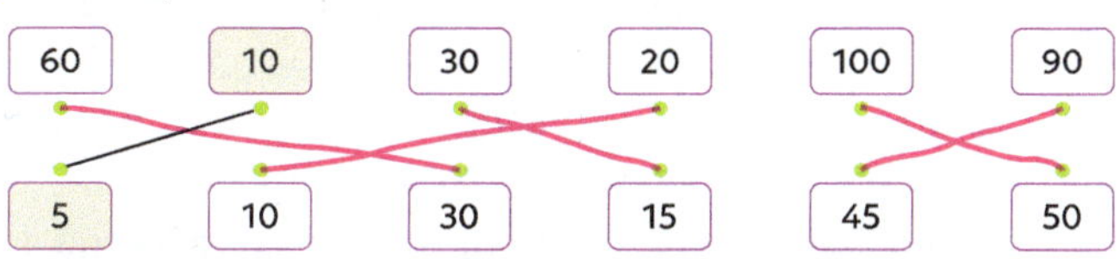

4 Complète avec *le double* ou *la moitié*.

25 est la moitié de 50.
20 est le double de 10.
50 est la moitié de 100.
35 est la moitié de 70.

CAHIER DU JOUR

5 Écris le double des nombres suivants : • 7 • 10 • 15 • 30 • 50

1 2 3 4 Erreur fréquente

Certains élèves peuvent **continuer à confondre « double » et « moitié »**.

Remédiation

Rappeler que la moitié doit toujours être plus petite que le nombre donné au départ.

2 Erreur fréquente

Certains élèves **ne savent pas calculer les doubles d'une dizaine entière**.

Remédiation

Refaire la manipulation avec les barres de 10 pour montrer qu'il suffit d'additionner les dizaines entières et qu'il n'y a pas d'unités.
Il peut être nécessaire de dire que le double de 0, c'est toujours 0.

3 Erreur fréquente

Certains élèves **ne savent pas calculer la moitié d'un nombre comme 30.**

Remédiation

Repasser par la manipulation par les cubes en leur expliquant qu'il est nécessaire de casser une barre de 10.

24 Poser et calculer une addition sans retenue

OBJECTIF DE LA SÉQUENCE
Utiliser un algorithme de calcul posé pour l'addition.

JOUR 1 Découverte — 35 min

Objectif de l'activité
Réactiver l'algorithme de l'addition posée en colonnes et l'étendre à des nombres de 3 chiffres.

Matériel

- **Par élève :**
  - 1 **ardoise** ; 1 **feutre effaçable**.
- **Par binôme :**
  - 9 **billets de 100 €**, 9 **billets de 10 €**, 9 **pièces de 1 €**.
- **Pour la classe :**
  - des **craies de couleur** ;
  - **aimants** ou **pate adhésive** pour le tableau ;
  - 2 **enveloppes** sur lesquelles sont indiquées les sommes en euros (234 € et 315 €) affichées au tableau.

Photo 1 : le matériel de l'activité

Déroulement de la séance

- **Mise en situation** ■ oral collectif ■ 5 min
- **Recherche** ■ en binôme puis individuelle ■ 15 min
- **Mise en commun** ■ oral collectif ■ 10 min
- **Institutionnalisation** ■ oral collectif ■ 5 min

Mise en situation — 5 min

■ Montrer aux élèves les deux enveloppes affichées au tableau : *Dans l'une il y a 234 € et dans l'autre il y a 315 €. On souhaite savoir combien d'argent il y a en tout, en additionnant ces deux sommes.*

■ Présenter et distribuer le matériel à chaque binôme. Réactiver les connaissances des élèves sur la correspondance entre les billets et les pièces et leurs valeurs en euros.

Recherche — 15 min

1re phase

■ Demander à chaque binôme de représenter les valeurs 234 € et 315 € avec la monnaie reçue. Vérifier en circulant dans les rangs que les sommes constituées sont exactes.
Consigne : *Une fois les sommes préparées sur la table, posez sur votre ardoise l'addition « 234 + 315 » en colonnes, en utilisant les colonnes c/d/u.* Présenter un modèle au tableau de cette représentation.

■ Demander aux élèves : *Dans quelle colonne doit-on commencer à additionner ?* Confirmer qu'il s'agit bien d'ajouter d'abord les chiffres de la colonne des unités puis les chiffres de la colonne des dizaines et enfin les chiffres de la colonne des centaines.

■ Effectuer cette addition au tableau : *4 unités plus 5 unités font 9 unités, alors j'écris 9 dans le résultat de la colonne des unités. Puis 3 dizaines plus 1 dizaine font 4 dizaines, alors j'écris 4 dans le résultat de la colonne des dizaines. Enfin 2 centaines plus 3 centaines font 5 centaines, alors j'écris 5 dans le résultat de la colonne des centaines.*
Consigne : *Vérifiez si le résultat trouvé correspond bien à la somme totale sur vos tables, c'est-à-dire 9 pièces de 1 €, 4 billets de 10 € et 5 billets de 100 €, soit au total 549 €.*

2de phase

■ Recommencer cette activité avec d'autres sommes à additionner :
461 € + 523 € et 681 € + 17 €.
Consigne : *Posez et calculez sur votre ardoise les additions « 461 + 523 » puis « 681 + 17 ». N'effacez pas quand vous avez fini. Vous pouvez vérifier avec les sommes représentées au tableau si votre addition est juste.*

■ Pendant que les élèves commencent à chercher, dessiner au tableau sous forme de monnaie les valeurs 461 € et 523 € puis 681 € et 17 €.

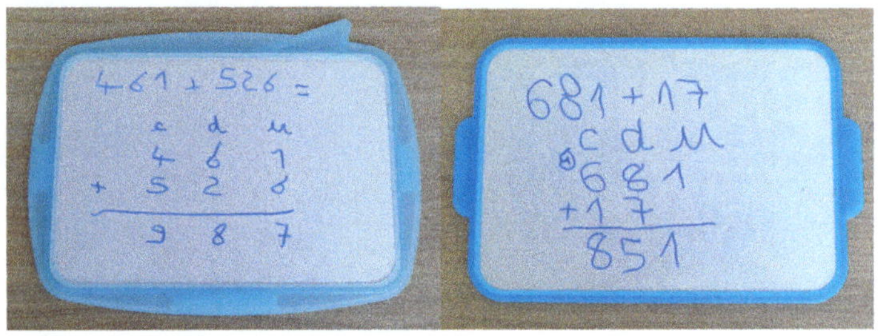

Photo 2 : les recherches des élèves

Pistes de différenciation

- **Guider les élèves** pour poser correctement les additions.
- **Repasser en vert dans l'addition le chiffre des centaines, en rouge le chiffre des dizaines et en bleu le chiffre des unités.** Repasser également avec la couleur appropriée *c*, *d* et *u* en haut de chaque colonne.
- Questionner les élèves en leur demandant de **comparer ce qu'ils ont écrit dans les colonnes et le nombre réel de billets de 100 €, de 10 € ou de pièces de 1 €.**

Mise en commun — 10 min

■ Envoyer deux élèves au tableau pour poser et calculer les deux additions données en phase 2. Ne pas hésiter à rappeler le principe des opérations en colonnes : *Dans une addition en colonnes, on additionne toujours les unités en premier, puis les dizaines, et enfin les centaines.* Faire vérifier, en comptant la monnaie, que le résultat trouvé est exact.

■ Pour la seconde addition, montrer que lorsqu'il n'y a pas de centaine dans l'un des nombres, on peut écrire 0 dans la colonne des centaines de ce nombre pour aider au calcul.

■ Recommencer avec une troisième addition, cette fois sans utiliser de représentations. Faire décrire aux élèves chaque étape des calculs de façon aussi rigoureuse que possible, en utilisant et en faisant utiliser un vocabulaire adéquat. Reformuler pour la classe si nécessaire.

MATÉRIEL ET DOCUMENTS

www.maths-super-simples.editions-bordas.fr, Séquence 24

CALCUL MENTAL JOUR 1 — 10 min

35. Le gobelet : les compléments à 10.
➥ p. 31

CALCUL MENTAL JOUR 2 — 10 min

36. La frise numérique : *du* + 1 à *du* + 10 et *du* – 1 (*du* ⩽ 30).
➥ p. 31

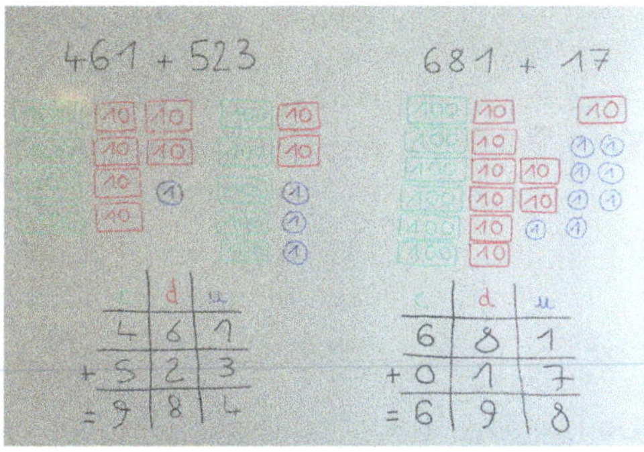

Photo 3 : la mise en commun au tableau

Institutionnalisation — 5 min

Distribuer la trace écrite et la faire coller dans le cahier.

24 Poser et calculer une addition sans retenue

Pour calculer une addition en colonnes,
on additionne toujours les unités en premier,
puis les dizaines, et enfin les centaines.

	c	d	u
	1	3	2
+	2	1	5
	3	4	7

JOUR 2 Entraînement — 40 min

24 Poser et calculer une addition sans retenue

1 Pose et calcule.

23 + 15

	d	u
	2	3
+	1	5
	3	8

33 + 16

	d	u
	3	3
+	1	6
	4	9

60 + 27

	d	u
	6	0
+	2	7
	8	7

32 + 6

	d	u
	3	2
+		6
	3	8

2 Pose et calcule.

231 + 326

	c	d	u
	2	3	1
+	3	2	6
	5	5	7

143 + 232

	c	d	u
	1	4	3
+	2	3	2
	3	7	5

357 + 120

	c	d	u
	3	5	7
+	1	2	0
	4	7	7

225 + 43

	c	d	u
	2	2	5
+		4	3
	2	6	8

3 Pose et calcule les additions.

256 + 122

	2	5	6
+	1	2	2
	3	7	8

403 + 273

	4	0	3
+	2	7	3
	6	7	6

37 + 311

		3	7
+	3	1	1
	3	4	8

450 + 109

	4	5	0
+	1	0	9
	5	5	9

CAHIER DU JOUR

4 Pose et calcule les additions.

- 63 + 26
- 321 + 242
- 130 + 68
- 74 + 305

1 2 3

Erreur fréquente

Les erreurs d'alignement sont plus fréquentes dans les additions posées à trois chiffres que dans celles avec des nombres à deux chiffres. Elles entraînent des erreurs variées, comme par exemple : ajout d'une dizaine et d'une unité ou ajout d'une dizaine et d'une centaine.

Remédiation

Ne pas hésiter à prolonger le recours aux colonnes c/d/u tant que cela s'avère nécessaire. Lorsque les élèves commencent à poser des additions sur papier Séyès ordinaire, **les inviter à utiliser un carreau pour le chiffre des centaines, un carreau pour le chiffre des dizaines et un carreau pour le chiffre des unités.**

1 2 3

Erreur fréquente

Certains élèves **additionnent les dizaines avant les unités ou commencent directement par les centaines.**

Remédiation

Il faut observer les élèves pour identifier cette erreur car elle ne se voit pas dans le résultat d'une addition sans retenue, et il est difficile de la corriger une fois qu'elle s'est installée.
Répéter inlassablement qu'il faut commencer à calculer par la colonne des unités. Éventuellement, **tracer une flèche bleue sur la colonne des unités** pour désigner celle par laquelle il faut commencer.

26 Lire l'heure

OBJECTIF DE LA SÉQUENCE
Utiliser les unités de durée : heures et minutes.

JOUR 1 Découverte 35 min

Objectif de l'activité
Lire des heures entières et des heures et demi-heures sur une horloge à aiguille ou digitale.

Matériel
- **Par élève :**
  - 1 **petite horloge à engrenage** dont les deux aiguilles sont dépendantes (l'aiguille des heures avance quand on fait tourner l'aiguille des minutes à la main) ou l'horloge dans le matériel à la fin du fichier.
- **Pour la classe :**
  - 1 **grande horloge à engrenage** ;
  - 1 **horloge digitale** dessinée au tableau.

Déroulement de la séance
- **Mise en situation** ▪ oral collectif ▪ 5 min
- **Recherche** ▪ individuelle ▪ 15 min
- **Mise en commun** ▪ oral collectif ▪ 10 min
- **Institutionnalisation** ▪ oral collectif ▪ 5 min

Photos 1 et 2 : l'horloge à engrenage et l'horloge du Fichier

Mise en situation (5 min)
▪ Réactiver les connaissances des élèves sur la lecture de l'heure en utilisant la grande horloge de la classe. Demander : *Quelle est la grande aiguille et à quoi sert-elle ? Quelle est la petite aiguille et à quoi sert-elle ? Comment lit-on l'heure de midi à minuit ?*

▪ Afficher des heures entières sur la grande horloge et les faire lire aux élèves en précisant si cela se passe le matin ou l'après-midi.
Écrire systématiquement la réponse dans l'horloge digitale dessinée au tableau.

Recherche (15 min)
1re phase
▪ Demander : *Que faut-il faire pour que la petite aiguille change d'heure ?* Faire plusieurs fois la démonstration avec la grande horloge et verbaliser les réponses des élèves ainsi : *L'aiguille des minutes fait un tour complet en une heure. Quand la petite aiguille est pile entre deux nombres, la grande aiguille n'a fait qu'un demi-tour et est pile en face du 6. Une demi-heure est le temps nécessaire à l'aiguille des minutes pour parcourir la première moitié du cadran en passant du 12 au 6, ou pour passer du 6 au 12 en parcourant l'autre moitié du cadran Une demi-heure correspond à 30 minutes et une heure à 60 minutes.*

▪ Distribuer les horloges aux élèves et leur demander de faire tourner doucement l'aiguille des heures pour passer de l'heure entière à l'heure et demie. Puis avancer à l'heure entière suivante pour observer le mouvement de la grande aiguille.

2de phase
▪ Donner différentes heures soit oralement, soit écrites sur un cadran digital, et demander aux élèves de les afficher sur leur horloge à aiguille. Au signal, les élèves lèvent et montrent leur horloge. La correction est effectuée sur la grande horloge de la classe et/ou sur l'horloge digitale.

▪ Progression :
1) Demander des heures entières du matin.
2) Demander des heures entières entre midi et minuit et en profiter pour rappeler la façon de lire l'heure soit en précisant « de l'après-midi », « du soir », soit en ajoutant 12 h. Favoriser cette dernière façon de faire.
3) Demander des heures et demie du matin.
4) Demander des heures et demie entre midi et minuit.
5) Demander un mélange de toutes ces heures en passant par l'affichage sur l'horloge digitale.

▪ Pendant toute cette phase, faire venir successivement les élèves au tableau pour qu'ils utilisent l'horloge de la classe et l'horloge digitale pendant leurs recherches.

▪ Préciser : *L'aiguille des heures doit toujours être entre deux nombres quand la grande aiguille est sur la demie.*
Utiliser à chaque fois les expressions « *il est ... h 30* », « *il est ... h 30 minutes* » et « *il est ... h et demie* ».

▪ Faire ranger l'horloge en carton des élèves dans le lutin, la pochette ou le cahier de recherche.

Pistes de différenciation
- Dessiner une horloge au tableau et **ajouter un cercle autour pour les heures de midi à minuit**.
- **Verbaliser les étapes** : « *Je place l'aiguille des minutes puis celle des heures. Si l'aiguille des minutes indique 30 minutes, je la place sur le 6 et je sais que je dois placer l'aiguille des heures entre les deux nombres, car elle aussi n'a fait que la moitié du chemin.* »

Conseils
- **Utiliser régulièrement l'horloge de la classe** quand elle indique une heure pleine ou une heure avec une demie pour questionner les élèves sur l'heure qu'il est.
  Demander une réponse en utilisant les trois formulations : « *il est .... h 30* », « *il est .... h 30 minutes* » et « *il est .... h et demie* ».
- S'il n'y a pas assez d'horloges à engrenage pour les élèves, il est possible d'utiliser les **horloges à découper proposées à la fin des Fichiers** élèves. Lors des activités, les élèves devront placer eux-mêmes la grande aiguille sur la demie quand l'aiguille des heures se trouvera entre deux heures.
- Répéter ce type de séance en périodes 3, 4 et 5.

Mise en commun (10 min)
▪ En utilisant l'horloge digitale du tableau, afficher les heures suivantes : 13 h et 22 h. Demander aux élèves de traduire ces heures en heures de l'après-midi ou du soir. On pourra dire, par exemple : *12 h, c'est midi. Pour savoir ce que signifie 13 h, je cherche combien d'heures se sont écoulées depuis midi : 13 = 12 + 1, donc 13 h, c'est une heure après midi : c'est une heure de l'après-midi.*

MATÉRIEL ET DOCUMENTS

www.maths-super-simples.editions-bordas.fr, Séquence 26

CALCUL MENTAL JOUR 1 — 10 min

37. Le double des nombres jusqu'à 10.
➥ p. 31

CALCUL MENTAL JOUR 2 — 10 min

38. Les compléments à 10 (*u* + ? = 10).
➥ p. 31

■ Afficher sur l'horloge digitale 4 h, puis 4 h 30, 7 h, puis 7 h 30, 21 h, puis 21 h 30. Demander à un élève de venir afficher ces heures sur l'horloge à aiguilles puis d'expliquer comment il fait. L'objectif est de faire expliciter à nouveau les points abordés au cours de cette séance : *Les aiguilles n'avancent pas à la même vitesse. La grande aiguille marque les minutes mais celles-ci ne sont pas écrites sur l'horloge. Il faut donc imaginer dans sa tête qu'un tour complet de la grande aiguille correspond à 60 minutes et donc un demi-tour est égal à 30 minutes. Pour 4 h 30, par exemple, quand la grande aiguille est tout en bas sur le 6, cela veut dire que la moitié de l'heure est passée ; d'ailleurs, la petite aiguille est à mi-chemin entre 4 et 5. La grande aiguille a donc parcouru 30 minutes, et on va dire qu'il est 4 h 30 ou 4 h 30 minutes ou encore 4 h et demie.*

Institutionnalisation — 5 min

Distribuer la trace écrite et la faire coller dans le cahier.

26 Lire l'heure

1 heure (h) = 60 minutes (min)
1 demi-heure = 30 minutes

- Il est 4 heures du matin.
  La **petite aiguille** montre les **heures**.
  Elle avance lentement vers le nombre suivant en 1 heure.
  La **grande aiguille** montre les **minutes**.
  Elle met 1 heure pour faire un tour complet.

4 : 00

- Il est 4 heures et demie de l'après-midi ou 16 h 30.
  La petite aiguille est entre le 4 et le 5.
  La grande aiguille est sur le 6.

16 : 30

JOUR 2 Entraînement — 30 min

26 Lire l'heure

1 **Écris** l'heure en chiffres.

9 h 00 — 3 h 00 — 7 h 30 — 6 h 00

2 **Lis** l'heure, puis **dessine** les aiguilles sur chaque cadran.

5 h 00 — 2 h 00 — 6 h 30 — 9 h 30

3 **Relie** chaque cadran à aiguilles à la bonne horloge digitale.

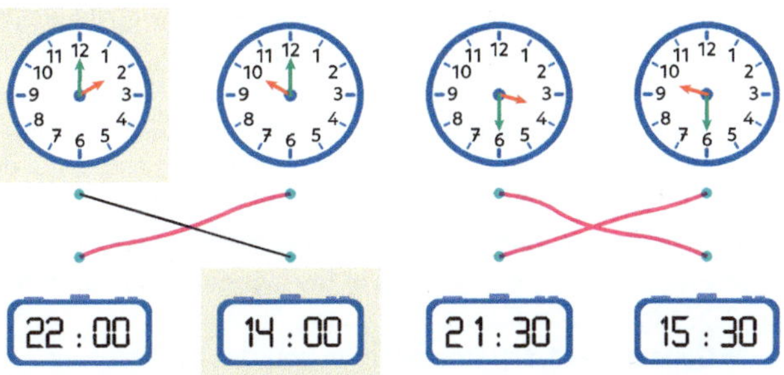

CAHIER DU JOUR

4 Écris l'heure de chaque pendule sur le cadran sur la feuille distribuée.

1

Erreur fréquente

Certains élèves, **devant une montre indiquant 7 h 30, pensent qu'il est 8 h 30**, car l'aiguille des heures a dépassé le 7 et s'approche du 8.

Remédiation

Rappeler aux élèves **qu'il faut que la petite aiguille soit sur le chiffre 8 ou le dépasse** pour que l'on passe à 8 h.

2

Erreur fréquente

Certains élèves **indiquent 30 minutes en positionnant la grande aiguille face au 3 des heures.**

Remédiation

Les élèves n'ont pas encore assimilé que la grande aiguille marque les minutes et qu'elle parcourt 60 minutes en une heure.
Leur montrer avec l'horloge de la classe que les aiguilles n'avancent pas à la même vitesse, puis expliquer à nouveau que la grande aiguille marque les minutes, mais que celles-ci ne sont pas écrites sur l'horloge. Il faut donc **imaginer dans sa tête qu'un tour complet de la grande aiguille correspond à 60 minutes et donc un demi-tour est égal à 30 minutes.**

3

Erreur fréquente

Certains élèves **n'ont pas encore compris comment lire les heures entre midi et minuit.**

Remédiation

Recommencer l'explication en **traçant un deuxième cercle autour de l'horloge à aiguilles et en plaçant les heures entre midi et minuit.**

27 Calculer en ligne des sommes (3)

OBJECTIF DE LA SÉQUENCE
Additionner des nombres à deux chiffres avec franchissement de la dizaine supérieure.

JOUR 1 Découverte 35 min

Objectif de l'activité
Additionner des nombres à deux chiffres avec franchissement de la dizaine en utilisant la décomposition en dizaines et unités, et l'arbre de calcul.

Matériel
- **Par élève :**
  - **1 feuille avec des arbres de calcul vierges ;**
  - **1 crayon de papier.**
- **Pour la classe :**
  - **craies blanches, rouges et bleues.**

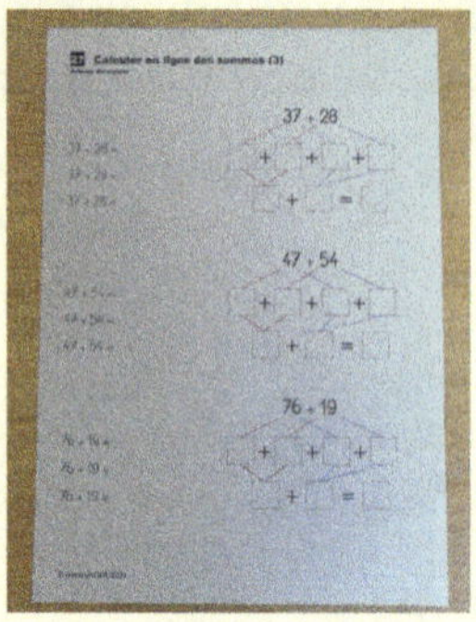

Photo 1 : la feuille de recherche

Déroulement de la séance
- **Mise en situation** ■ oral collectif ■ 5 min
- **Recherche** ■ individuelle et collective ■ 15 min
- **Mise en commun** ■ oral collectif ■ 10 min
- **Institutionnalisation** ■ oral collectif ■ 5 min

Mise en situation 5 min

■ Rappeler les deux méthodes vues précédemment pour calculer une somme en ligne (séquences 3 et 8).
Écrire l'addition « 24 + 35 » au tableau et, en suivant les indications des élèves, la calculer en utilisant d'abord la décomposition des nombres, puis un arbre de calcul.

■ Montrer que l'on va plus vite avec l'arbre de calcul.

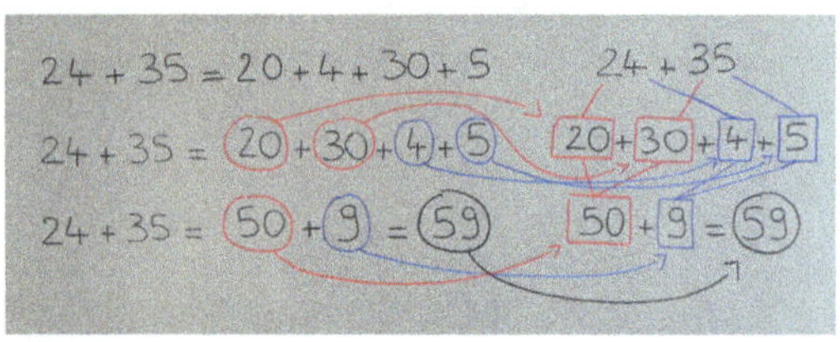

Photo 2 : la mise en situation au tableau

Recherche 15 min

1re phase
■ Proposer une nouvelle addition : 37 + 28. Distribuer les feuilles de recherche et dire : *Calculez cette opération en utilisant les deux méthodes : la décomposition des nombres et l'arbre de calcul.*

■ Au bout de 5 minutes, envoyer au tableau deux élèves qui ont réussi : un élève utilise la décomposition des nombres et l'autre un arbre de calcul.
Demander : *Pour les élèves qui n'ont pas réussi, qu'est-ce qui vous a posé problème ?* Faire apparaître que contrairement à l'opération précédente, on se retrouve, en dernière étape, à additionner, non plus un nombre à un chiffre avec un nombre à un chiffre, mais deux nombres à deux chiffres.
Si nécessaire, montrer que « 15 = 10 + 5 », et donc qu « 50 + 15 = 50 + 10 + 5 = 60 + 5 = 65 ».

■ Verbaliser chaque méthode pour les élèves.
Pour la décomposition en ligne :
– Première étape, décomposez chaque nombre en dizaines et unités sans oublier le signe « + » entre chaque nombre.
– Deuxième étape : rassemblez les dizaines avec les dizaines et les unités avec les unités.
– Troisième étape : additionnez les dizaines avec les dizaines et les unités avec les unités.
– Quatrième étape : additionnez les deux nombres restants pour trouver le résultat.
Insister pour qu'à chaque étape, les élèves écrivent les signes « + » nécessaires.
Pour l'arbre de calcul :
– Première étape : décomposez les deux nombres en dizaines et unités dans votre tête et regroupez tout de suite sur la feuille les dizaines avec les dizaines et les unités avec les unités.
– Deuxième étape : additionnez les dizaines avec les dizaines et les unités avec les unités.
– Troisième étape : additionnez les deux nombres trouvés à l'étape précédente pour trouver le résultat.

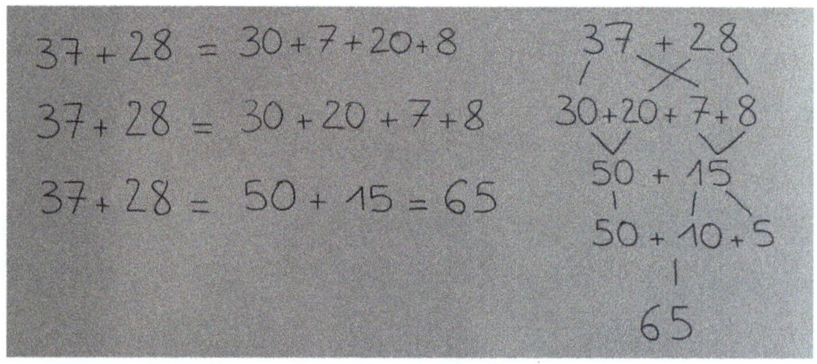

Photo 3 : la phase d'explication au tableau

2de phase
■ Donner deux autres additions : « 47 + 54 » et « 76 + 19 ».
Consigne : *Calculez ces opérations en utilisant les deux méthodes. À chaque fois, comparez le résultat obtenu pour chaque méthode. Si ce résultat est différent, vérifiez toutes les étapes de chaque méthode.*

■ Faire ranger la feuille de recherche des élèves dans le lutin, la pochette ou le cahier de recherche.

Conseil
- **Donner impérativement aux élèves un canevas de l'arbre de calcul indiquant clairement quels nombres doivent être décomposés ou additionnés,** les emplacements des nombres à noter à chaque étape, et les traits tracés en couleur rouge ou bleue pour renseigner si on travaille sur les dizaines ou les unités.

Pistes de différenciation
- **Donner des cubes et des barres de 10** pour faciliter la décomposition des nombres.
- Pour certains élèves qui ne sont pas à l'aise dans la décomposition des nombres, **leur demander de n'utiliser que la méthode de décomposition des nombres** et non pas l'arbre de calcul qui demande un effort supplémentaire pour sauter une étape.
- **Apporter un étayage oral dans les étapes de la méthode.**
- **Placer la ligne de conduite et les signes « + »** pour écrire la décomposition des nombres
- **Donner une troisième addition** pour les plus rapides.

Mise en commun 10 min

■ Deux élèves viennent au tableau calculer l'addition « 76 + 19 » en utilisant chacun une méthode. Leur demander d'expliquer les étapes. Reformuler leurs explications en reprenant les étapes décrites dans la phase de recherche.

MATÉRIEL ET DOCUMENTS

www.maths-super-simples.editions-bordas.fr, Séquence 27

CALCUL MENTAL JOUR 1 — 10 min

39. Poursuis la comptine : de 5 en 5 à partir d'un multiple de 5, jusqu'à 100.
➥ p. 31

CALCUL MENTAL JOUR 2 — 10 min

40. *du* + 5 (résultats ⩽ 30).
➥ p. 32

Cette mise en commun a pour but de définir à nouveau clairement les étapes de la décomposition des nombres et de l'arbre de calcul pour calculer une somme en ligne.

Activité complémentaire

apprendre à calculer en ligne des sommes

- En aval de la séance de découverte, prévoir de courtes séances décrochées. Pendant une semaine, instaurer un **rituel de 5 minutes en début de chaque demi-journée** pendant lequel les élèves utilisent la décomposition en ligne et un arbre à calcul pour trouver le résultat d'une addition avec passage à la dizaine supérieure.
- Ce type de travail peut aussi être donné en travail à la maison.

Institutionnalisation

5 min

Distribuer la trace écrite et la faire coller dans le cahier.

27 Calculer en ligne des sommes (3)

Pour additionner deux nombres :
- on décompose chaque nombre en dizaines et unités ;
- puis on regroupe et on additionne les dizaines et les unités ;

37 + 28
= 30 + 7 + 20 + 8
= 30 + 20 + 7 + 8
= 50 + 15
= 65

- On peut aussi utiliser un arbre de calcul pour décomposer et additionner plus facilement.

37 + 28
= 30 + 20 + 7 + 8
50 + 15 = 65

JOUR 2 Entraînement

35 min

27 Calculer en ligne des sommes (3)

1 **Complète** et **calcule**.

38 + 27
= 30 + 20 + 8 + 7
= 50 + 15
= 65

53 + 48
= 50 + 40 + 3 + 8
= 90 + 11
= 101

65 + 16
= 60 + 10 + 5 + 6
= 70 + 11
= 81

2 **Calcule**.

47 + 35
= 40 + 7 + 30 + 5
= 40 + 30 + 7 + 5
= 70 + 12
= 70 + 10 + 2
= 82

16 + 36
= 10 + 6 + 30 + 6
= 10 + 30 + 6 + 6
= 40 + 12
= 40 + 10 + 2
= 52

77 + 17
= 70 + 7 + 10 + 7
= 70 + 10 + 7 + 7
= 80 + 14
= 80 + 10 + 4
= 94

3 **Calcule**.

59 + 21
= 50 + 9 + 20 + 1
= 50 + 20 + 9 + 1
= 70 + 10
= 80

35 + 18
= 30 + 5 + 10 + 8
= 30 + 10 + 5 + 8
= 40 + 13
= 53

55 + 34
= 50 + 5 + 30 + 4
= 50 + 30 + 5 + 4
= 80 + 9
= 89

CAHIER DU JOUR

4 **Recopie** et **calcule**.

- 52 + 48
- 38 + 25
- 56 + 26
- 76 + 15

1

Erreur fréquente

Les nombres ne sont **pas décomposés à la place appropriée.**

Remédiation

En soi, l'erreur n'empêche pas de trouver le résultat exact mais elle signifie que l'élève n'a pas compris la méthode qui consiste à décomposer les nombres en dizaines et unités pour les additionner plus simplement. **Faire souligner au feutre rouge le chiffre des dizaines et au feutre bleu le chiffre des unités dans chacun des deux nombres.**

1 2 3

Erreur fréquente

Les nombres ne sont pas décomposés en dizaines entières. Par exemple, l'élève écrit 5 au lieu de 50.

Remédiation

Utiliser les barres de 10 et les cubes pour représenter le nombre. L'élève se rendra compte qu'il faut 5 barres de 10 et donc 50 plus 3 cubes pour représenter 53.

1 2 3

Erreur fréquente

Certains élèves **restent bloqués quand il faut ajouter mentalement deux nombres à deux chiffres.**

Remédiation

Repasser par la décomposition de 12 = 10 + 2 par exemple pour le deuxième item de l'exercice 1.

3

Erreur fréquente

La décomposition est incorrecte ou incomplète, l'élève ne maîtrise pas encore cette méthode

Remédiation

Repasser par l'étape où un canevas de calcul est proposé avec la suite des signes « + » comme : ... + ... + ... + ...

28 Calculer en ligne des différences (2)

OBJECTIF DE LA SÉQUENCE
Soustraire des nombres à deux chiffres.

JOUR 1 Découverte 35 min

Objectif de l'activité
Trouver le résultat d'une soustraction en utilisant la décomposition du nombre à soustraire.

Matériel
- **Par élève :**
  - **1 feuille blanche avec trois soustractions** : 74 – 31, 86 – 54 et 95 – 72 ;
  - **1 crayon de papier**, 1 **crayon rouge**, 1 **crayon bleu** ;
  - **9 barres de 10**, 9 **cubes unités**.

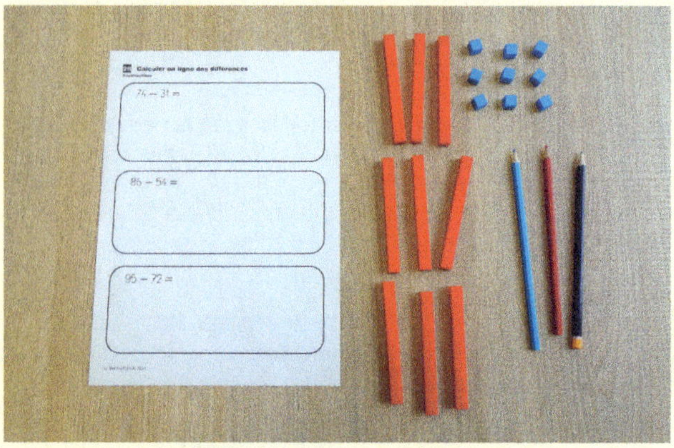

Photo 1 : le matériel mis à disposition de l'élève

Déroulement de la séance
- **Mise en situation** ■ oral collectif ■ 5 min
- **Recherche** ■ individuelle ■ 15 min
- **Mise en commun** ■ oral collectif ■ 10 min
- **Institutionnalisation** ■ oral collectif ■ 5 min

Mise en situation 5 min

■ Distribuer la feuille imprimée et les cubes à chaque élève. Faire nommer le nom des opérations à calculer.
Préciser : *Les barres de 10 représentant les dizaines devront être dessinées en rouge et les cubes représentant les unités devront être dessinés en bleu.*
Demander : *Quel est le nombre que l'on doit soustraire, enlever ?* Faire entourer ce nombre sur les feuilles de recherche.

Recherche 15 min

1re phase
■ Consigne : *Calculez ces trois soustractions en utilisant les cubes : représentez sur votre feuille le premier nombre avec les barres de 10 et les cubes unités. Barrez d'abord le nombre de dizaines à soustraire c'est-à-dire le nombre de barres de 10 à enlever. Barrez ensuite le nombre d'unités à soustraire c'est-à-dire le nombre de cubes à enlever. Vérifiez le résultat obtenu en faisant la manipulation avec les cubes sur votre table.*
Résoudre la première soustraction avec les élèves puis laisser les élèves travailler seuls sur les deux autres soustractions.

2de phase
■ Demander : *Comment faire pour trouver le résultat si vous n'avez pas les cubes ou si vous ne pouvez pas les dessiner ?* Discuter des méthodes de résolution. Privilégier celle de décomposition du nombre à soustraire en dizaines entières et unités, par exemple : 74 – 31 = 74 – 30 – 1 = 44 – 1 = 43.

■ Consigne : *Vérifiez vos deux autres soustractions en utilisant cette méthode. Attention, seul le deuxième nombre, le nombre à soustraire, est décomposé en dizaine et unité.*

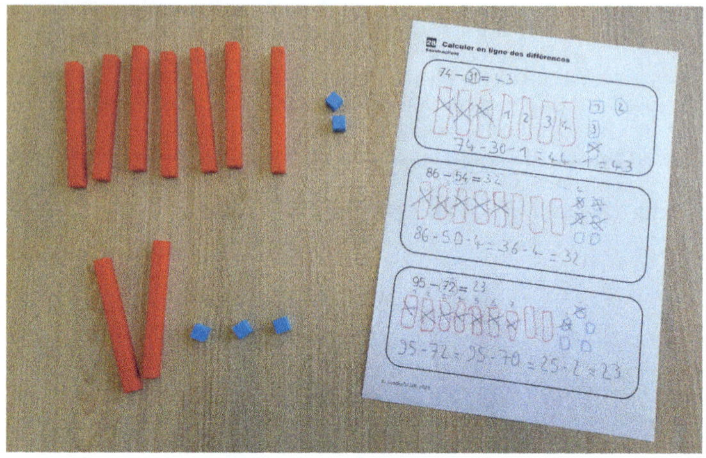

Photo 2 : exemples de recherches d'un élève

Pistes de différenciation
- Pour certains élèves, **ajouter des étapes et repasser par la décomposition** : 74 – 31, c'est **7 dizaines moins 3 dizaines** et **4 unités moins 1 unité** ; cela fait donc **4 dizaines** et **3 unités**, c'est-à-dire le nombre 43.
- Pour les trois opérations proposées, **faire repasser en rouge le chiffre des dizaines et en bleu le chiffre des unités.**
- Pour certains élèves rapides, **donner d'autres soustractions sans retenue à calculer.**

Mise en commun 10 min

■ Écrire au tableau « 86 – 54 » et demander à deux élèves de venir calculer cette soustraction : le premier en dessinant les cubes et le second avec la méthode par décomposition.
Demander : *Les deux méthodes donnent-elles le même résultat ? Quelle est la plus rapide ?*
Expliquer : *Il est plus efficace de décomposer le nombre à soustraire en dizaines entières et en unités, puis de soustraire d'abord les dizaines et ensuite les unités au premier nombre.*
■ Faire remarquer que le nombre à soustraire et le résultat sont toujours plus petits que le premier nombre.

Institutionnalisation 5 min

Distribuer la trace écrite et la faire coller dans le cahier.

28 Calculer en ligne des différences (2)

74 – 31 = ?

• J'utilise la **représentation en dizaines et unités.** ou • J'utilise la **décomposition** des nombres.

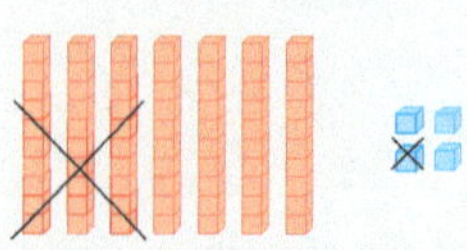

Il reste **4 dizaines** et **3 unités**, C'est le nombre **43**.

C'est la méthode la plus rapide !

74 – 31
= 74 – **30** – **1**
= 44 – **1**
= **43**

74 – 31 = 43

MATÉRIEL ET DOCUMENTS

www.maths-super-simples.editions-bordas.fr, Séquence 28

CALCUL MENTAL JOUR 1

10 min

41. Le double des nombres jusqu'à 20.

p. 32

CALCUL MENTAL JOUR 2

10 min

42. $u + 20$.

p. 32

JOUR 2 Entraînement 35 min

28 Calculer en ligne des différences (2)

1 **Complète** et **calcule** par étapes.

76 – 43	89 – 36	57 – 26
= 76 – 40 – 3	= 89 – 30 – 6	= 57 – 20 – 6
= 36 – 3	= 59 – 6	= 37 – 6
= 33	= 53	= 31
55 – 23	98 – 65	77 – 43
= 55 – 20 – 3	= 98 – 60 – 5	= 77 – 40 – 3
= 35 – 3	= 38 – 5	= 37 – 3
= 32	= 33	= 34

2 **Complète** et **calcule** par étapes.

74 – 23	59 – 35	84 – 52
= 70 + 4 – 20 – 3	= 50 + 9 – 30 – 5	= 80 + 4 – 50 – 2
= 70 – 20 + 4 – 3	= 50 – 30 + 9 – 5	= 80 – 50 + 4 – 2
= 50 + 1	= 20 + 4	= 30 + 2
= 51	= 24	= 32
48 – 34	66 – 25	94 – 73
= 40 + 8 – 30 – 4	= 60 + 6 – 20 – 5	= 90 + 4 – 70 – 3
= 40 – 30 + 8 – 4	= 60 – 20 + 6 – 5	= 90 – 70 + 4 – 3
= 10 + 4	= 40 + 1	= 20 + 1
= 14	= 41	= 21

CAHIER DU JOUR

3 **Recopie** et **calcule**.

- 58 – 45
- 89 – 53
- 38 – 25

1 2

Erreur fréquente

Certains élèves **mélangent la méthode pour calculer des additions en ligne avec la méthode pour calculer des soustractions en ligne.**

Remédiation

Leur demander **d'entourer le signe de l'opération** et de **préciser si le résultat va être plus grand ou plus petit que le premier nombre de l'opération.**

1 2

Erreur fréquente

Certains élèves **se trompent dans la décomposition du nombre à soustraire et écrivent des unités au lieu des dizaines entières.** Par exemple : 89 – 36 = 89 – 3 – 6

Remédiation

Demander de décomposer le 2e terme de façon isolée puis de le réintégrer dans la soustraction.
Ou encore, **représenter ce nombre avec des cubes et des barres de 10.**

1 2

Erreur fréquente

Certains élèves **ne réussissent toujours pas à soustraire les dizaines ensemble ou les unités ensemble.**

Remédiation

Faire manipuler avec les barres de 10. Par exemple : « *Dans 89, j'ai 8 barres de 10 et dans 36, j'ai 3 barres de 10. 8 barres de 10 moins 3 barres de 10, il va me rester 8 – 3 = 5 barres de 10. Donc le résultat sera un nombre dont le chiffre des dizaines est 5.* » Faire la même manipulation pour soustraire les unités.

30 Positionner des nombres sur une droite numérique (2)

OBJECTIF DE LA SÉQUENCE
Situer des nombres sur une droite numérique.

JOUR 1 Découverte 35 min

Objectif de l'activité
Positionner des nombres entre 100 et 900 dans une suite déjà ordonnée.

Matériel
- **Pour la classe :**
  - 15 **affichettes** portant les nombres : 100 ; 300 ; 500 ; 700 ; 900 ; 108 ; 278 ; 334 ; 401 ; 541 ; 699 ; 763 ; 875 ; 954 ; 999.

Déroulement de la séance
- **Mise en situation** • par groupes de 15 • 5 min
- **Recherche** • oral collectif • 15 min
- **Mise en commun** • oral collectif • 10 min
- **Institutionnalisation** • oral collectif • 5 min

Mise en situation 5 min

Présenter les affichettes une à une et demander aux élèves de les lire. Puis les distribuer au hasard aux élèves.

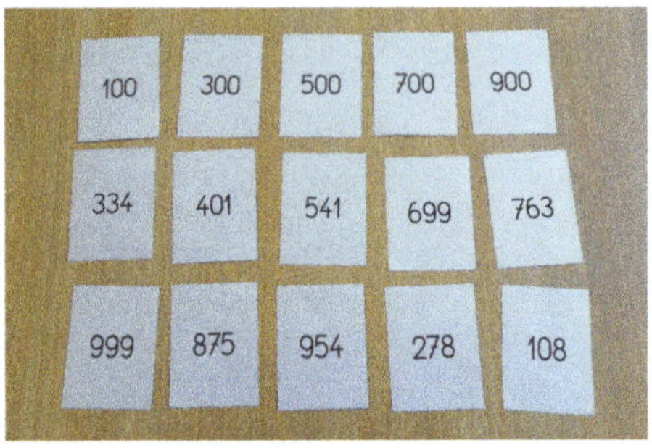

Photo 1 : les affichettes avec les nombres

Recherche 15 min

1re phase

Demander aux élèves qui ont les affichettes avec les centaines entières de venir au tableau et de se placer les uns à côté des autres, face à la classe, dans l'ordre croissant. Faire valider le positionnement de ces cinq élèves par le reste de la classe et demander d'expliquer pourquoi leur placement est correct. Reformuler les réponses des élèves en disant : *Tous ces nombres ont 0 pour le chiffre des unités et 0 pour le chiffre des dizaines, il faut donc regarder le chiffre des centaines pour savoir comment les ranger du plus petit au plus grand.*

Faire venir un par un les élèves qui possèdent les autres étiquettes et dire : *Positionnez-vous au bon endroit entre vos camarades, de telle sorte que votre nombre soit encadré par deux centaines entières.* Le reste de la classe valide le positionnement. Ritualiser à chaque fois : *Le nombre 278 (par exemple) est bien compris entre 200 et 300.*

2e phase

Choisir un nombre de trois chiffres compris entre 200 et 500. Le communiquer à un seul élève qui vient au tableau et qui devra répondre aux questions du reste de la classe.

Consigne : *Posez chacun votre tour une question pour trouver ce nombre mystère à 3 chiffres.* Dans un premier temps, laisser les élèves poser les questions qu'ils souhaitent, puis orienter leurs questions en leur proposant des structures de phrases du type : *Est-ce que le nombre est compris entre 200* (par exemple) *et 300 ?* Puis : *Est-ce que le nombre est compris entre 250* (par exemple) *et 260 ?*

Dire : *Pour trouver un nombre de trois chiffres, on tente d'abord de trouver la bonne centaine, puis la bonne dizaine.*

Quand le nombre est trouvé, un élève vient le placer sur la droite numérique dessinée au tableau.

Faire ranger la feuille de recherche des élèves dans le lutin, la pochette ou le cahier de recherche.

Conseil
Faire en sorte que tous les élèves aient pu venir au tableau pour participer à une des activités.

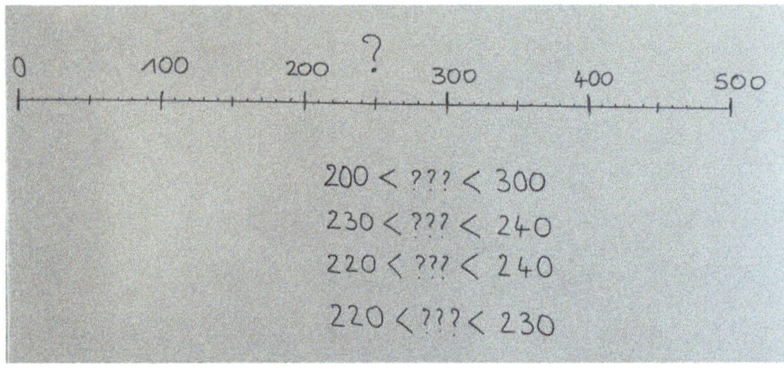

Photo 2 : les étapes de recherche au tableau. « 200 < ??? < 300 » correspond à la question : « Est-ce que le nombre mystère est compris entre 200 et 300 ? ».

Pistes de différenciation
Pas de piste de différenciation puisque les élèves se valident entre eux et rectifient les erreurs de leurs camarades.

Mise en commun 10 min

Présenter au tableau une droite numérique 0 à 500 graduée de 10 en 10, où les centaines entières sont déjà placées.

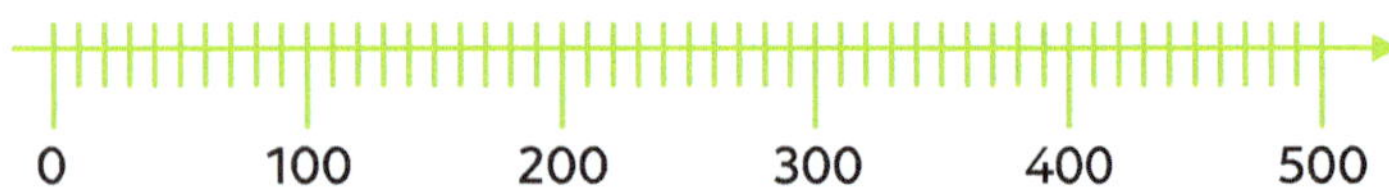

Demander : *Comment faites-vous pour placer sur cette droite numérique les nombres 239 et 378 ?* Faites venir deux élèves qui viennent placer ces nombres.

Reformuler les différentes étapes. Par exemple :
1) J'encadre ce nombre entre deux centaines entières : 239 est entre 200 et 300 ;
2) Je réduis l'intervalle en encadrant ce nombre entre deux dizaines entières : 239 est entre 230 et 240.

Insister à la fois sur la formulation, par exemple : *« 239 est entre 200 et 300 »,* et sur la formulation mathématique, ici : *« 200 < 239 < 300 ».*

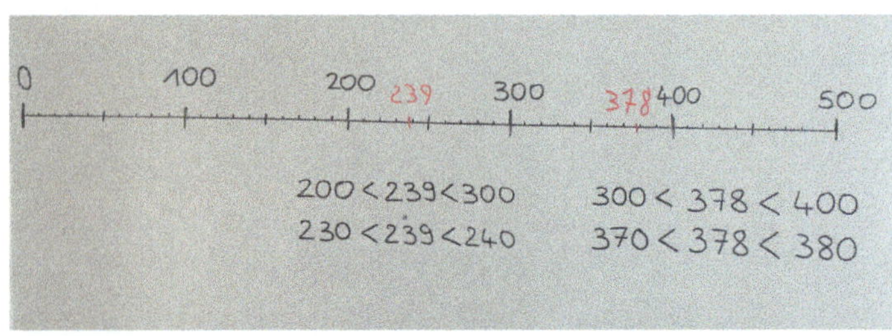

Photo 3 : la mise en commun au tableau

MATÉRIEL ET DOCUMENTS

www.maths-super-simples.editions-bordas.fr, Séquence 30

CALCUL MENTAL JOUR 1 10 min

43. La moitié des nombres pairs ⩽ 20.

➥ *p. 32*

CALCUL MENTAL JOUR 2 10 min

44. *du* + 20 (résultats ⩽ 50).

➥ *p. 32*

Institutionnalisation 5 min

Distribuer la trace écrite et la faire coller dans le cahier.

30 Positionner des nombres sur une droite numérique (2)

- 239 est **entre** 200 et 300. On écrit 200 < 239 < 300.

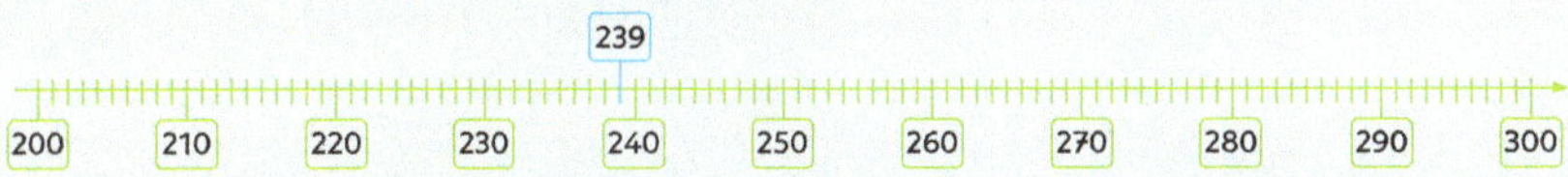

- 378 est **entre** 300 et 400. On écrit 300 < 378 < 400.

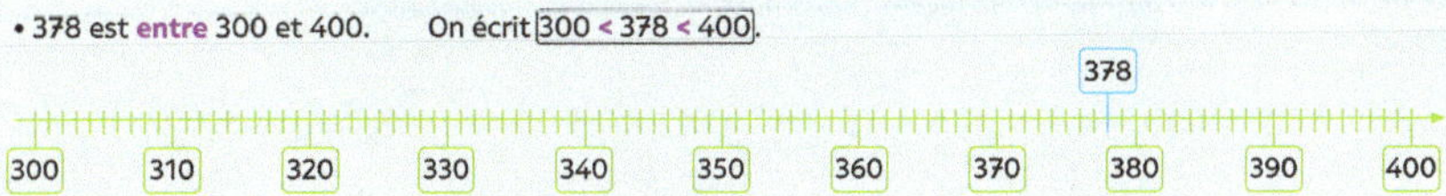

- 239 est **entre** 230 et 240. On écrit 230 < 239 < 240.

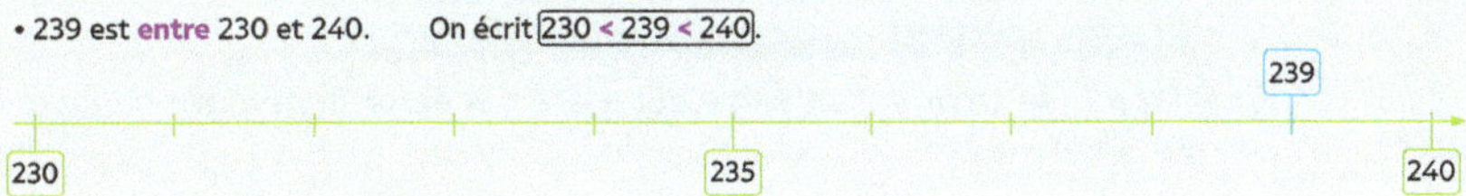

JOUR 2 Entraînement 30 min

30 Positionner des nombres sur une droite numérique (2)

1 **Encadre** entre deux dizaines à l'aide de la droite numérique.

50 < 51 < 60 | 60 < 69 < 70 | 80 < 83 < 90 | 100 < 105 < 110

2 **Encadre** entre deux dizaines,
puis **écris** les nombres sur la droite numérique.

70 < 77 < 80 | 50 < 55 < 60 | 90 < 92 < 100 | 60 < 63 < 70

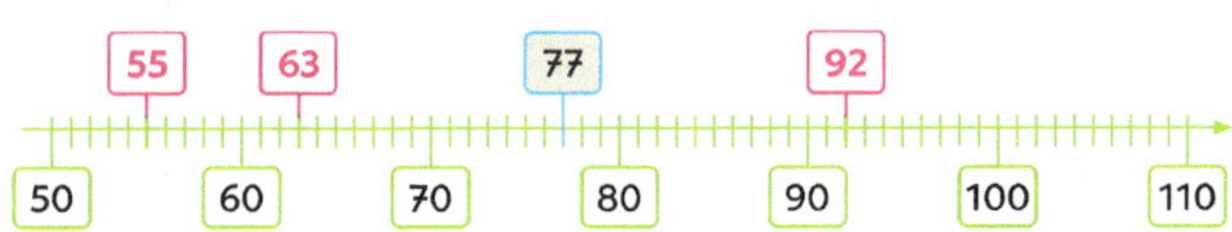

3 **Encadre** entre deux dizaines,
puis **positionne** les nombres sur la droite numérique.

130 < 132 < 140 | 150 < 156 < 160 | 170 < 179 < 180

CAHIER DU JOUR

4 **Place** les nombres suivants sur la droite numérique distribuée.
- 151
- 175
- 199
- 203

1 2 3

Erreur fréquente

Le nombre est dans le bon intervalle, mais son positionnement manque de précision car l'élève ne prend pas en compte le chiffre des unités ou le chiffre des dizaines. Par exemple, 69 est bien entre 60 et 70 mais plutôt du côté de 60.

Remédiation

Demander à l'élève de réciter la comptine numérique pour lui faire prendre conscience de la quantité de nombres à placer dans l'intervalle. Lui demander de **repasser les graduations sur la droite numérique** pour chaque nombre prononcé. Éventuellement, reproduire la droite numérique au tableau et écrire ces nombres.

31 Connaître les durées

OBJECTIF DE LA SÉQUENCE
Mettre en relation les unités de durée : minute, heure, semaine, mois.

JOUR 1 Découverte 35 min

Objectif de l'activité
Identifier les différentes informations sur le calendrier de l'année.

Matériel
- **Par élève :**
  - 1 **calendrier de l'année en cours** ;
  - 1 **feutre rouge**.
- **Pour la classe :**
  - 1 **calendrier de l'année en cours** identique à celui des élèves, mais si possible plus grand au format A3 ou A2, affiché au tableau ;
  - 1 gros **marqueur rouge**.

Déroulement de la séance
- **Mise en situation** ■ oral collectif ■ 5 min
- **Recherche** ■ collective puis individuelle ■ 15 min
- **Mise en commun** ■ oral collectif ■ 10 min
- **Institutionnalisation** ■ oral collectif ■ 5 min

Mise en situation 5 min

■ Présenter un chronomètre, les sabliers ou le *timer* de la classe (ou tout autre dispositif permettant de mesurer une minute) et nommer cet objet : *Voici un chronomètre qui permet de mesurer le temps.*

■ Demander aux élèves de rester debouts et silencieux sans leur donner la durée exacte de cet exercice. Déclencher le chronomètre pendant une minute puis questionner : *Combien de temps pensez-vous être restés debout ?* Recueillir les réponses des élèves et leur annoncer que cela a duré une minute.

Recherche 15 min

1re phase

■ Demander : *Que connaissez-vous comme unité, autre que la minute, pour mesurer le temps qui passe ?* Les élèves vont sans doute proposer l'heure mais ils ne penseront sans doute pas aux jours ou à la semaine.
Écrire au tableau : *heure*, *jour*, *semaine* et *minute*. Questionner à nouveau : *Comment ranger ces unités de mesure du temps de la plus petite à la plus grande ?*
Valider les réponses des élèves en écrivant au tableau l'ordre exact : minute – heure – jour – semaine.
Puis écrire au tableau les équivalences suivantes :
- 1 heure = … minutes ;
- 1 jour = … heures ;
- 1 semaine = … jours.

Les compléter avec les élèves.

2de phase

■ Distribuer un calendrier de l'année en cours en précisant que c'est un outil qui permet de se repérer dans le temps.
Questionner les élèves pour identifier les informations qui s'y trouvent : année, mois, jours de la semaine, nombres.

■ Donner trois consignes successives en laissant du temps aux élèves pour qu'ils puissent réaliser la tâche demandée :
1) Repassez au feutre rouge l'année ;
2) Soulignez les mois de l'année ;
3) Entourez le premier et le dernier jour de chaque mois.

■ Pendant que les élèves travaillent, circuler dans les rangs pour aider ceux en difficulté mais aussi pour repérer ceux qui se trompent afin de les les envoyer au tableau lors de la mise en commun.

Photo 1 : le travail d'un élève qui a été gêné par le nombre de jours du mois de février

Conseil
Toutes les connaissances à acquérir dans cette séance sont à travailler tout au long de l'année, grâce au **rituel quotidien de la date**, et au **rituel du calendrier mois par mois** ou du **calendrier des anniversaires**.

Pistes de différenciation
- Pour les élèves perdus dans la lecture du calendrier, **leur demander de regarder le rituel de la date affiché en classe** et sur lequel ils vont pouvoir retrouver l'année et le mois en cours. Leur demander de rechercher ces écritures sur la feuille du calendrier.
- Expliquer également que pour retrouver les mois de l'année, **ils peuvent regarder le calendrier des anniversaires**.

Mise en commun 10 min

■ Regrouper les élèves devant le tableau afin qu'ils puissent bien voir le calendrier affiché. Redonner les trois consignes de la phase 2 : *Repasser au feutre rouge l'année, souligner les mois de l'année, entourer le premier et le dernier jour de chaque mois.* Désigner à chaque fois un élève qui n'a pas réussi pour réaliser la tâche sur le calendrier du tableau. Après chaque passage d'élève, demander aux élèves ce qu'ils en pensent et faire valider ou modifier le travail réalisé.

■ Exploiter les trois tâches demandées, d'une part en verbalisant les réponses exactes et, d'autre part, en construisant la trace écrite :
1) *Nous sommes en 2023. Quand une année finit, une autre commence. L'an prochain, nous serons en 2024.*
2) *Les mois de l'année sont : janvier, février, mars, avril, mai, juin, juillet, août, septembre, octobre, novembre, décembre*. Écrire ces mois au tableau.
3) Énoncer le nombre de jours de chaque mois en attirant l'attention des élèves sur le mois de février qui peut avoir 28 ou 29 jours. Écrire le nombre de jours à côté du nom de chaque mois.
4) Faire venir plusieurs élèves au tableau pour leur demander de montrer sur le calendrier les jours d'une semaine et les lire dans l'ordre. Mettre en évidence que les jours de la semaine ne sont pas écrits en entier et faire remarquer également aux élèves qu'il y a plusieurs semaines dans un mois, et que très souvent le premier jour du mois ne commence pas un lundi. Pour mieux faire apparaître les semaines, il est possible de les encadrer de différentes couleurs.

MATÉRIEL ET DOCUMENTS

www.maths-super-simples.editions-bordas.fr, Séquence 31

CALCUL MENTAL JOUR 1 10 min

45. *du* – 20 (*du* ⩽ 30).
➡ *p. 32*

CALCUL MENTAL JOUR 2 10 min

46. Le car : du + d + u ; (résultats ⩽ 50).
➡ *p. 33*

Institutionnalisation

5 min

Distribuer la trace écrite et la faire coller dans le cahier.

31 Connaître les durées

Mars 2024

Lu	Ma	Me	Je	Ve	Sa	Di
				1	2	3
4	5	6	7	8	9	10
11	12	13	14	15	16	17
18	19	20	21	22	23	24
25	26	27	28	29	30	31

Voici une semaine.

1 année = 12 mois
1 semaine = 7 jours
1 jour = 24 heures
1 heure = 60 minutes

Lundi, Mardi, Mercredi, Jeudi, Vendredi, Samedi, Dimanche

Les douze mois de l'année : janvier, février, mars, avril, mai, juin, juillet, août, septembre, octobre, novembre, décembre

Activité complémentaire

Estimer la durée d'un événement

Mener au long cours tout un travail sur l'estimation de la durée d'un événement avant la réalisation des exercices. Chaque fois que des événements se présentent, attirer l'attention des élèves sur leur durée : *Combien de temps dure la récréation ? Dans combien de temps fêterons-nous à nouveau l'anniversaire de Léa ? Combien de temps durent les vacances de fin d'année ? Combien de temps dure le trajet pour aller au gymnase ? Dans combien de temps serez-vous en classe de CM2 ? Combien de temps êtes-vous restés à l'école maternelle ?*

JOUR 2 Entraînement

30 min

31 Connaître les durées

1 Complète.

1 année = 12 mois
1 semaine = 7 jours
1 jour = 24 heures
1 heure = 60 minutes

2 Complète les durées avec *minutes, heures, semaines* ou *mois*.

- La durée de cuisson d'un œuf dur est de 10 minutes.
- Les élèves ont presque 2 mois de vacances en été.
- La matinée de classe dure 3 heures.
- Les vacances d'hiver durent 2 semaines.

3 Relie chaque événement à une durée possible.

1 semaine — 2 heures — 9 mois — 3 minutes

4 Écris une durée possible pour chaque activité.

- La récréation dure 15 minutes.
- Un cours de natation dure 1 heure.
- Le printemps a une durée de 3 mois.
- Le CE1 dure 10 mois ou 1 an.

CAHIER DU JOUR

5 Recopie et **complète** avec *jours, minutes, heures* ou *mois*.

- Un enfant dort environ 10 heures par nuit.
- J'attends le bus depuis 5 minutes.
- L'hiver dure 3 mois. Le mois le plus court compte 28 jours.

1

Erreur fréquente

Les relations entre les différentes unités de mesure du temps ne sont pas toujours claires pour les élèves.

Remédiation

Réaliser un affichage référent avec une table de conversion accessible aux élèves pendant plusieurs semaines. Y inscrire les éléments suivants : 1 heure = 60 minutes, 1 jour = 24 heures, etc. Interroger régulièrement les enfants sur ces équivalences.

2 3 4

Erreur fréquente

Les élèves n'utilisent **pas l'unité adaptée.**

Remédiation

Leur demander de donner un exemple d'action qui correspond à chaque unité citée, c'est-à-dire minute, heure, jour, semaine et mois. Faire comparer l'exemple qu'ils ont donné avec l'exemple de l'exercice.
Un exercice complémentaire intéressant consiste à demander aux élèves de trouver des actions qui durent *entre* 5 et 10 minutes (une douche, un trajet vers l'école, *etc.*), *moins* d'une heure (la récréation, un repas, *etc.*), *plus* d'un jour (faire pousser une plante, grandir de 5 cm, *etc.*).

32 Reporter des longueurs

OBJECTIF DE LA SÉQUENCE
Tracer un segment d'une longueur donnée, trouver le milieu d'un segment.

JOUR 1 Découverte 35 min

Objectif de l'activité
Tracer des segments et marquer le milieu d'un segment.

Matériel
- **Par élève :**
  - **1 carte au trésor** sur une feuille A4, avec les clefs représentées ;
  - **1 double décimètre**, 1 **crayon de papier**.

Déroulement de la séance
- **Mise en situation** ■ oral collectif ■ 5 min
- **Recherche** ■ individuelle ■ 15 min
- **Mise en commun** ■ oral collectif ■ 10 min
- **Institutionnalisation** ■ oral collectif ■ 5 min

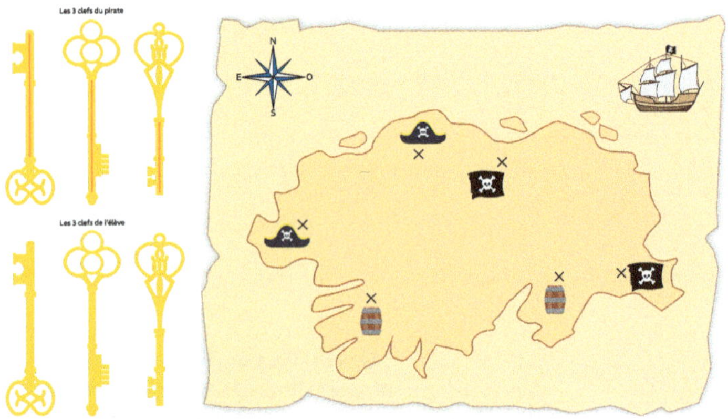

Photo 1 : la carte au trésor et les clefs des coffres

Mise en situation 5 min

■ Tracer un segment de 40 cm au tableau avec la règle pour rappeler aux élèves la manière de procéder : *Pour bien voir où commence et où finit le segment de 40 cm, je peux placer des traits verticaux ou des croix qui marqueront le début et la fin de ce segment. Aujourd'hui, nous utiliserons des croix.* Placer ces croix.

■ Demander aux élèves : *Comment feriez-vous pour placer un point pile au milieu de ce segment ?* Tester les différentes propositions des élèves et mesurer à chaque fois la longueur de part et d'autre du milieu proposé pour prouver qu'il y a ou pas 20 cm de chaque côté du point.
Formuler la technique la plus efficace : *Je mesure la longueur du segment. Je calcule la moitié de ce segment. Par exemple, la moitié de 40 cm c'est 20 cm. Je place donc le point du milieu à 20 cm d'une des extrémités. Je marque aussi ce point avec une croix.*

Recherche 15 min

1re phase
■ Distribuer une carte au trésor à chaque élève. Expliquer qu'il faut aider le pirate à retrouver ses trois coffres de pièces d'or en suivant des indications. Consigne : *Pour ouvrir les trois coffres au trésor, vous devez utiliser des clefs absolument identiques à celles du pirate. Du coup, commencez par tracer sur les clefs du bas trois segments exactement de la même longueur et à la même place que sur les modèles.*

■ Prendre le temps de demander aux élèves comment ils vont faire pour tracer des segments sur les clefs exactement de la même longueur afin d'expliciter clairement qu'il faut d'abord mesurer le trait avant de le reproduire.
Laisser les élèves travailler et circuler pour aider ceux qui ont des difficultés pour mesurer ou pour tracer un segment.

2de phase
■ Expliquer ensuite aux élèves qu'un coffre au trésor se trouve pile au milieu entre les deux chapeaux de pirate, que le deuxième se trouve pile au milieu entre les deux drapeaux et que le troisième se trouve pile au milieu entre les deux tonneaux.
Consigne : *Tracez trois segments : un qui relie les deux chapeaux, un qui relie les deux drapeaux et un qui relie les deux tonneaux. Marquez ensuite le milieu de chaque segment avec une croix et vous aurez trouvé l'emplacement de chaque trésor.*

■ Faire ranger la feuille de recherche des élèves dans le lutin, la pochette ou le cahier de recherche.

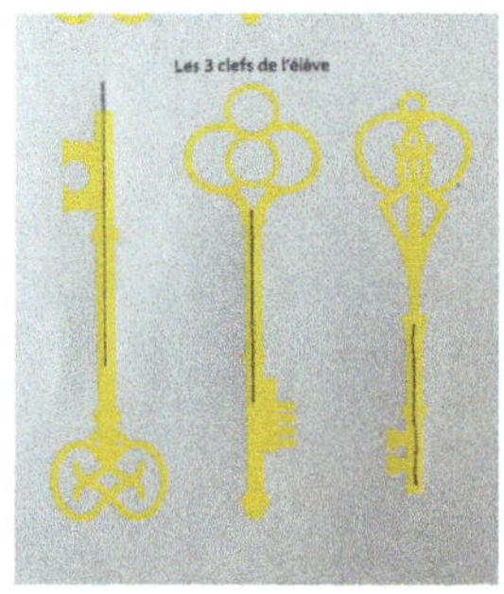

Photo 2 : différentes reproductions de clefs erronées. Première clef : le segment a la bonne longueur mais est mal placé, deuxième clef : la longueur est incorrecte, troisième clef : le segment a été tracé sans règle

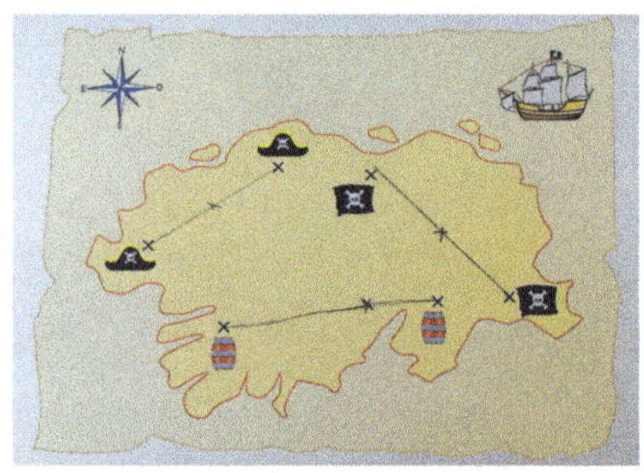

Photo 3 : la carte au trésor d'un élève avec les tracés qui semblent parfois incorrects à l'œil nu

Pistes de différenciation concernant la mesure
- **Aider l'élève à placer le 0 de sa règle face au milieu de la croix.** Montrer avec le doigt face à quelle graduation se trouve la deuxième extrémité du segment. **Postionner la règle pour l'élève** afin que celui-ci puisse lire la mesure sans être embarrassé par le placement de la règle.

Pistes de différenciation concernant le placement du milieu
- **Autoriser l'élève à utiliser la trace écrite de la séquence 23** sur les doubles et moitiés.
- **Aider à calculer la moitié**, par exemple de 14 cm, en demandant de **calculer le double de 5, puis le double de 6, puis le double de 7**.

Mise en commun 10 min

■ Regrouper les élèves devant le tableau et afficher trois cartes significatives présentant les erreurs les plus courantes.
À partir de ces erreurs, identifiées par les élèves ou mises en avant, montrer et verbaliser les façons de faire concernant :

■ La mesure d'un segment : *Je place ma règle sous le segment. Je fais glisser la règle de façon à aligner le 0 face à l'extrémité du segment. Puis je lis sur la règle le nombre de la graduation qui se trouve en face de l'autre extrémité de ce segment.*

MATÉRIEL ET DOCUMENTS
www.maths-super-simples.editions-bordas.fr,
Séquence 32

CALCUL MENTAL JOUR 1
10 min
47. $u + 30$.
➥ *p. 33*

CALCUL MENTAL JOUR 2
10 min
48. $du + 30$ (résultats ⩽ 50).
➥ *p. 33*

- Le tracé d'un segment : *Je pose la pointe de mon crayon contre la règle face à la graduation 0. Je trace le segment en appuyant légèrement avec la pointe du crayon le long de la règle. J'arrête quand j'arrive à la graduation correspondant à la mesure à tracer.*
- Le calcul du milieu : *Je mesure la longueur du segment. Je calcule la moitié de ce segment. Par exemple, la moitié de 10 cm, c'est 5 cm.*
- Le placement du milieu du segment avec une croix : *Je place donc le point du milieu en le plaçant à 5 cm d'une des extrémités. Je le marque avec une croix. Je peux vérifier le placement en mesurant la distance avec l'autre extrémité du segment qui doit être aussi de 5 cm.*

Institutionnalisation

5 min

Distribuer la trace écrite et la faire coller dans le cahier.

32 Reporter des longueurs

- **Pour tracer un segment de 4 cm**

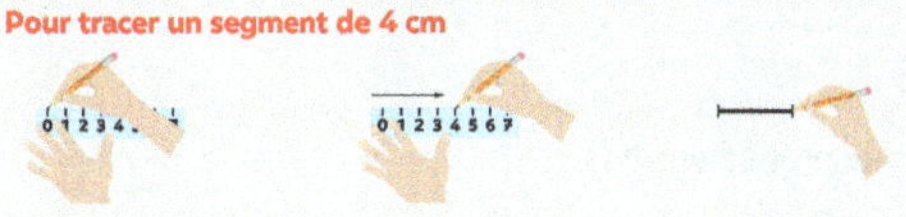

1) Avec une main, je maintiens la règle. Je place la pointe du crayon sur le 0 avec mon autre main.

2) Je trace un trait sans trop appuyer jusqu'à la graduation 4 cm.

3) Je mets bien une croix ou un trait à chaque extrémité du segment.

- Le **milieu d'un segment** est un point qui est à la même distance des deux extrémités. Il partage le segment en deux parties égales.

sur un quadrillage — avec une règle

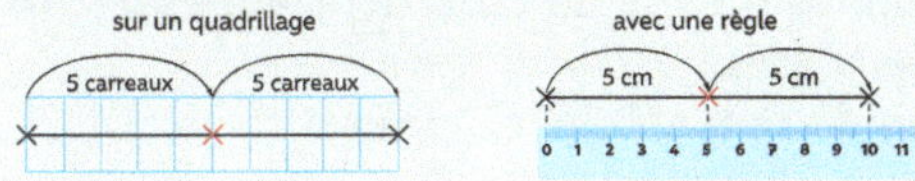

JOUR 2 Entraînement

35 min

32 Reporter des longueurs

Matériel : règle graduée

1 **Trace** sur la droite bleue les segments de la longueur indiquée.

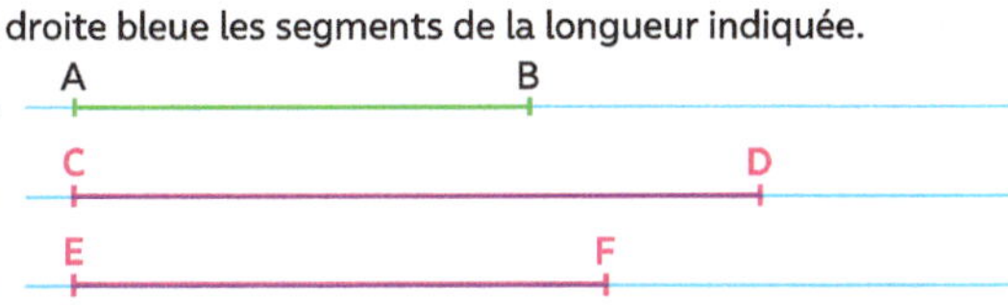

2 **Trace** trois segments de la même longueur que le segment violet.

3 **Utilise** ta règle pour marquer le milieu de chaque segment.

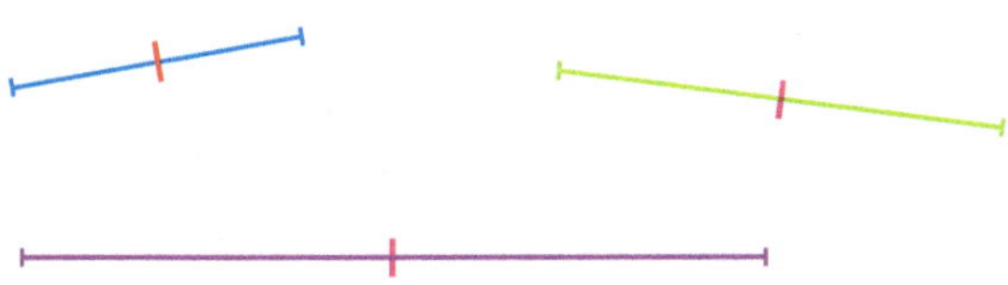

4 **Trace** le milieu M du segment bleu et **complète**.

- AB = ..8.. cm
- Le milieu M est situé à ..4.. cm de A et ..4.. cm de B.

CAHIER DU JOUR

5 **Prolonge** avec ta règle les segments et marque leur milieu.

1 2 3 4

Erreur fréquente

Les erreurs peuvent être provoquées par **une mesure initiale incorrecte** (ou bien à **un report incorrect sur la droite bleue** pour l'exercice 1).

Remédiation

Expliquer aux élèves comment utiliser la règle pour mesurer ou reporter une longueur. Les regarder pour intervenir au moment où l'erreur se produit, et modifier leur façon de faire.
Refaire une démonstration en verbalisant.

3 4

Erreur fréquente

L'erreur de positionnement du milieu peut être due à **un calcul erroné de la moitié.**

Remédiation

Donner des exemples en demandant : *« Quelle est la moitié de 2 cm ? Quelle est la moitié de 4 cm ? Quelle est la moitié de 8 cm ? »* **Utiliser des cubes, des crayons pour faire partager le nombre de cubes ou de crayons en deux tas égaux.**

33 Décomposer les nombres en unités, dizaines, centaines (1)

OBJECTIF DE LA SÉQUENCE
Connaître la valeur de chaque chiffre dans un nombre.

JOUR 1 Découverte — 40 min

Objectif de l'activité
Suivre des indications sur la valeur des chiffres pour retrouver un nombre à 3 chiffres.

Matériel

- **Par élève :**
  - 1 **ardoise** et 1 **feutre effaçable.**
- **Pour les trios d'élèves au tableau :**
  - 3 **couronnes** : centaines, dizaines, unités (**à préparer à l'avance**) ;
  - 10 **cartes-chiffres** de 0 à 9 ;
  - 1 **craie verte**, 1 **craie rouge** et 1 **craie bleue** ;
  - tableau à 3 **colonnes** tracées au tableau : plaques de **100**, barres de **10**, cubes **unités** ;
  - 1 **tableau de numération** affiché au tableau.

Photo 1 : le matériel collectif

- **Pour la mise en commun : représentations** au format A4 des nombres 314, 143 et 431 en **plaques**, **barres** et **cubes** et sous la forme **« ... c ... d ... u »**.

Déroulement de la séance

- **Mise en situation** ▪ oral collectif ▪ 5 min
- **Recherche** ▪ individuelle ▪ 20 min
- **Mise en commun** ▪ oral collectif ▪ 10 min
- **Institutionnalisation** ▪ oral collectif ▪ 5 min

Mise en situation — 5 min

▪ Expliquer aux élèves qu'ils vont travailler sur des nombres à 3 chiffres. Au tableau, dessiner successivement 4 nombres écrits sous forme de plaques de 100, de barres de 10 et de cubes unités et demander aux élèves d'écrire sur leur ardoise à quel nombre correspond chaque représentation.

Recherche — 20 min

1re phase

▪ Présenter les 3 couronnes et les cartes-chiffres et faire lire les inscriptions.

▪ Faire venir un premier trio au tableau : *Prenez chacun une couronne et posez-la sur votre tête. Puis choisissez chacun une carte-chiffre et placez-vous devant la classe, en respectant l'ordre « centaines, dizaines, unités ». Ensuite, dans le même ordre, montrez l'un après l'autre votre chiffre et lisez-le à haute voix. Attention, le roi ou la reine des centaines ne peut pas prendre de chiffre plus grand que 5.* Par exemple, le roi ou la reine des centaines dit « 4 centaines », le roi ou la reine des dizaines dit « 6 dizaines », le roi ou la reine des unités dit « 9 unités ».

▪ Consigne pour les élèves de la classe : *Écrivez, sur votre ardoise, le nombre annoncé par le trio des rois et reines sous la forme « ... c ... d ... u ». Ensuite, écrivez ce nombre uniquement avec des chiffres. Enfin, dessinez les plaques de 100, les barres de 10 et les cubes unités pour représenter ce nombre.*

▪ Pendant ce temps, le trio des rois réalise le même travail au tableau :
– chacun son tour complète la ligne « ... c ... d ... u » ;
– le roi ou la reine des centaines dessine les plaques de 100, le roi ou la reine des dizaines dessine les barres de 10 et le roi ou la reine des unités dessine les cubes unités ;
– chacun écrit son chiffre dans le tableau de numération à 3 colonnes dessiné au tableau.

▪ Demander systématiquement aux élèves de lire les différentes représentations : par exemple « 469 » et « 4 centaines 6 dizaines 9 unités » dans le tableau de numération, « 4 c 6 d 9 u » et « 4 plaques de 100, 6 barres de 10 et 9 cubes unités ».

2de phase

▪ À partir du cinquième trio, demander que les rois et les reines annoncent leur nombre sans respecter l'ordre « centaines, dizaines et unités ».

▪ Faire également en sorte que le chiffre 0 soit choisi au moins une fois par le roi ou la reine des dizaines, et au moins une fois pour le roi ou la reine des unités.

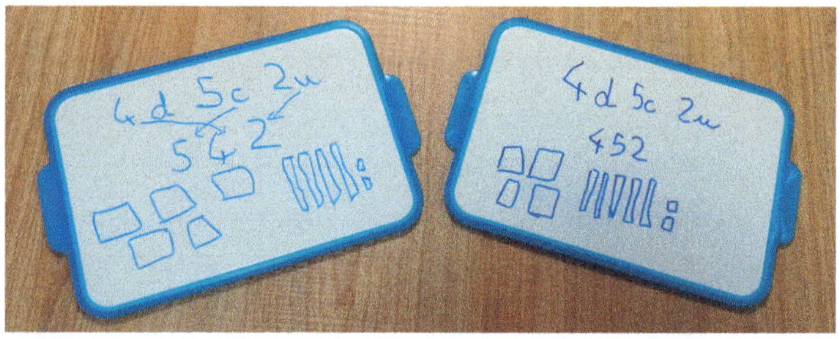

Photo 2 : l'ardoise de deux élèves. Le second a été « piégé » par l'ordre dans lequel chaque chiffre a été annoncé.

Conseil

- Les couronnes peuvent être remplacées par un collier avec une étiquette, un grand t-shirt ou un tablier de peinture sur lequel on aura scotché les étiquettes « centaines », « dizaines » et « unités ».

Pistes de différenciation

- **Permettre la manipulation** en donnant des plaques, des barres et des cubes pour éviter de dessiner.
- **Donner une trame « ... c ... d ... u »** plastifiée ou glissée dans une pochette plastique pour que les élèves puissent effacer avant de recommencer avec un nouveau nombre.
- Certains élèves n'ont pas encore compris que le chiffre des centaines représente 100 unités, soit 1 plaque de 100. Par exemple, ils ont dessiné 2 plaques de 100 alors que le chiffre des centaines est 4. Leur faire **recompter le nombre de plaques de 100 dessinées sur leur ardoise,** et leur montrer que ce nombre **ne correspond pas au chiffre annoncé par le roi des centaines** et qu'ils doivent rajouter deux plaques de 100 sur leur ardoise.

Mise en commun — 10 min

▪ Écrire au tableau les nombres 314, 143 et 431. Faire venir 6 volontaires et donner à chacun une feuille sur laquelle est écrite une représentation de ces nombres (en plaques, barres et cubes ou sous la forme « ... c ... d ... u »).

MATÉRIEL ET DOCUMENTS

www.maths-super-simples.editions-bordas.fr, Séquence 33

CALCUL MENTAL JOUR 1 — 10 min

49. Soustraire *du* – 30 (*du* ⩽ 50).
➥ *p. 33*

CALCUL MENTAL JOUR 2 — 10 min

50. La frise numérique : *du* + 1 à *du* + 5, *du* + 10, *du* – 1, *du* – 2.
➥ *p. 33*

- Demander à la classe : *Qui tient en main la représentation de 314 ? de 413 ? de 143 ?*
- Relancer les élèves pour qu'ils utilisent le vocabulaire précis pour désigner la valeur de chaque chiffre, par exemple : « plaque de 100 ou c ou centaine ».
- Insister sur le rôle et la position de chaque chiffre : *Dans un nombre à trois chiffres, le chiffre des unités est le chiffre le plus à droite. Le chiffre des dizaines est à gauche du chiffre des unités. Le chiffre des centaines est à gauche du chiffre des dizaines.* Cette formulation a l'avantage d'être toujours valable, quel que soit le nombre de chiffres dans un nombre entier.

Institutionnalisation — 5 min

Distribuer la trace écrite et la faire coller dans le cahier.

33 Décomposer les nombres en unités, dizaines, centaines

- Un nombre peut **s'écrire de différentes façons**.
- Chaque façon met en avant la **valeur des chiffres en fonction de leur position** dans le nombre.

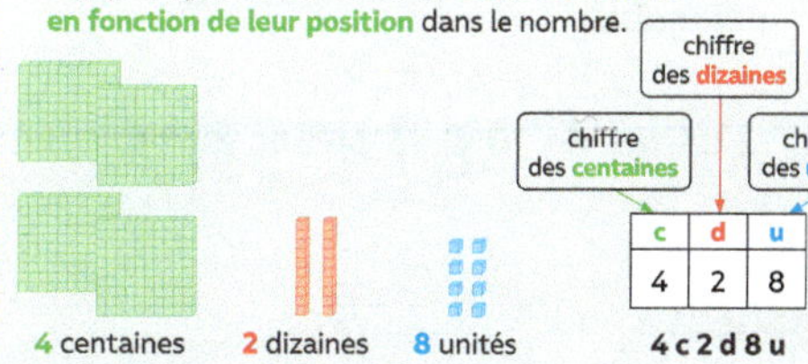

En tout, il y a **428** cubes.

JOUR 2 Entraînement — 30 min

33 Décomposer les nombres en unités, dizaines, centaines (1)

1 **Entoure** des paquets de 10 dizaines et **complète** le tableau.

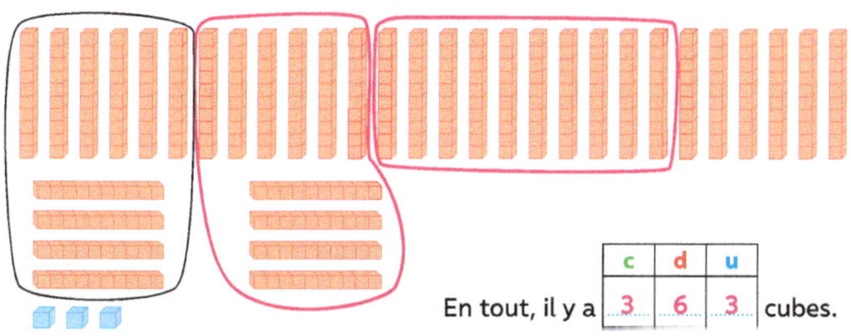

En tout, il y a

c	d	u
3	6	3

cubes.

2 **Colorie** la bonne étiquette.

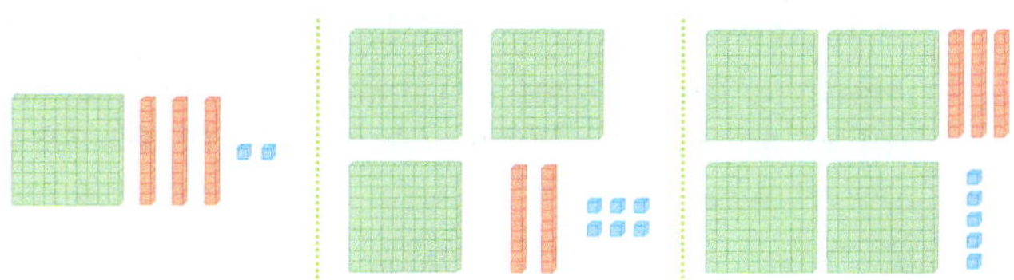

321 | 132 — 326 | 236 — 534 | 435

3 **Relie** les nombres correspondants.

2 c 3 d 7 u — 5 c 0 d 8 u — 9 d 3 c 5 u — 5 c 0 u 8 d

508 — 580 — 237 — 395

CAHIER DU JOUR

4 **Dessine** les plaques de 100 vertes, les barres de 10 rouges et les cubes unités bleus pour représenter les nombres suivants.
- 105
- 319
- 220

1

Erreur fréquente

Certains élèves **se trompent en faisant des paquets de 10 barres**.

Remédiation

C'est un problème de dénombrement. **Utiliser la comptine numérique** pour leur montrer qu'il y a des erreurs dans les paquets réalisés.

2

Erreur fréquente

Certains **élèves croient parfois que le chiffre des dizaines est le plus à gauche**, comme c'était le cas pour les nombres jusqu'à 99.

Remédiation

Faire observer un tableau de numération et admettre que jusqu'à présent, on disait que le chiffre des dizaines était « le plus à gauche ». Mais maintenant qu'on a découvert les centaines, c'est le chiffre des centaines qui est le plus à gauche.
Reprendre la verbalisation de la mise en commun.

3

Erreur fréquente

Certains élèves **ont des difficultés à saisir le rôle du zéro dans la numération positionnelle**. En conséquence, par exemple, ils écrivent 58 pour « 5 centaines 0 dizaines et 8 unités ».

Remédiation

Demander systématiquement aux élèves de représenter les quantités utilisées : par exemple, faire représenter 5 centaines et 8 unités par 5 plaques et 8 cubes ; faire ensuite remarquer que la réponse « 58 » proposée se lit « cinquante-huit » et se représente avec 5 barres de 10 et 8 cubes, ce qui permettra aux enfants concernés d'admettre qu'ils se sont trompés. Ensuite, expliquer que le nombre de dizaines d'une quantité supérieure à 100 doit toujours être écrit, même s'il est nul et qu'on ne l'entend pas (on ne dit pas « cinq-cent-zéro-huit »).

34 Poser et calculer une addition avec retenue

OBJECTIF DE LA SÉQUENCE
Utiliser un algorithme de calcul posé pour l'addition.

JOUR 1 Découverte 40 min

Objectif de l'activité
Effectuer une addition en colonnes de deux nombres comportant des centaines, avec retenue.

Matériel
- **Par élève :**
  - 1 **ardoise** ; 1 **feutre effaçable**.
- **Par binôme :**
  - 9 **billets de 100 €**, 12 **billets de 10 €**, 13 **pièces de 1 €**.
- **Pour la classe :**
  - des **craies de couleur** ;
  - **aimants** ou **pate adhésive** pour le tableau ;
  - 2 **enveloppes** sur lesquelles sont indiquées des sommes en euros (245 € et 378 €), affichées au tableau.

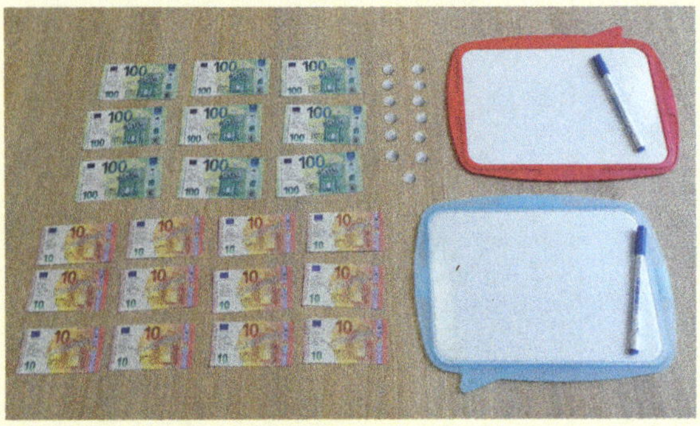

Photo 1 : le matériel de l'activité

Déroulement de la séance
- **Mise en situation** ■ oral collectif ■ 5 min
- **Recherche** ■ en binôme puis collective ■ 20 min
- **Mise en commun** ■ oral collectif ■ 10 min
- **Institutionnalisation** ■ oral collectif ■ 5 min

Mise en situation 5 min

■ Montrer aux élèves les deux enveloppes et expliquer : *Dans l'une, il y a 245 € et dans l'autre 378 €. On cherche combien il y a d'argent en tout en additionnant ces deux sommes d'argent.*

■ Présenter le matériel et réactiver les connaissances des élèves sur la correspondance entre les billets et les pièces, et leurs valeurs en euros.

Recherche 20 min

■ Distribuer la monnaie à chaque binôme et leur demander de constituer devant eux les deux montants 245 € et 378 €. Vérifier en circulant dans les rangs que les sommes constituées sont exactes.

■ Consigne : *Rassemblez les deux sommes de monnaie sur votre table et faites les échanges pour avoir le moins de pièces et de billets possible.*

■ Faire un premier point avec les élèves en leur demandant combien ils ont obtenu de pièces de 1 €, de billets de 10 € et de billets de 100 €. Ils doivent avoir devant eux 3 pièces de 1 €, 2 billets de 10 € et 6 billets de 100 €.

■ Faire venir un élève au tableau et lui demander de poser l'addition « 245 + 378 » en colonnes en utilisant « c/d/u ». Présenter un modèle au tableau de cette représentation.

■ Demander aux élèves : *Dans quelle colonne doit-on commencer à additionner ?* Confirmer qu'il s'agit bien d'ajouter d'abord les chiffres de la colonne des unités, puis les chiffres de la colonne des dizaines, et enfin les chiffres de la colonne des centaines.

Pistes de différenciation
- **Guider les élèves** pour poser correctement les additions.
- **Donner des trames sur papier avec trois colonnes** « c/d/u » pour que les élèves puissent poser l'addition directement dans ces tableaux.
- **Repasser en vert, dans l'addition, le chiffre des centaines, en rouge le chiffre des dizaines et en bleu le chiffre des unités.** Repasser également avec la couleur appropriée *c*, *d* et *u* en haut de chaque colonne.
- Questionner les élèves en leur demandant de **comparer ce qu'ils ont écrit dans les colonnes et le nombre réel de billets de 100 €, de 10 € ou de pièces de 1 €.**
- **Pour les plus avancés, donner d'autres items :** 163 € + 248 € et 409 € + 494 €.

Mise en commun 10 min

■ Effectuer « 245 + 378 » au tableau devant les élèves :
– 5 unités plus 8 unités font 13 unités, alors j'écris 3 dans la case de résultat de la colonne des unités et je marque 1 en retenue au-dessus de la colonne des dizaines. J'écris cette retenue en rouge et je l'entoure pour ne pas l'oublier.
– Puis j'additionne 4 dizaines plus 7 dizaines plus 1 dizaine de retenue, j'obtiens 12 dizaines. Alors j'écris 2 dans la case de résultat de la colonne des dizaines et je marque 1 en retenue au-dessus de la colonne des centaines. J'écris cette retenue en rouge et je l'entoure pour ne pas l'oublier.
– Enfin, j'additionne 2 centaines plus 3 centaines plus 1 centaine de retenue, j'obtiens 6 centaines. Alors j'écris 6 dans la case de résultat de la colonne des centaines.

■ Vérifier avec les élèves que le résultat trouvé correspond bien à la somme d'argent totale sur leurs tables, soit 3 pièces de 1 €, 2 billets de 10 € et 6 billets de 100 €, c'est-à-dire 623 €.

■ Envoyer deux élèves au tableau pour poser et calculer deux autres additions : 163 € + 248 € et 409 € + 494 €. Ne pas hésiter à rappeler le principe des opérations en colonnes : *Dans une addition en colonnes, on ajoute toujours les unités en premier, puis les dizaines, et enfin les centaines. La retenue se met au-dessus de la colonne de gauche et on l'entoure pour ne pas l'oublier.*
Faire vérifier le résultat trouvé en comptant la monnaie dessinée au tableau.

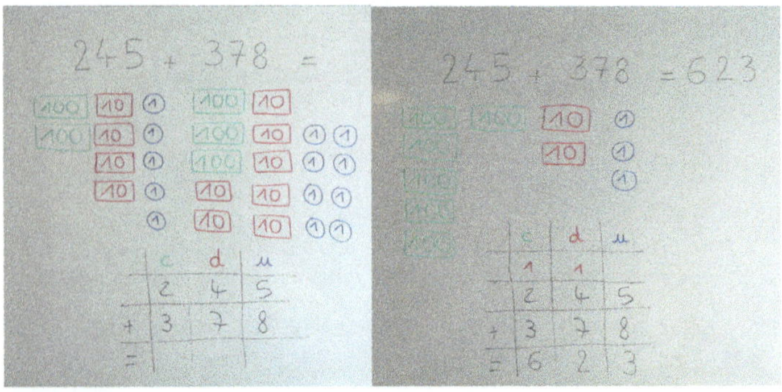

Photos 2 et 3 : le tableau avant les échanges et le tableau après les échanges

MATÉRIEL ET DOCUMENTS

www.maths-super-simples.editions-bordas.fr, Séquence 34

CALCUL MENTAL JOUR 1 — 10 min

51. *du* + 10, *du* + 20, *du* + 30 (résultats ⩽ 50) et *du* – 10, *du* – 20, *du* – 30 (*du* ⩽ 50).

➥ p. 34

CALCUL MENTAL JOUR 2 — 10 min

52. Les compléments à la dizaine supérieure : *du* + ? = *d* (*d* ⩽ 50).

➥ p. 34

Institutionnalisation — 5 min

Distribuer la trace écrite et la faire coller dans le cahier.

34 Poser et calculer une addition avec retenue

Je pose l'addition **239 + 486** en colonnes.

- Je **commence par additionner les unités** : 9 + 6 = 15. J'écris 5 dans la case des unités et je retiens 1 dizaine.
- Puis j'additionne les dizaines : 1 + 3 + 8 = 12. J'écris 2 dans la case des dizaines, et je retiens 1 centaine.
- Enfin j'additionne les centaines. 1 + 2 + 4 = 7. J'écris donc 7 dans la case des centaines.

	c	d	u
	①	①	
	2	3	9
+	4	8	6
	7	2	5

Je peux aussi représenter cette addition avec de la monnaie.

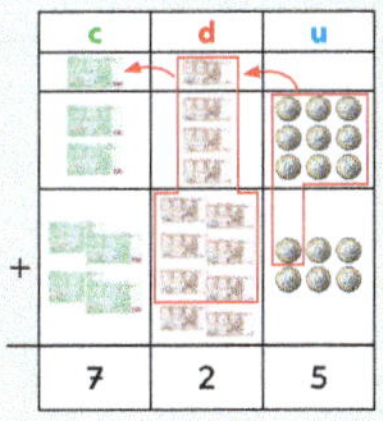

Activité complémentaire

Poser et calculer une addition en colonnes avec retenue

Après cette séance de découverte, proposer chaque jour d'effectuer une addition en colonnes sur l'ardoise et la corriger au tableau. Ceci permettra **d'automatiser la technique opératoire**, et notamment le positionnement de la retenue et sa prise en compte dans l'addition.

JOUR 2 Entraînement — 35 min

34 Poser et calculer une addition avec retenue

1 Pose et calcule.

35 + 27

	d	u
	①	
	3	5
+	2	7
	6	~~1~~2

16 + 58

	d	u
	①	
	1	6
+	5	8
	7	~~1~~4

46 + 26

	d	u
	①	
	4	6
+	2	6
	7	~~1~~2

58 + 22

	d	u
	①	
	5	8
+	2	2
	8	~~1~~0

2 Pose et calcule les additions.

27 + 48

	①	
	2	7
+	4	8
	7	~~1~~5

44 + 36

	①	
	4	4
+	3	6
	8	~~1~~0

28 + 28

	①	
	2	8
+	2	8
	5	~~1~~6

15 + 17

	①	
	1	5
+	1	7
	3	~~1~~2

3 Pose et calcule.

239 + 186

	c	d	u
	1	1	
	2	3	9
+	1	8	6
	4	2	5

338 + 156

	c	d	u
		1	
	3	3	8
+	1	5	6
	4	9	4

229 + 291

	c	d	u
	1	1	
	2	2	9
+	2	9	1
	5	2	0

190 + 29

	c	d	u
	1		
	1	9	0
+		2	9
	2	1	9

CAHIER DU JOUR

4 Pose et calcule les additions.

- 59 + 32
- 158 + 94
- 208 + 288
- 160 + 74

1 2 3

Erreur fréquente

Certains élèves **additionnent les dizaines avant les unités ou commencent directement par les centaines.**

Remédiation

Il faut observer les élèves pour identifier cette erreur car elle ne se voit pas toujours, et il est difficile de la corriger une fois qu'elle s'est installée.
Répéter inlassablement qu'il faut commencer à calculer par la colonne des unités. Éventuellement, **tracer une flèche bleue pour désigner la colonne des unités** par laquelle il faut commencer.

1 2 3

Erreur fréquente

Certains élèves **oublient d'additionner les retenues.**

Remédiation

Faire écrire aux élèves la retenue en plus gros et la leur faire barrer quand ils l'ont additionnée.
Montrer avec des billets et des pièces, comme dans la situation de découverte, que le résultat est erroné et qu'il devient correct quand on ajoute la retenue.

36 Je fais le point

Matériel : règle graduée

1 **Écris** le nombre qui correspond à chaque dessin.

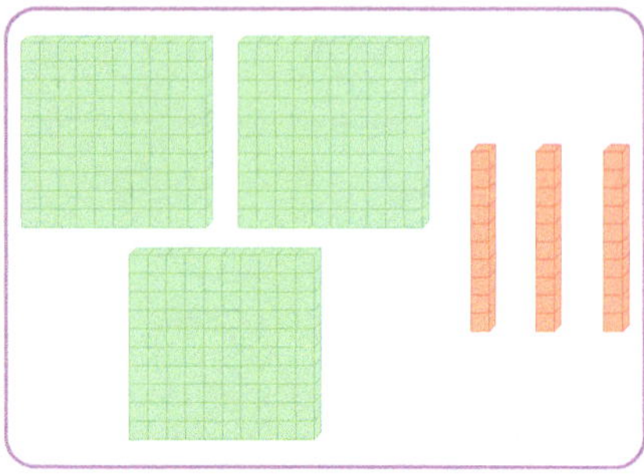

330

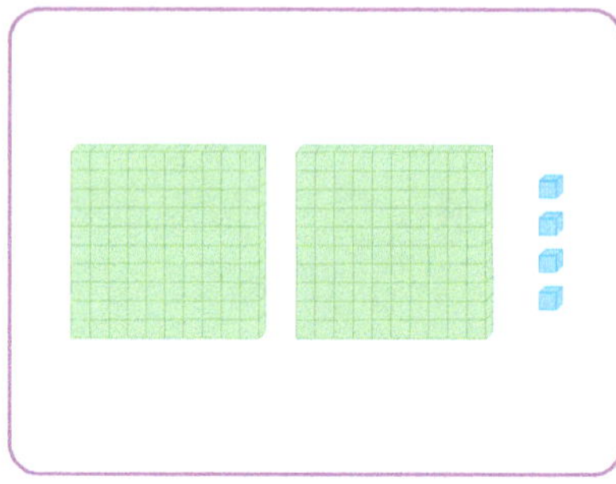

204

2 **Complète.**

- 473, c'est 4 centaines, 7 dizaines et 3 unités.
- 501, c'est 5 centaines, 0 dizaine et 1 unité.

3 **Relie** chaque nombre à sa moitié.

50	16	40	100	24
20	25	50	8	12

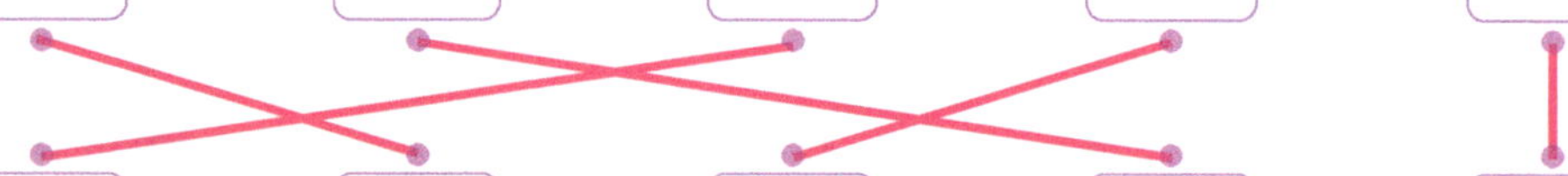

4 **Lis** l'heure puis **dessine** les aiguilles.

14 h 30

10 h 00

5 h 30

19 h 00

5
- **Reporte** sur la droite la longueur du segment vert.
- **Marque** avec un tiret le milieu du segment vert et **nomme-le** M.

Exploitation pédagogique des séquences

Période 3

Problèmes Période 3

Cette période aborde des problèmes de comparaison plus complexes que ceux vu précédemment. Dans la séquence 41, on ne cherche pas la valeur d'un écart mais un état. Les indicateurs sémantiques présents dans l'énoncé : expressions « plus que » ou « moins que », sont concordantes avec le type d'opération à réaliser, ici la congruence. Lors de la phase de recherche, la schématisation du problème est importante car elle permet de visualiser la relation entre les nombres. On peut utiliser des réglettes cuisenaires avec les élèves pour ce type de problème. **Dans les problèmes de comparaison, il est important de toujours faire verbaliser la réciproque, si l'un a « plus que », alors l'autre a « moins que ».**

41 Problèmes

1 Sofia a 58 images. Tom a 13 images de plus que Sofia.
Combien Tom a-t-il d'images ?

58	13
?	

- **Écris** un calcul avec + ou − et **calcule** : 58 + 13 = 71
- **Écris** la phrase réponse : Tom a 71 images.

2 Un père a 39 ans. Son fils a 32 ans de moins que lui.
Quel est l'âge du fils ?
- **Complète** le schéma.

32	?
39	

- **Écris** un calcul avec + ou − et **calcule** : 39 − 32 = 7
- **Écris** la phrase réponse : Le fils a 7 ans.

3 J'ai 95 billes. Jeanne a 48 billes de plus que moi.
Quel est le nombre de billes de Jeanne ?
- **Dessine** le schéma.

95	48
?	

- **Écris** un calcul avec + ou − et **calcule** : 95 + 48 = 143
- **Écris** la phrase réponse : Jeanne a 143 billes.

- La séquence 41 propose des **problèmes de comparaison : recherche d'un état.**

Déroulement suggéré

- Résoudre le premier problème collectivement avec la classe en réalisant au tableau une manipulation devant les élèves avec des réglettes cuisenaires agrandies aimantées. Verbaliser la relation réciproque entre les données du problème, pour estimer le résultat attendu : *Tom a plus d'images que Sofia, et Sofia a moins d'images que Tom. Donc le nombre d'images de Tom est plus grand que 58.*

  Conclure : *On cherche le nombre d'images de Tom. Sofia en a 58. Tom en a 13 de plus que Sofia. J'additionne 58 et 13 :*

  58 + 13 = 71

  Tom a 71 images.

  On peut vérifier : Sofia a 13 images de moins que Tom. 71 est plus grand que 58. Et 71 – 13 = 58.
- Laisser la résolution de ce problème affichée au tableau durant la résolution individuelle des deux autres problèmes.
- Les élèves travaillent ensuite en situation de recherche individuelle.
- Afin qu'il n'y ait pas de problème de lecture, lire chaque énoncé deux fois à haute voix à toute la classe.
- Réaliser la correction de façon collective, problème après problème : inviter au tableau, pour chaque problème, un élève qui aura été identifié en difficulté.

1 2 3

Erreur fréquente

Les élèves ont **du mal à effectuer le calcul.**

Remédiation

Pour le calcul en ligne, proposer aux élèves d'utiliser les méthodes vues précédemment :
– les **décompositions en dizaines et unités** pour les problèmes 1 et 3 ;
– les **compléments** pour le problème 2.

Des problèmes ouverts doivent compléter ces séances. Les fichiers texte des énoncés sont proposés sur le site de la collection pour permettre de **générer de nouveaux énoncés en intervenant sur les variables suivantes :**
- modifier les **données numériques**, en veillant à **proposer un tout inférieur ou égal à 200 et sans changer le contexte ;**
- puis modifier le **contexte**, mais **sans changer les données numériques ;**

La séquence 45, propose également des problèmes de comparaison, mais on recherche cette fois la valeur de l'écart. Pour ces problèmes qui relèvent du champ additif, **la difficulté est que l'indicateur sémantique (*plus que, moins que...*) ne renseigne pas automatiquement sur l'opération à effectuer** : les problèmes ne sont pas congruents. Même si le premier énoncé demande de rechercher combien il y a de filles de « plus que » de garçon, l'opération qui met les nombres en relation n'est pas forcément une addition. Il faudra là encore veiller à bien faire verbaliser les procédures des élèves en difficulté pour apporter la remédiation nécessaire. La modélisation par le schéma en barres va permettre tout au long des cycles 2 et 3 de visualiser les quantités en jeu.

45 Problèmes

1 Dans le cinéma, il y a 74 garçons et 87 filles.
Combien y a-t-il de filles de plus que de garçons ?

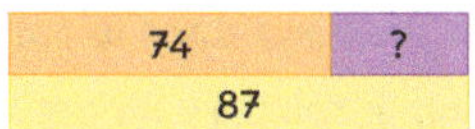

- **Écris** un calcul avec + ou − et **calcule** : 87 − 74 = (13)
- **Écris** la phrase réponse : Il y a 13 filles de plus que de garçons.

2 Dans la bibliothèque, on compte 159 romans et 133 documentaires.
Combien y a-t-il de documentaires de moins que de romans ?

- **Complète** le schéma.

- **Écris** un calcul avec + ou − et **calcule** : 159 − 133 = (26)
- **Écris** la phrase réponse : Il y a 26 documentaires de moins que de romans.

3 On cherche l'écart d'âge entre ma mère et ma grand-mère.
Ma grand-mère a 58 ans. Ma mère a 32 ans.

- **Dessine** le schéma.

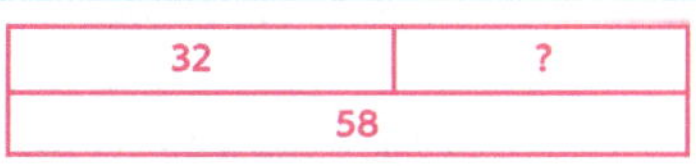

- **Écris** un calcul avec + ou − et **calcule** : 32 + (26) = 58
- **Écris** la phrase réponse : Ma mère a 26 ans de moins que ma grand-mère.

1 2 3 Erreur fréquente

Les élèves **additionnent les deux données numériques de l'énoncé.**

Remédiation

Faire mimer la situation et revoir les relations entre les nombres. On peut utiliser la bande numérique pour rendre visible l'écart entre les deux nombres.

Déroulement suggéré

- Résoudre le premier problème collectivement avec la classe en réalisant au tableau une manipulation devant les élèves avec des réglettes cuisenaires agrandies aimantées. Verbaliser les relations entre les données : *Il y a plus de filles que de garçons. Il y a moins de garçons que de filles.* Trouver la relation entre les nombres à l'aide de cette modélisation puis entourer le nombre qui répond à la question dans le calcul en ligne.

  Conclure : *On cherche combien il y a de filles en plus que de garçons. Il y a 87 filles et 74 garçons. Je calcule la différence entre le nombre de filles et le nombre de garçons : je pose une soustraction, ou je chercher combien il y a pour aller de 74 à 87.*

  87 – 74 = [13]

  On peut aussi écrire 74 + [13] = 87.

  Il y a 13 filles de plus que de garçons.

  Il y a donc 13 garçons de moins que de filles.
- Laisser la résolution de ce problème affichée au tableau durant la résolution individuelle des deux autres problèmes.
- Les élèves travaillent ensuite en situation de recherche individuelle.
- Afin qu'il n'y ait pas de problème de lecture, lire chaque énoncé deux fois à haute voix.
- Réaliser la correction de façon collective, problème après problème : inviter au tableau, pour chaque problème, un élève qui aura été identifié en difficulté.

- Cette séquence propose des **problèmes de comparaison : recherche de la valeur de l'écart.**

- ensuite, modifier **à la fois le contexte et les données numériques**, en veillant à **ne pas proposer de résultat supérieur ou égal à 200** ;
- enfin, proposer des énoncés utilisant **les longueurs** : **km, m, dm ou cm** (sans conversions) ; par exemple : « *Simon a parcouru 25 km à vélo. Telma a parcouru 11 km de plus que Simon. Combien de kilomètres Telma a-t-elle parcourus ?* »

→ **Version personnalisable** de chaque énoncé de problème : **maths-super-simples.editions-bordas.fr**

Problèmes Période 3

Les séquences 49 et 53 permettent de revoir l'existence d'une **relation multiplicative entre les nombres**, et construisent le sens de cette opération. Les automatismes multiplicatifs vont commencer à s'installer par la traduction de la situation à l'aide d'une addition réitérée et, pour la première fois, par l'**introduction de la multiplication en ligne**.
Les procédures erronées recensées en CP s'ancrent en CE1 pour les élèves fragiles ou en difficulté : compréhension encore difficile de la situation, enfermement dans la mécanisation de certains calculs.

49 Problèmes

1 Zoé a fabriqué 3 tours. Chaque tour possède 4 cubes.
Combien Zoé a-t-elle utilisé de cubes en tout ?

4	4	4
	?	

- **Écris** un calcul avec + ou × et **calcule** : 4 + 4 + 4 = (12)
- **Écris** la phrase réponse : Zoé a utilisé 12 cubes en tout.

2 Dans la cantine, il y a 4 tables. Autour de chaque table, il y a 5 chaises.
Combien d'élèves peuvent s'assoir dans la cantine ?

- **Complète** le schéma.

5	5	5	5
	?		

- **Écris** un calcul avec + ou × et **calcule** : 4 × 5 = (20)
- **Écris** la phrase réponse : 20 élèves peuvent s'assoir dans la cantine.

3 On cherche le nombre total de feutres.
Dans une pochette, il y a 10 feutres. On a acheté 2 pochettes.

- **Dessine** le schéma.

10	10
?	

- **Écris** un calcul avec + ou × et **calcule** : 2 × 10 = (20)
- **Écris** la phrase réponse : Il y a 20 feutres au total.

1 2 3

Erreur fréquente

Les élèves **ont du mal à calculer une addition réitérée**.

Remédiation

Utiliser les procédures acquises en calcul mental :
– **compter de 4 en 4** (problème 1) ;
– **compter de 10 en 10** (problème 2) ;
– **connaître les doubles** (problème 3).

Déroulement suggéré

- Résoudre le premier problème collectivement avec la classe. Réaliser une manipulation devant les élèves avec des cubes puis représenter le schéma du problème au tableau. Verbaliser à nouveau le problème à partir du schéma. Trouver la relation entre les nombres puis entourer le nombre qui répond à la question dans le calcul en ligne.

  Conclure : *On cherche le nombre total de cubes utilisés par Zoé. Il y a 4 cubes par tour, et 3 tours en tout. J'ajoute 4 cubes à chaque fois que je vois une tour. J'additionne 3 fois 4 cubes.*

  4 + 4 + 4 = [12]

  ou 3 × 4 = [12]

  Zoé a utilisé 12 cubes en tout.

- Laisser la résolution de ce problème affichée au tableau durant la résolution individuelle des deux autres problèmes.
- Les élèves travaillent ensuite en situation de recherche individuelle avec du matériel à disposition : une vingtaine de cubes ou de jetons.
- Afin qu'il n'y ait pas de problème de lecture, lire chaque énoncé deux fois à haute voix à toute la classe.
- Réaliser la correction de façon collective problème après problème : inviter au tableau, pour chaque problème, un élève qui aura été identifié en difficulté.
- Faire émerger que le calcul en ligne d'une multiplication rend le calcul plus rapide (grâce notamment à la connaissance par cœur des tables de multiplication).

● Cette séance aborde la **recherche du tout dans un problème multiplicatif** (addition réitérée et multiplication).

Des **problèmes ouverts** doivent compléter ces séances. Les fichiers texte des énoncés sont proposés sur le site de la collection pour permettre de **générer de nouveaux énoncés en intervenant sur les variables suivantes** :
- modifier les **données numériques**, en veillant à **proposer des résultats dans les tables de multiplications connues** et **sans changer le contexte** ;
- puis modifier le **contexte**, mais **sans changer les données numériques** ;

L'explicitation par l'élève de sa procédure permet de déceler les erreurs de raisonnement masquées par un résultat juste. Pour amener l'élève à privilégier la multiplication à l'emploi d'une addition réitérée, la taille des nombres figurant dans l'énoncé du problème augmente progressivement, **les calculs additifs deviennent alors coûteux et sources d'erreurs**. Il est judicieux de comparer des diverses procédures de résolution pour **mettre en avant les notions de fiabilité, de rapidité et de simplicité**.

53 Problèmes

1 Pour son anniversaire, Léo achète 5 paquets de ballons.
Dans chaque paquet, il y a 4 ballons.
Combien y a-t-il de ballons à gonfler ?

4	4	4	4	4
?				

- **Écris** un calcul avec + ou × et **calcule** : 5 × 4 = (20)
- **Écris** la phrase réponse : Il y a 20 ballons à gonfler.

2 On cherche le nombre de perles utilisées.
Lila fabrique 4 bracelets de 10 perles chacun.

- **Complète** le schéma.

10	10	10	10
?			

- **Écris** un calcul avec + ou × et **calcule** : 4 × 10 = (40)
- **Écris** la phrase réponse : Lila a utilisé 40 perles.

3 On lance 3 dés qui marquent tous 4.
Combien de points obtient-on ?

- **Dessine** le schéma.

4	4	4
?		

- **Écris** un calcul avec + ou × et **calcule** : 3 × 4 = (12)
- **Écris** la phrase réponse : On obtient 12 points.

1 2 3

Erreur fréquente

Les élèves **ont du mal à poser la multiplication en ligne**.

Remédiation

Distribuer du matériel de manipulation et verbaliser avec eux la relation entre les nombres.
Par exemple pour l'exercice 2 : « *Lila a 4 bracelets de 10 perles. C'est 4 fois 10 perles ou 4 fois 10. Pour multiplier un nombre par 10, on décale les unités vers les dizaines et le chiffre des unités est 0 : 4 fois 10 égale 40.* »

Déroulement suggéré

- Résoudre le premier problème collectivement avec la classe. Réaliser une manipulation devant les élèves avec des jetons puis représenter le schéma du problème au tableau. Verbaliser à nouveau le problème à partir du schéma. Trouver la relation entre les nombres puis entourer le nombre qui répond à la question dans le calcul en ligne.

  Conclure : *On cherche le nombre total de ballons à gonfler. Il y a 4 ballons par paquet, et 5 paquets en tout. J'ajoute 4 ballons à chaque fois que je vois un paquet. J'additionne 5 fois 4 ballons.*

  $4 + 4 + 4 + 4 + 4 = \boxed{20}$

  ou $5 \times 4 = \boxed{20}$

  Il y a 20 ballons à gonfler.

  Pour ce type de calcul, il est plus facile de poser une multiplication. Et le résultat est trouvé grâce à la connaissance de la table de 4 ou de 5.

- Laisser la résolution de ce problème affichée au tableau durant la résolution individuelle des deux autres problèmes et distribuer aux élèves la planche de tables de multiplication du matériel en annexe du fichier.

- Les élèves travaillent ensuite en situation de recherche individuelle.

- Afin qu'il n'y ait pas de problème de lecture, lire chaque énoncé deux fois à haute voix à toute la classe.

- Réaliser la correction de façon collective, problème après problème : inviter au tableau, pour chaque problème, un élève qui aura été identifié en difficulté. Faire manipuler le matériel lors de la correction.

- Cette séance aborde également la **recherche du tout dans un problème multiplicatif** (addition réitérée et multiplication).

- ensuite, modifier **à la fois le contexte et les données numériques**, en veillant à **ne pas proposer de résultat supérieur ou égal à 100** ;
- enfin, proposer des énoncés utilisant **la monnaie et les longueurs** : **km, m ou cm** pour la séquence 49 (sans conversion) ; **euros ou centimes d'euros** pour la séquence 53. Par exemple : « *On cherche le nombre total d'euros. Il y a 6 enveloppes. Dans chaque enveloppe il y a 4 euros.* »

➥ **Version personnalisable** de chaque énoncé de problème : **maths-super-simples.editions-bordas.fr**

37 Connaître les nombres jusqu'à 999 (1)

OBJECTIF DE LA SÉQUENCE
Lire, écrire, représenter les nombres jusqu'à 999.

JOUR 1 Découverte 35 min

Objectif de l'activité
Connaître les différentes écritures d'un nombre de 600 à 999.

Matériel
- **Par groupe de 4 :**
  - **1 jeu de 8 cartes** avec les nombres 632, 623, 775, 705, 862, 826, 900 et 991 écrits en chiffres ;
  - **1 jeu de 8 cartes** avec ces mêmes nombres écrits en lettres ;
  - **1 jeu de 8 cartes** avec ces mêmes nombres représentés avec le matériel de numération ;
  - **1 jeu de 8 cartes** avec ces mêmes nombres décomposés en centaines, dizaines et unités ;
  - **1 jeu de 8 cartes** avec ces mêmes nombres placés sur une droite numérique.
- **Pour l'enseignant :**
  - Des **aimants** ou de la **pâte adhésive.**

Déroulement de la séance
- **Mise en situation** ■ oral collectif ■ 5 min
- **Recherche** ■ groupes de 4 ■ 15 min
- **Mise en commun** ■ oral collectif ■ 10 min
- **Institutionnalisation** ■ oral collectif ■ 5 min

Mise en situation 5 min

Interroger les élèves 4 par 4 en demandant : *Quel est le nombre qui vient juste après 669 ?* L'élève le plus rapide répond, puis désigner successivement les trois élèves qui continuent la comptine numérique. Par exemple, le plus rapide a répondu 670, le second du groupe répond 671, le troisième 672 et le quatrième 673.

Recommencer ainsi une douzaine de fois avec d'autres groupes de 4 élèves. L'objectif est de raviver les connaissances des élèves sur la comptine numérique des nombres entre 600 et 999.

Recherche 15 min

Présenter les cartes : *Ces cartes représentent 8 nombres écrits de différentes façons : avec des chiffres, avec le matériel de manipulation, avec des lettres, en montrant la position de ce nombre sur une droite numérique, ou en utilisant la décomposition en centaines, dizaines et unités.*

1re phase
Constituer des groupes de 4 élèves par table et distribuer deux cartes-nombres écrits en chiffres à chaque élève, qui les pose devant lui.
Consigne : *Chacun votre tour, prenez une carte au milieu et lisez le nombre représenté sur la carte, puis donnez-la à l'élève qui annonce avoir la carte nombre correspondante. Le groupe qui a fini en premier sans erreur a gagné.*

Laissez les groupes travailler puis refaire une deuxième partie en redistribuant les cartes-nombres afin que chaque élève puisse travailler sur d'autres nombres.

Photos 1 et 2 : la table du groupe qui a gagné au début et à la fin du jeu

2de phase
Utiliser le même dispositif, mais cette fois disposer au centre les cartes avec les nombres écrits en lettres et les nombres placés sur une droite numérique.

Pistes de différenciation
- Pour les élèves en difficulté, **donner deux nombres qui ont des centaines différentes.** Faire le meneur de jeu en lisant le nombre représenté sur la carte piochée.
- **Constituer un groupe avec les élèves les plus lents** et leur laisser le temps de réaliser l'activité, sans être pressés par l'enjeu de gagner.
- Regrouper entre eux les élèves les plus performants pour **leur proposer un défi individuel** et non pas avec les autres groupes de la classe.

Mise en commun 10 min

La mise en commun a pour objectif de mettre en avant les stratégies utilisées par les élèves pour retrouver les cartes correspondant à un même nombre, quelle que soit la représentation proposée.

Afficher au tableau deux nombres écrits en chiffres ainsi que leurs quatre représentations placées n'importe où sur le tableau et demander : *Comment avez-vous fait pour retrouver rapidement les représentations de chaque nombre écrit en chiffres ?* La première stratégie consiste à lire les informations au hasard sur la carte piochée sur la table. Valoriser la stratégie experte en reformulant après les explications des élèves : *Il est plus facile et plus rapide de savoir de quel nombre on parle si on donne en premier le nombre de centaines, puis le nombre de dizaines et enfin le nombre d'unités.*

Conclure : *On commence toujours par lire un nombre en partant de la gauche. Quelle que soit la représentation choisie pour écrire un nombre, on doit toujours avoir le même nombre de centaines, de dizaines et d'unités.*

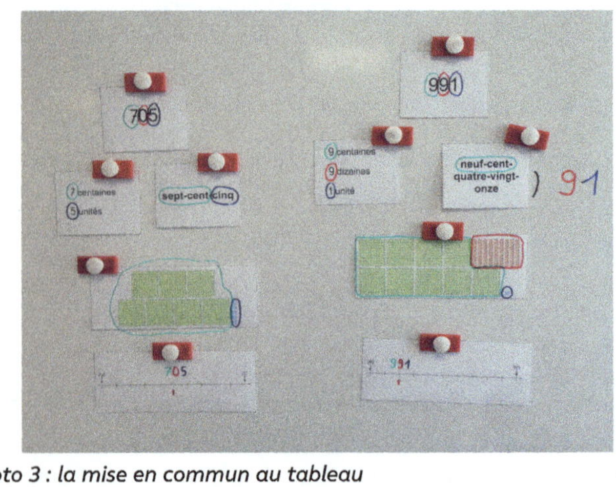

Photo 3 : la mise en commun au tableau

MATÉRIEL ET DOCUMENTS

www.maths-super-simples.editions-bordas.fr, Séquence 37

CALCUL MENTAL JOUR 1

10 min

53. Identifier une quantité organisée jusqu'à 999.

➥ p. 34

CALCUL MENTAL JOUR 2

10 min

54. Le nombre caché : entre 100 et 500.

➥ p. 34

Institutionnalisation

5 min

Distribuer la trace écrite et la faire coller dans le cahier.

37 Connaître les nombres jusqu'à 999 (1)

Un nombre peut s'écrire de différentes façons.

centaines	dizaines	unités
7	4	5

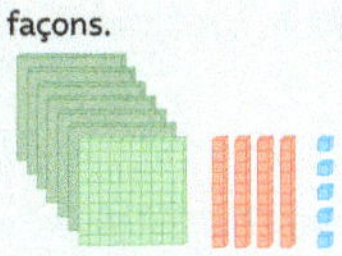

745 = 700 + 40 + 5

745, c'est 7 centaines, 4 dizaines et 5 unités.

sept-cent-quarante-cinq

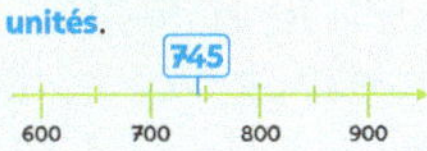

Activité complémentaire

Apprendre à écrire les chiffres jusqu'à 999

- Prévoir des **situations décrochées pour faire apprendre l'écriture des nombres en lettres et en chiffres de 600 à 999**. Cela peut se faire sous forme de rituels de 5 minutes, tous les matins, pendant que l'enseignant remplit les appels de la classe, de la cantine, du goûter et/ou de l'étude ; mais aussi sous forme de dictée de nombres sur l'ardoise en lettres et en chiffres.

JOUR 2 Entraînement

30 min

37 Connaître les nombres jusqu'à 999 (1)

1 Complète la droite numérique.

700 | 720 | 750 | 760 | 800 | 820 | 850 | 860 | 900

2 Complète.

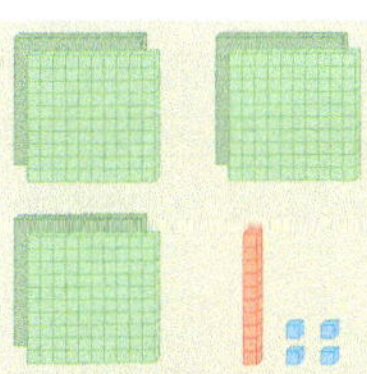

6 centaines
1 dizaine
4 unités
→ Il y a 614 cubes.

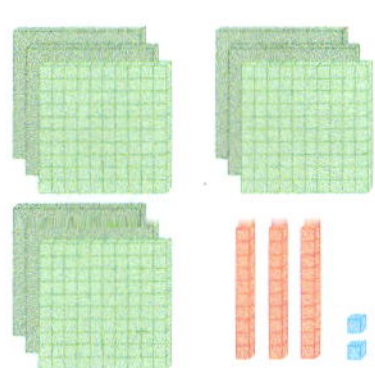

9 centaines
3 dizaines
2 unités
→ Il y a 932 cubes.

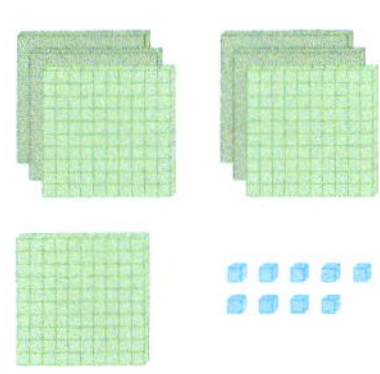

7 centaines
0 dizaine
9 unités
→ Il y a 709 cubes.

3 Complète.

- 870 c'est 8 centaines, 7 dizaines et 0 unité.
- 691 c'est 9 dizaines, 6 centaines et 1 unité.
- 851 c'est 8 centaines, 5 dizaines et 1 unité.
- 990 c'est 0 unité, 9 dizaines et 9 centaines.

4 Écris en chiffres.

sept-cent-soixante-huit : 768

huit-cent-quatre-vingt-quinze : 895

six-cent-soixante-trois : 663

sept-cent-cinquante : 750

neuf-cent-neuf : 909

neuf-cent-vingt : 920

CAHIER DU JOUR

5 Écris en lettres les nombres suivants : • 856 • 970 • 701

1

Erreur fréquente

Les erreurs sont souvent dues **à l'échelle de la droite numérique** car les élèves n'appréhendent pas la droite numérique dans son ensemble, mais graduation par graduation, en pensant que chaque graduation est égale à 1 unité. Ils écrivent donc les réponses suivantes : 702, 751,755, *etc.*

Remédiation

Leur demander de **continuer à compter à partir de leur réponse erronée** pour qu'ils se rendent compte que la valeur qu'ils ont attribuée à l'espace entre deux graduations est fausse.

2 3

Erreur fréquente

Les élèves **n'ont pas encore fixé la valeur de chaque chiffre selon sa place dans le nombre.**

Remédiation

Faire écrire les nombres dans un tableau de numération avant de les décomposer.

4

Erreur fréquente

Les erreurs peuvent être de deux sortes : orthographique (mot mal écrit, tiret manquant) ou **mathématique** notamment avec la différence entre la numération orale et la numération écrite : « quatre-vingt-quinze ne » correspond pas à 8 015.

Remédiation

Faire relire à voix haute les nombres écrits en chiffres pour montrer que cela ne correspond pas au nombre écrit avec des lettres. **Rappeler aux élèves qu'ils doivent porter une attention particulière aux nombres de 70 à 99,** car les écritures en chiffres et en lettres ne sont pas équivalentes.

38 Reconnaître et tracer des angles droits

OBJECTIF DE LA SÉQUENCE
Utiliser l'équerre.

JOUR 1 Découverte 40 min

Objectif de l'activité
Utiliser l'équerre pour reconnaître et tracer des angles droits.

Matériel
- **Par élève** :
  - 1 **équerre**, 1 **crayon de papier** bien taillé ;
  - 2 **feuilles de recherche** format A5.
- **Pour l'enseignant** :
la **grande équerre** du tableau, **craie** blanche.

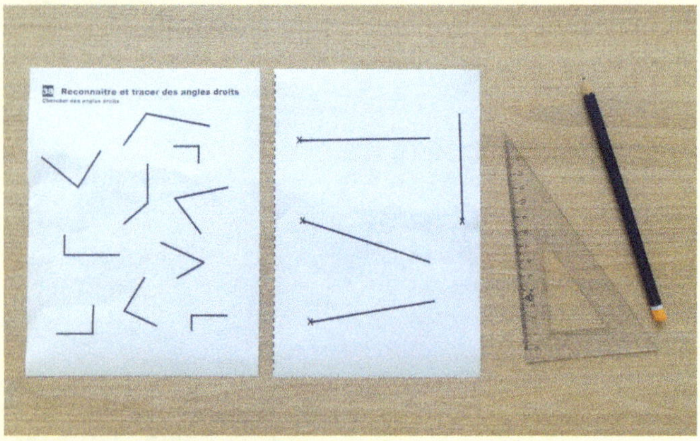

Photo 1 : le matériel de l'élève

Déroulement de la séance
- **Mise en situation** ■ oral collectif ■ 5 min
- **Recherche** ■ individuelle ■ 20 min
- **Mise en commun** ■ oral collectif ■ 10 min
- **Institutionnalisation** ■ oral collectif ■ 5 min

Mise en situation 5 min

■ Montrer aux élèves la grande équerre du tableau et demander : *Comment se nomme cet outil et à quoi sert-il ?*
Laisser les élèves s'exprimer puis reformuler leurs réponses : *Cet outil s'appelle une équerre et possède trois angles dont un angle droit* (le montrer). *On l'utilise pour reconnaître les angles droits ou pour tracer des angles droits.*

■ Demander : *Trouvez dans la classe des objets comportant un angle droit.* Vérifier chaque proposition d'élève en superposant l'angle droit de l'équerre avec l'angle droit de l'objet proposé et rappeler : *Un angle est droit si je peux parfaitement superposer l'angle droit de mon équerre par-dessus.*

Recherche 20 min

1re phase
■ Présenter aux élèves la première feuille sur laquelle figurent différents angles. Leur montrer à nouveau sur deux angles tracés au tableau (un angle quelconque et un angle droit) la façon de reconnaître un angle droit avec l'équerre, et surtout la façon de coder l'angle droit avec un petit carré.
Consigne : *Cherchez tous les angles droits de ces figures et codez-les.*

■ Circuler dans les rangs et insister pour que le codage de l'angle soit fait avec précision. Gommer si nécessaire et faire refaire à l'élève.

2de phase
■ Montrer au tableau comment tracer, à l'aide de l'équerre, un angle droit dont l'un des côtés est déjà présent.
Expliquer en démontrant :
1) je place le côté de l'angle droit de l'équerre le long du segment déjà tracé ;
2) je fais glisser la pointe de l'angle droit de l'équerre face au point A, par exemple, marqué à l'extrémité du segment ;
3) je trace un trait le long de l'équerre en partant du point A ;
4) je marque l'angle droit ainsi obtenu. Il est important de tracer le trait souplement, sans trop appuyer et en une seule fois. L'équerre doit être tenue immobile par la main qui ne tient pas le crayon.

■ Distribuer aux élèves la seconde feuille.
Consigne : *Tracez des angles droits dont les sommets sont A, B, C et D. N'oubliez pas de les marquer.*
Laisser les élèves se mettre au travail. Circuler dans les rangs pour rectifier la position des mains ou de l'équerre. Proposer aux élèves de tourner la feuille de façon à être plus à l'aise pour placer l'équerre ou tracer le trait.

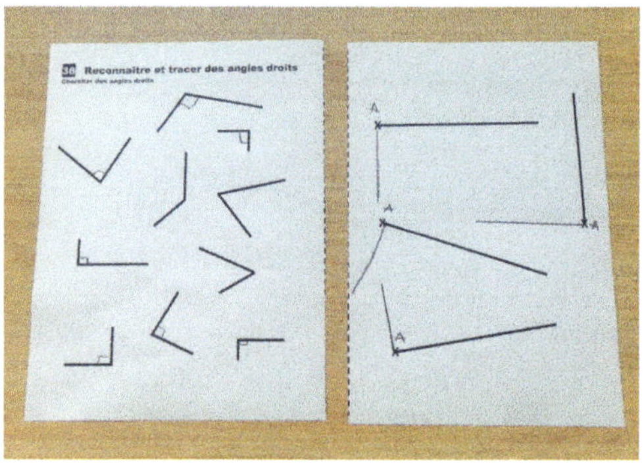

Photo 2 : production d'un élève qui va servir pour la mise en commun

Conseil
- Tout au long de l'année, il sera nécessaire de réactiver régulièrement la compétence pour tracer des angles droits : pendant les séances de géométrie, mais aussi en faisant tracer des **frises géométriques** pendant des temps d'activités libres en autonomie ou en travail donné à la maison.

Pistes de différenciation
- Certains élèves **ne voient pas les angles droits** s'ils ne sont pas orientés comme les bords de la feuille : leur demander de **vérifier systématiquement tous les angles des figures un par un**.
- Faciliter la tâche pour l'élève : **tenir son équerre et lui faire tracer le trait**.
- **Tourner la feuille de l'élève** de façon qu'il n'ait pas les mains tordues pour placer l'équerre ou tracer le trait.

Mise en commun 10 min

■ Regrouper les élèves devant le tableau et afficher trois productions significatives :
- un angle droit qui n'a pas été repéré ;
- un angle qui n'est pas un angle droit mais qui a été codé comme un angle droit ;
- un codage de l'angle incorrect.

Selon les observations des élèves, demander de rectifier l'écriture du symbole de codage de l'angle droit ou de vérifier les angles.

MATÉRIEL ET DOCUMENTS

www.maths-super-simples.editions-bordas.fr, Séquence 38

CALCUL MENTAL JOUR 1 — 10 min

55. Décomposer des nombres ⩽ 999 en centaines, dizaines et unités.

➥ *p. 34*

CALCUL MENTAL JOUR 2 — 10 min

56. Calculer à l'envers : les répertoires additifs des nombres de 3 à 8.

➥ *p. 35*

- Faire ranger la feuille de recherche des élèves dans le lutin, la pochette ou le cahier de recherche.
- Envoyer successivement deux élèves tracer des angles droits sur deux segments dessinés au tableau (depuis une des extrémités ou depuis un point placé au milieu du segment).

La manipulation effectuée par les élèves sera l'occasion de verbaliser à nouveau les étapes (*cf.* Recherche, 2de phase). Insister pour que le trait soit tracé en une seule fois et que l'élève ne repasse pas dessus.

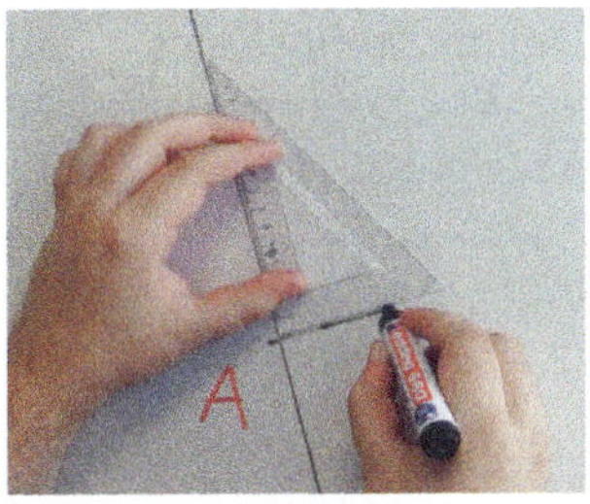

Photo 3 : tracé d'un angle droit à partir d'un point placé sur le segment

Institutionnalisation — 5 min

Distribuer la trace écrite et la faire coller dans le cahier.

38 Reconnaître et tracer des angles droits

- Pour reconnaître un angle droit, j'utilise une **équerre** : je fais glisser l'équerre dans l'angle.

- **Pour tracer un angle droit :**

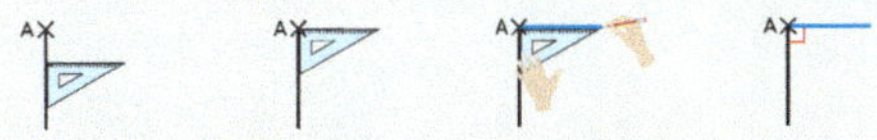

1. Je place un côté de l'angle droit de l'équerre le long du segment déjà tracé.
2. Je fais glisser la pointe de l'angle droit de l'équerre face au point A.
3. Je trace un trait le long de l'équerre en partant du point A.
4. Je code l'angle droit ainsi obtenu.

JOUR 2 Entraînement — 35 min

38 Reconnaître et tracer des angles droits

Matériel : équerre

1
- Pour chaque angle, **vérifie** avec l'équerre s'il est droit.
- **Marque** les angles droits.

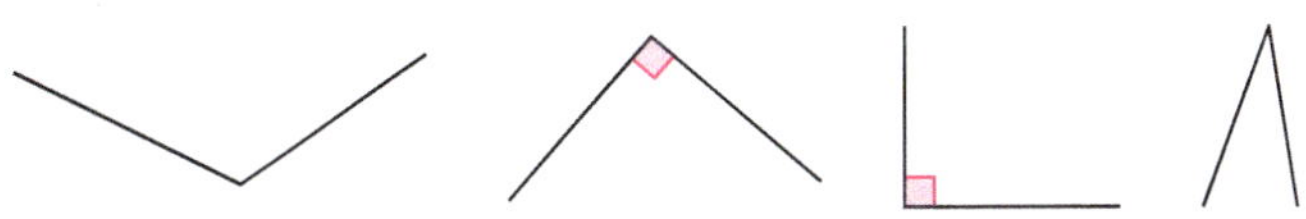

2 Sur chaque figure, **marque** les angles droits.

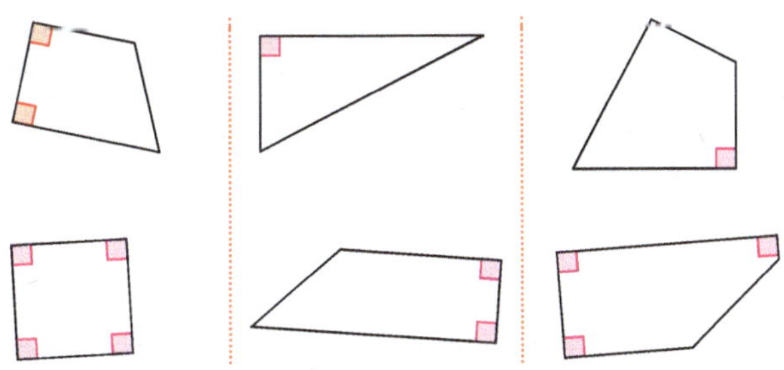

3 **Complète** chaque figure pour obtenir un angle droit dont le sommet est A.

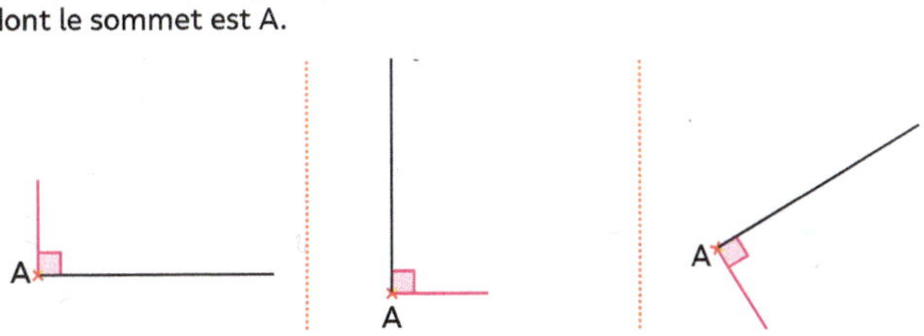

CAHIER DU JOUR

4 **Utilise** ton équerre pour tracer un angle droit à partir du point B sur la feuille distribuée.

1 2 3

Erreur fréquente

Certains élèves pensent que **les côtés des angles droits sont toujours horizontaux ou verticaux.**

Remédiation

L'usage systématique de l'équerre ou du gabarit permettra à l'élève de réaliser que l'angle est toujours droit, peu importe sa position sur la feuille.

1 2

Erreur fréquente

Certains élèves **se trompent dans la reconnaissance des angles droits** car ils n'arrivent pas à placer correctement leur équerre.

Remédiation

Leur demander de **placer d'abord la pointe de l'équerre à l'intérieur de l'angle** pour que celui-ci ne soit pas caché par l'équerre, puis seulement après de rapprocher le côté de l'équerre d'un des côtés de l'angle, en la **faisant glisser sur le papier sans la soulever**.

39 Comparer, ordonner les nombres jusqu'à 999

OBJECTIF DE LA SÉQUENCE
Comparer des nombres à trois chiffres.

JOUR 1 Découverte 35 min

Objectif de l'activité
Faire varier le nombre de centaines, de dizaines ou d'unités pour trouver un nombre plus grand ou plus petit que le nombre référence.

Matériel
- **Par élève** :
  - 1 **feuille A5**, 1 **gros feutre** ;
  - 1 **ardoise** et 1 **feutre** effaçable.
- **Pour l'enseignant** :
  - 1 **feutre noir** ;
  - 1 **craie blanche**.

Déroulement de la séance
- **Mise en situation** • oral collectif et travail individuel • 5 min
- **Recherche** • individuelle • 15 min
- **Mise en commun** • oral collectif • 10 min
- **Institutionnalisation** • oral collectif • 5 min

Mise en situation 10 min

- Expliquer aux élèves qu'ils vont travailler sur la comparaison des nombres à trois chiffres et distribuer une feuille A5 à chaque élève. Demander : *Écrivez sur votre feuille, en la prenant dans le sens de la largeur, un nombre à trois chiffres entre 600 et 999.* Puis chaque élève vient au tableau, montre à la classe son nombre et le lit.
- Cette situation a pour objectif de raviver la lecture des grands nombres. Récupérer ensuite toutes les feuilles et demander aux élèves de sortir leur ardoise et leur feutre effaçable.

Recherche 15 min

- Choisir deux feuilles parmi celles de la mise en situation et afficher la première au tableau, face visible. Placer la seconde face cachée, en ayant au préalable recopié au dos de la feuille le nombre en omettant un chiffre.
Inscrire le signe « < » ou « > » entre les deux nombres.
Consigne : *Écrivez sur votre ardoise le nombre complet en trouvant le chiffre qui manque pour que l'inégalité soit juste.*

Au signal, les élèves lèvent leur ardoise pour montrer le nombre trouvé. Valider les nombres corrects en les écrivant sous le nombre mystère.

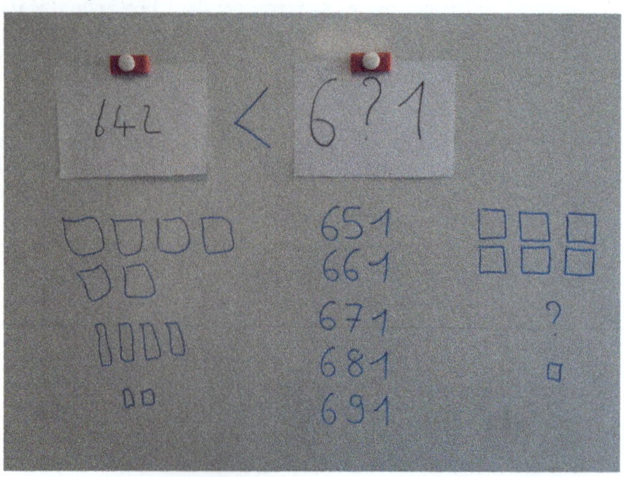

Photo 1 : les réponses possibles trouvées par les élèves

- Demander aux élèves : *Comment doit être le chiffre des dizaines du second nombre pour qu'il soit plus grand que le premier ? Le chiffre des dizaines doit être plus grand que 4 car les deux nombres ont autant de centaines. Il faut donc que le second nombre ait plus de dizaines.* Afin que les élèves s'en rendent mieux compte, envoyer l'un d'entre eux au tableau pour représenter 642 sous forme de plaques de 100, de barres de 10 et de cubes unités. Expliquer qu'il faut, au minimum, dessiner une barre de 10 en plus pour obtenir un nombre plus grand que le premier. Retourner le nombre caché pour montrer qu'il fait bien partie des solutions proposées par les élèves.
- Refaire plusieurs fois cette situation en alternant les signes « < » ou « > » et la place du point d'interrogation dans le nombre mystère.
- Cacher en priorité le chiffre des centaines ou des dizaines, et ne faire qu'un ou deux exemples en cachant le chiffre des unités. Le but est de comparer des grands nombres et donc de faire comprendre aux élèves qu'il faut commencer par regarder le chiffre des centaines, puis des dizaines et enfin des unités.
Insister pour que les élèves verbalisent leur procédure et reformuler ensuite en utilisant les termes corrects.

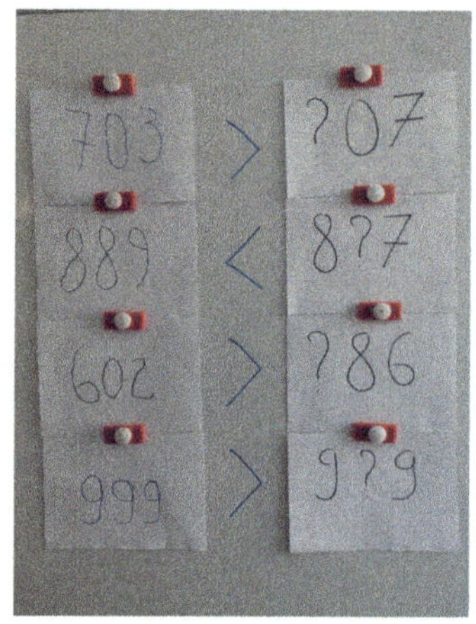

Photo 2 : plusieurs comparaisons possibles

Pistes de différenciation
- Pour les élèves qui ne réussissent pas à trouver le nombre-mystère, **faire représenter sur leur table le premier nombre avec des plaques de 100, des barres de 10 et des cubes unités.** Leur faire comprendre que pour trouver un nombre plus grand, il faut rajouter au moins une plaque de 100 ou une barre de 10 selon la position occupée par le point d'interrogation, et que pour trouver un nombre plus petit, il faut enlever au moins une plaque de 100 ou une barre de 10.

Mise en commun 10 min

- Utiliser les feuilles restantes dans les piles et les afficher deux par deux au tableau. Demander : *Placez le signe « < » ou « > » qui convient entre les deux nombres. Comment faites-vous ?*
L'objectif de la mise en commun est de faire verbaliser la méthode à appliquer par les élèves et la formuler ainsi : *Pour comparer deux nombres à 3 chiffres, je compare les chiffres des centaines : le plus grand nombre est celui qui a le plus de centaines. Si les chiffres des centaines sont identiques, je compare les chiffres des dizaines : le plus grand nombre est celui qui a le plus de dizaines. Si les chiffres des dizaines sont également identiques, je compare les chiffres des unités : le plus grand nombre est celui qui a le plus d'unités.*
Ajouter : *Si les chiffres des centaines sont identiques, que les chiffres des dizaines sont identiques, et que les chiffres des unités sont identiques, alors les deux nombres sont égaux et on peut écrire le signe « = » entre les deux.*

MATÉRIEL ET DOCUMENTS

www.maths-super-simples.editions-bordas.fr, Séquence 39

CALCUL MENTAL JOUR 1 — 10 min

57. Comprendre la complémentarité de l'addition et de la soustraction (nombres entre 10 et 15 ; ex. : 8 + ? = 13 et 13 − 8 = ?).
➥ p. 35

CALCUL MENTAL JOUR 2 — 10 min

58. *du* + 6 avec et sans franchissement de la dizaine supérieure (résultats ⩽ 60).
➥ p. 35

Institutionnalisation — 5 min

- **Distribuer la trace écrite** et la faire coller dans le cahier
- Conclure : *Pour comparer deux nombres à trois chiffres, on compare d'abord les chiffres des centaines, puis ceux des dizaines, puis enfin ceux des unités.*

39 Comparer, ordonner les nombres jusqu'à 999

Pour comparer deux nombres à trois chiffres, **on compare d'abord les chiffres des centaines, puis ceux des dizaines, et enfin ceux des unités.**

- **Comparons 703 et 882**
703 et 882 ne sont pas dans la même centaine.
On compare donc les chiffres des centaines.
7 < 8, donc 703 < 882 ou 882 > 703

- **Comparons 998 et 979**
998 et 979 sont dans la même centaine, mais pas dans la même dizaine. On compare donc les chiffres des dizaines.
9 > 7, donc 998 > 979 ou 979 < 998

- **Comparons 814 et 812**
814 et 812 sont dans la même centaine et dans la même dizaine.
On compare donc les chiffres des unités.
4 > 2, donc 814 > 812 ou 812 < 814

JOUR 2 Entraînement — 30 min

39 Comparer, ordonner les nombres jusqu'à 999

1 **Écris** les nombres représentés puis **complète** avec =, ou <, ou bien >.

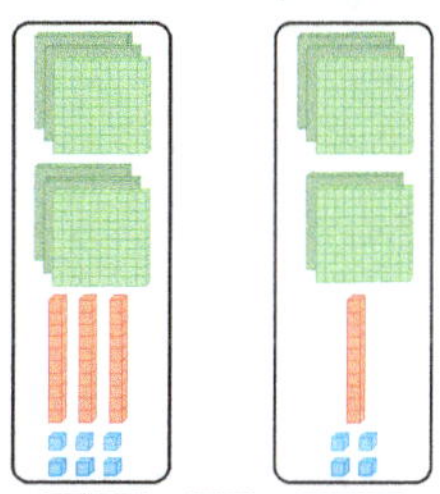

636 > 514

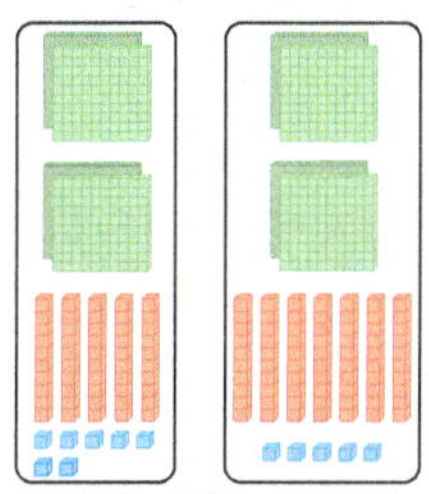

457 < 475

2 **Complète** avec < ou >.

745 < 763	417 > 407	688 < 698
986 < 988	540 > 530	649 > 647

3 **Complète** chaque nombre avec un chiffre qui convient.

670 < 693	542 > 517	460 > 458
960 > 760	699 < 700	857 < 900

4 **Complète** avec =, ou <, ou bien >.

trois-cent-soixante-douze > 382	703 < sept-cent-vingt-trois
cinq-cent-quatre-vingt-dix = 590	neuf-cent-soixante > 906

CAHIER DU JOUR

5 **Range** les nombres dans l'ordre décroissant.
• 680 • 80 • 810 • 821 • 700 • 799

1 2

Erreurs fréquentes

- Certains élèves **confondent les chiffres des centaines, des dizaines et des unités.**
- Pour comparer deux nombres, **certains élèves additionnent leurs chiffres et considèrent que le plus grand nombre est celui dont la somme des chiffres est la plus grande.** Ce type de raisonnement est parfois difficile à détecter.

Remédiation

Faire recopier les nombres sur l'ardoise et entourer les chiffres des centaines en vert, le chiffre des dizaines en rouge et le chiffre des unités en bleu. Expliquer qu'il faut comparer les chiffres entourés de la même couleur en commençant par ceux entourés en vert, puis ceux entourés en rouge et enfin ceux entourés en bleu.

1 2 3 4

Erreur fréquente

Le signe choisi est incorrect.

Remédiation

Verbaliser à nouveau la méthode pour comparer deux nombres à trois chiffres. Utiliser le matériel de manipulation ou la droite numérique pour montrer lequel est le plus petit, ou est placé avant l'autre sur la droite numérique.

4

Erreur fréquente

Certains élèves **ont encore des difficultés de lecture**, ou **n'arrivent pas à se représenter mentalement le nombre écrit avec des lettres.**

Remédiation

Dans le premier cas, **lire pour eux à voix haute pour qu'ils puissent réaliser l'exercice.** Dans le second cas, **leur demander d'écrire avec des chiffres** le nombre écrit avec des lettres.

40 Poser et calculer une soustraction sans retenue (1)

OBJECTIF DE LA SÉQUENCE
Utiliser un algorithme de calcul posé pour la soustraction.

JOUR 1 Découverte 35 min

Objectif de l'activité
Poser une soustraction dans un tableau de numération et la calculer.

Matériel
- **Par élève :**
  - **1 feuille de recherche ;**
  - **1 crayon de couleur rouge ; 1 crayon de couleur bleu ;**
  - **1 crayon de papier ;** **1 gomme.**
- **Pour l'enseignant :**
  - des **craies blanches, rouges** et **bleues.**

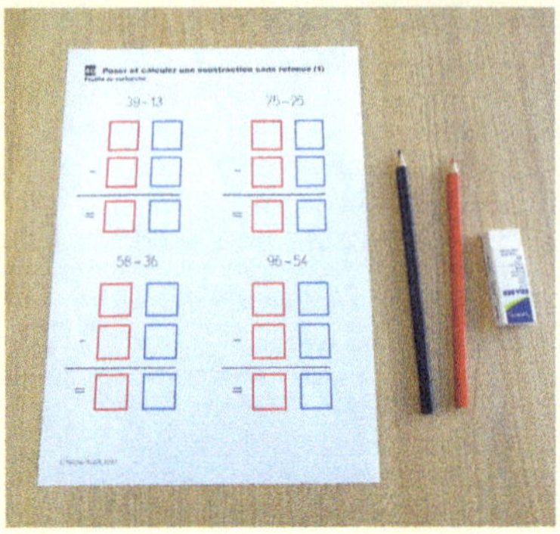

Photo 1 : le matériel de l'élève

Déroulement de la séance
- **Mise en situation** ■ oral collectif ■ 5 min
- **Recherche** ■ individuelle ■ 15 min
- **Mise en commun** ■ oral collectif ■ 10 min
- **Institutionnalisation** ■ oral collectif ■ 5 min

Mise en situation 5 min

■ Écrire au tableau la soustraction « *76 – 32* » et demander : *Comment trouver le résultat de cette soustraction en utilisant la méthode qui consiste à dessiner les barres de 10 et les cubes unités ?* (Séquence 28.) Calculer la soustraction au tableau en écrivant sous la dictée des élèves.

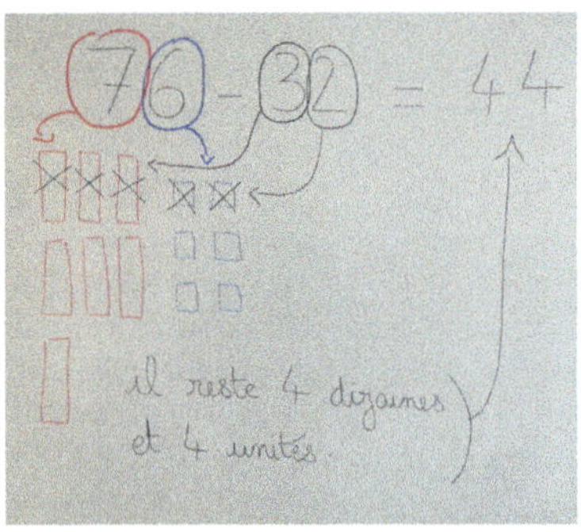

Photo 2 : rappel de la méthode en s'appuyant le matériel de manipulation

Recherche 15 min

1re phase

■ Demander aux élèves de prendre deux crayons de couleur : un rouge et un bleu, et leur distribuer la feuille de recherche.
Consigne : *Dans les quatre soustractions en ligne, repassez en bleu le chiffre des unités et en rouge le chiffre des dizaines.*
Circuler dans les rangs pour vérifier que ce travail est fait correctement.

■ Consigne : *Maintenant, vous allez poser les soustractions en colonnes comme vous le faites pour une addition, c'est-à-dire en écrivant le chiffre des unités dans la colonne des unités et le chiffre des dizaines dans la colonne des dizaines. Attention, il est très important d'écrire le premier nombre, celui qui est le plus grand, en premier, tout en haut.*
Guider les élèves pour les deux premières soustractions en les posant au tableau en même temps qu'eux et les laisser faire pour les deux dernières soustractions.

2de phase

■ Consigne : *Vous allez calculer les quatre soustractions que vous avez posées.* Effectuer la première soustraction en exemple : *Comme pour l'addition, il faut toujours commencer par la colonne des unités : 9 unités moins 3 unités, il reste 6 unités. J'écris 6 dans la colonne des unités sous la barre d'égalité et sur la même ligne que le signe « = ». Puis je soustrais les dizaines : 3 dizaines moins 1 dizaine, il reste 2 dizaines, alors j'écris 2 dans la colonne des dizaines sous la barre d'égalité et sur la même ligne que le signe « = ».*

■ Laisser les élèves calculer les trois autres soustractions. Circuler dans les rangs pour vérifier qu'ils commencent bien par la colonne des unités (dans une soustraction sans retenue, l'ordre pour soustraire n'a pas d'importance ; mais si cette habitude n'a pas été prise dès le début, cela va poser problème pour les soustractions avec retenue).

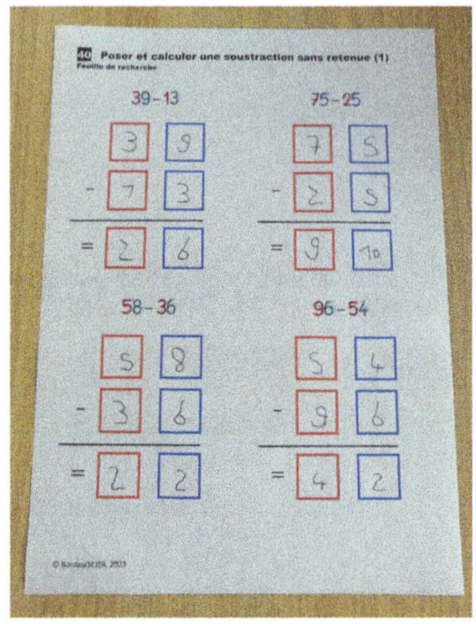

Photo 3 : calculs réalisés par un élève avec différentes erreurs : termes additionnés, nombres inversés

■ Faire ranger la feuille de recherche des élèves dans le lutin, la pochette ou le cahier de recherche.

Conseil
- Pour les soustractions, habituer les élèves à **se demander si l'opération est possible** avant de l'effectuer. Leur proposer régulièrement des soustractions « impossibles » avec le nombre le plus grand à soustraire.

Pistes de différenciation
- Pour les élèves qui ne posent pas correctement une soustraction, **leur expliquer que le nombre le plus grand est forcément en haut,** sinon l'opération est impossible.
- Quand ils posent la soustraction en colonne, **demander aux élèves d'écrire les chiffres des unités en bleu et les chiffres des dizaines en rouge.** Faire écrire également en rouge le « *d* » de dizaine en haut de la colonne et en bleu le « *u* » d'unité. Puis **faire remarquer que tous les chiffres écrits en bleu sont dans la même colonne,** la colonne des unités, et que **tous les chiffres écrits en rouge sont dans la même colonne,** celle des dizaines.
- Pour les élèves qui font des erreurs de calcul, **donner des cubes ou les autoriser à compter sur leurs doigts.**

Mise en commun 10 min

■ Écrire au tableau les trois dernières soustractions en ligne de la feuille de recherche. Demander successivement à trois élèves de les poser dans deux colonnes « *d* » et « *u* » déjà tracées au tableau et de les calculer. Envoyer de préférence des élèves qui n'ont pas encore compris comment poser la soustraction ou qui la calculent en commençant par la colonne des dizaines.

■ L'objectif de cette mise en commun est de verbaliser à nouveau les différentes étapes :

MATÉRIEL ET DOCUMENTS

www.maths-super-simples.editions-bordas.fr, Séquence 40

CALCUL MENTAL JOUR 1 — 10 min

59. La moitié des nombres pairs ⩽ 40.

➥ *p. 35*

CALCUL MENTAL JOUR 2 — 10 min

60. Le gobelet : *tout* = 7.

➥ *p. 35*

1) je pose le premier nombre (qui doit être le plus grand) en haut en écrivant le chiffre des unités dans la colonne des unités puis le chiffre des dizaines dans la colonne des dizaines ;
2) je pose le second nombre en écrivant le chiffre des unités dans la colonne des unités, puis le chiffre des dizaines dans la colonne des dizaines ;
3) je n'oublie pas d'écrire le signe « - » qui indique qu'il s'agit d'une soustraction. J'écris également le signe « = » pour montrer où se trouve la ligne du résultat ;
4) je commence à soustraire en commençant par la colonne des unités puis je soustrais les chiffres de la colonne des dizaines.

Activité complémentaire

Poser et calculer une soustraction en colonnes sans retenue

Après cette séance de découverte, proposer chaque jour pendant une semaine une soustraction en colonnes à calculer sur l'ardoise et la corriger au tableau, afin d'**automatiser la technique opératoire**.

Institutionnalisation — 5 min

Distribuer la trace écrite et la faire coller dans le cahier.

40 Poser et calculer une soustraction sans retenue (1)

39 - 13

	d	u
	3	9
−	1	3
=	2	6

1. Je commence par soustraire les unités : 9 moins 3 égale 6.

2. Puis je soustrais les dizaines entre elles : 3 moins 1 égale 2.

39 - 13 = 26

JOUR 2 Entraînement — 40 min

40 Poser et calculer une soustraction sans retenue (1)

1 **Pose** et **calcule**.

39 − 13

	d	u
	3	9
−	1	3
	2	6

27 − 12

	d	u
	2	7
−	1	2
	1	5

48 − 15

	d	u
	4	8
−	1	5
	3	3

32 − 11

	d	u
	3	2
−	1	1
	2	1

2 **Calcule.**

	4	9
−	1	4
	3	5

	3	5
−	3	1
	0	4

	3	9
−	2	9
	1	0

	4	7
−	3	5
	1	2

	4	7
−	2	3
	2	4

3 **Pose** et **calcule** les soustractions.

48 − 26

	4	8
−	2	6
	2	2

41 − 30

	4	1
−	3	0
	1	1

49 − 42

	4	9
−	4	2
	0	7

26 − 23

	2	6
−	2	3
	0	3

CAHIER DU JOUR

4 **Pose** et **calcule** les soustractions.

- 27 − 15
- 58 − 31
- 89 − 64

1 2 3

Erreur fréquente

Les élèves commencent par soustraire les dizaines.

Remédiation

Tracer une flèche désignant la colonne des unités pour montrer par où il faut commencer.

1 3

Erreur fréquente

Les élèves **placent le nombre le plus petit en haut**.

Remédiation

Représenter le nombre placé en haut avec le matériel de manipulation et montrer, par exemple dans le cas de « 12 – 27 », qu'il n'est pas possible d'enlever 2 barres de 10 (2 dizaines) si on n'a qu'une barre de 10 (1 dizaine).

2 3

Erreur fréquente

Les soustractions ne sont pas correctement posées ou **les chiffres ne sont pas alignés**, soit dans les nombres de la soustraction, soit dans le résultat.

Remédiation

Tracer deux colonnes. Utiliser à nouveau les crayons de couleur rouge et bleu pour que l'alignement incorrect apparaisse visuellement.

42 Comparer et estimer des longueurs (2)

OBJECTIF DE LA SÉQUENCE
Mettre en relation les unités : km, m, dm et cm.

JOUR 1 Découverte — 40 min

Objectifs de l'activité
- Exprimer et écrire sa taille en m, dm et cm.
- Comprendre que l'unité km est utilisée pour les très grandes distances.

Matériel
- **Par élève** :
  - 1 **crayon de papier** ;
  - 1 **feuille A4**.
- **Pour la classe** :
  - préparer 1 **toise** pour mesurer la taille des élèves : accrocher 5 **feuilles A4** bout à bout, et dessiner un axe de 140 cm gradué de 5 cm en 5 cm. Graduer de 1 cm en 1 cm la zone 115-135 cm (où devrait se situer la majorité des enfants), de façon à mesurer les tailles au centimètre près.
  - 4 **aimants.**

Déroulement de la séance
- **Mise en situation** ■ oral collectif ■ 10 min
- **Recherche** ■ individuelle et oral collectif ■ 15 min
- **Mise en commun** ■ oral collectif ■ 10 min
- **Institutionnalisation** ■ oral collectif ■ 5 min

Mise en situation — 15 min

■ Tracer ou afficher trois segments au tableau : 1 cm, 1 dm et 1 m et demander aux élèves : *Combien mesure chaque segment à votre avis ?* Noter plusieurs réponses au-dessus de chaque segment puis demander : *Comment faire pour connaître la mesure exacte de chaque segment ?* Les élèves vont proposer d'utiliser leur double-décimètre et peut-être la règle du tableau, sinon la proposer en montrant que le double décimètre est trop petit pour mesurer le segment le plus long (celui d'1 m).

■ Profiter de la mesure des trois segments pour demander : *Comment dois-je placer le 0 de la règle ? Où se lit la mesure ? Quelle sera l'unité du nombre obtenu ?*

■ Faire venir un élève pour lire chaque mesure et la noter en rouge au-dessus de chaque segment. Puis compléter avec l'aide des élèves : 1 m = 10 dm = 100 cm, 1 dm = 10 cm.

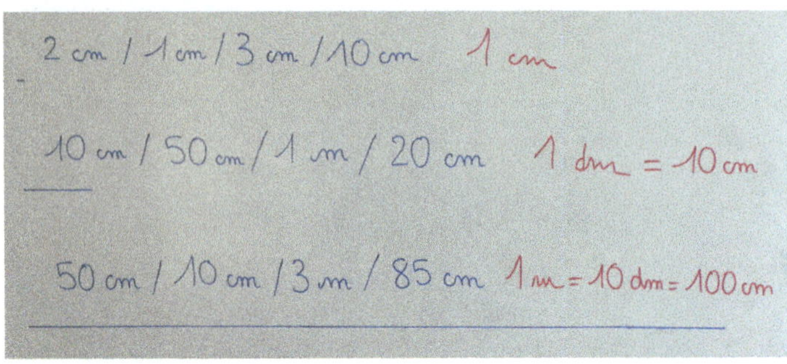

Photo 1 : la mise en situation au tableau

Recherche — 15 min

1re phase (voir « Conseil »)

■ Distribuer aux élèves la feuille A4 et dire : *Écrivez votre prénom et la mesure de votre taille selon vous.*
Présenter la toise en papier fixée au mur en expliquant qu'elle va servir à mesurer exactement la taille de chacun.

■ Faire défiler les enfants et demander à chacun de noter la taille annoncée par l'enseignant, exprimée en cm, à côté de leur propre estimation.

2de phase

■ Faire venir les élèves deux par deux au tableau et leur demander de montrer leur feuille à la classe.
Consigne : *Vérifiez que l'élève le plus petit a bien la mesure la plus petite en cm écrite sur sa feuille.*

■ Vérifier à nouveau en reportant la mesure de leur taille sur la toise en papier. Constater que la taille de l'élève le plus petit est bien placée plus bas que celle de l'élève le plus grand.

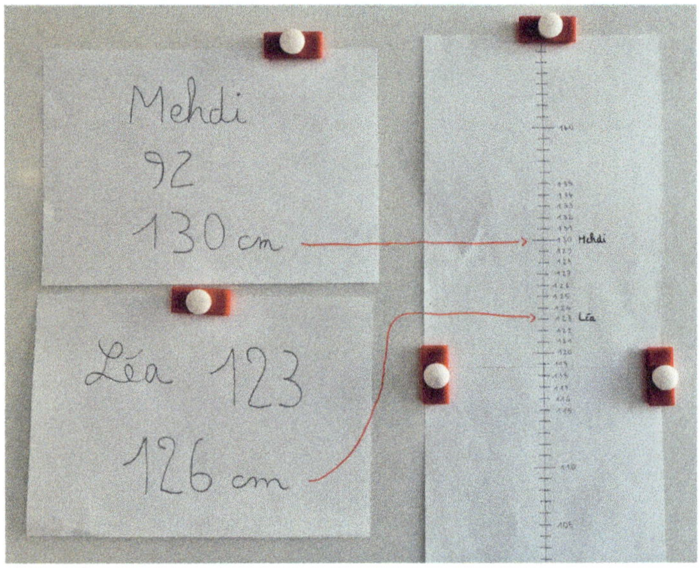

Photo 2 : les vérifications

Conseil
La **mesure des élèves avec la toise** risque de prendre du temps. Elle peut donc être **anticipée quelques jours avant** en mesurant deux ou trois élèves avant chaque récréation, ou bien cette mesure peut déjà avoir été faite lors d'une séquence d'apprentissage dans le domaine « Questionner le monde : reconnaître des comportements favorables à sa santé ».

Mise en commun — 10 min

■ Afficher quatre feuilles avec des tailles d'élèves sur lesquelles l'unité est manquante. Demander aux élèves ce qu'il manque et compléter les feuilles en validant les réponses correctes.
Consigne : *Rangez les tailles de la plus petite à la plus grande.*
Un élève vient replacer les feuilles dans l'ordre croissant.

■ Dire : *Toutes ces tailles sont exprimées en cm mais nous connaissons aussi le dm et le m. Comment transformer ces mesures en utilisant le m, le dm et le cm ?*
Utiliser la toise en papier en marquant un repère en rouge à 1 mètre pour montrer que 125 cm c'est 1 m et 25 cm. Noter l'écriture mathématique au tableau « 125 cm = 1 m 25 cm ». Continuer avec d'autres mesures de taille.
Utiliser également la toise en papier en marquant des repères en vert tous les dm. Montrer que 125 cm, c'est 12 dm et 5 cm. En effet, on compte 12 repères verts, plus 5 cm pour arriver à 125 cm. Noter l'écriture mathématique au tableau « 125 cm = 12 dm 5 cm ». Continuer avec d'autres mesures de taille.

MATÉRIEL ET DOCUMENTS

www.maths-super-simples.editions-bordas.fr, Séquence 42

CALCUL MENTAL JOUR 1 — 10 min

61. *du* + 7 avec et sans franchissement de la dizaine supérieure (résultats ⩽ 60).
➥ p. 36

CALCUL MENTAL JOUR 2 — 10 min

62. Calculer à l'envers : les répertoires additifs de 7, de 8 et de 9.
➥ p. 36

- Indiquer qu'il existe une autre unité pour mesurer de grandes longueurs ou distances : le kilomètre, qui s'écrit en abrégé « km ». Donner des exemples en lien avec le contexte géographique de l'école : *Il y a 1 km entre l'école et la mairie, il y a 200 km entre notre école et l'école de nos correspondants, etc.*

Institutionnalisation — 5 min

Distribuer la trace écrite et la faire coller dans le cahier.

42 Comparer et estimer des longueurs (2)

Voici quelques **unités de longueur** :
- 1 **kilomètre** (**km**) vaut 1 000 mètres.
- 1 **mètre** (**m**) vaut 100 **centimètres** (**cm**) ou 10 **décimètres** (**dm**).
- 1 **décimètre** (**dm**) vaut 10 centimètres.

1 km = 1 000 m
1 m = 100 cm = 10 dm
1 dm = 10 cm

Une petite règle mesure **2 dm**, c'est un « double-décimètre » !

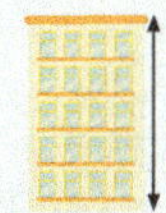
Un immeuble mesure environ **15 m** de haut.

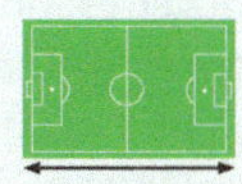
Un terrain de football mesure environ **100 m**.

La distance entre Paris et Marseille est d'environ **800 km**.

JOUR 2 Entraînement — 35 min

42 Comparer et estimer des longueurs (2)

1 Colorie l'étiquette correcte.

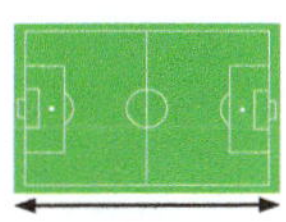
100 m | 100 km

800 m | **800 km**

20 m | **20 cm**

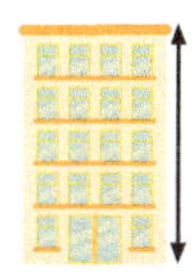
20 km | **20 m**

2 Complète les phrases avec *km* ou *m*.
- La longueur d'une piscine olympique est de 50 ...m... .
- Pendant un marathon, les coureurs parcourent 42 ...km... .
- La tour Eiffel mesure 330 ...m... de haut.
- Si je marche une heure sans m'arrêter, je peux parcourir 4 ...km... .

3 Colorie ce qui se mesure en kilomètre.

La distance entre deux maisons voisines

La distance entre deux villes | La hauteur d'un arbre

La distance parcourue lors d'un trajet en train

4 Range les longueurs dans l'ordre croissant.

1 km | 100 m | 500 m | 10 m | 5 km | 10 km

10 cm • 100 m • 500 m • 1 km • 1200 m • 10 km

CAHIER DU JOUR

5 Recopie les phrases et **complète** avec *cm*, *m* ou *km*.
- Le tunnel sous la Manche a une longueur de 50 ...km... .
- Un enfant de 8 ans mesure environ 120 ...cm... .
- La longueur d'une piste de stade est de 400 ...m... .

1 2 3

Erreur fréquente

Certains enfants **n'ont pas une notion de la distance suffisamment développée pour se représenter les longueurs en mètre, *a fortiori* en kilomètre.**

Remédiation

Faire visualiser les longueurs considérées à chaque fois que cela est possible.
Par exemple : si l'on parle d'un animal qui mesure 3 m, marcher avec l'enfant sur une longueur de 3 m pour lui montrer à quoi cela correspond. Si l'on parle d'une distance de 2 km, on pourra indiquer qu'il s'agit de la distance que l'on parcourt en voiture pour aller de la ville à l'hypermarché voisin.

Décomposer les nombres en centaines, dizaines, unités (2)

OBJECTIF DE LA SÉQUENCE
Connaître la valeur des chiffres en fonction de leur position.

JOUR 1 Découverte — 40 min

Objectif de l'activité
Suivre des indications pour retrouver un nombre à 3 chiffres supérieur à 600.

Matériel

- **Par élève :**
  - 1 **ardoise** et 1 **feutre effaçable.**
- **Pour les trios d'élèves qui viendront au tableau :**
  - 3 **couronnes** : centaines, dizaines, unités ;
  - 10 **cartes** portant les nombres de 0 à 9.
  - 1 **craie verte**, 1 **craie rouge** et 1 **craie bleue** ;
  - 3 **colonnes** affichées au tableau : plaques de 100, barres de 10, cubes unités ;
  - 1 **tableau de numération** affiché au tableau.

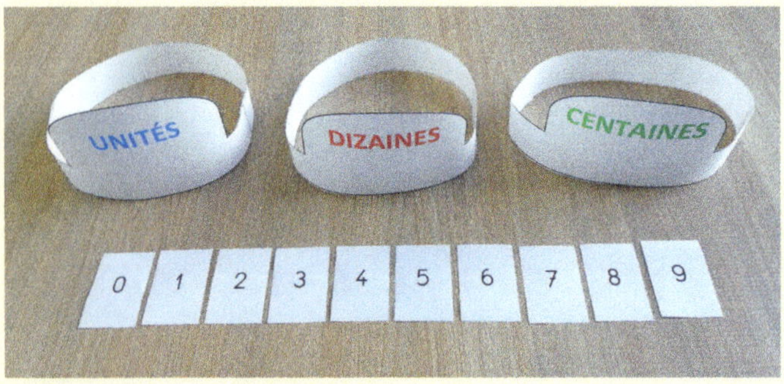

Photo 1 : le matériel de l'activité

- **Pour la mise en commun :**
  - **Représentations au format A4** des nombres 617, 671 et 716, en plaques, barres et cubes et sous la forme « ...c ...d ...u ».

Déroulement de la séance

- **Mise en situation** ▪ oral collectif ▪ 5 min
- **Recherche** ▪ individuelle ▪ 20 min
- **Mise en commun** ▪ oral collectif ▪ 10 min
- **Institutionnalisation** ▪ oral collectif ▪ 5 min

Mise en situation — 5 min

Expliquer aux élèves qu'ils vont travailler sur les nombres à 3 chiffres supérieurs à 600. Au tableau, dessiner successivement 4 nombres écrits sous forme de plaques de 100, de barres de 10 et de cubes unités, et demander aux élèves d'écrire sur leur ardoise à quel nombre correspond chaque représentation.

Recherche — 20 min

1re phase

Annoncer aux élèves qu'ils vont rejouer au jeu des reines et des rois (voir séquence 33). Rappeler les règles : *Vous allez venir 3 par 3 au tableau et chacun choisira une couronne qu'il posera sur sa tête. Il y aura une couronne pour le roi ou la reine des centaines, une couronne pour le roi ou la reine des dizaines et une couronne pour le roi ou la reine des unités.*

Faire venir un premier trio au tableau. Consigne pour les élèves du trio : *Prenez chacun une couronne et posez-la sur votre tête. Puis choisissez chacun une carte-chiffre et placez-vous devant la classe, en respectant l'ordre « centaines, dizaines, unités ». Ensuite, dans le même ordre, montrez l'un après l'autre votre chiffre et lisez-le à haute voix. Attention, le roi ou la reine des centaines ne peut pas prendre de chiffre plus petit que 6.* Par exemple, le roi des centaines dit : « 7 centaines », le roi des dizaines dit : « 5 dizaines », le roi des unités dit : « 8 unités ».

Consigne pour les élèves de la classe : *Écrivez sur votre ardoise le nombre annoncé par le trio des rois et reines sous la forme « ...c ...d ...u », puis écrivez ce nombre uniquement avec des chiffres. Enfin, dessinez les plaques de 100, les barres de 10 et les cubes unités pour représenter ce nombre.*
Pendant ce temps, le trio des rois et reines se retourne et réalise le même travail au tableau :
– le roi ou la reine des centaines dessine les plaques de 100 ;
– le roi ou la reine des dizaines dessine les barres de 10 ;
– le roi ou la reine des unités dessine les cubes unités, et chacun place son chiffre dans un tableau commun de numération.

Systématiquement, demander aux élèves de lire les différentes représentations. Par exemple : *758, 7 centaines 5 dizaines 8 unités, 7c 5d 8u et 7 plaques de 100, 5 barres de 10 et 8 cubes unités.*

2de phase

À partir du cinquième trio, faire en sorte que les rois ou reines se placent n'importe comment devant la classe et annoncent leur nombre sans respecter l'ordre centaines, dizaines et unités. Il faut également que le chiffre 0 soit choisi au moins une fois par le roi ou la reine des dizaines et au moins une fois par le roi ou la reine des unités.

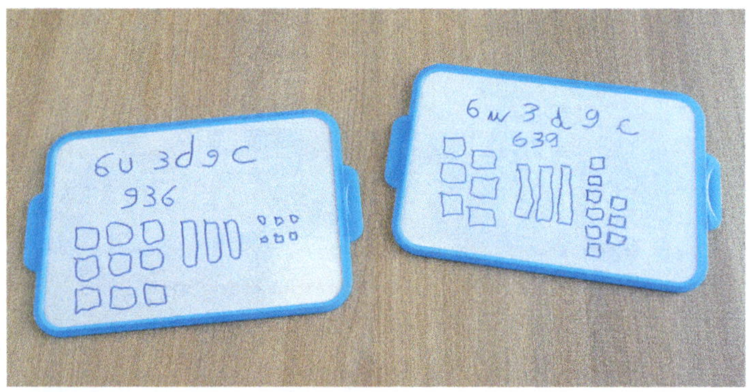

Photo 2 : les productions de deux élèves. Le second a recomposé le nombre dans l'ordre des chiffres annoncé par les rois et les reines, mais sans tenir compte de la valeur de chaque chiffre (c, d ou u).

Conseil

- **Les couronnes peuvent être remplacées** par un collier avec une étiquette, un grand t-shirt ou un tablier de peinture sur lequel on aura scotché les étiquettes « centaines », « dizaines » et « unités ».

Pistes de différenciation

- **Permettre la manipulation** en donnant des plaques de 100, des barres de 10 et des cubes unités. Cela évitera de les dessiner.
- **Donner une trame « ...c ...d ...u »** sur du papier plastifié, ou glissé dans une pochette plastique, pour que les élèves puissent noter et effacer avant de recommencer avec un nouveau nombre.
- Certains élèves n'ont pas encore compris que le chiffre des centaines représente 100 unités, soit 1 plaque de 100. Par exemple, ils ont dessiné 2 plaques de 100 alors que le chiffre des centaines est 4. **Leur faire recompter le nombre de plaques de 100 dessinées sur leur ardoise** et leur montrer que ce nombre **ne correspond pas au chiffre annoncé par le roi des centaines et qu'ils doivent rajouter deux plaques de 100 sur leur ardoise.**

MATÉRIEL ET DOCUMENTS

www.maths-super-simples.editions-bordas.fr, Séquence 43

CALCUL MENTAL JOUR 1

10 min

63. Petits problèmes oraux additifs et soustractifs (nombres ⩽ 20).

➥ p. 36

CALCUL MENTAL JOUR 2

10 min

64. *du* – *u* (*u* < 6 et *du* ⩽ 60) avec franchissement de la dizaine inférieure.

➥ p. 36

Mise en commun

10 min

Écrire au tableau les nombres : 827, 872 et 728. Faire venir six volontaires et donner à chacun une feuille qu'ils montrent à la classe, sur laquelle est écrite une représentation de ces nombres (en plaques, barres et cubes ou sous la forme « ...c ...d ...u »). Demander à la classe : *Qui tient en main la représentation de 827 ? De 872 ? De 728 ?*

Relancer les élèves pour qu'ils utilisent un vocabulaire précis par exemple : « plaque de 100 », « c », ou « centaine ».

Insister sur le rôle et la position de chaque chiffre : *Dans un nombre à trois chiffres, le chiffre des unités est le chiffre le plus à droite. Le chiffre des dizaines est à gauche du chiffre des unités. Le chiffre des centaines est à gauche du chiffre des dizaines.*

Institutionnalisation

5 min

Distribuer la trace écrite et la faire coller dans le cahier.

43 Décomposer les nombres en centaines, dizaines, et unités

Un nombre peut **s'écrire de différentes façons**.
Chaque façon met en avant la **valeur des chiffres en fonction de leur position** dans le nombre.

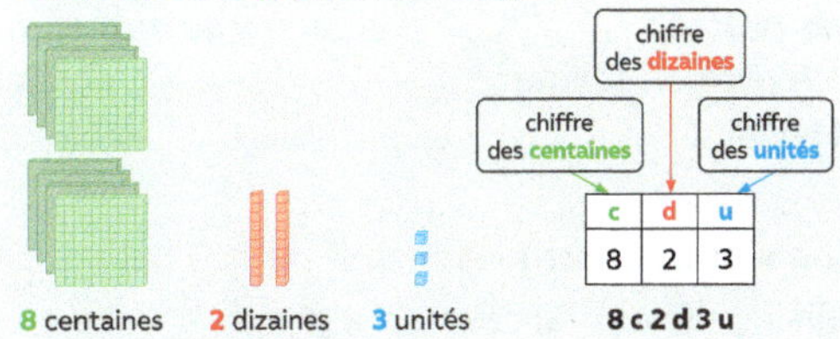

En tout, il y a **823** cubes.

JOUR 2 Entraînement

30 min

43 Décomposer les nombres en unités, dizaines, centaines (2)

1 **Colorie** l'étiquette qui correspond au nombre représenté.

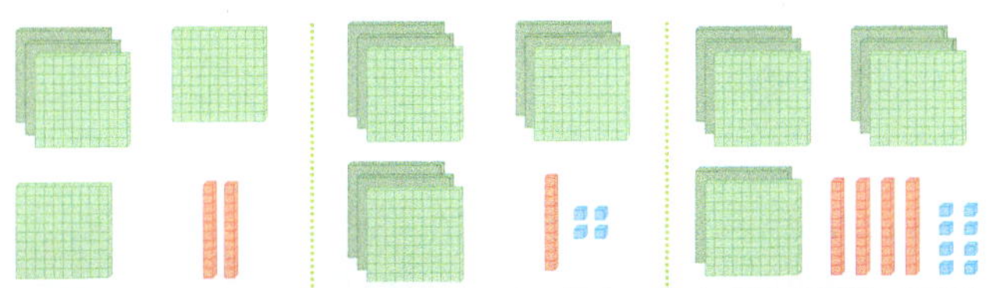

250 | 25 | 520 — 941 | 149 | 914 — 488 | 848 | 884

2 **Relie** chaque étiquette à sa valeur.

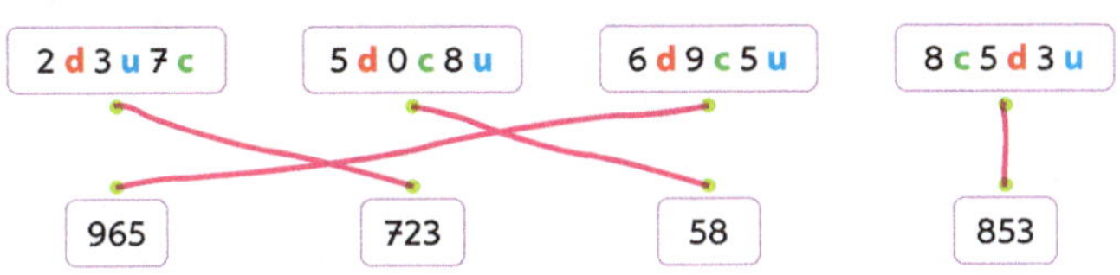

3 **Barre** ce qui est en trop.

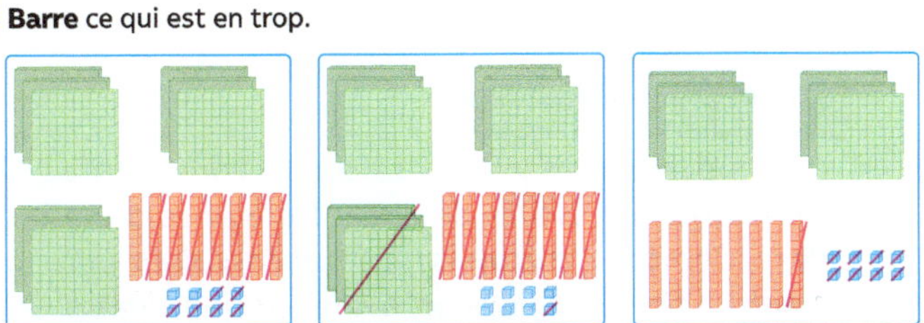

912 — 607 — 670

CAHIER DU JOUR

4 **Dessine** les plaques de 100 vertes, les barres de 10 rouges et les cubes unités bleus pour représenter les nombres :

- 623
- 700
- 4

1

Erreur fréquente

Certains élèves **croient parfois que le chiffre des dizaines est le plus à gauche**, comme c'était le cas pour les nombres jusqu'à 99.

Remédiation

Faire observer un tableau de numération et admettre que, jusqu'à présent, on disait que le chiffre des dizaines était « le plus à gauche ». Mais maintenant qu'on a découvert les centaines, c'est le chiffre des centaines qui est le plus à gauche dans un nombre à 3 chiffres. **Reprendre la verbalisation de la mise en commun.**

2

Erreur fréquente

Certains élèves **ne tiennent pas compte de la numération de position indiquée par les lettres u, d et c**. Par exemple, ils pensent que 2 d 3 u 7 c représente le nombre 237 et évidemment, ils ne le trouvent pas dans les étiquettes-nombres.

Remédiation

Leur faire réécrire 2 d 3 u 7c sous la forme « 2 dizaines 3 unités 7 centaines », puis leur demander de placer ce nombre dans un tableau de numération comportant trois colonnes « centaines, dizaines et unités ». Ainsi, ils vont pouvoir se rendre compte que la décomposition n'a pas été faite dans l'ordre d'écriture du nombre.

44 Calculer en ligne des sommes (4)

OBJECTIF DE LA SÉQUENCE
Additionner des nombres à trois chiffres.

JOUR 1 Découverte — 40 min

Objectif de l'activité
Additionner des nombres à trois chiffres en utilisant la décomposition en centaines, dizaines et unités.

Matériel

- **Par élève** :
  - 9 **plaques de 100**, 9 **barres de dix**, 9 **cubes unités** ;
  - 1 **ardoise** et 1 **feutre** effaçable ;
  - 1 **crayon de papier**.
- **Pour l'enseignant** :
  - des **craies blanche, verte, rouge** et **bleue**.

Déroulement de la séance

- **Mise en situation** ■ oral collectif ■ 5 min
- **Recherche** ■ individuelle et oral collectif ■ 20 min
- **Mise en commun** ■ oral collectif ■ 10 min
- **Institutionnalisation** ■ oral collectif ■ 5 min

Conseil
Cette situation de découverte demande une grande quantité de matériel de manipulation pas toujours disponible en classe.
Trois alternatives :
1) Pour les élèves ayant l'habitude de travailler avec ce matériel de manipulation, on peut le remplacer par du matériel en carton.
2) Proposer des additions avec des nombres moins grands. Par exemple, au lieu de faire calculer « 152 + 836 », faire calculer « 152 + 217 ».
3) Faire travailler les élèves en binôme pour qu'ils aient plus de matériel à leur disposition même s'il est **préférable de privilégier le travail individuel** pour être sûr que tous les élèves soient en situation de recherche.

Mise en situation — 5 min

■ Écrire 4 nombres au tableau : 128, 761, 152 et 836.
Consigne : *Lisez ces nombres dans votre tête, puis décomposez-les en centaines, dizaines et unités.*
Laisser une minute et interroger quatre élèves pour qu'ils donnent le résultat oralement, par exemple : « huit-cent-trente-six, c'est 8 centaines, 3 dizaines et 6 unités ».
Puis demander : *Dans votre tête, décomposez maintenant ces nombres en centaines, dizaines et unités entières. Par exemple, 638, c'est 600 plus 30 plus 8.* Laisser une minute puis interroger quatre autres élèves pour qu'ils donnent le résultat oralement : « huit-cent-trente-six c'est 800 plus 30 plus 6 ». Insister pour que les élèves utilisent « plus » quand ils verbalisent la décomposition d'un nombre.

Recherche — 15 min

1re phase
■ Demander aux élèves de sortir leur ardoise et un feutre.
Annoncer : *Aujourd'hui, vous allez calculer des additions avec des nombres à trois chiffres, sans les poser en colonnes.*
■ Écrire au tableau : « 128 + 761 » et demander aux élèves comment décomposer les deux nombres de cette addition.
Écrire sous la dictée les réponses des élèves :
128 + 761 = 100 + 20 + 8 + 700 + 60 + 1.
Attirer l'attention des élèves sur le fait que l'on commence par décomposer le premier nombre puis le second, et que dans la décomposition tous les nombres sont séparés par le signe « + » car il s'agit d'une addition.

Demander : *Comment écrire cette première ligne mais en rassemblant les centaines avec les centaines, les dizaines avec les dizaines et les unités avec les unités ?*
■ Écrire à nouveau sous la dictée les réponses des élèves : 128 + 761 = 100 + 700 + 20 + 60 + 8 + 1. Demander : *Que peut-on faire maintenant ?* Les élèves vont proposer d'additionner les centaines avec les centaines, les dizaines avec les dizaines et les unités avec les unités. Écrire la ligne correspondante : 128 + 761 = 800 + 80 + 9. Demander pour terminer : *Et maintenant, que fait-on pour trouver le résultat final ? On additionne les centaines avec les dizaines et avec les unités.*
Écrire : 128 + 761 = 889.
■ Expliquer aux élèves qu'il faut maintenant vérifier que le résultat est juste en dessinant les plaques de 100, les barres de 10 et les cubes unités. Dessiner ce matériel au tableau.

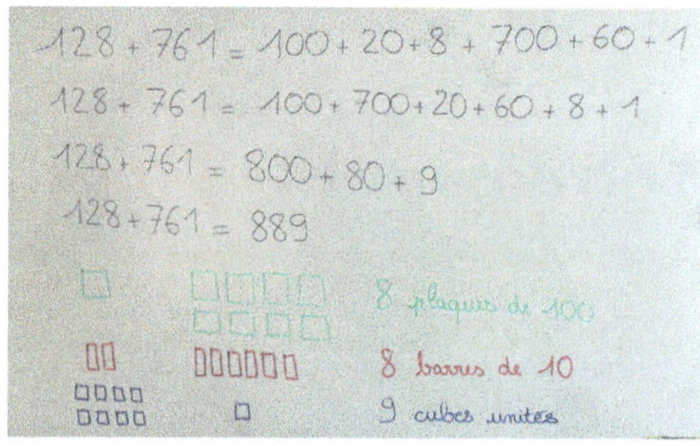

Photo 1 : la première phase au tableau

2de phase
■ Consigne : *En utilisant la même méthode, vous allez calculer le résultat de deux additions : « 152 + 836 » sur un côté de l'ardoise, et « 408 + 591 » sur l'autre côté de l'ardoise. Quand vous avez trouvé le résultat, pensez à le vérifier en utilisant le matériel de numération.*

Photo 2 : recherche d'un élève

Pistes de différenciation

- Pour les élèves qui oublieraient des étapes lors de la décomposition, donner une **trame à compléter** avec les nombres surlignés.
- Pour les élèves qui se perdent dans la décomposition, on peut aussi **utiliser des stylos vert, rouge et bleu** pour mieux voir les différentes étapes.

Mise en commun — 10 min

■ Recopier au tableau le calcul de l'addition « 152 + 836 ». Demander aux élèves de dicter les étapes du calcul. Demander : *Combien d'étapes sont nécessaires pour arriver au résultat final ?* Mettre en évidence que quatre étapes sont nécessaires :
1) je décompose chaque nombre en centaines, dizaines et unités entières ;
2) je rassemble les centaines avec les centaines, les dizaines avec les dizaines et les unités avec les unités ;
3) j'additionne les centaines entre elles, les dizaines entre elles et les unités entre elles ;

MATÉRIEL ET DOCUMENTS

www.maths-super-simples.editions-bordas.fr, Séquence 44

CALCUL MENTAL JOUR 1 10 min

65. *du* + 8 avec et sans franchissement de la dizaine supérieure (résultats ⩽ 60).
➥ *p. 36*

CALCUL MENTAL JOUR 2 10 min

66. La frise numérique : *du* + 1 à *du* + 8, *du* + 10 et *du* – 1, *du* – 2, *du* – 10 (résultats ⩽ 99).
➥ *p. 36*

4) j'additionne le nombre de centaines avec le nombre de dizaines et le nombre d'unités. Je réalise toutes ces étapes sans oublier le signe « + ».

Vérifier le résultat obtenu en dessinant le matériel de manipulation au tableau.

■ Refaire la même démarche avec l'addition « 408 + 591 » en verbalisant de la même façon et en expliquant que le 0 doit s'écrire même s'il ne représente aucune dizaine.

Activité complémentaire

Additionner des nombres à trois chiffres en utilisant la décomposition

▶ Pendant une semaine, instaurer un rituel de 5 minutes au début de chaque demi-journée, pendant lequel les élèves utilisent la décomposition en ligne pour calculer des sommes de nombres à trois chiffres (sans retenue). Ces activités peuvent aussi être données à la maison.

Institutionnalisation

5 min

Distribuer la trace écrite et la faire coller dans le cahier.

44 Calculer en ligne des sommes (4)

408 + 591

Pour calculer la somme de deux nombres :
- **on décompose chaque nombre en centaines, dizaines et unités** ;
- **puis on regroupe et on additionne** les centaines, les dizaines et les unités ;
- on additionne enfin les trois derniers nombres.

408 + 591
= 400 + 0 + 8 + 500 + 90 + 1
= 400 + 500 + 0 + 90 + 8 + 1
= 900 + 90 + 9
= **999**

408 + 591 = 999

Il ne faut pas oublier le signe « + » entre chaque nombre.

JOUR 2 Entraînement

35 min

44 Calculer en ligne des sommes (4)

1 Complète et **calcule**.

521 + 148
= 500 + 100 + 20 + 40 + 1 + 8
= 600 + 60 + 9
= 669

325 + 163
= 300 + 100 + 20 + 60 + 5 + 3
= 400 + 80 + 8
= 488

2 Écris les étapes et **calcule**.

408 + 271
= 400 + 8 + 200 + 70 + 1
= 400 + 200 + 70 + 8 + 1
= 600 + 70 + 9 = 679

145 + 430
= 100 + 40 + 5 + 400 + 30
= 100 + 400 + 40 + 30 + 5
= 500 + 70 + 5 = 575

283 + 315
= 200 + 80 + 3 + 300 + 10 + 5
= 200 + 300 + 80 + 10 + 3 + 5
= 500 + 90 + 8 = 598

530 + 409
= 500 + 30 + 400 + 9
= 500 + 400 + 30 + 9
= 900 + 30 + 9 = 939

3 Calcule.

588 + 401
= 500 + 80 + 8 + 400 + 1
= 500 + 400 + 80 + 8 + 1
= 900 + 80 + 9
= 989

105 + 753
= 100 + 5 + 700 + 50 + 3
= 100 + 700 + 50 + 5 + 3
= 800 + 50 + 8
= 858

CAHIER DU JOUR

4 Recopie et **calcule** : • 676 + 203 • 529 + 210 • 326 + 513

1 2 3

Erreur fréquente

Les élèves **ne savent pas décomposer un nombre en centaines, dizaines et unités.**

Remédiation

Leur donner le matériel pour qu'ils représentent chaque nombre avec les plaques de 100, les barres de 10 et les cubes unités.
En rassemblant ensuite tout ce matériel, cela leur permet de vérifier leur résultat.

1 2 3

Erreur fréquente

Les élèves **se perdent dans la décomposition** et oublient d'écrire certaines parties.

Remédiation

Leur demander d'utiliser des stylos vert, rouge et bleu comme dans l'exemple.

2 3

Erreur fréquente

Les élèves **oublient le signe « + ».**

Remédiation

Surligner ce signe en jaune dans l'exemple pour attirer leur attention.

46 Utiliser les euros et les centimes d'euros

OBJECTIF DE LA SÉQUENCE
Représenter une somme.

JOUR 1 Découverte 40 min

Objectif de l'activité
Constituer une somme d'argent de différentes façons.

Matériel

- **Par élève** :
  - **1 ardoise** ; 1 **feutre** effaçable.
- **Par binôme** :
  - 1 **barquette** avec la monnaie en plastique ou cartonnée à détacher à la fin du Fichier élève :
    - 10 **pièces de 1 c** ;
    - 5 **pièces de 2 c** ;
    - 2 **pièces de 5 c** ;
    - 10 **pièces de 10 c** ;
    - 5 **pièces de 20 c** ;
    - 2 **pièces de 50 c**.
- **Pour la classe** :
  - Quelques **vraies pièces** de ces valeurs ;
  - **1 craie blanche** ; **1 craie rouge.**

Déroulement de la séance

- **Mise en situation** ▪ oral collectif ▪ 5 min
- **Recherche** ▪ individuelle puis en binôme ▪ 20 min
- **Mise en commun** ▪ oral collectif ▪ 10 min
- **Institutionnalisation** ▪ oral collectif ▪ 5 min

Mise en situation — 5 min

Expliquer aux élèves qu'ils vont travailler sur la monnaie et proposer un jeu de devinettes : *Quel billet est rouge ? Quel billet est bleu ? Quel billet est gris ? Quel billet est orange ?*
Au fur et à mesure des réponses des élèves, afficher au tableau une reproduction en couleurs de chaque billet. Ensuite, dessiner au tableau les pièces de 1 € et 2 €, puis présenter aux élèves les différentes pièces de centimes d'euro, qui n'ont pas été étudiées au CP, mais qui sont en général connues : 50 c, 20 c, 10 c, 5 c, 2 c et 1 c. Préciser en montrant de vraies pièces : *Les pièces de 1 et 2 euros sont de deux couleurs : argenté et jaune doré, alors que les pièces de 50, 20 et 10 centimes sont jaune doré, et que les pièces de 5, 2 et 1 centimes sont orange cuivré.*

Recherche — 20 min

1re phase

Distribuer une barquette à chaque binôme et demander : *Constituez chacun la somme de 50 centimes de différentes façons, uniquement avec des pièces, et dessinez ce que vous avez trouvé sur votre ardoise.*
Passer dans les rangs et reporter sur le tableau quatre solutions erronées proposées par les élèves.
Si nécessaire, interrompre les élèves : *Comme toutes les pièces que vous dessinez sont rondes, il est indispensable d'indiquer leur valeur en centimes en écrivant à l'intérieur 1, 2, 5, 10, 20 ou 50.*

Photo 1 : exemples de propositions d'élèves

2de phase

Expliquer aux élèves que 1 € est égal à 100 c, puis demander : *Constituez la somme de 1 € de plusieurs façons et uniquement avec des pièces, puis dessinez ce que vous avez trouvé sur votre ardoise.*

Demander maintenant aux élèves de travailler en binôme : *Constituez la somme de 1 € en n'utilisant que des pièces de 10 c, puis n'utilisez que des pièces de 20 c, et enfin n'utilisez que des pièces de 50 c.*

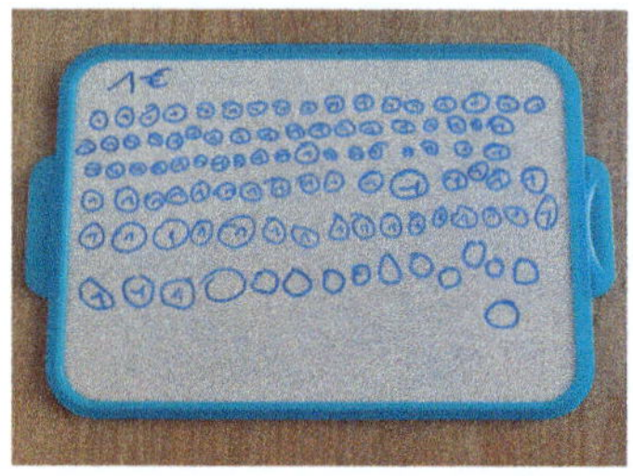

Photos 2 et 3 : les propositions des élèves
À gauche, un élève qui a voulu représenter 100 pièces de 1 c.
Sur la droite, l'élève s'est servi du résultat trouvé précédemment avec les pièces de 50 c pour en déduire le résultat avec des pièces de 10 c, mais il n'a pris en compte qu'une pièce de 50 c, il a oublié de décomposer la seconde pièce de 50 c.

Pistes de différenciation

- Certains élèves **ont des difficultés à additionner des pièces de valeurs différentes** et surtout **à retenir les sommes intermédiaires**. Leur dire de **mettre dans leur main la pièce quand elle a été additionnée.**
- **Compter au fur et à mesure** la somme des pièces de monnaie constituée avec les élèves en difficulté.

Mise en commun — 10 min

Demander aux élèves d'observer les quatre solutions proposées au tableau lors de la 1re phase pour reconstituer la somme de 50 c. Choisir deux productions qui permettront de montrer l'importance de préciser la valeur des pièces et l'unité, c ou €. Choisir deux autres productions qui permettront de montrer la différence entre les pièces. Envoyer successivement quatre élèves pour additionner les pièces dessinées, puis valider ou corriger ce qui est proposé avec une craie rouge.

Demander ensuite aux élèves comment ils ont fait pour reconstituer la somme de 1 € uniquement avec des pièces de 10 c, puis de 20 c, puis de 50 c. Dessiner les solutions proposées et les valider en additionnant les pièces les unes après les autres.

À partir d'une des sommes représentant 1 €, ajouter une pièce de 50 c et demander : *Quelle somme obtient-on ?* Faire verbaliser en séparant bien les euros et les centimes d'euros : *On obtient 1 € et 50 c.* Ajouter ainsi progressivement d'autres pièces : 1 € et 70 c, 1 € et 75 c, 1 € et 77 c, etc.

Activité complémentaire
Représenter une somme

- Évidemment, pour que les élèves se familiarisent avec la manipulation des pièces en centimes et en euros, il est recommandé de proposer tout au long de la semaine un **entraînement** qui consisterait à montrer un bonbon, une sucette, un chewing-gum, un caramel en indiquant des prix en-dessous d'un euro et de demander aux élèves de dessiner la somme sur leur ardoise.
- Puis, la semaine suivante, on peut proposer la même activité, mais avec des objets dont le prix se situe entre 2 € et 4 €.

MATÉRIEL ET DOCUMENTS
www.maths-super-simples.editions-bordas.fr, Séquence 46

CALCUL MENTAL JOUR 1 — 10 min
67. Le gobelet : *tout* = 8.
➥ *p. 36*

CALCUL MENTAL JOUR 2 — 10 min
68. Le car : *du* + *d* + *u* ; vers *du* + *du* (résultats ⩽ 60).
➥ *p. 37*

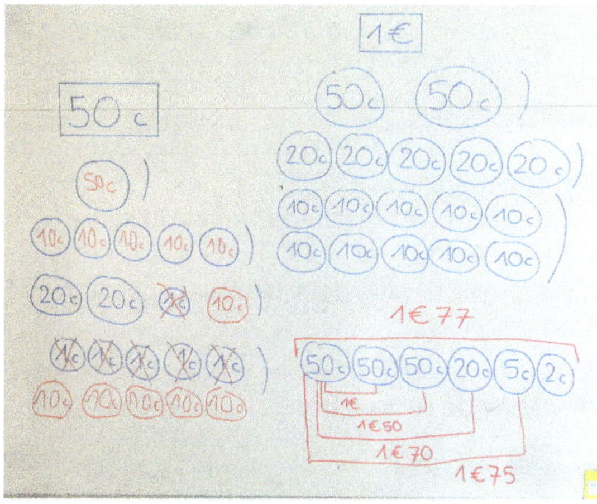

Photo 4 : la mise en commun au tableau

Institutionnalisation
5 min

Distribuer la trace écrite et la faire coller dans le cahier.

46 Utiliser les euros et les centimes d'euros

- La **monnaie** permet d'attribuer un **prix** à des objets et de les payer.
- L'**euro** (€) est la monnaie officielle en France.

1 € = 100 c

Les centimes

Les euros

JOUR 2 Entraînement
35 min

46 Utiliser les euros et les centimes d'euros

1 **Dessine la somme de 1 € :**
- avec des pièces de 10 centimes uniquement.

- avec des pièces de 20 centimes uniquement.

2 **Écris** la somme représentée.

2 € 70 c

2 € 45 c

7 € 73 c

3 **Barre** les pièces en trop.

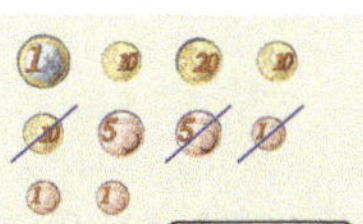
1 € 47 c

7 € 25 c

4 € 84 c

4 **Fais** des groupes de 1 €, puis **écris** la somme totale.

2 € 34 c

2 € 55 c

CAHIER DU JOUR

5 **Dessine** 4 € 93 c sans utiliser de pièces de 1 € ni de 2 €.

---

1 2 3 4

Erreur fréquente

Certains élèves pensent que **toutes les pièces ont la même valeur, par exemple : 1 c ou 2 €**.

Remédiation

Faire repérer les nombres et les inscriptions présents sur chaque pièce.

2 3 4

Erreur fréquente

Certains élèves **ne prêtent pas attention à la différence entre la pièce de 1 € et celle de 1 c** ou entre celle de 2 € et celle de 2 c, en particulier.

Remédiation

Insister sur les différences d'aspect des pièces ; lors des exercices faisant intervenir simultanément euros et centimes, **demander systématiquement aux élèves d'entourer les euros et les centimes de deux couleurs différentes**, afin de faire convenablement la distinction.

1 2 3 4

Erreur fréquente

Certains élèves **ne parviennent pas à compter convenablement la monnaie.** D'autres **comptent le nombre de pièces lui-même au lieu de compter leur valeur.**

Remédiation

Dans cette leçon, le dénombrement de dizaines de centimes joue un rôle particulièrement critique. **S'assurer que les élèves savent ajouter des dizaines sans se tromper.** Si nécessaire, leur proposer de **noter les opérations et/ou les totaux intermédiaires sur un brouillon.** Enfin, les inviter à **remplacer, selon les cas, chaque groupe de 100 c par une pièce de 1 €,** ou chaque pièce de 1 € par un papier portant la mention « 100 c ».

47 Multiplier en ligne par 2 et 3

OBJECTIF DE LA SÉQUENCE
Connaître et comprendre le signe « × ».

JOUR 1 Découverte 35 min

Objectif de l'activité
Savoir représenter et calculer une quantité de cubes avec une addition réitérée ou une multiplication.

Matériel

- **Par binôme :**
  - 1 **barquette** contenant 19 **cubes unités**, si possible emboîtables.
- **Par élève :**
  - 1 **feuille de recherche**, 1 **crayon de papier**.

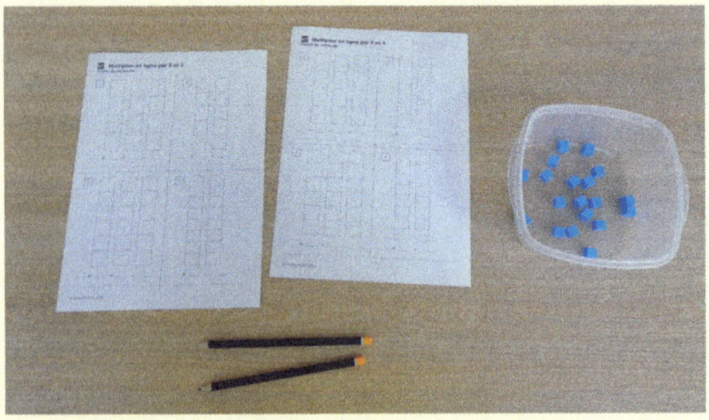

Photo 1 : le matériel mis à disposition d'un binôme

Déroulement de la séance

- **Mise en situation** ■ oral collectif ■ 5 min
- **Recherche** ■ en binôme puis individuelle ■ 15 min
- **Mise en commun** ■ oral collectif ■ 10 min
- **Institutionnalisation** ■ oral collectif ■ 5 min

Mise en situation 5 min

■ Présenter et distribuer le matériel à chaque binôme : une barquette contenant des cubes par binôme et une feuille de recherche par élève. Demander aux élèves de décrire ce qu'ils voient sur la feuille de recherche : des piles de cubes et des additions à compléter. Faire remarquer que les piles ont le même nombre de cubes dans chaque cadre.

Recherche 15 min

1re phase

■ Consigne : *Par deux, reconstituez les piles de cubes telles qu'elles sont dessinées dans le cadre n° 1. Puis complétez l'addition à trous et calculez son résultat. Vérifiez le résultat trouvé en comptant le nombre de cubes utilisés.*

■ Ensuite, refaire le même travail pour le n° 2, puis le n° 3 et enfin le n° 4.

2e phase

■ Dessiner le cadre n° 1 au tableau et demander aux élèves ce qu'ils ont trouvé comme addition. Écrire l'addition au tableau : $4+4+4=12$, et vérifier le résultat en dénombrant les cubes sur les piles dessinées au tableau.

■ Expliquer aux élèves qu'il y a une autre façon d'écrire l'addition d'un nombre qui se répète : *Vous avez écrit 4 plus 4 plus 4 égale 12, c'est-à-dire vous avez additionné 3 fois le nombre 4. On peut aussi écrire « 3 × 4 = 12 », qui se lit « trois fois quatre égale douze » ou « trois multiplié par quatre égale douze ». Cette opération s'appelle une multiplication.*

■ Consigne : *Pour les autres additions de la feuille, essayez de trouver la multiplication qui correspond.*
Laisser au tableau les écritures mathématiques du cadre n° 1, c'est-à-dire : « $4+4+4=12$ » et « $3\times4=12$ », afin que les élèves puissent s'appuyer dessus pour réaliser la consigne de la deuxième phase.

■ Faire ranger la feuille de recherche des élèves dans le lutin, la pochette ou le cahier de recherche.

Pistes de différenciation

- Guider certains élèves dans les étapes de la phase 1 : tout d'abord, **faire compter le nombre de cubes de chaque pile** pour montrer que toutes les piles sont identiques. Puis demander aux élèves de reconstituer avec le matériel les trois piles identiques. **Faire poser les piles de cubes sur la feuille de l'élève au-dessus des piles dessinées.**
- Pour la deuxième écriture mathématique, placer sur la feuille de l'élève les signes « × » et « = », ainsi que : « **... × ... = ...** ».
- Certains élèves **pourront réaliser les exercices sans utiliser de cubes,** mais en s'appuyant uniquement sur les schémas de leur feuille.

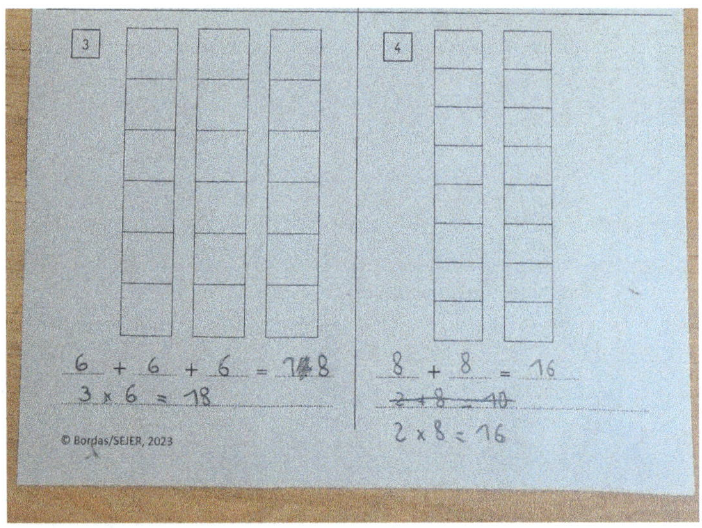

Photo 2 : exemple de production d'un élève

Mise en commun 10 min

■ Tirer au sort un nombre entre 3 et 6, par exemple 5.
Demander à un élève de choisir deux groupes de 5 enfants qui viennent au tableau. Faire compter le nombre total d'élèves. Demander : *Comment écrire le total des enfants venus au tableau en utilisant une addition mais aussi une multiplication ?* Écrire les réponses données par les élèves : $5+5=10$ et $2\times5=10$. Conclure en disant, par exemple : *2 fois 5 enfants, cela signifie : deux groupes de 5 enfants. 2 fois 5 enfants, c'est donc 5 + 5 enfants, ou 10 enfants. On peut écrire cela de façon plus courte : « 2 × 5 = 10 », ce qui se lit : « 2 fois 5 égale 10 ou 2 multiplié par 5 égale 10 ».*

■ Recommencer l'activité, mais cette fois avec trois groupes d'enfants.

MATÉRIEL ET DOCUMENTS

www.maths-super-simples.editions-bordas.fr, Séquence 47

CALCUL MENTAL JOUR 1 — 10 min

69. Connaître la table de 2 ($u \times 2$).

➡ p. 37

CALCUL MENTAL JOUR 2 — 10 min

70. Calculer à l'envers : Retrouver la multiplication qui correspond à un produit dans la table de 2.

➡ p. 37

Institutionnalisation — 5 min

Distribuer la trace écrite et la faire coller dans le cahier.

47 Multiplier en ligne par 2 et 3

Il y a 3 groupes de 4 jetons.
On dit qu'il y a **3 fois 4 jetons**.
En tout, il y a 12 jetons.

• Quand on additionne plusieurs fois le même nombre, on peut aussi écrire une opération plus courte que l'addition : la **multiplication**.

$4 + 4 + 4 = 12$
$3 \times 4 = 12$

• Cette multiplication se lit :
3 fois 4 égale 12 ou **3 multiplié par 4** égale 12.

Activité complémentaire

Mémoriser les tables de 2 et 3

Après cette séance de découverte, prévoir de courtes séances d'entraînement pour **mémoriser les tables de 2 et 3**.
L'apprentissage des tables de multiplication peut aussi être donné en travail à la maison.

JOUR 2 Entraînement — 40 min

47 Multiplier en ligne par 2 et 3

1 Additionne les groupes de jetons, puis **écris** la multiplication correspondante.

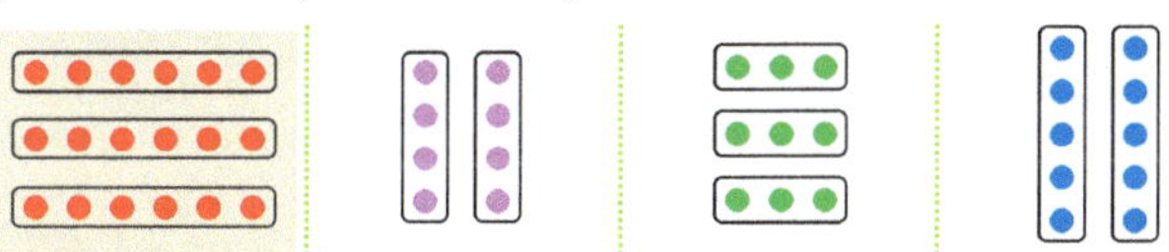

$6 + 6 + 6 = 18$	$4 + 4 =$ 8	3 + 3 + 3 = 9	5 + 5 = 10
$3 \times 6 = 18$	$2 \times 4 =$ 8	3 × 3 = 9	2 × 5 = 10

2 Relie chaque multiplication à la seule addition qui lui correspond.

- 4 × 3 → • 3 + 3 + 3 / • 3 + 3 + 3 + 3 (relié) / • 4 + 1 + 1 + 1
- 2 × 6 → • 2 + 2 + 2 + 2 / • 2 + 2 + 2 + 2 + 2 / • 6 + 6 (relié)

3 Représente la multiplication.

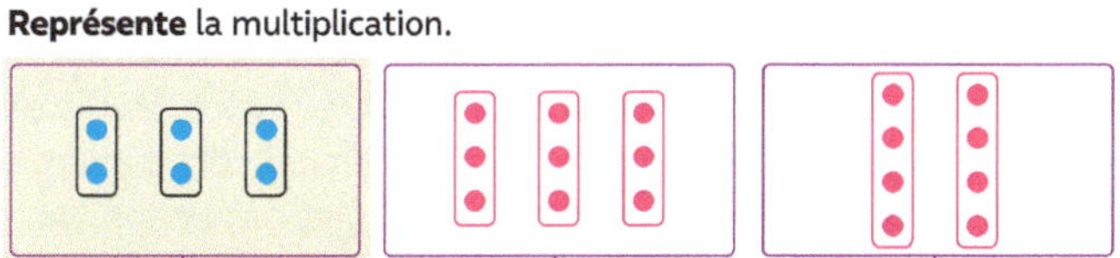

3 × 2 — 3 × 3 — 2 × 4

4 Complète la multiplication et **calcule**.

5 + 5 + 5 = 3 × 5 = 15	10 + 10 = 2 × 10 = 20
1 + 1 + 1 = 3 × 1 = 3	9 + 9 = 2 × 9 = 18
4 + 4 = 2 × 4 = 8	2 + 2 + 2 = 3 × 2 = 6

CAHIER DU JOUR

5 Recopie et calcule les multiplications.

• 2 × 6 • 3 × 3 • 2 × 2 • 3 × 4

1 2 3 4

Erreur fréquente

Certains élèves **confondent les signes « × » et « + ».**

Remédiation

Utiliser des exemples simples avec des représentations adaptées. Par exemple, pour bien montrer que 5 × 2 font 10 et non pas 7, éparpiller 10 jetons sur une table et demander aux élèves de les compter. Grouper ensuite les jetons par paires et faire écrire la multiplication adéquate (5 × 2). Il ressortira alors que 5 × 2 = 10. Il importe également de souligner les différences graphiques entre le signe « + » et le signe « × ».

1 2 3 4

Erreur fréquente

Certains élèves **n'ont pas compris que le premier nombre de la multiplication indique le nombre de fois que le deuxième nombre est répété.**

Remédiation

Poser systématiquement les questions : « **Quel est le nombre qui est répété ?** ». L'écrire en deuxième position dans la multiplication.
« **Combien de fois ce même nombre est répété ?** » Écrire le nombre de fois en premier dans la multiplication.

3

Erreur fréquente

Certains élèves **ne réussissent pas à schématiser la multiplication.**

Remédiation

Entourer le premier nombre et faire dessiner autant de cartouches que ce nombre pour placer les jetons à dessiner.

48 Multiplier en ligne par 5 et 10

OBJECTIF DE LA SÉQUENCE
Utiliser le signe « × ».

JOUR 1 Découverte 35 min

Objectifs de l'activité

- Construire les tables de multiplication de 5 et de 10 en utilisant des représentations concrètes.
- Découvrir la commutativité de la multiplication : $a \times b = b \times a$.

Matériel

▶ **Par binôme** :

- 1 **barquette** avec une collection de 50 objets, par exemple : 50 **cubes**, 50 **pièces de 1 €**, 50 **bouchons**, selon le matériel disponible dans la classe ;
- 10 **billets de 10 €** (matériel détachable dans le Fichier élève) dans un **sac**.

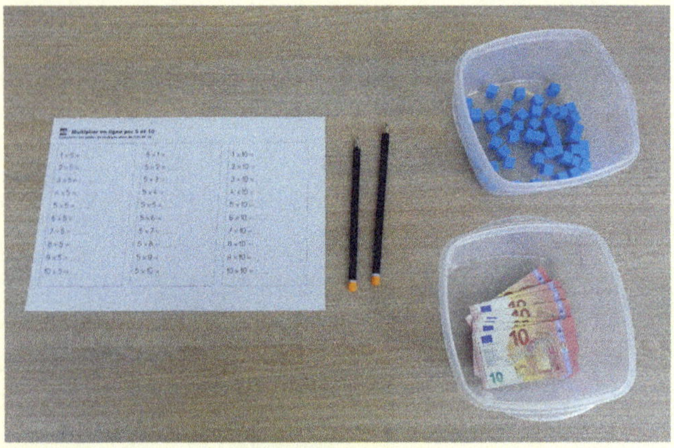

Photo 1 : le matériel mis à disposition de chaque binôme

▶ **Par élève** :

- 1 **feuille A4** avec deux tables de 5 dont une inversée, et une table de 10 à compléter ;
- 1 **crayon de papier**.

Déroulement de la séance

▶ **Mise en situation** ■ oral collectif ■ 5 min
▶ **Recherche** ■ en binôme puis individuelle ■ 15 min
▶ **Mise en commun** ■ oral collectif ■ 10 min
▶ **Institutionnalisation** ■ oral collectif ■ 5 min

Mise en situation 5 min

■ Inviter les élèves à pratiquer le comptage de 5 en 5, puis de 10 en 10, en utilisant le jeu du furet : partir de 0 puis recommencer en partant de 100.

Recherche 15 min

1re phase

■ Distribuer une barquette d'objets par binôme et les tables à compléter à chaque élève.
Consigne : *Complétez la première table de 5 en posant en ligne 5 objets sur la table devant vous et en écrivant le résultat de « 1 × 5 = … » ; c'est-à-dire : « 1 fois 5 cubes (ou 1 fois 5 bouchons…) ». Faites la même chose en créant une deuxième ligne de 5 objets pour compléter la ligne « 2 × 5 = … » Puis continuez avec 3 lignes de 5 objets, ainsi de suite jusqu'à 10 lignes.*

■ Faire ensuite compléter la table inversée de 5.
Consigne : *Toujours en utilisant le matériel à votre disposition, complétez la deuxième table de 5 en commençant par « 5 × 1 = … » Disposez devant vous 5 fois 1 cube et comptez combien cela fait de cubes en tout. Recommencez en disposant 5 fois des tas de 2 cubes pour trouver combien font « 5 × 2 ». Poursuivez en disposant 5 fois des tas de 3 cubes pour compléter « 5 × 3 = … » Et ainsi de suite.*

2de phase

■ Ramasser les cubes puis distribuer 10 billets de 10 € à chaque binôme.
Consigne : *Complétez maintenant la table de 10 en posant déjà un billet de 10 € sur la table pour compléter « 1 × 10 = … » Puis posez 2 billets de 10 € pour compléter « 2 × 10 = … » Ainsi de suite jusqu'à « 10 × 10 ».*

Pistes de différenciation

▶ **Donner des cubes emboîtables** afin qu'ils restent bien alignés et qu'ils ne se mélangent pas entre eux.
▶ **Aider les élèves en verbalisant les étapes** :
1) je constitue le nombre de tas demandés ;
2) je compte combien il y a de cubes en tout ;
3) j'écris le résultat trouvé dans la table de 5 (ou de 10).
▶ Certains élèves plus à l'aise **pourront réaliser les exercices sans objets ou billets** mais en s'appuyant uniquement sur le calcul de tête et en utilisant le résultat précédent.

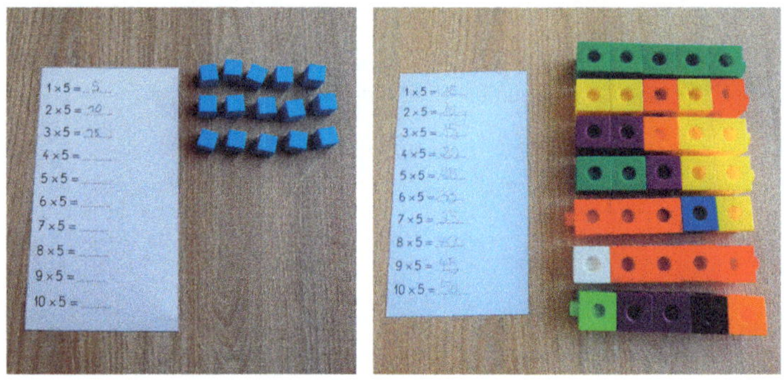

Photos 2 et 3 : les productions de deux élèves. Sur la photo 3, l'élève a arrêté la manipulation à « 7 × 5 », après avoir compris le lien entre addition réitérée et multiplication.

Mise en commun 10 min

■ Choisir le travail d'un élève comportant des erreurs et recopier au tableau ses deux tables de 5. Demander : *Comparez les résultats affichés au tableau avec votre feuille et cherchez les erreurs.* Sur proposition des élèves, corriger les erreurs en dessinant la manipulation au tableau avec les tas de cubes. Terminer par le cas du 0 pour faire constater que « 0 × 5 = 0 » et « 5 × 0 = 0 ». Dire : *Quand on multiplie par zéro, le résultat est toujours égal à zéro.*
Lire uniquement les deux colonnes de résultats des deux tables : 0, 5, 10, 15, 20, 25, 30, 35, etc., pour que les élèves constatent que :
– les résultats sont identiques alors que l'ordre des nombres dans la multiplication est différent. Verbaliser : *« 2 × 5 = 5 × 2 » ou bien « 7 × 5 = 5 × 7 ». Dans une multiplication, l'ordre des nombres ne change pas le résultat.*
– dans la table de 5, les résultats se terminent soit par 0, soit par 5.

■ Recopier maintenant la table de 10. Faire le même travail de vérification des résultats et sans oublier d'évoquer le cas du 0 : « 0 × 10 = 0 ».

MATÉRIEL ET DOCUMENTS

www.maths-super-simples.editions-bordas.fr, Séquence 48

CALCUL MENTAL JOUR 1 — 10 min

71. Le compte à rebours : de 2 en 2 en arrière.
➥ p. 37

CALCUL MENTAL JOUR 2 — 10 min

72. Le gobelet : *tout* = 9.
➥ p. 37

Faire constater :
– dans la table de 10, tous les résultats se terminent par 0 ;
– quand on multiplie par 10, le nombre multiplié se décale d'un rang vers la gauche dans le tableau de numération. Par exemple dans « 4 × 10 = 40 », 4 qui était le chiffre des unités est devenu le chiffre des dizaines. Cette règle s'applique à n'importe quel nombre : pour « 32 × 10 = 320 », 3 dizaines sont devenues 3 centaines, 2 unités sont devenues 2 dizaines et on a ajouté 0 pour les unités.

Activité complémentaire
Mémoriser la table de 5
En parallèle de la séance de découverte, prévoir de courtes séances d'entraînement pour **mémoriser la table de 5**. L'apprentissage des tables de multiplication peut aussi être donné en travail à la maison.

Institutionnalisation (5 min)

Distribuer la trace écrite et la faire coller dans le cahier.

48 Multiplier en ligne par 5 et 10

- Lorsque l'on multiplie un nombre **par 5**, **le chiffre des unités est 0 ou 5.**

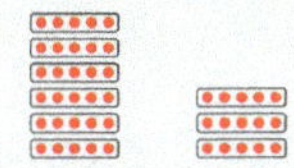

6 × 5 = 30   3 × 5 = 15

- Lorsque l'on multiplie un nombre **par 10**, **chaque chiffre change de position et se décale d'un rang vers la gauche et le chiffre des unités est 0.**

1 × 10 = 10   2 × 10 = 20   3 × 10 = 30

4 × 10 = 40   7 × 10 = 7   48 × 10 = 480

- Dans une multiplication, l'ordre des nombres n'a pas d'importance.

6 × 5 = 5 × 6
7 × 10 = 10 × 7

- Quand on multiplie **par 0**, **le résultat est toujours 0.**

Table de 5

0 × 5 = 0
1 × 5 = 5
2 × 5 = 10
3 × 5 = 15
4 × 5 = 20
5 × 5 = 25
6 × 5 = 30
7 × 5 = 35
8 × 5 = 40
9 × 5 = 45
10 × 5 = 50

JOUR 2 Entraînement (35 min)

48 Multiplier en ligne par 5 et 10

1 **Écris** et **calcule** la multiplication.

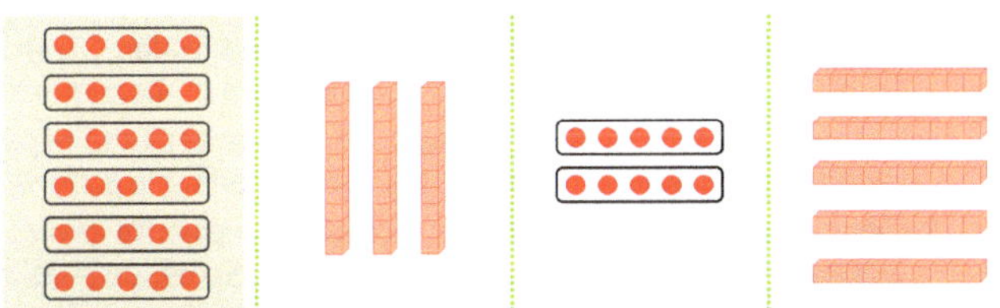

6 × 5 = 30 | 3 × 10 = 30 | 2 × 5 = 10 | 5 × 10 = 50

2 **Relis** chaque multiplication à son résultat.

3 × 5 | 3 × 10 | 4 × 5 | 5 × 5 | 5 × 10 | 4 × 10 | 9 × 10

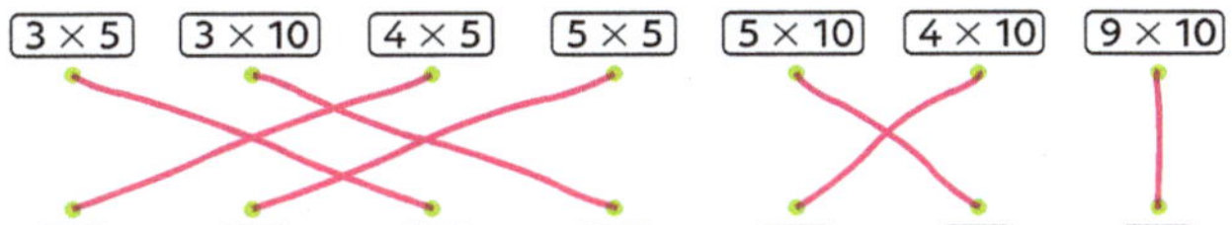

20 | 25 | 15 | 30 | 40 | 50 | 90

3 **Calcule.**

5 × 5 = 25   4 × 10 = 40   2 × 10 = 20
3 × 5 = 15   4 × 5 = 20   6 × 10 = 60

4 **Entoure :**
- en vert les résultats de la table de multiplication par 5 ;
- en bleu les résultats de la table de multiplication par 10.

5   10   20   25   30   35   40   50

CAHIER DU JOUR

5 **Recopie** et **calcule.** • 3 × 10 • 2 × 5 • 1 × 5 • 5 × 10 • 6 × 5

1

Erreur fréquente

Certains élèves **n'ont pas compris le sens de la multiplication** car ils inversent l'ordre des nombres. Par exemple, « 10 × 3 » au lieu de « 3 × 10 ».

Remédiation

Poser systématiquement les questions : « **Quel est le nombre qui est répété ?** » L'écrire en deuxième position dans la multiplication.
« **Combien de fois ce même nombre est répété ?** » Écrire le nombre de fois en premier dans la multiplication.

2 3 4

Erreur fréquente

Les résultats sont incorrects car les élèves **ne connaissent pas leur table de 5** et **ont oublié comment multiplier par 10.**

Remédiation

Apprendre la table de 5 et/ou relire le mémo.

50 Reproduire des figures simples

OBJECTIF DE LA SÉQUENCE
Reproduire sur papier quadrillé ou pointé des figures planes.

JOUR 1 Découverte 35 min

Objectif de l'activité
Reproduire une figure avec des angles (droits ou quelconques) sur un quadrillage et sur un papier pointé.

Matériel

- **Par élève** :
  - 1 **crayon de papier** ;
  - 1 **règle** ;
  - 1 **fiche** avec ;
    - 2 **quadrillages 5 × 5** : 1 avec une figure (avec au moins un angle droit) et 1 vierge,
    - 2 **papiers pointés** : 1 avec la même figure et 1 vierge.
- **Pour la classe** :
  - 2 **quadrillages 5 × 5** affichés au tableau agrandis : 1 avec une figure (avec au moins un angle droit) et 1 vierge ;
  - 2 **papiers pointés** affichés au tableau agrandis : 1 avec la même figure et 1 vierge.

Déroulement de la séance

- **Mise en situation** ■ oral collectif ■ 5 min
- **Recherche** ■ individuelle ■ 15 min
- **Mise en commun** ■ oral collectif ■ 10 min
- **Institutionnalisation** ■ oral collectif ■ 5 min

Mise en situation — 5 min

■ Dessiner au tableau un polygone irrégulier sur un quadrillage de 5 × 5 cases et demander : *Quelles méthodes utiliser pour en faire une copie aussi exacte que possible sur un quadrillage ou sur un papier pointé ?*
Valoriser deux méthodes : reporter des points « stratégiques » du dessin ou compter le nombre de carreaux ou de points séparant les points ou les segments.
Utiliser ces méthodes pour démontrer aux élèves comment reporter la figure sur le quadrillage et le papier pointé vierges.

Recherche — 15 min

1re phase

■ Distribuer aux élèves la fiche en indiquant le quadrillage.
Consigne : *Reproduisez à votre tour la figure en suivant la méthode de votre choix.*

■ Comparer ensuite l'original aux différentes copies et discuter avec la classe de l'efficacité des méthodes employées par les uns et les autres. Faire remarquer : *Grâce au quadrillage, il est possible de tracer l'angle droit d'une figure, sans équerre, puisque tous les carreaux du quadrillage sont des carrés avec quatre angles droits : il suffit de repasser dessus.*

2de phase

■ Recommencer l'activité en utilisant la partie du bas de la fiche avec le papier pointé et rappeler aux élèves : *Quand on utilise le papier pointé, on ne compte plus le nombre de carreaux mais le nombre de points entre deux points stratégiques. On trace les côtés de la figure à reproduire en reliant les sommets à l'aide d'une règle.*

■ Comparer ensuite l'original aux différentes copies et discuter avec la classe de l'efficacité des méthodes employées par les uns et les autres.

■ Faire ranger la feuille de recherche des élèves dans le lutin, la pochette ou le cahier de recherche.

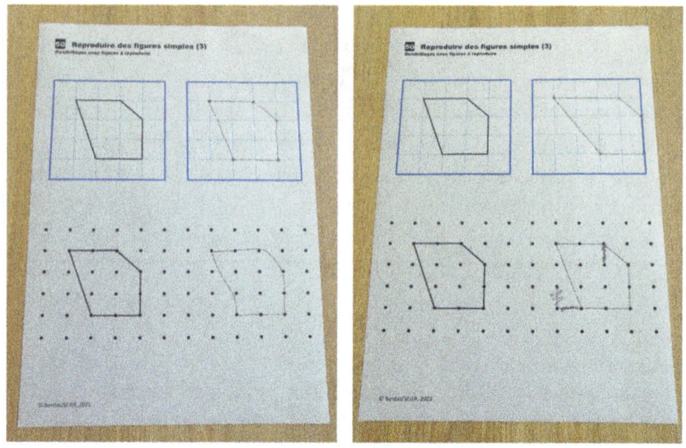

Photos 1 et 2 : les productions des élèves. Le premier élève semble n'avoir pas utilisé sa règle, le second s'est trompé à plusieurs reprises et a parfois réussi à se corriger.

Conseil

- Comme toutes les activités de géométrie, il est nécessaire que les élèves pratiquent beaucoup pour arriver à un **tracé précis et propre**. Des activités complémentaires devront donc être proposées après cette séance de découverte.

Pistes de différenciation
Deux types de difficulté sont rencontrées : **le tracé des figures** et **le report des distances** en comptant le nombre de carreaux ou de points.

- **Rappeler le placement de la règle et/ou des mains.** Si nécessaire, le faire avec eux en les aidant à placer la règle au bon endroit.
- **Compter devant les élèves le nombre de carreaux qui séparent deux points stratégiques** et les guider pour les placer sur le quadrillage vierge.
- **Donner des figures à reproduire de complexité croissante**, par exemple d'abord un carré de 2 carreaux de côté, puis de 3 carreaux de côté, puis de 4 carreaux de côté.
- **Donner d'autres figures aux élèves les plus rapides** et qui ont correctement réalisé le travail.

Mise en commun — 10 min

■ Faire venir un élève au tableau et lui demander de tracer sur un quadrillage vierge un triangle rectangle dont les côtés de l'angle droit sont de 4 carreaux et de 5 carreaux. Demander : *Quelles sont les différentes étapes ?* Reformuler de façon explicite :
1) je marque sur le quadrillage le sommet de l'angle droit ;
2) j'utilise les angles droits du quadrillage pour tracer les côtés ;
3) je compte les carreaux ;
4) je trace les côtés de l'angle droit, enfin je trace le côté oblique en reliant les points avec la règle.

■ Dessiner au tableau une figure sur un papier pointé projeté, comportant un angle droit. Faire venir un élève au tableau et lui demander de reproduire cette figure sur un papier pointé. Demander aux élèves : *Quelles sont les différentes étapes ?* Reformuler de façon explicite : *Je place d'abord le point le plus en haut et le plus à gauche de la feuille pour être sûr d'avoir la place de tracer la figure. Puis je compte le nombre de points qui sépare ce premier sommet du suivant pour tracer le premier côté et ainsi de suite de façon que la figure soit complète.*
Tout au long de l'activité, s'efforcer d'utiliser un vocabulaire aussi précis que possible, notamment pour décrire les positions relatives des points à reporter.

MATÉRIEL ET DOCUMENTS

www.maths-super-simples.editions-bordas.fr, Séquence 50

CALCUL MENTAL JOUR 1 — 10 min

73. *du – u* avec franchissement de la dizaine inférieure (*du* ⩽ 60).
➥ *p. 38*

CALCUL MENTAL JOUR 2 — 10 min

74. Le tableau des nombres : *du* + 1, *du* + 10 ; *du* – 1, *du* – 10, avec franchissement de dizaines.
➥ *p. 38*

- Faire remarquer que certains côtés sont obliques et ne passent pas forcément sur les traits du quadrillage ou sur les points du papier pointé.

Activité complémentaire

Reproduire des figures

En aval de la séance de découverte, prévoir de **courtes séances décrochées pour permettre aux élèves de s'entraîner**.

- Chaque élève reçoit deux quadrillages vierges. Sur le premier, il dessine une figure avec sa règle. Il échange sa feuille avec celle du voisin et chacun doit reproduire sur la seconde partie du quadrillage la figure tracée par son voisin.
- Chaque élève reçoit deux papiers pointés vierges. Sur le premier, il dessine une figure avec sa règle. Il échange sa feuille avec celle du voisin, et chacun doit reproduire sur la seconde partie du papier pointé la figure tracée par son voisin.

Institutionnalisation — 5 min

Distribuer la trace écrite et la faire coller dans le cahier.

50 Reproduire des figures simples

- Pour **tracer un triangle rectangle** dont les côtés de l'angle droit mesurent 4 carreaux et 5 carreaux :

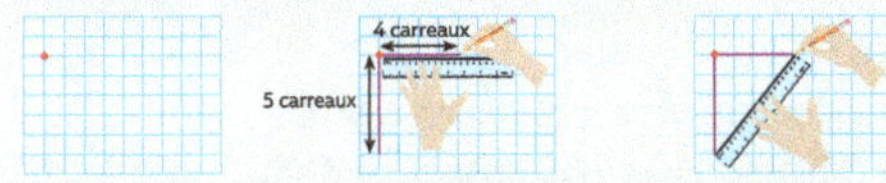

1. Je choisis le sommet de l'angle droit.
2. Je compte les carreaux et je trace les côtés de l'angle droit.
3. Je relie les points avec la règle.

- Pour **reproduire une figure sur du papier pointé** :
1. Je choisis un point de départ ;
2. Je compte les points et je place les sommets ;
3. Puis je relie les points avec la règle.

JOUR 2 Entraînement — 40 min

50 Reproduire des figures simples

Matériel : règle

1 **Reproduis** le carré, le triangle rectangle et le rectangle.

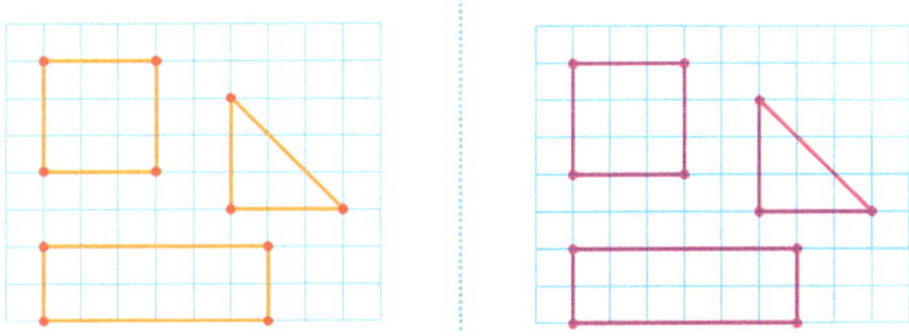

2 **Trace** les figures suivantes :

- Un **carré** de 4 carreaux de côté ;
- Un **rectangle** de longueur 5 carreaux et de largeur 4 carreaux.

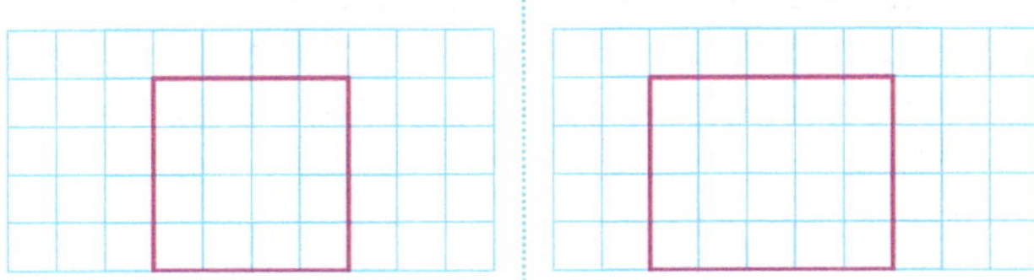

3 **Termine** la reproduction des trois figures sur le papier pointé.

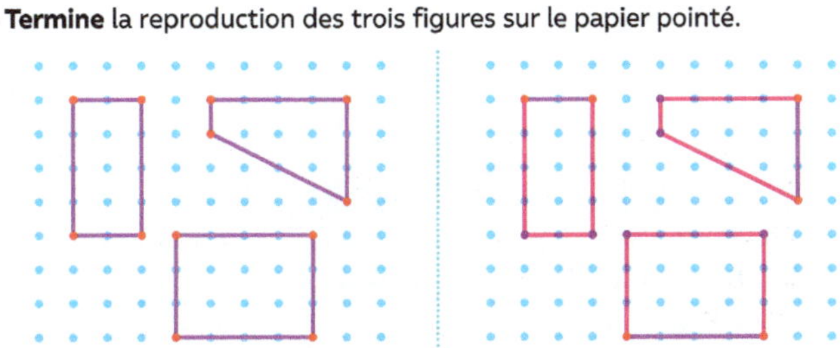

CAHIER DU JOUR

1 **Trace** un carré, un rectangle et un triangle rectangle sur la feuille distribuée. **Choisis** tes mesures.

1

Erreur fréquente

Certains élèves **placent le premier point de la figure n'importe où** sur le quadrillage.

Remédiation

Leur faire repérer la position de ce point à partir du bord du quadrillage. Si nécessaire, **marquer ce point en rouge** sur le quadrillage vierge.

2

Erreur fréquente

Les erreurs peuvent venir **de la méconnaissance des caractéristiques des figures géométriques.**

Remédiation

Rappeler que le carré a quatre côtés égaux, et que le rectangle a deux côtés égaux deux à deux.

1 2 3

Erreur fréquente

La longueur des côtés des figures n'est pas exacte.

Remédiation

Demander à l'élève de comparer la longueur des côtés du modèle en comptant les carreaux ou les points puis de **compter la longueur du même côté sur la figure qu'il a tracée,** pour qu'il se rende compte de son erreur. L'aider à placer le point stratégique à la position correcte afin qu'il puisse retracer le côté de la longueur exacte.

51 Calculer en ligne des différences (3)

OBJECTIF DE LA SÉQUENCE
Calculer la différence entre des nombres à trois chiffres : soustraire des centaines entières.

JOUR 1 Découverte 40 min

Objectif de l'activité
Trouver le résultat d'une soustraction avec des nombres à trois chiffres en utilisant différentes méthodes.

Matériel
- **Par élève** :
  - 1 **ardoise** et 1 **feutre** effaçable ;
  - **1 feuille blanche avec quatre soustractions** : 342 − 100 ; 421 − 200 ; 612 − 500 ; 843 − 600.
  - **1 crayon de papier, 1 crayon vert, 1 crayon rouge, 1 crayon bleu.**

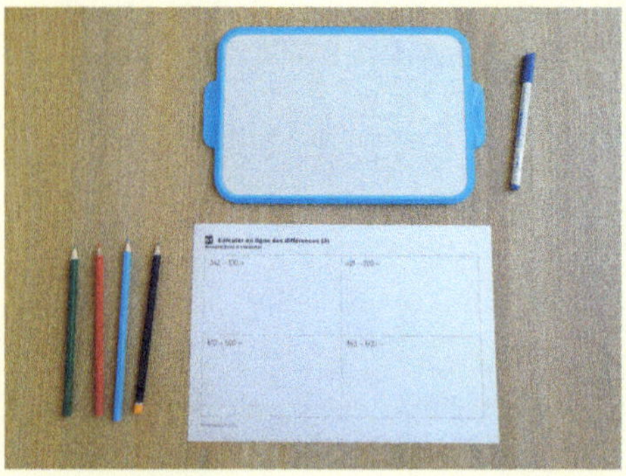

Photo 1 : le matériel par élève

- **Pour la classe** :
  - des **craies** blanche, verte, rouge et bleue.

Déroulement de la séance
- **Mise en situation** ■ oral collectif ■ 10 min
- **Recherche** ■ individuelle ■ 15 min
- **Mise en commun** ■ oral collectif ■ 10 min
- **Institutionnalisation** ■ oral collectif ■ 5 min

Mise en situation 10 min

■ Utiliser la méthode *La Martinière* avec l'ardoise en proposant des additions avec des centaines entières : 200 + 100, 300 + 600, 500 + 400. Après la correction de la première addition, demander aux élèves : *Comment faites-vous pour additionner des nombres à 3 chiffres dont le chiffre des dizaines et des unités est égal à 0 ?* Reformuler les réponses apportées par les élèves de la façon suivante : *Dans les nombres à additionner, le chiffre des dizaines et des unités est 0. Donc il suffit d'additionner les centaines pour obtenir le résultat.*

■ Donner ensuite trois soustractions avec des centaines entières : 300 − 100, 900 − 800 et 500 − 300. Après la correction de la première soustraction, demander aux élèves : *Comment faites-vous pour soustraire des nombres à 3 chiffres dont le chiffre des dizaines et des unités est 0 ?* Reformuler les réponses apportées par les élèves de la façon suivante : *Comme les deux nombres à soustraire ont 0 comme chiffre des dizaines et des unités, il suffit de soustraire les centaines pour obtenir le résultat.*

Recherche 15 min

1re phase
■ Consigne : *Calculez chaque soustraction de votre feuille en représentant le premier nombre avec des plaques de 100, des barres de 10 et des cubes unités. Puis barrez le nombre de centaines à soustraire, c'est-à-dire le nombre de plaques de 100 correspondant au deuxième nombre à enlever. Il n'y aura pas de dizaines ou d'unités à soustraire puisque le deuxième nombre a le chiffre des dizaines et des unités égal à 0.*
Faire la première soustraction en exemple avec les élèves en dessinant les plaques de 100 en vert, les barres de 10 en rouge et les cubes unités en bleu. Laisser les élèves calculer individuellement les trois autres.

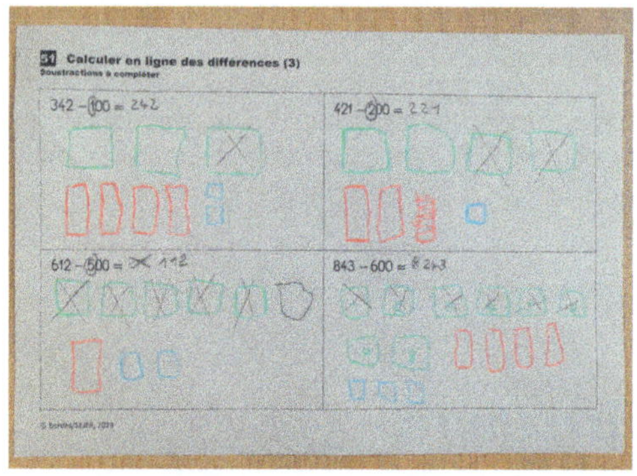

Photo 2 : les productions d'un élève avec différentes erreurs : des plaques de 100 dessinées en moins et un report inexact du nombre de plaques de 100 restantes

2de phase
■ Demander : *Comment faire pour trouver le résultat si vous ne pouvez pas dessiner le matériel de numération ?* Discuter des méthodes de résolution. Privilégier celle de la décomposition du premier nombre en centaines, dizaines entières et unités, par exemple :

342 − 100 = 300 + 40 + 2 − 100
= 300 − 100 + 40 + 2
= 200 + 40 + 2
= 242

■ Consigne : *Vérifiez les autres soustractions en utilisant cette méthode. Attention, seul le premier nombre de la soustraction est décomposé en centaines, dizaines et unités.*
■ Faire ranger la feuille de recherche des élèves dans le lutin, la pochette ou le cahier de recherche.

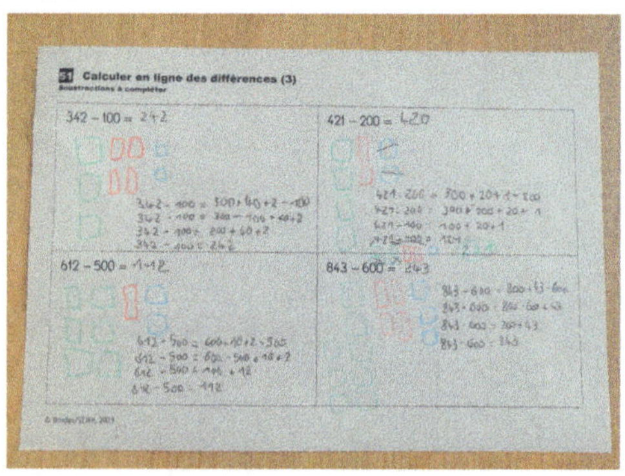

Photo 3 : les productions d'un élève

Pistes de différenciation
- Donner du **matériel de numération**.
- Faire **repasser** en vert le chiffre des centaines, en rouge le chiffre des dizaines et en bleu le chiffre des unités.
- **Entourer le nombre à décomposer**.
- Pour certains élèves rapides, donner **d'autres soustractions** à calculer.

MATÉRIEL ET DOCUMENTS

www.maths-super-simples.editions-bordas.fr, Séquence 51

CALCUL MENTAL JOUR 1

10 min

75. Connaître la table de 3 ($u \times 3$).

➥ p. 38

CALCUL MENTAL JOUR 2

10 min

76. Calculer à l'envers : retrouver la multiplication qui correspond à un produit dans la table de 3.

➥ p. 38

Mise en commun

10 min

Écrire au tableau « 786 – 500 » et demander à deux élèves de venir calculer cette soustraction : le premier en dessinant le matériel de numération, et le second en utilisant la méthode par décomposition.

Demander : *Les deux méthodes donnent-elles le même résultat ? Quelle est la plus rapide ?*

Expliquer : *Il est plus efficace et plus rapide de décomposer le premier terme de la soustraction en centaines entières, dizaines entières et en unités, puis de soustraire le nombre de centaines du deuxième nombre.*

Faire remarquer que le nombre à soustraire et le résultat sont toujours plus petits que le premier nombre de la soustraction.

Expliquer qu'une troisième méthode est encore plus rapide quand le nombre à soustraire n'a ni dizaines, ni unités : *Il suffit de soustraire de tête le nombre de centaines à enlever.*

Institutionnalisation

5 min

Distribuer la trace écrite et la faire coller dans le cahier.

51 Calculer en ligne des différences (3)

Pour calculer **412 – 100** plusieurs méthodes sont possibles.

- **J'utilise la représentation en centaines, dizaines et unités.**

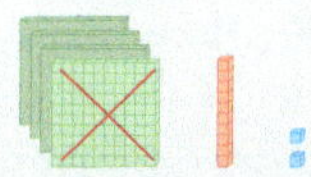

J'enlève 1 plaque de 100 : Il reste 3 centaines, **1 dizaine** et **2 unités**. C'est le nombre **312**.

- **J'utilise la décomposition des nombres.**

412 – 100
= 400 + 10 + 2 – 100
= 400 – 100 + 10 + 2
= 300 + 10 + 2
= **312**

- **J'enlève la centaine de tête.**

C'est la méthode la plus rapide !
412 – 100 = **312**
4 centaines – 1 centaine = 3 centaines

JOUR 2 Entraînement

35 min

51 Calculer en ligne des différences (3)

1 **Barre** les centaines à soustraire et **calcule**.

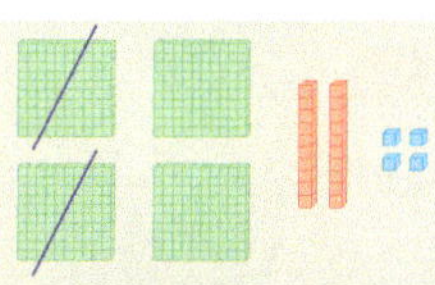

424 – 200 = 224

642 – 300 = 342

2 **Écris** les étapes et **calcule**.

490 – 100
= 400 + 90 – 100
= 400 – 100 + 90
= 300 + 90
= 390

670 – 400
= 600 + 70 – 400
= 600 – 400 + 70
= 200 + 70
= 270

3 **Complète** les soustractions.

765 – 300 = 465	832 – 200 = 632	100 = 900 – 800
618 – 400 = 218	390 = 890 – 500	750 – 100 = 650

4 **Calcule.**

- J'enlève 1 centaine à 470, j'obtiens 370.
- J'enlève 6 centaines à 903, j'obtiens 303.
- J'enlève 3 centaines à 300, j'obtiens 0.
- J'enlève 7 centaines à 830, j'obtiens 130.
- J'enlève 1 centaine à 278, j'obtiens 178.

CAHIER DU JOUR

5 **Recopie** et **calcule** les soustractions.

- 398 – 200
- 610 – 400
- 729 – 300
- 800 – 200

1 **2**

Erreur fréquente

Certains élèves **mélangent la méthode pour calculer des additions en ligne avec la méthode pour calculer des soustractions en ligne.**

Remédiation

Leur demander **d'entourer le signe de l'opération** et de **préciser si le résultat va être plus grand ou plus petit** que le premier nombre de l'opération.

2

Erreur fréquente

Certains élèves **se trompent dans la décomposition du premier nombre.**

Remédiation

Demander de **décomposer le nombre de façon isolée, puis de le réintégrer dans la soustraction.** Ou encore, représenter ce nombre avec le matériel de manipulation.

3

Erreur fréquente

Certains **élèves ne trouvent pas les nombres qui manquent.**

Remédiation

Rappeler que la soustraction à trou peut se transformer en addition. Par exemple « 400 + 218 » égale le nombre que l'on cherche.

52 Utiliser les tables de multiplication par 2, 3 et 4

OBJECTIF DE LA SÉQUENCE
Connaître les tables de multiplication.

JOUR 1 Découverte 35 min

Objectifs de l'activité
Mémoriser la table de 4 et associer une représentation à une multiplication par 4.

Matériel
- **Par binôme :**
  - **2 plateaux de jeu** : la table de multiplication par 4 dans les deux sens et des dés représentant des multiplications par 4 ;
  - **2 pions** ou **2 jetons** ou **2 haricots** ;
  - **1 carte correction** avec les deux parcours et leurs réponses.

Déroulement de la séance
- **Mise en situation** ■ oral collectif ■ 5 min
- **Recherche** ■ travail en binôme ■ 15 min
- **Mise en commun** ■ oral collectif ■ 10 min
- **Institutionnalisation** ■ oral collectif ■ 5 min

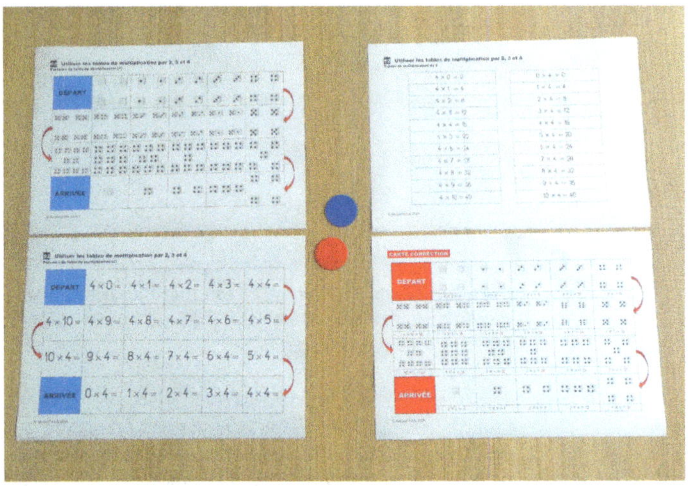

Photo 1 : le matériel des élèves

Mise en situation 5 min

■ Inviter les élèves à pratiquer le comptage de 4 en 4 sous la forme du jeu du furet de 0 jusqu'à 40 : interroger deux élèves en même temps, le plus rapide à donner la réponse exacte est le gagnant. Écrire les réponses au tableau, en colonne.

■ Puis, devant « 0 » écrire « 4 × 0 = » et demander : *Que peut-on écrire devant 4 ? devant 8 ?* Et ainsi de suite. Les élèves vont trouver qu'il faut écrire « 4 × 1 = 4 », « 4 × 2 = 8 », etc. Expliquer : *Compter de 4 en 4, c'est calculer les résultats de la table de multiplication par 4. Aujourd'hui, nous allons travailler avec la table de 4.*

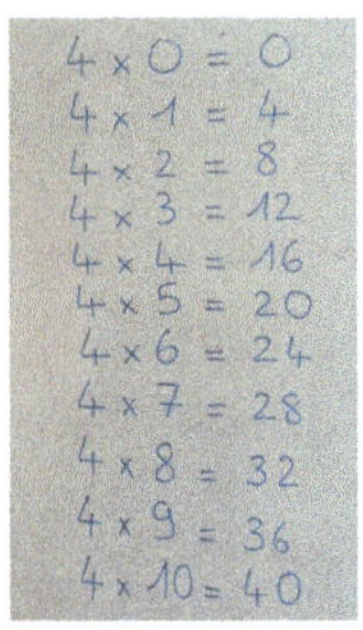

Photo 2 : la mise en situation au tableau

Recherche 15 min

1re phase

■ Effacer la table de 4 du tableau puis présenter le plateau de jeu avec les multiplications en chiffres et expliquer aux élèves qu'ils vont jouer par deux. Consigne : *Le premier joueur avance son pion sur la case « 4 × 0 », il doit lire cette multiplication et annoncer le résultat. S'il réussit, il avance à nouveau son pion d'une case ; le joueur continue à avancer tant qu'il annonce des résultats corrects. S'il se trompe, il reste sur la case et passe son tour. Le premier joueur qui atteint la case « arrivée » a gagné.*
Le second joueur utilise la « carte correction » pour vérifier les réponses de son binôme. Il annonce la réponse correcte pour que le premier joueur la mémorise s'il s'est trompé et s'en rappelle quand ce sera à son tour de jouer.

2de phase

■ Les élèves commencent une deuxième partie, mais cette fois avec le plateau avec les dessins de dés. Consigne : *Pour avancer d'une case, il faut annoncer la multiplication qui correspond au « dessin » présenté ainsi que la réponse.* Les réponses sont indiquées sur la « carte correction ». Le joueur correcteur répète la multiplication correcte et le résultat pour valider ou non la réponse du premier joueur.

Conseil
- Il est important de créer des **binômes homogènes**, c'est-à-dire de mettre ensemble des élèves qui ont déjà bien mémorisé les tables de 2, 3, 5 et 10 ou qui ne connaissent peu ou pas du tout ces premières tables, afin que le jeu soit équilibré, et qu'un élève ne soit pas découragé par son binôme qui serait « trop fort » pour lui.

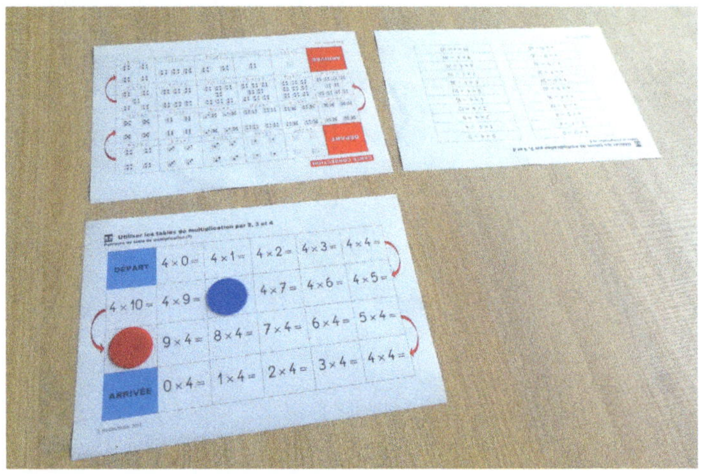

Photo 3 : deux élèves en train de jouer

Pistes de différenciation
- **Refaire une partie avec deux élèves qui ont gagné.**
- Pour mémoriser la table de 4, **demander aux élèves de répéter plusieurs fois chaque résultat qu'ils ne connaissent pas**. Ils peuvent aussi l'écrire sur leur cahier de brouillon car certains élèves mémorisent mieux ce qui est écrit que ce qui est entendu.
- **Regrouper à une table 3 ou 4 élèves en difficulté et mener le jeu** pour que cela aille plus vite et qu'ils n'aient pas le temps d'oublier le résultat qui va les faire avancer d'une case.
- **Écrire sur le plateau le résultat trouvé** afin que le joueur puisse trouver la multiplication suivante en ajoutant 4.

Mise en commun 10 min

■ Faire une partie au tableau avec le premier parcours en écrivant au fur et à mesure les résultats trouvés par les élèves.
Le but est de rappeler la commutativité de la multiplication en montrant qu'un résultat peut s'écrire avec deux multiplications différentes. Par exemple : 24 c'est « 4 × 6 », mais c'est aussi « 6 × 4 ».

MATÉRIEL ET DOCUMENTS

www.maths-super-simples.editions-bordas.fr, Séquence 52

CALCUL MENTAL JOUR 1 — 10 min

77. Le compte à rebours : de 3 en 3 en arrière.
➥ p. 38

CALCUL MENTAL JOUR 2 — 10 min

78. $u \times 2$ et $u \times 3$.
➥ p. 38

- Utiliser le deuxième plateau pour montrer que malgré le résultat identique, la représentation de 24 est différente selon que l'on écrit « 4 × 6 » ou « 6 × 4 ».
- Chaque élève garde un parcours et le range dans son lutin de recherche.

Activité complémentaire

Mémoriser la table de 4

Après cette séance de découverte, prévoir de courtes séances d'entraînement pour **mémoriser les tables de 2, 3 et 4** lors du calcul mental par exemple, ou en utilisant le jeu du furet.
L'apprentissage des tables de multiplication peut aussi être donné en travail à la maison.

Institutionnalisation — 5 min

Distribuer la trace écrite et la faire coller dans le cahier.

52 Utiliser les tables de multiplication par 2, 3 et 4

Tu dois apprendre cette table de multiplication par cœur.

4 × 3 = 12
4 groupes de 3
4 fois 3 égale 12

3 × 4 = 12
3 groupes de 4
3 fois 4 égale 12

Table de 4
0 × 4 = 0
1 × 4 = 4
2 × 4 = 8
3 × 4 = 12
4 × 4 = 16
5 × 4 = 20
6 × 4 = 24
7 × 4 = 28
8 × 4 = 32
9 × 4 = 36
10 × 4 = 40

JOUR 2 Entraînement — 35 min

52 Utiliser les tables de multiplication par 2, 3 et 4

1 Écris les deux multiplications équivalentes.

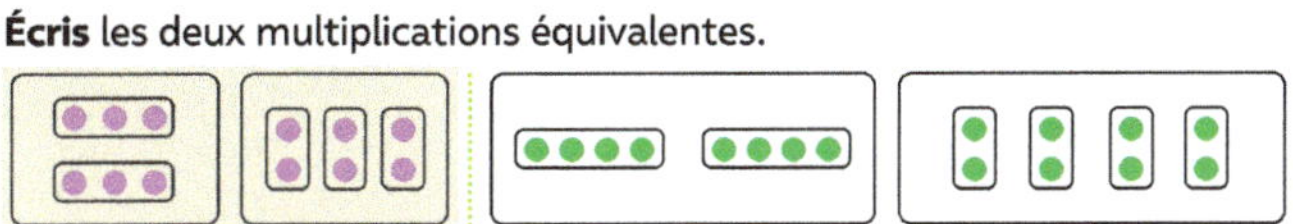

2 × 3 = 6 | 3 × 2 = 6 | 2 × 4 = 8 | 4 × 2 = 8

2 Dessine les deux façons de disposer les jetons pour la multiplication.

2 × 4 | 5 × 2

3 Écris deux multiplications possibles pour trouver le nombre de carrés.

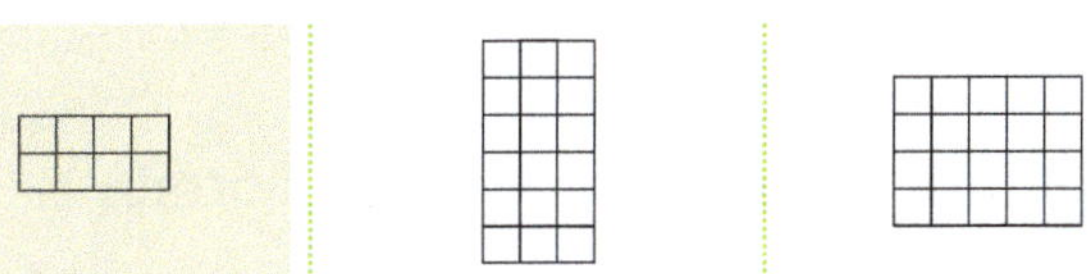

2 × 4 = 8	3 × 6 = 18	4 × 5 = 20
4 × 2 = 8	6 × 3 = 18	5 × 4 = 20

4 Écris la multiplication équivalente et **calcule**.

3 × 2 = 2 × 3 = 6	4 × 3 = 3 × 4 = 12	5 × 2 = 2 × 5 = 10
3 × 1 = 1 × 3 = 3	5 × 4 = 4 × 5 = 20	4 × 4 = 4 × 4 = 16

CAHIER DU JOUR

5 Recopie et calcule. • 2 × 10 • 4 × 4 • 3 × 2 • 3 × 4

1

Erreur fréquente

Certains élèves **n'écrivent pas la multiplication dans le sens qui correspond au schéma.**

Remédiation

Faire verbaliser la situation. Demander aux élèves de décrire ce qu'ils voient. Quand ils voient des groupes avec des pions, leur demander de préciser combien il y a de pions par groupe et combien il y a de groupes. Puis, demander : « *Il y a 2 fois 4 pions ou il y a 4 fois 2 pions ?* »

3

Erreur fréquente

Les résultats sont erronés.

Remédiation

Demander aux élèves de **dénombrer le nombre de carrés sur la figure** puis de **chercher dans les tables de 2, 3 et 4 à quelle multiplication cela correspond.** Faire dessiner un point dans chaque carré pour rappeler les exercices précédents.

4

Erreur fréquente

Les résultats sont erronés car les élèves ne connaissent pas les tables.

Remédiation

Seul l'apprentissage par cœur peut résoudre ce type de difficulté.

54 Je fais le point

Matériel : équerre

1 **Écris** en chiffres, puis en lettres.

- 5 centaines 1 dizaine et 9 unités : 519 cinq-cent-dix-neuf
- 2 centaines 6 dizaines : 260 deux-cent-soixante
- 7 centaines : 700 sept-cent
- 5 unités 9 centaines 0 dizaine : 905 neuf-cent-cinq

2 **Complète.**

345 + 100 = 445	526 + 70 = 596	223 + 555 = 778
106 + 790 = 896	700 − 200 = 500	875 − 200 = 675

3 **Calcule.**

3 × 5 = 5 + 5 + 5 = 15	2 × 4 = 4 + 4 = 8
4 × 6 = 6 + 6 + 6 + 6 = 24	2 × 7 = 7 + 7 = 14

4
- **Écris** sous chaque figure le nombre d'angles droits.
- **Marque** chaque sommet d'un point noir.

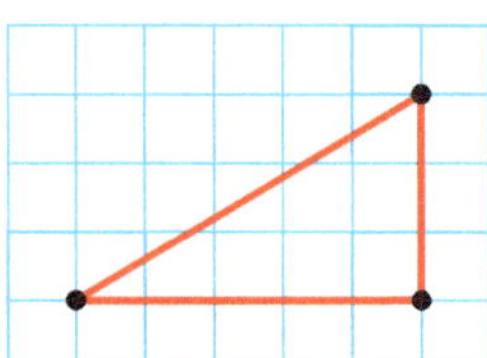
1 angle droit

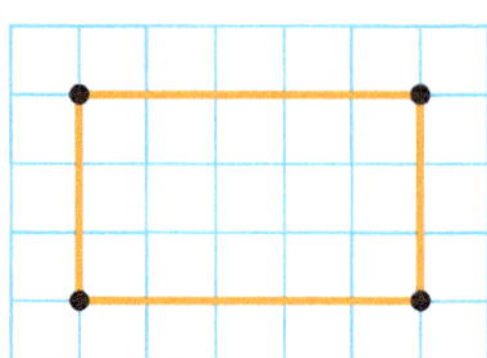
4 angles droits

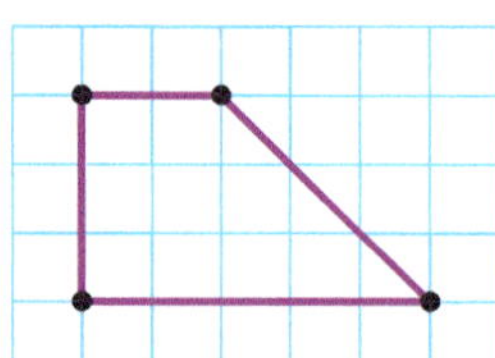
2 angles droits

3 angles droits

5 **Écris** la somme représentée.

3 € 25 c

7 € 93 c

1 € 35 c

Exploitation pédagogique des séquences

Période 4

La séquence 57 propose de revoir plusieurs types de **problèmes du champ additif** : recherche du tout, recherche de la valeur d'une différence dans un problème de comparaison et recherche de l'état final dans un problème de transformation. Il est important, à chaque fois, de **faire verbaliser par les élèves les procédures** qu'ils mettent en œuvre pour identifier les éventuelles erreurs de raisonnement, même en cas de résultat correct.

57 Problèmes

1 Au club de judo, 137 garçons et 139 filles sont inscrits.
Quel est le nombre total d'élèves du club ?

- **Complète** le schéma.

137	139
?	

- **Écris** un calcul avec + ou − et **calcule** : 137 + 139 = 276
- **Écris** la phrase réponse : Il y a 276 élèves dans le club au total.

2 Louise possède 346 images dans sa collection. Zoé en a 200 de moins.
Combien d'images possède Zoé ?

- **Dessine** le schéma.

200	?
346	

- **Écris** un calcul avec + ou − et **calcule** : 346 − 200 = 146
- **Écris** la phrase réponse : Zoé possède 146 images.

3 On cherche le nombre de cahiers neufs qu'il y aura à la rentrée.
En fin d'année, il reste 307 cahiers dans la réserve.
Le directeur en achète 385 pour la rentrée.

- **Dessine** le schéma.

307	385
?	

- **Écris** un calcul avec + ou − et **calcule** : 307 + 385 = 692
- **Écris** la phrase réponse : Il y a aura 692 cahiers à la rentrée.

2

Erreur fréquente

Les élèves **additionnent les deux données numériques de l'énoncé**.

Remédiation

Faire verbaliser aux élèves la réciprocité de la situation et faire estimer le résultat : « *C'est Louise qui a le plus d'images. Zoé a le moins d'images. Zoé a moins que 346 images, elle en a environ une centaine* ».

Déroulement suggéré

Résoudre le premier problème collectivement avec la classe en réalisant une manipulation devant les élèves avec des réglettes cuisenaires agrandies aimantées au tableau.

Verbaliser de nouveau le problème à partir du schéma.

Trouver la relation entre les nombres à l'aide de cette modélisation puis entourer le nombre qui répond à la question dans le calcul en ligne.

Conclure : *On cherche le nombre total d'élèves au club de judo. On additionne le nombre de filles et le nombre de garçons inscrits :*

137 + 139 = 276

Il y a 276 élèves dans le club de Judo.

Laisser la résolution de ce problème affichée au tableau durant la résolution individuelle des deux autres problèmes. Afin qu'il n'y ait pas de problème de lecture, lire chaque énoncé deux fois à haute voix à toute la classe.

Réaliser la correction de façon collective problème après problème en invitant à chaque fois au tableau un élève qui aura été identifié en difficulté.

- Cette séquence propose divers problèmes du **champ additif : parties-tout, transformation, comparaison.**

Des **problèmes ouverts** doivent compléter ces séances. Les fichiers texte des énoncés sont proposés sur le site de la collection pour permettre de **générer de nouveaux énoncés en intervenant sur les variables suivantes** :

- modifier les **données numériques**, en veillant à **ne pas proposer de tout supérieur à 1 000 pour les problèmes du champ additif et sans changer le contexte** ;
- puis modifier le **contexte**, mais **sans changer les données numériques** ;

La séquence 61 propose à nouveau des **problèmes complexes** : des **problèmes de transformation à deux étapes**. L'élève doit bien comprendre les relations entre les données de l'énoncé et ce qui est recherché, afin de construire un schéma de la situation et d'organiser les différents calculs. La résolution de ces problèmes ne se résume pas au fait de « trouver *la* bonne opération ». La multiplicité des réponses possibles limite fortement le recours à une opération au hasard et renforce la nécessité de la maîtrise suffisante des connaissances et compétences requises.

61 Problèmes

1 Au départ du train, il y a 158 passagers.
Au premier arrêt, 43 passagers descendent du train.
Au deuxième arrêt, 97 personnes montent dans le train.
Quel est le nombre de voyageurs dans le train après le deuxième arrêt ?

Étape 1 : nombre de passagers après le 1er arrêt

- **Complète** le schéma.

43	?
158	

- **Écris** un calcul avec + ou − et **calcule** : 158 − 43 = (115)

Étape 2 : nombre de passagers après le 2e arrêt

- **Complète** le schéma en t'aidant du résultat de l'étape 1.

115	97
?	

- **Écris** un calcul avec + ou − et **calcule** : 115 + 97 = (212)
- **Écris** la phrase réponse : Il y a 212 voyageurs dans le train.

2 Dans le verger, on comptait 57 cerisiers au mois de septembre.
Pendant l'hiver, 11 cerisiers ont été abattus et au printemps 16 nouveaux ont été plantés. Combien y a-t-il de cerisiers cet été ?

Étape 1 : nombre de cerisier l'hiver

- **Dessine** le schéma.

11	?
57	

- **Écris** un calcul avec + ou − et **calcule** : 57 − 11 = (46)

Étape 2 : nombre de cerisiers après le printemps

- **Dessine** le schéma en t'aidant du résultat de l'étape 1.

46	16
?	

- **Écris** un calcul avec + ou − et **calcule** : 46 + 16 = (62)
- **Écris** la phrase réponse : Il y a 62 cerisiers cet été.

1 2

Erreur fréquente

Les élèves **ne savent pas relier les données entre elles pour élaborer la réponse.**

Remédiation

Mimer la situation à l'élève, étape par étape, avec du matériel pour trouver la bonne relation entre les nombres.

Déroulement suggéré

- Mimer le premier problème à la classe en notant les données au tableau. Expliquer que la résolution va se faire en deux étapes. Représenter le schéma de la première étape au tableau en verbalisant cette étape du problème. Demander aux élèves de trouver la relation entre les nombres à l'aide de cette modélisation, effectuer le calcul, puis entourer le nombre qui répond à cette première étape dans le calcul en ligne. Demander à un élève d'énoncer la phrase réponse de la première étape et l'écrire au tableau. Continuer la même approche avec la seconde étape.

  Conclure en s'appuyant sur les deux schémas : *Pour trouver le nombre de passagers dans le train après le deuxième arrêt, on cherche d'abord combien de passagers restent après le premier arrêt. Comme au premier arrêt 43 passagers descendent, on pose une soustraction.*

  158 − 43 = 115

  115 passagers sont dans le train après le premier arrêt. Comme ensuite 97 passagers montent, on pose une addition pour connaître le nombre total de passagers.

  115 + 97 = 212

  Il y a 212 passagers dans le train après le deuxième arrêt.

- Laisser la résolution de ce problème affichée au tableau durant la résolution individuelle de l'autre problème.
- Lire l'énoncé deux fois à haute voix à toute la classe.
- Réaliser la correction de façon collective en invitant au tableau un élève qui aura été identifié en difficulté.

- Cette séquence propose des **problèmes à plusieurs étapes** composés de sous-problèmes du **champ additif**. Ce sont des problèmes de **transformation**.

- ensuite, modifier **à la fois le contexte et les données numériques**, en veillant à **privilégier des nombres sympathiques** ;
- enfin, on peut proposer de travailler sur les **longueurs** (**m, cm, dm**) ou les **prix** (**euros, centimes**) : « *La buvette de l'école a deux caisses. Il y a 175 euros dans la première et 318 euros dans la seconde. Combien y-a-t 'il d'euros en tout ?* »

Version personnalisable de chaque énoncé de problème : **maths-super-simples.editions-bordas.fr**

Pour les problèmes de comparaison de la séquence 65, les élèves doivent **pouvoir inhiber la réponse très tentante qui mène à réaliser la mauvaise opération**. En effet, le mot « plus » peut faire penser à une addition, et le mot « moins » à une soustraction. Pour l'exercice 2, par exemple, le mot « plus » correspond bien à une addition, mais il s'agit d'une addition à trou « 147 = ? + 30 ». Ainsi il est important, lors de la résolution des problèmes de comparaison, d'amener les élèves à se demander systématiquement : « ***Qui en a le plus ?*** ».

65 Problèmes

1 Madie a 23 billes. Elle en a 6 de moins que Léo.
Combien Léo a-t-il de billes ?

- **Complète** le schéma.

23	6
?	

- **Écris** un calcul avec + ou − et **calcule** : 23 + 6 = (29)
- **Écris** la phrase réponse : Léo a 29 billes.

2 Dans la cour, on compte 147 filles. Il y a 30 filles de plus que de garçons.
Quel est le nombre de garçons dans la cour ?

- **Dessine** le schéma.

?	30
147	

- **Écris** un calcul avec + ou − et **calcule** : 147 − 30 = (117)
- **Écris** la phrase réponse : Il y a 117 garçons dans la cour.

3 On cherche l'âge de la mère de José.
José a 14 ans. Il a 28 ans de moins que sa mère.

- **Dessine** le schéma.

14	28
?	

- **Écris** un calcul avec + ou − et **calcule** : 14 + 28 = (42)
- **Écris** la phrase réponse : La mère de José a 42 ans.

1 2 3

Erreur fréquente

Les élèves **se trompent d'opération.**

Remédiation

Faire verbaliser aux élèves la réciprocité de la situation et faire estimer le résultat : « *C'est Léo qui a le plus de billes. Madie a le moins de billes. Zoé a moins que 23 billes, elle en a environ 15* ».

Déroulement suggéré

Résoudre le premier problème collectivement avec la classe en dessinant les billes de Madie au tableau et en notant à côté l'autre donnée du problème. Laisser les élèves chercher librement une procédure. Leur demander d'écrire le calcul correspondant, et d'entourer la réponse au problème.

Envoyer au tableau un élève en difficulté et procéder à la correction en construisant un schéma du problème.

Conclure : *Si Madie a 6 billes de moins que Léo, c'est donc que Léo en a 6 de plus que Madie. On ajoute donc 6 au nombre de billes de Madie.*

23 + 6 = 29

Léo a donc 29 billes.

Laisser la résolution de ce problème affichée au tableau durant la résolution individuelle des deux autres problèmes. Afin qu'il n'y ait pas de problème de lecture, lire chaque énoncé deux fois à haute voix à toute la classe.

Réaliser la correction problème après problème en invitant au tableau, pour chaque problème, un élève qui aura été identifié en difficulté.

- La séquence 65 propose divers **problèmes de comparaison du champ additif**.

Des **problèmes ouverts** doivent compléter ces séances. Les fichiers texte des énoncés sont proposés sur le site de la collection pour permettre de **générer de nouveaux énoncés en intervenant sur les variables suivantes** :

- modifier les **données numériques**, en veillant à **ne pas proposer de tout supérieur à 1 000 pour les problèmes du champ additif et à 100 pour le champ multiplicatif, et sans changer le contexte** ;
- puis modifier le **contexte**, mais **sans changer les données numériques** ;

Les automatismes multiplicatifs continuent à s'installer, il faudra veiller, dans la séquence 69, à ce que les élèves privilégient la traduction de la situation à l'aide **de la multiplication en ligne et abandonnent l'addition réitérée**. Ces problèmes participent à la construction du sens de la division. Les élèves peuvent utiliser d'autres modélisations que le schéma en barres : distribuer les items dans *n* sous-ensembles, dessiner les items pour obtenir *n* groupes égaux…

69 Problèmes

1 On distribue équitablement 32 cartes entre 4 élèves.
Combien chaque élève aura-t-il de cartes ?

?	?	?	?
32			

- **Écris** un calcul avec + ou × et **calcule** : 4 × (8) = 32
- **Écris** la phrase réponse : Chaque élève aura 8 cartes.

2 Pour la course de relais, 40 élèves sont répartis équitablement dans 5 équipes.
Combien y a-t-il d'élèves dans chaque équipe ?

- **Complète** le schéma.

8	8	8	8	8
40				

- **Écris** un calcul avec + ou × et **calcule** : 5 × (8) = 40
- **Écris** la phrase réponse : Il y a 8 élèves dans chaque équipe.

3 On cherche le nombre de billes dans chaque sachet.
Léo a 36 billes et il les range équitablement dans 4 sachets.

- **Dessine** le schéma.

?	?	?	?
36			

- **Écris** un calcul avec + ou × et **calcule** : 4 × (9) = 36
- **Écris** la phrase réponse : Il y a 9 billes dans chaque sachet.

1 2 3

Erreur fréquente

Les élèves **ont du mal à trouver une procédure efficace**.

Remédiation

Distribuer du matériel de manipulation et dessiner les ensembles. Demander à l'élève de distribuer le matériel un par un dans chaque ensemble.

Déroulement suggéré

Résoudre le premier problème collectivement avec la classe. Réaliser une manipulation devant les élèves avec des cartes puis représenter le schéma du problème au tableau. Verbaliser à nouveau le problème à partir du schéma.

Laisser les élèves chercher pendant quelques minutes puis demander à plusieurs d'entre eux comment ils ont fait pour le résoudre. En cas de réponse incorrecte, poser des questions à l'élève pour qu'il tente de trouver par lui-même son erreur de calcul ou de raisonnement.

Procéder ensuite à la correction : *On distribue un jeu de 32 cartes entre 4 élèves. Pour trouver combien de cartes aura chaque élève, on peut poser une multiplication à trou : 4 × ? = 32*

On peut chercher ce qui fait 32 dans la table de 4 :

4 × [8] = 32

Chaque élève reçoit 8 cartes.

Laisser la résolution de ce problème affichée au tableau durant la résolution individuelle des deux autres problèmes. Afin qu'il n'y ait pas de problème de lecture, lire chaque énoncé deux fois à haute voix à toute la classe.

Les élèves travaillent avec les tables de multiplication de 4 et de 5 mises à disposition ou écrites au tableau.

Réaliser la correction problème après problème en invitant au tableau, pour chaque problème, un élève qui aura été identifié en difficulté.

- Cette séance propose des **problèmes multiplicatifs : recherche de la valeur d'une part.**

- ensuite, modifier **à la fois le contexte et les données numériques**, en veillant à **privilégier des nombres sympathiques** ;
- enfin on peut proposer de travailler sur les **masses** (g) après la séquence 62 : « *On cherche le nombre de grammes de cannelle dans chaque sachet. On répartit équitablement 36 grammes de cannelle dans 4 sachets.* »

Version personnalisable de chaque énoncé de problème : **maths-super-simples.editions-bordas.fr**

55 Connaître les nombres jusqu'à 999 (2)

OBJECTIF DE LA SÉQUENCE
Lire, écrire et représenter les nombres jusqu'à 999.

JOUR 1 Découverte 40 min

Objectif de l'activité
Connaître les différentes écritures d'un nombre de 600 à 999.

Matériel

- **Par groupes de 4 :**
  - 1 **jeu de 8 cartes** avec les nombres 632, 623, 775, 705, 862, 826, 900 et 991 écrits en chiffres ;
  - 1 **jeu de 8 cartes** avec ces mêmes nombres écrits en lettres ;
  - 1 **jeu de 8 cartes** avec ces mêmes nombres représentés avec le matériel de manipulation ;
  - 1 **jeu de 8 cartes** avec ces mêmes nombres décomposés en centaines, dizaines et unités ;
  - 1 **ardoise** et 1 **feutre** effaçable.
- **Pour la classe :**
  - des **aimants** ou de la **pâte adhésive** ;
  - des **craies** verte, rouge et bleue.

Déroulement de la séance

- **Mise en situation** ▪ oral collectif ▪ 10 min
- **Recherche** ▪ par groupe de 4 ▪ 15 min
- **Mise en commun** ▪ oral collectif ▪ 10 min
- **Institutionnalisation** ▪ oral collectif ▪ 5 min

Mise en situation 10 min

Écrire 623 au tableau et demander : *Représentez ce nombre en dessinant des plaques de 100, des barres de 10 et des cubes unités.* Désigner un élève pour venir faire l'exercice au tableau pendant que les autres travaillent sur l'ardoise. Laisser 30 secondes puis demander aux élèves de lever leurs ardoises. Il est ainsi possible d'identifier rapidement les élèves qui sont encore en difficulté.

La correction a lieu au tableau à partir de la représentation réalisée par l'élève qui a été appelé. Demander : *Quel est le nombre de centaines dessinées ?* Puis dénombrer le nombre de plaques de 100 dessinées. *Quel est le nombre de dizaines dessinées ?* Puis dénombrer le nombre de barres de 10 dessinées. *Quel est le nombre d'unités dessinées ?* Puis dénombrer le nombre de cubes unités dessinés. Demander à l'élève au tableau de réajuster en barrant ou en rajoutant s'il y a des erreurs.

Refaire l'exercice avec : 705, 862 et 900.

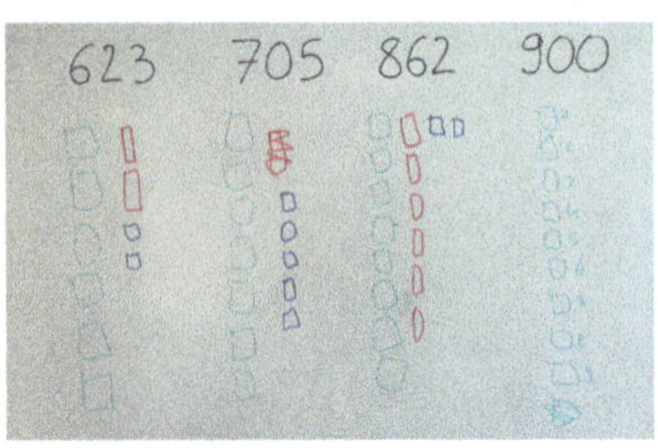

Photo 1 : la mise en situation au tableau

Recherche 15 min

Présenter les cartes : *Ces cartes représentent huit nombres écrits de différentes façons : avec des chiffres, avec des lettres, ou en utilisant la décomposition en centaines, dizaines et unités. Vous avez déjà utilisé ces cartes pour un jeu en équipe, mais cette fois vous allez jouer seul contre trois autres camarades.*

Former des groupes de 4 élèves et distribuer deux cartes-nombres à chacun. Les élèves les posent devant eux sur la table. Puis chaque groupe reçoit les trois autres séries de cartes présentant la représentation avec le matériel de manipulation la décomposition en centaines, dizaines et unités et l'écriture en lettres. Ces cartes sont réparties au centre de la table, faces cachées.

Consigne : *Chacun votre tour, dans le sens des aiguilles d'une montre, piochez une carte au milieu de la table et lisez le nombre représenté sur la carte. L'élève qui a la carte de ce nombre lève la main et reçoit la carte piochée par son camarade. L'élève qui a récupéré les quatre cartes de ses deux nombres en premier a gagné.*

Laisser les groupes travailler, puis refaire une deuxième partie en distribuant en premier à chaque élève deux cartes avec les nombres écrits en lettres.

Ensuite, proposer une troisième partie en distribuant en premier à chaque élève deux cartes avec les nombres écrits sous la forme « centaines, dizaines et unités ».

Photo 2 : la table d'un groupe au cours de la partie

Pistes de différenciation

- **Donner deux nombres qui ont des centaines différentes.** Faire le meneur de jeu en lisant le nombre représenté sur la carte piochée.
- **Constituer un groupe** avec les élèves les plus lents **et leur laisser le temps de réaliser l'activité** sans être pressés par l'enjeu de gagner.
- **Regrouper les élèves les plus performants** entre eux.

Mise en commun 10 min

La mise en commun a pour objectif de mettre en avant les stratégies utilisées par les élèves pour retrouver les cartes correspondant à leurs nombres, quelle que soit la représentation.

Afficher deux nombres-chiffres au tableau, ainsi que leurs représentations placées n'importe où sur le tableau et demander : *Comment avez-vous fait pour retrouver rapidement les représentations de chaque nombre écrit en chiffres ?* La première stratégie consiste à écouter le nombre lu puis à lire à voix haute ses propres nombres sur la table, et à se demander s'ils sont identiques. Valoriser la stratégie experte en reformulant les explications des élèves : *Il est plus facile et plus rapide de savoir de quel nombre on parle si on retient dans l'ordre le chiffre des centaines puis, si celui-ci correspond, à se rappeler le chiffre des dizaines et, s'il correspond à se rappeler le chiffre des unités. Une autre stratégie consiste à mémoriser le nombre dans sa tête et à le comparer avec les deux nombres présents sur la table.*

MATÉRIEL ET DOCUMENTS

www.maths-super-simples.editions-bordas.fr, Séquence 55

CALCUL MENTAL JOUR 1

10 min **79.** Identifier une quantité organisée jusqu'à 999.
➥ p. 39

CALCUL MENTAL JOUR 2

10 min **80. Le nombre caché** : entre 500 et 999.
➥ p. 39

Conclure : *On commence toujours par lire un nombre par la gauche, et quelle que soit la représentation choisie, on doit toujours avoir le même nombre de centaines, de dizaines et d'unités que ce nombre.*

Activité complémentaire

Apprendre à écrire les chiffres jusqu'à 999

- En période 4, continuer à proposer des situations décrochées pour faire apprendre l'écriture des nombres en lettres et en chiffres de 600 à 999. Cela peut se faire sous forme de **rituels de 5 minutes, tous les matins**, pendant les appels de la classe, de la cantine, du goûter et/ou de l'étude.
- **Dictées de nombres** sur l'ardoise en lettres et en chiffres.

Institutionnalisation

5 min

Distribuer la trace écrite et la faire coller dans le cahier.

55 Connaître les nombres jusqu'à 999 (2)

Un nombre peut s'écrire de différentes façons.

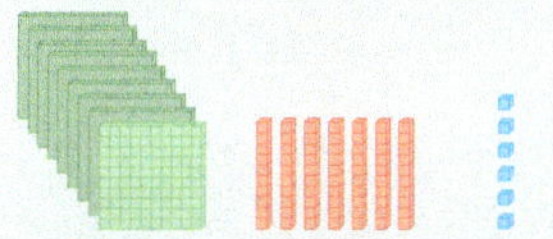

9 centaines + 7 dizaines + 6 unités
900 + 70 + 6

chiffre des centaines — chiffre des dizaines — chiffre des unités

c	d	u
9	7	6

9 c 7 d 6 u

Neuf-cent-soixante-seize

En tout, il y a **976** cubes.

JOUR 2 Entraînement 25 min

55 Connaître les nombres jusqu'à 999 (2)

1 **Entoure** :

- Le chiffre des centaines : 574 700 999
- Le chiffre des dizaines : 367 890 601
- Le chiffre des unités : 483 800 302

2 **Colorie** de la même couleur les étiquettes du même nombre.

six-cent-trente | 4 u et 7 d et 8 c | 549 | 7 c et 3 u
874 | cinq-cent-quarante-neuf | 5 c et 4 d et 9 u
0 u et 63 d | huit-cent-soixante-quatorze | 703
630 | 6 c et 3 d et 0 u | 49 u et 5 c | sept-cent-trois

3 **Barre** ce qui est en trop.

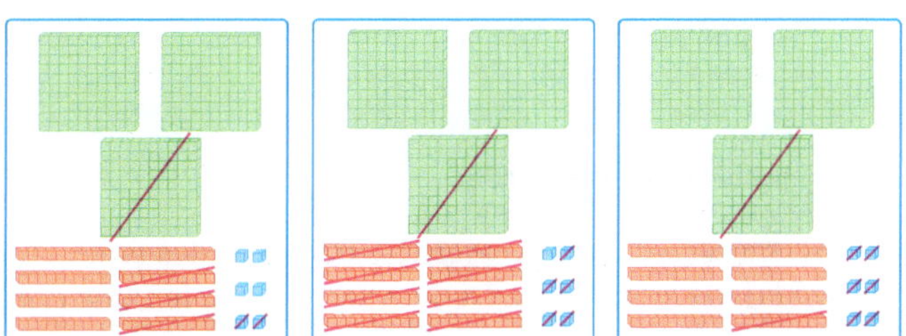

254 201 270

CAHIER DU JOUR

4 **Écris** en lettres les nombres suivants.

- 800
- 609
- 750

1 2 3

Erreur fréquente

Les élèves **n'ont pas encore fixé la valeur de chaque chiffre selon sa place dans le nombre**.

Remédiation

Faire écrire les nombres dans **un tableau de numération**.

2

Erreur fréquente

Certains élèves **ne remarquent pas que la décomposition en centaines, dizaines et unités n'est pas dans l'ordre de lecture du nombre**.

Remédiation

Faire repasser les centaines au crayon vert, les dizaines en rouge et les unités en bleu, dans les nombres décomposés et dans les nombres écrits en chiffres.

56 Comparer les nombres jusqu'à 999

OBJECTIF DE LA SÉQUENCE
Comparer des nombres à trois chiffres.

JOUR 1 Découverte 40 min

Objectif de l'activité
Faire varier le nombre de centaines, de dizaines ou d'unités pour trouver un nombre plus grand ou plus petit que le nombre de référence.

Matériel

- **Par élève** :
  - **1 feuille A5**, 1 **gros feutre** ;
  - **1 ardoise** et 1 **feutre effaçable.**
- **Pour l'enseignant** :
  - 1 **feutre** noir ;
  - 1 **craie** blanche.

Déroulement de la séance

- **Mise en situation** ■ oral collectif et travail individuel ■ 10 min
- **Recherche** ■ individuelle ■ 15 min
- **Mise en commun** ■ oral collectif ■ 10 min
- **Institutionnalisation** ■ oral collectif ■ 5 min

Mise en situation — 10 min

■ Expliquer aux élèves qu'ils vont travailler sur la comparaison des nombres à trois chiffres. Distribuer une feuille A5 à chacun.
Demander : *Écrivez sur votre feuille, en la prenant dans le sens de la largeur, un nombre à trois chiffres. Pour les élèves à ma gauche, ce nombre sera compris entre 770 et 879, et pour ceux à ma droite entre 880 et 999.* Puis chaque élève vient au tableau, montre à la classe son nombre et il le lit.
■ Cette situation a pour objectif de raviver la lecture des grands nombres. Récupérer toutes les feuilles et demander aux élèves de sortir leur ardoise et leur feutre effaçable.

Recherche — 15 min

■ Choisir deux feuilles parmi celles des elèves et afficher une première au tableau. Afficher le dos de la seconde feuille, en ayant au préalable recopié son nombre, mais en omettant un chiffre.
Placer le signe < ou > entre les deux nombres.
Consigne : *Écrivez sur votre ardoise un nombre complet en trouvant un chiffre pour que l'inégalité soit juste.*

■ Au signal, les élèves lèvent leur ardoise pour montrer le nombre qu'ils ont trouvé. Valider les nombres corrects en les écrivant au tableau sous le nombre à trouver.

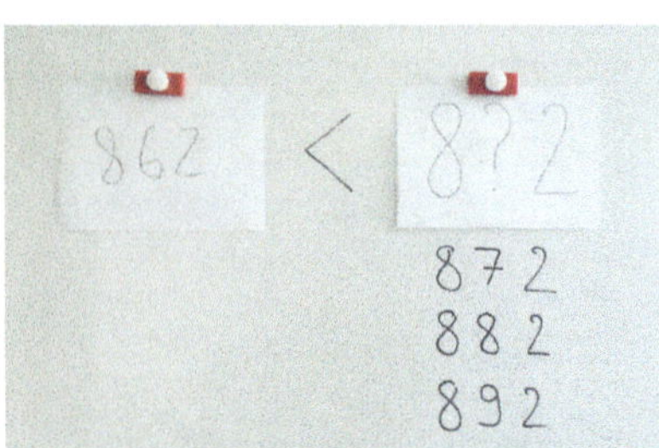

Photo 1 : les réponses possibles trouvées par les élèves

■ Demander : *Comment doit être le chiffre des dizaines pour que le deuxième nombre soit plus grand que le premier ? Le chiffre des dizaines doit être plus grand que 6 car les deux nombres ont autant de centaines et autant d'unités. Il faut donc que le deuxième nombre ait plus de dizaines.* Afin que les élèves s'en rendent mieux compte, envoyer un élève au tableau pour représenter 862 sous forme de plaques de 100, de barres de 10 et de cubes unités. Expliquer qu'il faut au minimum dessiner une barre de 10 en plus pour obtenir un nombre plus grand que le premier. Retourner le nombre caché pour montrer qu'il fait bien partie des solutions proposées par les élèves.

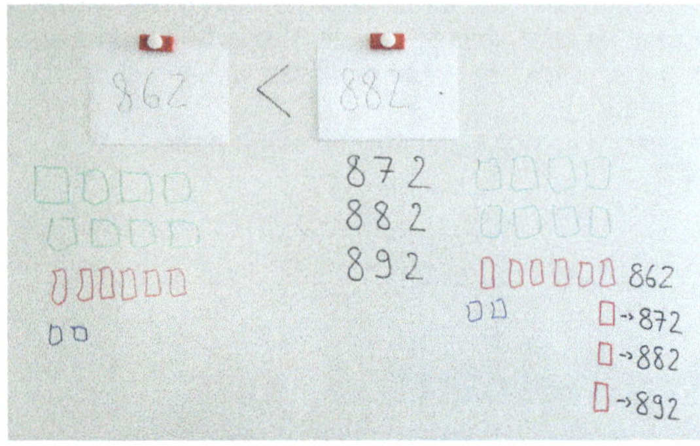

Photo 2 : la validation avec le matériel de manipulation

■ Refaire plusieurs fois cette situation en alternant les paramètres suivants :
– les signes < ou > ;
– la place du point d'interrogation à la place du chiffre des dizaines ou du chiffre des centaines ; travailler préférentiellement en cachant le chiffre des centaines ou des dizaines et se contenter de un ou de deux exemples en cachant le chiffre des unités.
Le but est de comparer des grands nombres et donc de faire comprendre aux élèves qu'il faut commencer par regarder le chiffre des centaines, puis des dizaines et enfin des unités.
Insister pour que les élèves verbalisent leur procédure et reformuler après eux en utilisant les termes corrects.

Pistes de différenciation

- Pour les élèves qui ne réussissent pas à trouver le nombre caché, **leur faire représenter le premier nombre avec des plaques de 100, des barres de 10 et des cubes unités.** Leur faire comprendre que pour trouver un nombre plus grand, **il faut ajouter une plaque de 100, une barre de 10 ou 1 unité** selon la position occupée par le point d'interrogation, et que pour trouver un nombre plus petit **il faut enlever une plaque de 100, une barre de 10 ou 1 unité** selon la position occupée par le point d'interrogation.

Mise en commun — 10 min

■ Utiliser les feuilles restantes dans les piles et les afficher deux par deux au tableau. Demander : *Placez le signe qui convient : soit « < », plus petit ou inférieur, soit « > », plus grand ou supérieur, entre les deux nombres. Comment faites-vous ?*

■ L'objectif de la mise en commun est de faire verbaliser la méthode à appliquer par les élèves : *Pour comparer deux nombres à trois chiffres, je compare les chiffres des centaines, le plus grand nombre est celui qui a le plus de centaines. Si les chiffres des centaines sont identiques, je compare les chiffres des dizaines, le plus grand nombre est celui qui a le plus de dizaines. Si les chiffres des dizaines sont identiques, je compare les chiffres des unités, le plus grand nombre est celui qui a le plus d'unités.*

MATÉRIEL ET DOCUMENTS

www.maths-super-simples.editions-bordas.fr, Séquence 56

CALCUL MENTAL JOUR 1 — 10 min

81. Décomposer des nombres 999 en centaines, dizaines et unités.
➥ p. 39

CALCUL MENTAL JOUR 2 — 10 min

82. Le gobelet : tout = 12.
➥ p. 39

Ajouter : *Si les chiffres des centaines, des dizaines et des unités sont identiques, alors les deux nombres sont égaux et on peut écrire le signe « = » entre les deux.*

Institutionnalisation (5 min)

Distribuer la trace écrite et la faire coller dans le cahier.

56 Comparer les nombres jusqu'à 999

Pour comparer deux nombres à trois chiffres, **on compare d'abord les chiffres des centaines, puis ceux des dizaines, puis ceux des unités.**

- **Comparons 662 et 862**
662 et 862 n'ont pas le même nombre de centaines.
On compare donc les chiffres des centaines.
6 < 8, donc 662 < 862
- **Comparons 862 et 871**
862 et 871 ont le même chiffre des centaines, mais n'ont pas le même chiffre des dizaines. On compare donc les chiffres des dizaines.
6 < 7, donc 862 < 871
- **Comparons 864 et 862**
864 et 862 ont le même chiffre des centaines et le même chiffre des dizaines. On compare donc les chiffres des unités.
4 > 2, donc 864 > 862

JOUR 2 Entraînement (30 min)

56 Comparer les nombres jusqu'à 999

1 **Écris** les nombres représentés puis **complète** avec =, ou <, ou bien >.

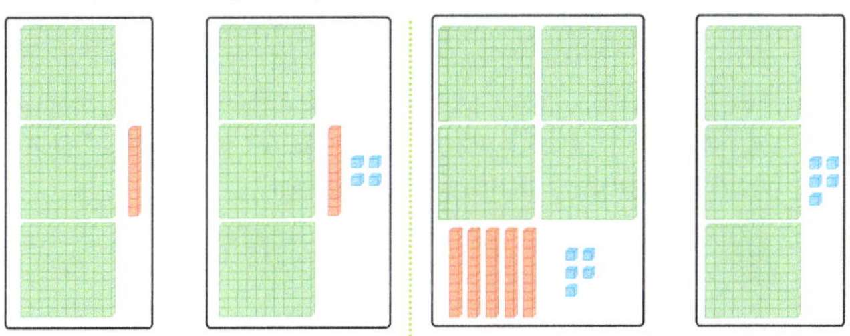

310 < 314   455 > 305

2 **Complète** avec < ou >.

878 < 887	901 < 910	57 < 507
100 > 11	633 < 637	571 > 507

3 **Complète** chaque nombre avec un chiffre qui convient.

300 > 299	600 > 375	205 < 210
167 < 168	489 > 460	257 < 460

4 **Complète** avec < ou >.

- 575 > cinq-cent-soixante-douze
- 690 > six-cent-quatre-vingt
- quatre-cent-trente-huit < 448
- cinquante-cinq < 505

CAHIER DU JOUR

5 **Écris** en lettres les nombres suivants.

- 660 • 606 • 990 • 66 • 666 • 909

1 2 4

Erreur fréquente

Le signe est incorrect.

Remédiation

Verbaliser à nouveau la méthode pour comparer deux nombres à trois chiffres. Utiliser le matériel de manipulation ou la droite numérique pour montrer lequel est le plus petit.

2 3 4

Erreurs fréquentes

Certains élèves **confondent chiffres des centaines, chiffres des dizaines et chiffres des unités.**
Pour comparer deux nombres, certains élèves **additionnent leurs chiffres et considèrent que le plus grand nombre est celui dont la somme des chiffres est la plus grande.** Ce type de raisonnement est difficile à détecter, puisque seul le signe incorrect est écrit. Il faut donc questionner les élèves sur leur procédure.

Remédiation

Faire entourer les chiffres des centaines en vert, le chiffre des dizaines en rouge et le chiffre des unités en bleu. Expliquer qu'il faut comparer les chiffres qui sont entourés de la même couleur, en commençant par ceux entourés en vert, puis ceux entourés en rouge et enfin ceux entourés en bleu.

4

Erreur fréquente

Certains élèves échouent **parce qu'ils ont encore des difficultés pour lire de façon fluide**, ou **parce qu'ils n'arrivent pas à se représenter mentalement le nombre écrit avec des lettres.**

Remédiation

Dans le premier cas, **lire pour eux afin qu'ils puissent réaliser l'exercice.** Dans le deuxième cas, **leur demander d'écrire en chiffres** le nombre qu'ils viennent de lire en lettres.

58 Utiliser les tables de multiplication par 5 et par 10

OBJECTIF DE LA SÉQUENCE
Mémoriser les tables de multiplication par 5 et par 10.

JOUR 1 Découverte 35 min

Objectifs de l'activité
- Mémoriser la table de 5.
- Associer une représentation à une multiplication par 5.

Matériel

Par élève :
- 1 **ardoise** et 1 **feutre** effaçable.

Par binôme :
- 2 **plateaux de jeu** : la table de multiplication par 5 dans les deux sens et des faces de dés représentant les multiplications par 5 ;
- 2 **pions** ou 2 **jetons** ou 2 **haricots** ;
- 1 **carte correction** avec les deux parcours et leurs réponses.

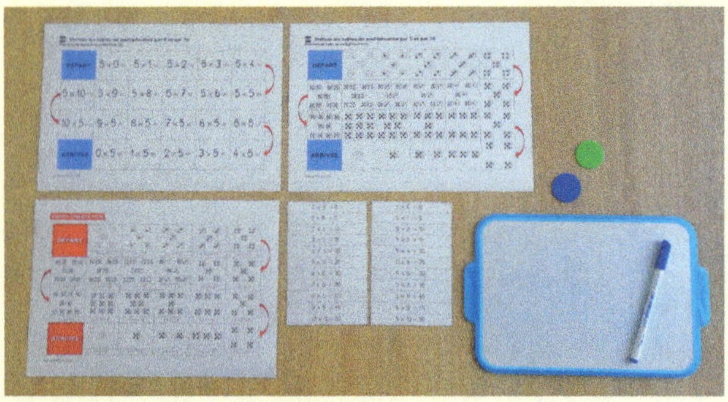

Photo 1 : le matériel de l'activité

Déroulement de la séance
- **Mise en situation** ▪ oral collectif ▪ 5 min
- **Recherche** ▪ en binôme ▪ 15 min
- **Mise en commun** ▪ oral collectif ▪ 10 min
- **Institutionnalisation** ▪ oral collectif ▪ 5 min

Mise en situation (5 min)

- Écrire au tableau « 10 × 8 = » et demander aux élèves comment calculer ce résultat. Laisser les élèves répondre puis reformuler la méthode exacte : *Quand on multiplie par 10, les unités deviennent des dizaines et les dizaines deviennent des centaines : tous les chiffres du nombre multiplié se décalent d'un rang vers la gauche et le chiffre des unités devient 0.* Écrire le résultat : « 10 × 8 = 80 ».
- En utilisant la méthode *La Martinière*, donner aux élèves quelques multiplications de la table de 10 dans le désordre à calculer. Si la majorité de la classe a compris, on peut aussi poursuivre avec « 10 × 23 » et « 10 × 56 », par exemple, pour montrer que les dizaines deviennent des centaines.

Recherche (15 min)

1re phase

- Présenter le plateau de jeu avec les multiplications, expliquer aux élèves qu'ils vont jouer par deux. Consigne : *Le premier joueur avance son pion sur la case « 5 × 0 », il doit lire cette multiplication et annoncer le résultat. S'il réussit, il avance à nouveau son pion d'une case ; le joueur continue à avancer tant qu'il annonce des résultats corrects. S'il se trompe, il reste sur la case et passe son tour. La partie s'arrête quand les deux joueurs sont sur la case « arrivée ».* Le deuxième joueur utilise la carte-correction pour vérifier les réponses de son binôme. Si nécessaire, il annonce la réponse correcte pour s'en rappeler quand ce sera à son tour de jouer. Quand le premier joueur se trompe, il s'arrête et récupère la carte-correction pour vérifier les réponses que donnera le deuxième joueur.

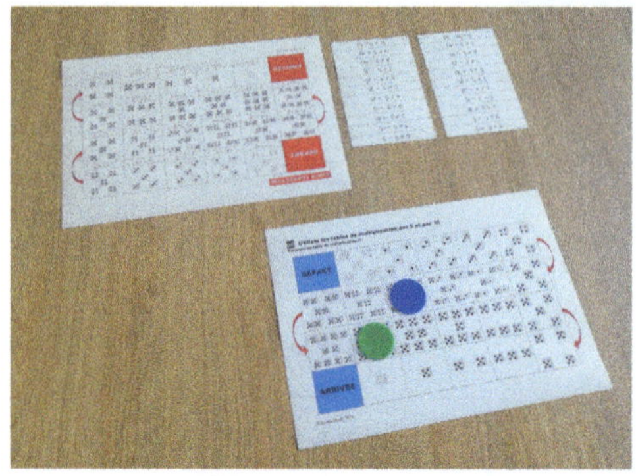

Photo 2 : la 1re phase de jeu

2de phase

- Les élèves commencent une deuxième partie mais cette fois avec le plateau présentant des faces de dés. Consigne : *Pour avancer d'une case, il faut annoncer la multiplication qui correspond au schéma présenté ainsi que la réponse.* Les réponses ne sont pas indiquées sur la carte correction car il suffit de compter les points pour connaître le résultat. Le joueur correcteur répète la multiplication correcte et le résultat pour valider ou non la réponse du premier joueur.

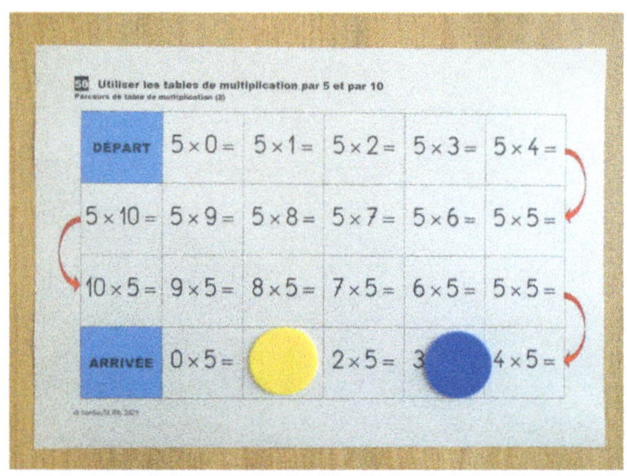

Photo 3 : une partie en cours

Conseil

- Il est important de **créer des binômes homogènes**, c'est-à-dire de mettre ensemble des élèves qui ont déjà bien mémorisé la table de 5 ou de mettre ensemble des élèves qui ne connaissent peu ou pas du tout cette table, afin que le jeu soit équilibré et qu'un élève ne soit pas découragé par son binôme qui serait « trop fort » pour lui.

Pistes de différenciation

- Pour les élèves les plus avancés, **refaire une partie avec deux élèves qui ont gagné**.
- Pour mémoriser la table de 5, **demander aux élèves de répéter plusieurs fois le résultat qu'ils ne connaissent pas**. Ils peuvent aussi **l'écrire sur leur ardoise** car certains élèves mémorisent mieux ce qui est écrit que ce qui est entendu.
- **Regrouper à une table 3 ou 4 élèves en difficulté et mener le jeu** pour que cela aille plus vite et que leur tour revienne rapidement afin qu'ils n'aient pas le temps d'oublier le résultat qui va les faire avancer d'une case.
- **Écrire le résultat trouvé sur le parcours** afin que les élèves en difficulté puissent trouver la multiplication suivante en ajoutant 5.

MATÉRIEL ET DOCUMENTS
www.maths-super-simples.editions-bordas.fr, Séquence 58

CALCUL MENTAL JOUR 1 10 min
83. Calculer à l'envers : fabriquer 12 de 6 manières.
➥ p. 40

CALCUL MENTAL JOUR 2 10 min
84. Le double des nombres pairs et des nombres d'usage courant jusqu'à 50.
➥ p. 40

Mise en commun

10 min

- Faire une partie au tableau sur le premier plateau en écrivant les résultats trouvés par les élèves. Rappeler la commutativité de la multiplication en montrant qu'un résultat peut s'écrire avec deux multiplications différentes. Par exemple : *20 c'est « 5 × 4 » mais c'est aussi « 4 × 5 ».*
- Utiliser le deuxième parcours pour montrer que malgré le résultat identique, la représentation de 20 est différente selon que l'on écrit « 5 × 4 » ou « 4 × 5 ».
- Chaque élève choisit un parcours et le range dans sa pochette, son lutin ou son cahier de recherche.

Activité complémentaire
Mémoriser les tables de 5 et 10
- Après cette séance de découverte, prévoir de courtes séances d'entraînement de la mémorisation des tables de 5 et de 10, par exemple en utilisant le **jeu du furet**.
- L'apprentissage des tables de multiplication peut aussi être donné en travail à la maison.

Institutionnalisation

5 min

Distribuer la trace écrite et la faire coller dans le cahier.

58 Utiliser les tables de multiplication par 5 et par 10

• Voici la **table de multiplication par 5** à savoir par cœur.

0 × 5 = 0
1 × 5 = 5
2 × 5 = 10
3 × 5 = 15
4 × 5 = 20
5 × 5 = 25
6 × 5 = 30
7 × 5 = 35
8 × 5 = 40
9 × 5 = 45
10 × 5 = 50

• Quand on multiplie par 5, **le résultat se termine par 0 ou par 5.**

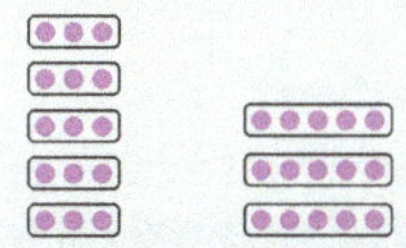

5 fois 3 jetons
5 × 3 = **15**

3 fois 5 jetons
3 × 5 = **15**

Le résultat est le même

JOUR 2 Entraînement

35 min

58 Utiliser les tables de multiplication par 5 et par 10

1 **Complète** et **calcule**.

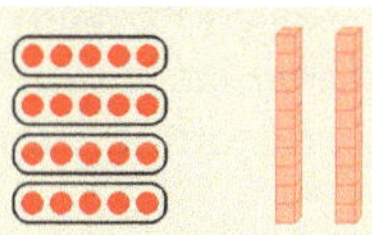

4 × 5 = 2 × 10 = 20

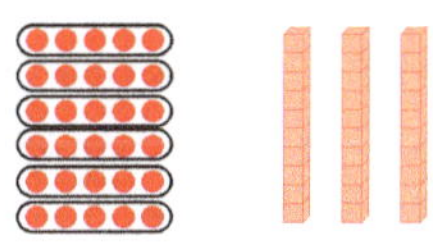

6 × 5 = 3 × 10 = 30

2 **Dessine** les paquets de 5 et les barres de 10 correspondantes puis **écris** les multiplications.

50

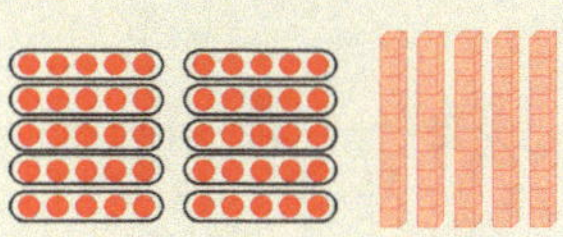

10 × 5 = 5 × 10

40

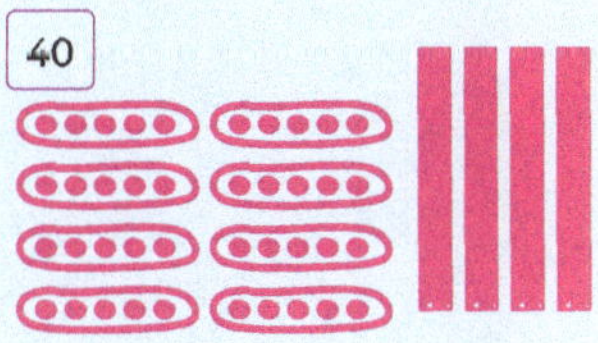

8 × 5 = 4 × 10

3 **Relie** les calculs dont les résultats sont égaux.

8 × 5	3 × 10
2 × 5	4 × 10
6 × 5	1 × 10
4 × 5	2 × 10

4 **Calcule.**

3 × 5 = 15	5 × 5 = 25	7 × 5 = 35	9 × 5 = 45
5 × 10 = 50	7 × 10 = 70	9 × 10 = 90	10 × 10 = 100

CAHIER DU JOUR
5 **Recopie** et **calcule** : • 6 × 10 • 6 × 5 • 8 × 5 • 8 × 10

1 2

Erreur fréquente
Certains élèves **n'écrivent pas la multiplication dans le sens qui correspond au schéma.**

Remédiation
Faire verbaliser la situation. Demander aux élèves de décrire ce qu'ils voient. Par exemple, quand ils voient des groupes avec des pions, leur demander de préciser combien il y a de pions par groupe et combien il y a de groupes en tout. Puis proposer, par exemple pour 40 : « *Il y a 5 fois 8 pions ou il y a 8 fois 5 pions* ».

3 4

Erreur fréquente
Les résultats sont erronés **car les élèves ne connaissent pas les tables.**

Remédiation
Rappeler la règle pour multiplier par 10 qui consiste à décaler tous les chiffres d'un rang vers la gauche et à écrire un 0 pour les unités.
Pour la table de 5, **seul l'apprentissage par cœur peut résoudre ce type de difficulté.**

3

Erreur fréquente
Les résultats sont erronés car **les élèves oublient le résultat de la multiplication par 5** pendant qu'ils cherchent le résultat de la multiplication par 10.

Remédiation
Leur permettre d'écrire les résultats à côté des multiplications avant de relier les multiplications entre elles.

59 Calculer en ligne un produit

OBJECTIF DE LA SÉQUENCE
Décomposer pour multiplier par des dizaines entières.

JOUR 1 Découverte 35 min

Objectif de l'activité
Calculer un produit d'un nombre à un chiffre par 10, 20, 30... 90 en utilisant trois méthodes : la représentation, la décomposition des nombres et la correspondance avec les dizaines.

Matériel
- **Par élève :**
  - **4 feuilles de recherche ;**
  - **1 crayon de papier.**

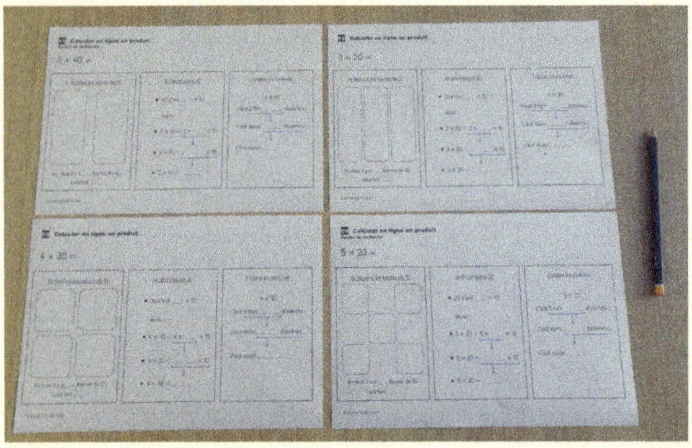

Photo 1 : le matériel de l'élève

Déroulement de la séance
- **Mise en situation** ▪ oral collectif ▪ 5 min
- **Recherche** ▪ oral collectif puis individuelle ▪ 15 min
- **Mise en commun** ▪ oral collectif ▪ 10 min
- **Institutionnalisation** ▪ oral collectif ▪ 5 min

Mise en situation — 5 min

▪ Interroger les élèves deux par deux, en demandant à quel nombre correspond : 1 dizaine, 2 dizaines, 6 dizaines, 10 dizaines, 12 dizaines, 24 dizaines, 36 dizaines, etc. À partir de 10 dizaines, noter les résultats au tableau sous la forme : « 10 d = 100 », afin que les élèves puissent y recourir pendant la suite de la séance. Si nécessaire, placer le nombre de dizaines dans un tableau de numération pour que les élèves se rappellent qu'à partir de 10 dizaines, on obtient un nombre appartement à la famille des centaines.

Recherche — 15 min

1re phase

▪ Écrire les multiplications suivantes au tableau : 2×3, 2×40, 3×3, 3×20, 4×5, 4×30, 5×3 et 5×20. Demander : *Quelles sont les multiplications dont vous connaissez le résultat ?* Noter ces résultats sous la dictée des élèves. Demander : *Peut-on calculer les autres multiplications ? Pourquoi ?* On s'attend à ce que les élèves répondent : « *On ne connaît pas le résultat car ce n'est pas dans la table.* »

▪ Expliquer que l'on peut quand même trouver le résultat en utilisant trois méthodes :
- en représentant la multiplication avec les barres de 10 ;
- en décomposant le nombre à deux chiffres de la façon suivante, par exemple : *$3 \times 40 = 3 \times 4 \times 10 = 12 \times 10$* ;
- en verbalisant à l'aide des dizaines : *« 3×40 » c'est 3 fois 4 dizaines et donc 12 dizaines c'est égal à 120.*

▪ Faire deux exemples au tableau, « 2×20 » et « 3×40 », en verbalisant toutes les étapes de chacune des méthodes.

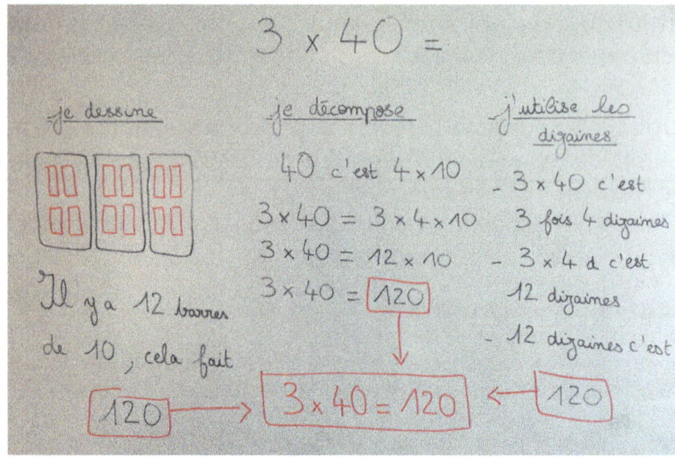

Photo 2 : les explications au tableau

2de phase

▪ Distribuer les feuilles de recherche aux élèves.
Consigne : *En utilisant au moins une des méthodes proposées, calculez le résultat des multiplications par 20 et 30.*
Circuler dans les rangs pour guider les élèves. Si nécessaire, demander aux élèves de poser leur crayon de papier et rappeler comment multiplier un nombre par 10.
Dans cette séance, même si trois méthodes sont proposées aux élèves, il faut rapidement abandonner la représentation, qui prend du temps, pour favoriser la décomposition ou le passage à la dizaine.
▪ À la fin de cette phase, observer les feuilles des élèves pour repérer ceux qui auront besoin d'une remédiation dans le cadre de groupes de besoins ou d'activités complémentaires.

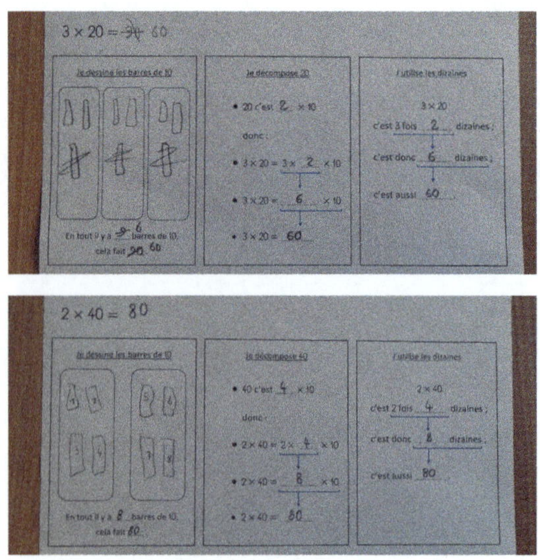

Photos 3 et 4 : exemples de productions d'élèves

Pistes de différenciation
- Demander aux élèves **d'utiliser d'abord la méthode qui consiste à dessiner des barres de 10**.
- **Distribuer des barres de 10** afin que les élèves représentent concrètement la multiplication avant de la dessiner.
- **Fournir les tables de multiplication** de 2, 3, 4 et 5 au format papier afin que les élèves ne soient pas bloqués s'ils ne les connaissent pas.

MATÉRIEL ET DOCUMENTS

www.maths-super-simples.editions-bordas.fr, Séquence 59

CALCUL MENTAL JOUR 1 10 min

85. *du* + 9 (+ 9 = + 10 − 1 ; résultats ⩽ 80).

➥ *p. 40*

CALCUL MENTAL JOUR 2 10 min

86. *du* − 9 (− 9 = − 10 + 1 ; résultats ⩽ 80).

➥ *p. 40*

- Faire ranger les feuilles de recherche des élèves dans le lutin, la pochette ou le cahier de recherche.

Mise en commun (10 min)

- La mise en commun a pour objectif de stabiliser la connaissance des trois méthodes de calcul.
- Envoyer trois élèves au tableau calculer « 5 × 30 », chacun utilisant une méthode. Choisir de préférence un élève en difficulté pour la troisième méthode utilisant les dizaines, car c'est celle qui demande de verbaliser le plus et qui permet de mieux visualiser la manipulation. Quand ils ont fini, les trois élèves comparent leurs résultats et expliquent à la classe leurs procédures.
- Refaire le même exercice avec trois autres élèves avec l'item : « 2 × 60 ».

Institutionnalisation (5 min)

Distribuer la trace écrite et la faire coller dans le cahier.

59 Calculer en ligne un produit

Pour calculer en ligne une multiplication, on peut utiliser trois méthodes.

3 × 40 = ?

• Je dessine

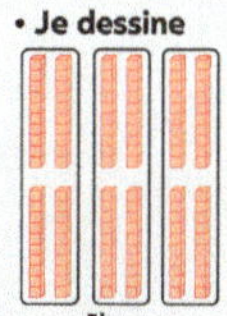

Il y a **12 barres de 10**, cela fait 120.

• Je décompose

40 c'est 4 × 10

3 × 40 = 3 × 4 × 10

3 × 40 = 12 × 10

3 × 40 = 120

3 × 40 = 120

• J'utilise les dizaines

3 fois **40**, c'est 3 fois **4 dizaines**.

3 fois 4 dizaines, c'est 12 dizaines.

Et 12 dizaines, c'est 120 unités.

JOUR 2 Entraînement (30 min)

59 Calculer en ligne un produit

1 **Écris** les multiplications et **calcule**.

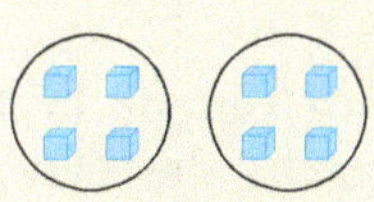

2 × 4 = 8

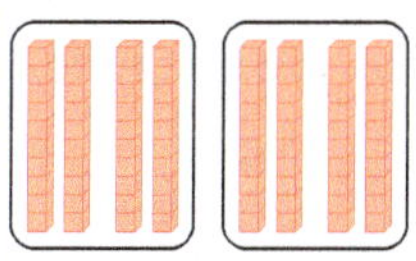

2 × 40 = 2 × 4 × 10 = 80

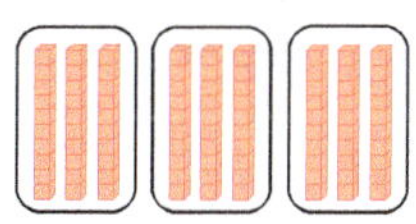

3 × 30 = 3 × 3 × 10 = 90

2 **Complète** et **calcule**.

- 3 × 40 c'est 3 fois 4 dizaines c'est aussi 12 dizaines donc 120.
- 3 × 50 c'est 3 fois 5 dizaines c'est aussi 15 dizaines donc 150 .
- 2 × 30 c'est 2 fois 3 dizaines c'est aussi 6 dizaines donc 60 .
- 5 × 60 c'est 5 fois 6 dizaines c'est aussi 30 dizaines donc 300 .

3 **Calcule**.

- 5 × 50 = 5 × 5 × 10 = 25 × 10 = 250
- 4 × 40 = 4 × 4 × 10 = 16 × 10 = 160
- 3 × 60 = 3 × 6 × 10 = 18 × 10 = 180

4 **Colorie** en **vert** toutes les étiquettes qui valent **80**.

4 × 2 × 10 | 8 × 10 | 8 × 5 | 2 × 4 × 10 | 10 × 10

CAHIER DU JOUR

5 **Recopie** et **calcule**.

- 6 × 30
- 2 × 60
- 40 × 5
- 5 × 50

1

Erreur fréquente

Les élèves peuvent être tentés **de ne pas faire la décomposition par 10** puisque l'exemple ne la montre pas.

Remédiation

Entourer « 40 » et « 4 × ... » et demander comment faire pour que ces deux termes soient égaux. Même démarche pour 30.

2

Erreur fréquente

Certains élèves peuvent n'avoir toujours pas compris que 10 c'est 1 dizaine.

Remédiation

Repasser par la manipulation avec les barres de 10 en leur demandant combien il y a d'unités dans 5 barres de 10, dans 3 barres de 10 et dans 6 barres de 10.

4

Erreur fréquente

Certains élèves peuvent avoir tendance à multiplier par 10, par exemple 4 × 2 × 10 = 4 × 20, ce qui est moins facile.

Remédiation

Leur demander de **commencer par multiplier d'abord les deux nombres à 1 chiffre** et à finir par multiplier par 10.

60 Poser et calculer une soustraction sans retenue (2)

OBJECTIF DE LA SÉQUENCE
Utiliser un algorithme de calcul posé pour la soustraction.

JOUR 1 Découverte 35 min

Objectif de l'activité
Poser une soustraction et la calculer.

Matériel
- **Par élève** :
  - 1 **feuille de recherche** ;
  - 2 **crayons de couleur** rouge et bleu ;
  - 1 **crayon de papier** et 1 **gomme**.
- **Pour la classe :**
  - des **craies** blanche, rouge et bleue.

Déroulement de la séance
- **Mise en situation** ■ oral collectif ■ 5 min
- **Recherche** ■ individuelle ■ 15 min
- **Mise en commun** ■ oral collectif ■ 10 min
- **Institutionnalisation** ■ oral collectif ■ 5 min

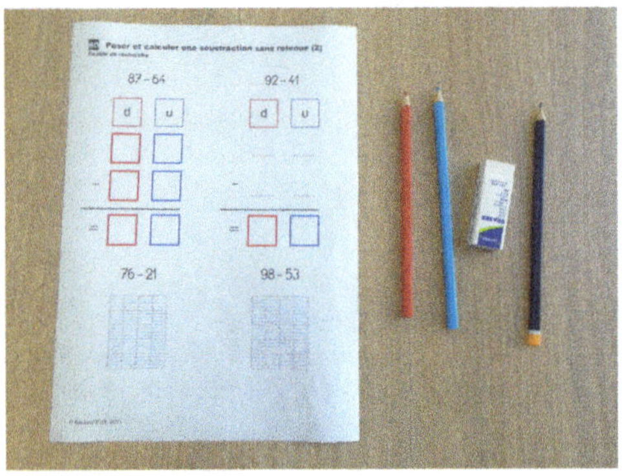

Photo 1 : le matériel de l'élève

Mise en situation 5 min

■ Écrire en ligne au tableau la soustraction « 58 – 14 » et demander : *Quelle est cette opération et comment faire pour la calculer ?* Recueillir les réponses des élèves et confirmer qu'il s'agit bien d'une soustraction. Puis suivre les indications des élèves pour la poser et la calculer. Rappeler : *Pour poser une soustraction en colonnes, on aligne les unités sous les unités, puis les dizaines sous les dizaines. Ensuite, on soustrait d'abord les unités puis les dizaines*.

Recherche 15 min

1re phase
■ Distribuer la feuille de recherche et dire : *Repassez en bleu tous les chiffres des unités et en rouge tous les chiffres des dizaines.* Circuler dans les rangs pour vérifier que le travail est correctement fait, sinon cela va entraîner des erreurs pour poser les soustractions.
■ Consigne : *Posez les quatre soustractions en colonnes en commençant par écrire le chiffre des unités du plus grand nombre dans la colonne des unités et le chiffre des dizaines dans la colonne des dizaines. Faites la même chose pour le plus petit nombre en dessous. Pour vous aider, les cases sont tracées pour la première soustraction. N'oubliez pas d'écrire les signes « – » et « = » pour les deux dernières soustractions et de tirer le trait avant le résultat.*
Guider les élèves pour la première soustraction en la posant au tableau en même temps qu'eux. Ne pas hésiter à faire gommer et recommencer si les nombres ne sont pas alignés.

2de phase
■ Consigne : *Calculez maintenant les quatre soustractions que vous venez de poser.*
Rappeler en effectuant la première soustraction au tableau : *Comme pour l'addition, il faut **toujours** commencer par la colonne des unités : 7 unités moins 4 unités, il reste 3 unités. J'écris 3 dans la colonne des unités sous la barre d'égalité et sur la même ligne que le signe « = ». Puis je soustrais les dizaines : 8 dizaines moins 6 dizaines, il reste 2 dizaines ; alors j'écris 2 dans la colonne des dizaines sous la barre de l'opération et sur la même ligne que le signe « = ».*

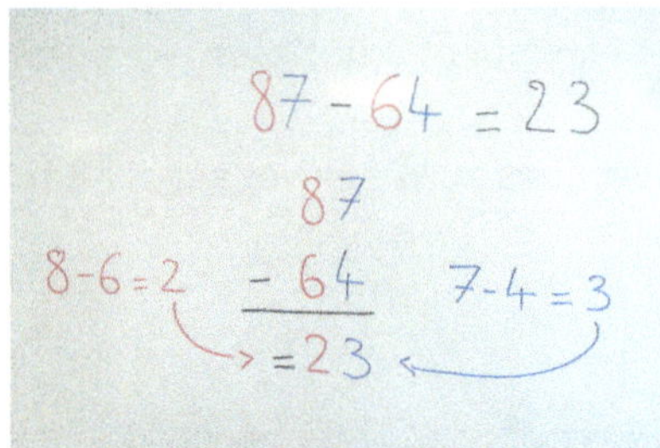

Photo 2 : rappel de la méthode de la soustraction posée

■ Laisser les élèves calculer les trois autres soustractions. Circuler dans les rangs pour vérifier qu'ils commencent bien par la colonne des unités : dans une soustraction sans retenue, l'ordre pour soustraire n'a pas d'importance, mais si cette habitude n'a pas été prise dès le début, cela va poser un problème pour les soustractions avec retenue.

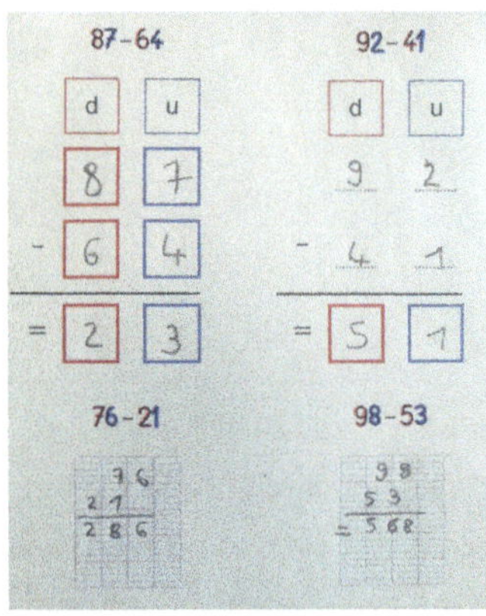

Photo 3 : calculs réalisés par un élève avec différentes erreurs : opération comptée comme une addition, nombres mal placés, signes manquants

■ Faire ranger la feuille de recherche des élèves dans le lutin, la pochette ou le cahier de recherche.

Conseil
Pour les soustractions, habituer les élèves à **se demander si l'opération est possible** avant de la calculer. Leur proposer régulièrement des soustractions « impossibles » avec le nombre le plus grand à soustraire.

Pistes de différenciation
- Pour les élèves qui ne posent pas correctement la soustraction, **leur expliquer que le nombre le plus grand est forcément en haut** sinon l'opération est impossible.
- Quand ils posent la soustraction en colonnes, **demander aux élèves d'écrire les chiffres des unités en bleu et les chiffres des dizaines en rouge.** Faire repasser également en rouge toutes les abréviations de dizaine et en bleu toutes les abréviations d'unité. Puis faire remarquer que tous les nombres écrits en bleu sont dans la même colonne, celle des unités, et que tous les nombres écrits en rouge sont dans la même colonne, celle des dizaines.
- Pour les élèves qui font des erreurs de calcul, **donner des cubes ou les autoriser à compter sur leurs doigts.**

MATÉRIEL ET DOCUMENTS

www.maths-super-simples.editions-bordas.fr, Séquence 60

CALCUL MENTAL JOUR 1 — 10 min

87. Le gobelet : tout = 14.
➥ p. 40

CALCUL MENTAL JOUR 2 — 10 min

88. Calculer à l'envers : fabriquer 14 de 6 manières différentes.
➥ p. 41

Mise en commun (10 min)

- Écrire en ligne au tableau les trois dernières soustractions et demander successivement à trois élèves en difficulté de venir les poser au tableau et de les calculer.
- Verbaliser à nouveau les différentes étapes :

1) Je pose le premier nombre (qui doit être le plus grand) en premier en écrivant le chiffre des unités dans la colonne des unités, puis le chiffre des dizaines dans la colonne des dizaines.
2) Je pose le deuxième nombre en écrivant le chiffre des unités dans la colonne des unités puis le chiffre des dizaines dans la colonne des dizaines.
3) Je n'oublie pas d'écrire le signe « – » qui indique qu'il s'agit d'une soustraction et je tire un trait avec la règle. Je peux aussi écrire le signe « = » pour montrer où se trouve la ligne du résultat.
4) Je commence à soustraire en commençant par la colonne des unités, puis ensuite par la colonne des dizaines.

Institutionnalisation (5 min)

Distribuer la trace écrite et la faire coller dans le cahier.

60 Poser et calculer une soustraction sans retenue (2)

96 – 45

1. J'écris un chiffre par carreau du cahier **en alignant les unités sous les unités et les dizaines sous les dizaines.**

2. **Je commence par soustraire les unités** entre-elles.

	9	6
–	4	5
=	5	1

9 moins 4 égale 5.

6 moins 5 égale 1.

3. Puis je soustrais les dizaines entre elles.

Activité complémentaire

Poser et calculer une soustraction en colonnes sans retenue

Automatiser la technique opératoire en proposant les jours suivants une soustraction.

JOUR 2 Entraînement (40 min)

60 Poser et calculer une soustraction sans retenue (2)

1 Pose et **calcule**.

77 – 46

	d	u
	7	7
–	4	6
	3	1

95 – 33

	d	u
	9	5
–	3	3
	6	2

49 – 37

	d	u
	4	9
–	3	7
	1	2

85 – 30

	d	u
	8	5
–	3	0
	5	5

2 Pose et **calcule** les soustractions.

54 – 20

	5	4
–	2	0
	3	4

68 – 15

	6	8
–	1	5
	5	3

79 – 44

	7	9
–	4	4
	3	5

65 – 43

	6	5
–	4	3
	2	2

3 Complète pour que la soustraction soit juste.

	7	8
–	3	4
	4	4

	5	9
–	3	5
	2	4

	3	8
–	3	1
	0	7

	9	5
–	6	5
	3	0

CAHIER DU JOUR

4 Recopie et **calcule**.

- 82 – 50
- 53 – 32
- 86 – 5

1 2 3

Erreur fréquente

Les élèves commencent le calcul par la colonne des dizaines.

Remédiation

Tracer une flèche pour désigner la colonne des unités ou numéroter les colonnes afin de montrer par où il faut commencer.

2

Erreur fréquente

Les soustractions ne sont pas correctement posées ou **les chiffres ne sont pas alignés,** soit dans le corps de la soustraction soit dans la ligne du résultat.

Remédiation

Tracer des colonnes. Utiliser à nouveau les crayons de couleur rouge et bleu pour repasser les chiffres selon leur position pour que l'alignement incorrect apparaisse visuellement.

3

Erreur fréquente

Certains élèves ne réussissent pas à compléter les soustractions à trous.

Remédiation

Leur donner des cubes pour qu'ils représentent les soustractions, par exemple : *« J'ai 5 cubes et il n'en reste plus que 2. Combien j'en ai enlevés ? J'ai enlevé 3 cubes et c'est le nombre qui manque. »*

62 Comparer des masses

OBJECTIF DE LA SÉQUENCE
Connaître l'unité de mesure de la masse : le gramme.

JOUR 1 Découverte 35 min

Objectif de l'activité
Comparer la masse de différents objets.

Matériel
- **Par binôme :**
  - 1 **balance** (dans l'idéal, sinon une balance par groupe de 4 ou 6 élèves) ;
  - 2 **masses marquées** (de 2 à 200 g) ;
  - 1 **feuille de recherche** pour noter les résultats des pesées ;
  - 1 **crayon de papier** ;
  - une réserve de **cubes**.

Déroulement de la séance
- **Mise en situation** • oral collectif • 5 min
- **Recherche** • en binôme • 15 min
- **Mise en commun** • oral collectif • 10 min
- **Institutionnalisation** • oral collectif • 5 min

Photo 1 : le matériel de la séance

Mise en situation 5 min

• Présenter une balance aux élèves et leur demander de la décrire pour mettre en avant le lexique déjà vu au CP : *l'aiguille, les plateaux, peser, masse.*

• Poser l'éponge du tableau sur le plateau de gauche puis, quand celui-ci s'est stabilisé, placer la trousse d'un élève sur le plateau de droite. Demander : *Que s'est-il passé ?* Laisser les élèves s'exprimer puis valider les réponses correctes : *Au début, l'aiguille de la balance est verticale et les deux plateaux sont au même niveau ; lorsque l'on pose l'éponge sur la balance, son plateau s'abaisse et l'autre plateau monte, l'aiguille s'incline vers l'éponge ; lorsque l'on pose ensuite la trousse, le plateau de la trousse s'abaisse et le plateau de l'éponge remonte. L'aiguille de la balance s'incline vers la trousse car celle-ci est plus lourde que l'éponge. On peut dire aussi que l'éponge est plus légère que la trousse. Le plateau le plus bas indique l'objet le plus lourd et le plateau le plus haut indique l'objet le plus léger.*

Recherche 15 min

1re phase

• Demander aux élèves : *On utilise le centimètre, le mètre ou le kilomètre pour mesurer des longueurs. Connaissez-vous les unités utilisées pour mesurer des masses ?* Les élèves citeront sûrement le gramme et le kilogramme. Expliquer qu'ils vont travailler aujourd'hui avec des grammes, puis présenter les différentes masses utilisées : 1 g, 2 g, 5 g, 10 g, 20 g, 50 g, 100 g, 200 g et 500 g.

2de phase

• Distribuer à chaque groupe une balance, une masse (entre 20 g et 200 g) et une feuille de recherche.
Consigne : *Placez la masse sur le plateau de gauche de votre balance. Ajoutez des cubes sur le plateau de droite pour que les deux plateaux soient équilibrés et que l'aiguille soit à la verticale. Représentez la situation avec la masse choisie et avec les cubes qui permettent d'équilibrer les deux plateaux. Indiquez le nombre de cubes utilisés.*

• Distribuer une deuxième masse à chaque groupe (2 g, 10 g ou 20 g). Consigne : *Placez cette masse à côté de la première et compléter à nouveau l'autre plateau avec des cubes pour que les deux plateaux soient équilibrés et que l'aiguille soit à la verticale. Représentez également cette situation.*

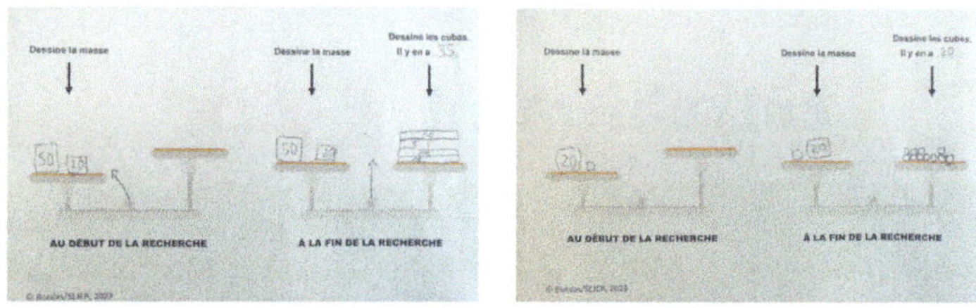

Photo 2 : recherches de deux binômes.
Un binôme expert qui utilise les barres de 10 pour représenter les cubes. Un binôme plus en difficulté : toutes les aiguilles ne sont pas tracées, le dénombrement des cubes peut être erroné, les masses ne sont pas toutes marquées

Conseils
- Certaines balances utilisées dans les classes n'ont pas d'aiguille. **Présenter la balance aux élèves et leur demander de la décrire** avant de démarrer l'activité.
- Cette séance est menée avec des cubes dont la masse est de 2 g chacun. Selon le matériel à votre disposition, cette masse peut être différente. **En fonction de la masse des cubes, éviter de donner des masses marquées qui ne permettraient pas d'obtenir une aiguille parfaitement verticale et/ou deux plateaux exactement à la même hauteur.** Par exemple, ne pas donner de masse de 5 g avec des cubes de 2 g.
- Selon les balances utilisées, **il est possible que le plateau ne soit pas suffisamment grand** pour placer, par exemple, une centaine de cube. Proposer alors aux élèves de **réunir ces cubes dans un sac en plastique avec un zip** que l'on pourra fermer et poser sur le plateau. On fera abstraction de la masse du sac dans ce cas.
- Les élèves utilisent parfois le mot « poids » à la place de « masse » mais il faut garder à l'esprit que le **terme à retenir et à faire utiliser aux élèves est « masse »**.

Pistes de différenciation
- **Donner de préférence des masses de 10 ou 20 g** pour les élèves les plus lents.
- À l'inverse, **donner des masses plus importantes 100 ou 200 g** pour les élèves experts.
- **Questionner les élèves sur ce qu'ils voient** : *« Quelle est la masse posée sur le plateau de gauche ? », « Comment est la flèche de la balance ? », « Combien avez-vous déposé de cubes ? »* Afin de les aider à reporter les informations importantes sur la feuille de recherche.

Mise en commun 10 min

• Rassembler les élèves devant le tableau et afficher trois productions significatives : masses marquées non précisées, aiguilles absentes, nombre de cubes non précisé, quantité de cubes indiquée qui ne semble pas correspondre à la masse ou aux masses sur le plateau de gauche.

- Grâce à un questionnement approprié, orienter les élèves pour modifier ou compléter les productions affichées. Par exemple : *La balance est-elle complète ?* ou encore : *Quelle est la masse des cubes sur le plateau de droite ?* Laisser les élèves réfléchir et formuler des hypothèses, puis préciser : *Pour connaître la masse des cubes sur le plateau de droite, il faut que l'aiguille de la balance soit à la verticale et connaître la masse sur le plateau de gauche, ou additionner les masses sur le plateau de gauche. La masse des cubes sera exprimée en grammes ou « g ».*
- Quand la quantité de cubes paraît insuffisante ou trop importante, refaire la manipulation avec les élèves en ajoutant les cubes et en leur demandant quand arrêter. Quand l'aiguille de la balance est à la verticale, dénombrer les cubes posés sur le plateau et comparer avec le résultat affiché au tableau. Le modifier si nécessaire.

Institutionnalisation

5 min

Distribuer la trace écrite et la faire coller dans le cahier.

62 Comparer des masses

- Le **gramme** (**g**) est une unité de masse utilisée dans presque tous les pays du monde.

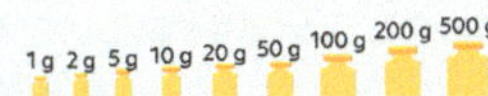

- Pour connaître **la masse** d'un objet,
je pose cet objet sur l'un des plateaux de la balance.
Puis je pose des masses marquées sur l'autre plateau jusqu'à ce que l'aiguille de la balance soit bien verticale.
Alors j'additionne les masses marquées pour trouver la masse de l'objet en grammes.

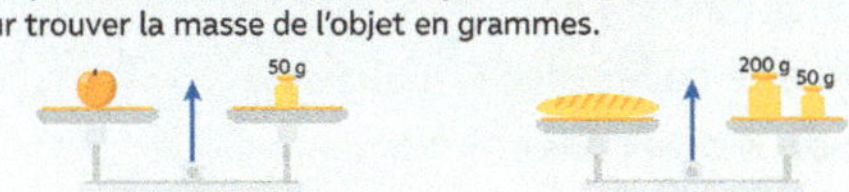

Cet abricot pèse **50 g**. Cette baguette pèse **250 g**.

JOUR 2 Entraînement

35 min

62 Comparer des masses

1 **Observe** les balances et **complète** les phrases en écrivant : *plus lourde, plus légère* ou *aussi lourde*.

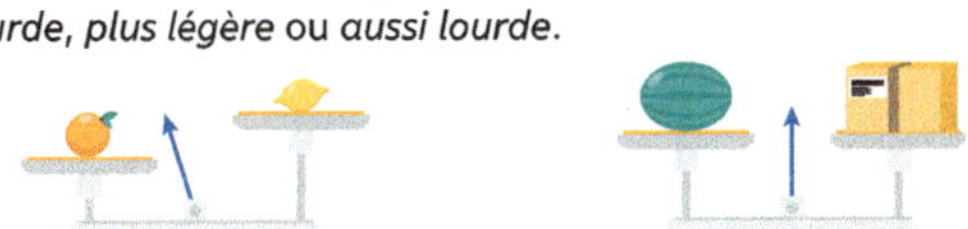

- L'orange est plus lourde que le citron.
- La pastèque est aussi lourde que le colis.

2 **Observe** les balances puis **range** les boules A, B, C, de la plus légère à la plus lourde.

C – A – B

3 **Observe** les balances et **complète**.

La feuille de papier pèse 5 g.	L'abricot pèse 50 g.	La pomme pèse 100 g.

4 **Calcule** les masses.

Le pain pèse 200 g.	Le melon pèse 405 g.	La baguette pèse 250 g.

CAHIER DU JOUR

5 La pomme pèse 175 g. **Dessine** sur la feuille distribuée les poids nécessaires pour que la balance soit à l'équilibre.

1 2

Erreur fréquente

La balance à deux plateaux n'est pas un objet d'utilisation courante **et certains élèves en saisissent mal le fonctionnement**.

Remédiation

Rappeler que l'objet le plus lourd fait baisser le plateau sur lequel il est posé et que l'aiguille s'oriente vers l'objet le plus lourd. Quand l'aiguille est verticale, les objets ont la même masse.

2

Erreur fréquente

Certains élèves **peinent à formuler des phrases correctes**, en particulier lorsqu'il s'agit d'utiliser le principe de transitivité.

Remédiation

Procéder étape par étape :
1) Quel est le résultat de la première pesée ?
2) Quel est le résultat de la deuxième ?
3) Qu'est-ce que cela nous apprend sur les objets x et y ?

3 4

Erreur fréquente

La réalisation de ces deux exercices se résumant à une simple lecture des masses devrait pas poser trop de problème sauf si l'élève ne comprend pas que la masse de l'objet est identique à la masse posée sur le plateau de droite. **Les erreurs risquent d'être plus fréquentes pour l'exercice 4 car il suppose d'additionner deux ou trois nombres.**

Remédiation

Faire poser l'addition en colonnes pour vérifier le résultat trouvé, ou bien **donner du matériel de manipulation pour représenter les masses** avec des plaques de 100, des barres de 10 et des cubes unités.

63 Poser et calculer une soustraction avec retenue

OBJECTIF DE LA SÉQUENCE
Utiliser un algorithme de calcul posé pour la soustraction.

JOUR 1 Découverte 35 min

Objectif de l'activité
Utiliser l'algorithme de cassage de la dizaine pour calculer une soustraction avec retenue.

Matériel
- **Par élève :**
  - 1 **cahier de brouillon** ;
  - 1 **crayon de papier**, 1 **stylo rouge**.
- **Pour la classe :**
  - des **craies** blanche, rouge et bleue.

Déroulement de la séance
- **Mise en situation** ■ oral collectif ■ 5 min
- **Recherche** ■ individuelle ■ 15 min
- **Mise en commun** ■ oral collectif ■ 10 min
- **Institutionnalisation** ■ oral collectif ■ 5 min

Mise en situation — 5 min

■ L'objectif de cette mise en situation est de rappeler la façon de poser une soustraction. Écrire au tableau la soustraction « 54 – 31 » et demander : *Posez cette soustraction sur votre cahier puis calculez-la.*

■ Corriger ensuite cette soustraction au tableau en rappelant les étapes importantes :
1) Je pose le premier nombre (qui doit être le plus grand) en écrivant le chiffre des unités dans la colonne des unités puis le chiffre des dizaines dans la colonne des dizaines.
2) Je pose le deuxième nombre dessous en écrivant le chiffre des unités dans la colonne des unités, puis le chiffre des dizaines dans la colonne des dizaines.
3) Je n'oublie pas d'écrire le signe « – » qui indique qu'il s'agit d'une soustraction et de tirer le trait pour séparer le résultat. Je peux également écrire le signe « = » pour montrer où se trouve la ligne du résultat.
4) Je commence à soustraire en commençant par la colonne des unités, puis ensuite par la colonne des dizaines.
5) 4 unités moins 1 unité sont égales à 3 unités, et 5 dizaines moins 3 dizaines sont égales à 2 dizaines. 54 – 31 = 23.

Recherche — 15 min

1re phase

■ Écrire en colonnes au tableau une nouvelle soustraction à calculer sur le cahier : 54 – 36. Laisser deux minutes aux élèves puis faire la correction au tableau. Demander : *Comment avez-vous fait pour calculer cette soustraction ?* La plupart des élèves vont avoir calculé 6 unités moins 4 unités, et peu se seront rendu compte que cela n'est pas le bon sens. Montrer que dans ce cas, ils inversent le sens de la soustraction et qu'il s'agit bien de 4 unités moins 6 unités. Demander : *Est-ce possible de soustraire 6 unités à 4 unités ? Non. Pourtant, est-ce possible de calculer 54 – 36 ? Oui. Puisque cette soustraction est possible, nous allons la calculer en utilisant le matériel de manipulation.* Montrer qu'il faut casser une dizaine au nombre 54 pour pouvoir soustraire les 6 unités à 14 unités. Puis enlever 3 dizaines aux 4 dizaines restantes. Écrire le résultat : 54 – 36 = 18.

■ Expliquer alors comment calculer la soustraction « 54 – 36 » en utilisant l'algorithme du cassage de la dizaine et en faisant le parallèle avec la manipulation des cubes.

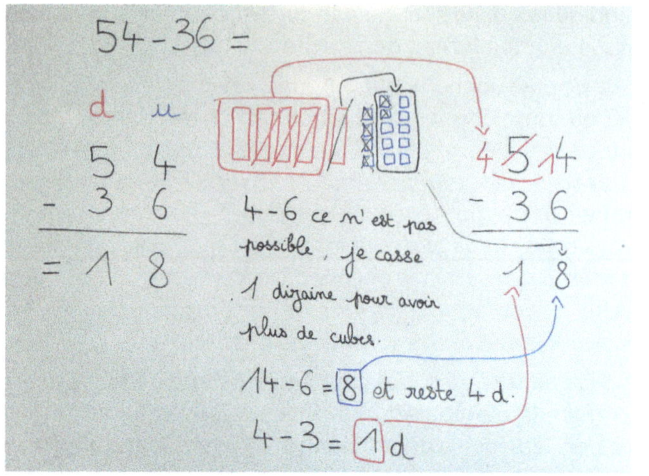

Photo 1 : explication de l'algorithme pour calculer la soustraction en colonnes avec cassage de la dizaine.

2de phase

■ Écrire plusieurs soustractions au tableau « 61 – 47 », « 86 – 18 » et « 72 – 38 » déjà posées en colonnes pour éviter les erreurs dues à un positionnement incorrect. Demander : *Calculez ces soustractions en utilisant cette nouvelle méthode de cassage de la dizaine. Utilisez votre stylo rouge pour montrer que vous cassez la dizaine, que vous donnez 1 dizaine à la colonne des unités et que vous diminuez le nombre des dizaines de 1.* Entre chaque calcul, réaliser une correction au tableau de façon à rappeler les étapes de la méthode. Utiliser la méthode avec les cubes pour vérifier le résultat trouvé. Il est très important de verbaliser avec précision toutes les étapes, afin que les élèves les mémorisent et comprennent pourquoi il faut aller chercher cette dizaine, sans oublier de réduire le nombre qui a été cassé.

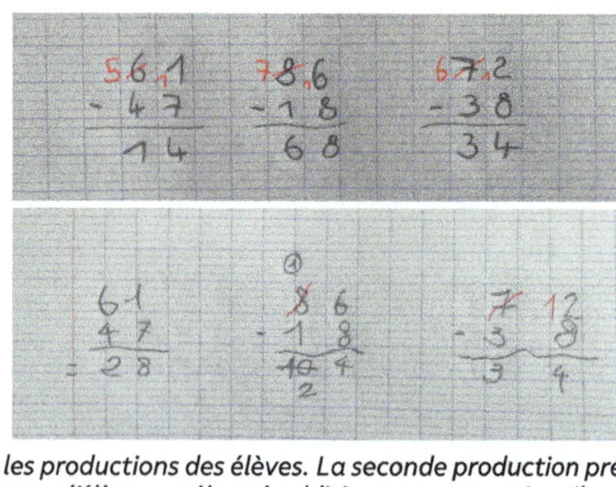

Photo 2 : les productions des élèves. La seconde production présente plusieurs erreurs : l'élève a mélangé addition et soustraction, il a commencé parfois par la colonne des dizaines, il a cassé la dizaine sans rien faire d'autre ou en donnant uniquement une dizaine à la colonne des unités, etc.

Conseils
- La **méthode par cassage** a été privilégiée car c'est celle qui est la plus simple à expliquer aux élèves avec le matériel. De plus, elle s'appuie sur la numération de position mise en avant dans les programmes officiels.

Pistes de différenciation
- Certains élèves cassent la dizaine mais **oublient d'écrire la nouvelle dizaine** à utiliser pour le calcul. **Répéter les étapes à suivre.**
- La technique étant difficile à acquérir, **la remédiation ne peut se faire qu'avec l'aide de l'enseignant qui formule les étapes à accomplir** puis demande ensuite à l'élève de les reformuler.

MATÉRIEL ET DOCUMENTS

www.maths-super-simples.editions-bordas.fr, Séquence 63

CALCUL MENTAL JOUR 1 – 10 min

91. Connaître la table de 5 : *u* x 5.
➥ *p. 41*

CALCUL MENTAL JOUR 2 – 10 min

92. Calculer à l'envers : Retrouver la multiplication qui correspond à un produit dans la table de 5.
➥ *p. 41*

Mise en commun – 10 min

- Écrire au tableau une soustraction du type « 62 – 37 » et faire venir plusieurs élèves pour effectuer tour à tour les différentes étapes du calcul.
- L'objectif de cette mise en commun est de verbaliser les étapes de l'algorithme de la soustraction posée avec retenue :

1) Je pose la soustraction en alignant les unités sous les unités et les dizaines sous les dizaines.
2) Je commence par soustraire les unités : si la soustraction des unités n'est pas possible, je casse une dizaine pour avoir 10 unités en plus dans la colonne des unités et je n'oublie pas de diminuer le chiffre des dizaines de 1.
3) J'effectue la soustraction des unités entre elles et j'écris le nombre d'unités restantes.
4) J'effectue la soustraction des dizaines entre elles et j'écris le nombre de dizaines restantes.

Institutionnalisation – 5 min

Distribuer la trace écrite et la faire coller dans le cahier.

63 Poser et calculer une soustraction avec retenue

1. Je pose la soustraction en colonnes : les unités sous les unités, les dizaines sous les dizaines.

62 – 37

	~~6~~ (5)	(1)2
–	3	7
=	2	5

2. Je commence par soustraire les unités.
2 – 7 c'est impossible.
Je prends 1 dizaine aux 6 dizaines.
Il me reste 5 dizaines et j'ai maintenant 12 unités :
12 – 7 = 5.

3. Puis je soustrais les dizaines entre elles :
5 – 3 = 2.

62 – 37 = 25

Prolongement

▸ Donner **une soustraction à faire tous les jours pendant 2 à 3 semaines** : en début de matinée ou en travail à la maison.

JOUR 2 Entraînement – 40 min

63 Poser et calculer une soustraction avec retenue

1 Calcule.

	d	u
	~~6~~ (5)	3 (1)
–	4	8
	1	5

	d	u
	~~5~~ (4)	6 (1)
–	1	8
	3	8

	d	u
	~~5~~ (4)	0 (1)
–	2	9
	2	1

2 Effectue les soustractions.

	~~6~~ (5)	(1)4
–	3	7
	2	7

	~~7~~ (6)	(1)5
–	2	8
	4	7

	~~6~~ (5)	(1)3
–		7
	5	6

	~~8~~ (7)	(1)0
–		9
	7	1

	~~8~~ (7)	(1)2
–	7	3
	0	9

3 Pose et calcule.

31 – 18

	~~3~~ (2)	(1)1
–	1	8
	1	3

64 – 9

	~~6~~ (5)	(1)4
–		9
	5	5

52 – 33

	~~5~~ (4)	(1)2
–	3	3
	1	9

60 – 34

	~~6~~ (5)	(1)0
–	3	4
	2	6

CAHIER DU JOUR

4 Pose et calcule.

- 62 – 14
- 37 – 19
- 41 – 5
- 57 – 39

1 2 3

Erreurs fréquentes

Deux types d'erreurs sont fréquentes :
– **erreurs diverses de traitement** ou **d'oubli de la retenue** ;
– **erreurs du type « 56 – 18 = 42 »** (les élèves effectuent « 8 – 6 » car « 6 – 8 » est impossible).

Remédiation

Dans tous les cas, **faire représenter l'opération avec du matériel**, puis mettre en évidence la nécessité d'ajouter 10 unités au nombre de départ pour pouvoir soustraire les unités entre elles. Rappeler ensuite qu'il ne faut pas oublier de modifier le nombre de dizaines puisqu'une dizaine a été déjà utilisée pour la soustraction des unités.

3

Erreur fréquente

Les soustractions sont mal posées et entraînent des erreurs de calcul.

Remédiation

Tracer un tableau de numération unités/dizaines pour que l'élève pose la soustraction à l'intérieur de ce tableau.

64 Calculer en ligne des sommes et des différences

OBJECTIF DE LA SÉQUENCE
Automatiser des procédures pour additionner ou soustraire 1, 10 et 100.

JOUR 1 Découverte 35 min

Objectif de l'activité
Ajouter ou soustraire rapidement 1, 10 ou 100 à des nombres à deux ou trois chiffres.

Matériel

Par élève :
- 6 **cartes** présentant des couples de nombres ;
- 1 **jeu de 15 dominos** à découper puis à compléter ;
- 1 **crayon de papier**.

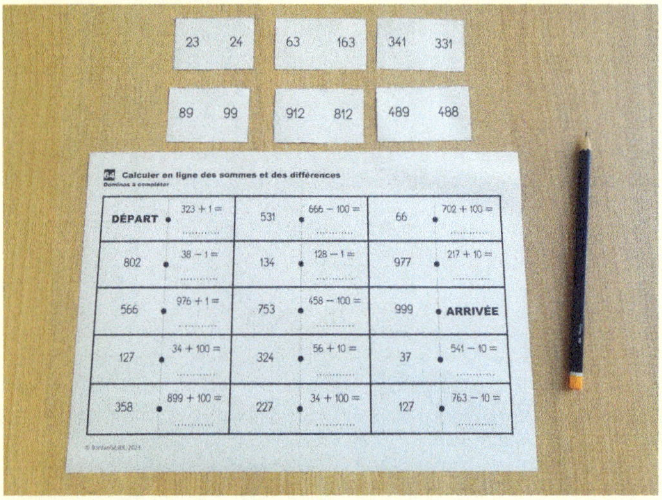

Photo 1 : matériel mis à disposition des élèves

Pour la classe :
- des **aimants**, des **craies** blanche et rouge ;
- 1 **planche des dominos** au format A3 pré-découpée et affichée au tableau.

Déroulement de la séance
- **Mise en situation** ■ individuelle ■ 5 min
- **Recherche** ■ oral collectif ■ 15 min
- **Mise en commun** ■ oral collectif ■ 10 min
- **Institutionnalisation** ■ oral collectif ■ 5 min

Mise en situation 5 min

■ Distribuer 6 cartes à chaque élève.
Consigne : *Observez attentivement les deux nombres sur chaque carte et entourez ce qui est différent entre les deux nombres.*

Recherche 15 min

1re phase
■ Laisser les élèves travailler pendant 5 minutes puis demander : *Maintenant que vous avez entouré les différences, comment pourrions nous classer ces cartes en trois groupes distincts ?*
Écouter les propositions des élèves et retenir, ou suggérer, le critère de tri qui met en avant que le chiffre des unités, des dizaines ou des centaines est différent. Tracer trois colonnes au tableau ayant respectivement pour titre « unités différentes », « dizaines différentes », « centaines différentes » et écrire les exemples donnés par les élèves.

■ Demander : *Quelle opération fait-on pour passer d'un nombre à l'autre dans chaque groupe ?* Noter les deux opérations « + » et « – » avec deux flèches qui vont d'un nombre à l'autre. Poursuivre cette démarche avec les autres couples de nombres.

■ Demander : *Comment expliquer ce qui se passe quand on additionne ou que l'on soustrait 1, 10 ou 100 à ces nombres ?*
Écouter les réponses des élèves et reformuler de cette façon :
– Pour ajouter ou soustraire 1, c'est-à-dire 1 unité, je modifie uniquement le chiffre des unités en ajoutant ou en soustrayant 1 unité.
– Pour ajouter ou soustraire 10, c'est-à-dire une dizaine, je modifie uniquement le chiffre des dizaines en ajoutant ou en soustrayant 1 dizaine.
– Pour ajouter ou soustraire 100, c'est-à-dire 1 centaine, je modifie uniquement le chiffre des centaines en ajoutant ou en soustrayant 1 centaine.

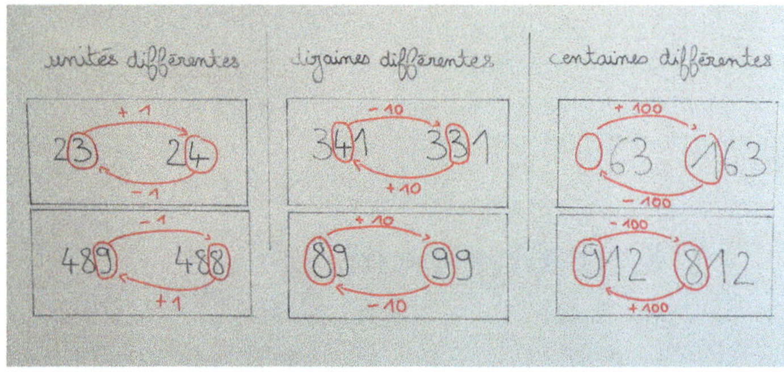

Photo 2 : le tri proposé au tableau

2de phase
■ Distribuer 15 dominos à chaque élève et leur demander de les découper.
Consigne : *Complétez la moitié de chaque domino en écrivant au crayon le résultat des opérations (additions ou soustractions). Puis mettez les dominos bout à bout de façon à ce que les côtés qui se touchent représentent le même nombre.*

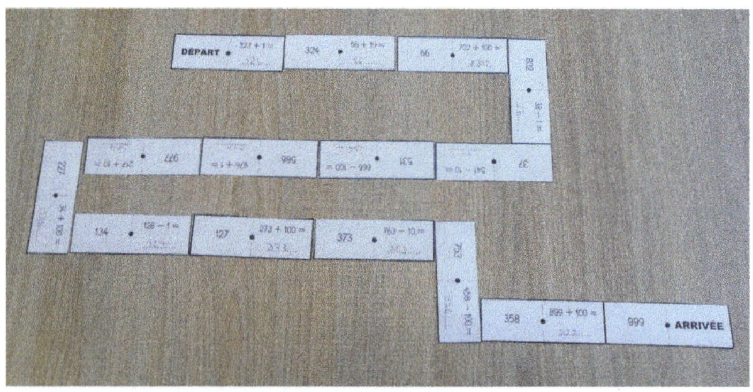

Photo 2 : la reconstitution du jeu de dominos

■ Ranger les 6 cartes et les 15 domibos dans le lutin, la pochette ou le cahier de recherche.

Pistes de différenciation
- Mettre les élèves en difficulté **par groupes de 2 et ne donner qu'un jeu de dominos** pour qu'ils s'épaulent et se corrigent mutuellement.
- **Rappeler oralement et/ou donner un mémo à certains élèves** avec : « 1 c'est 1 unité, 10 c'est 1 dizaine et 100 c'est 1 centaine ».
- **Remplacer 1 par « 1 unité », 10 par « 1 dizaine » et 100 par « 1 centaine »** sur les dominos.

Mise en commun 10 min

■ Afficher tous les dominos en vrac sur la droite du tableau et poser le domino « Départ » au centre du tableau. Faire venir

MATÉRIEL ET DOCUMENTS

www.maths-super-simples.editions-bordas.fr, Séquence 64

CALCUL MENTAL JOUR 1 — 10 min

93. Le compte à rebours : de 5 en 5 en arrière, en partant de 50.
➥ *p. 41*

CALCUL MENTAL JOUR 2 — 10 min

94. *u* x 2, *u* x 3 et *u* x 5.
➥ *p. 41*

un élève qui complète la deuxième partie du domino en expliquant à la classe son calcul. L'élève place ensuite le domino suivant, correspondant au résultat qu'il a trouvé. Faire venir un élève pour le deuxième domino, et ainsi de suite.

Cette mise en commun a pour objectif de rappeler les procédures à utiliser (cf. verbalisation phase 1 de la recherche).

Conseil
▶ Faire découper les dominos aux élèves avant une récréation en amont de la séance.

Institutionnalisation — 5 min

Distribuer la trace écrite et la faire coller dans le cahier.

64 Calculer en ligne des sommes et des différences

• Additionner ou soustraire **1**, c'est additionner ou soustraire **1 unité.**	238 + 1 = 239 238 – 1 = 237
• Additionner ou soustraire **10**, c'est additionner ou soustraire **1 dizaine.**	238 + 10 = 248 238 – 10 = 228
• Additionner ou soustraire **100**, c'est additionner ou soustraire **1 centaine.**	238 + 100 = 338 238 – 100 = 138

JOUR 2 Entraînement — 00 min

64 Calculer en ligne des sommes et des différences

1 **Entoure** le chiffre qui va changer après le calcul puis **calcule**.

347 + 10 = 357	670 + 100 = 770	142 + 1 = 143
203 + 10 = 213	975 + 1 = 976	30 + 100 = 130

2 **Entoure** le chiffre qui va changer après le calcul puis **calcule**.

572 – 100 = 472	163 – 10 = 153	829 – 1 = 828
56 – 10 = 46	302 – 1 = 301	740 – 100 = 640

3 **Calcule.**

658 + 1 = 659	658 + 10 = 668	658 + 100 = 758
409 + 10 = 419	409 + 100 = 509	409 + 1 = 410

4 **Calcule.**

555 – 1 = 554	555 – 10 = 545	555 – 100 = 455
300 – 100 = 200	300 – 1 = 299	300 – 10 = 290

5 **Calcule.**

289 – 10 = 279	103 + 100 = 203	833 – 100 = 733
400 + 10 = 410	121 – 100 = 21	899 + 1 = 900

CAHIER DU JOUR

6 **Écris** et **calcule** en ligne les soustractions pour :
- enlever 1 à 356
- enlever 10 à 35
- enlever 100 à 356

1 2 3 4 5

Erreur fréquente
Certains élèves **se trompent dans le chiffre à modifier.**

Remédiation
Rappeler qu'ajouter ou soustraire 1 doit modifier le chiffre des unités, qu'ajouter ou soustraire 10 doit modifier le chiffre des dizaines, qu'ajouter ou soustraire 100 doit modifier le chiffre des centaines.

1 2 3 4 5

Erreur fréquente
Certains élèves écrivent « 658 + 10 = 769 » ou « 555 – 10 = 444 » car **ils pensent que le chiffre 1 doit être additionné ou soustrait partout.**

Remédiation
Dans tous les cas, **faire systématiquement décomposer les valeurs considérées en centaines, dizaines et unités.** L'utilisation de couleurs différentes pour les centaines, les dizaines et les unités lève souvent les obstacles.

1 2 3 4 5

Erreur fréquente
Certains élèves **additionnent au lieu de soustraire**, et inversement.

Remédiation
Faire entourer ou repasser en rouge le signe de l'opération.

66 Comprendre le sens de la division (1)

OBJECTIF DE LA SÉQUENCE
Grouper des éléments d'une collection.

JOUR 1 Découverte 35 min

Objectif de l'activité
Partager des objets en réalisant des groupements égaux.

Matériel
- **Par élève** :
  - 28 **jetons** (ou 28 haricots) ;
  - 1 **feuille de recherche** avec 4 exercices à découper ;
  - 1 **crayon de papier**.

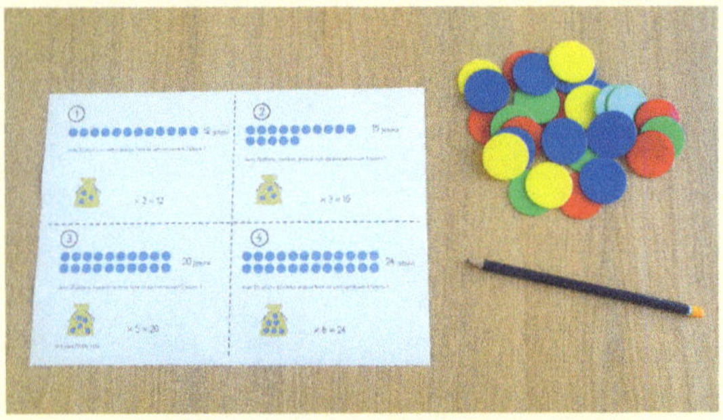

Photo 1 : le matériel mis à disposition des élèves

Déroulement de la séance
- **Mise en situation** ▪ oral collectif ▪ 5 min
- **Recherche** ▪ individuelle ▪ 15 min
- **Mise en commun** ▪ individuelle et oral collectif ▪ 10 min
- **Institutionnalisation** ▪ oral collectif ▪ 5 min

Mise en situation — 5 min

▪ Présenter un sac contenant 8 jetons et faire venir deux élèves au tableau : *Je vais partager tous les jetons entre (Julie) et (Léa).* Donner 3 jetons à Julie et 5 jetons à Léa puis demander : *Que pensez-vous de mon partage ?* On s'attend à ce que les élèves disent que ce n'est pas juste, que Julie et Léa devraient avoir le même nombre de jetons.

▪ Poursuivre : *Comment faire alors pour que Julie et Léa soient traitées de la même façon ?* Écouter les réponses des élèves et reformuler : *Si Julie et Léa n'ont pas reçu le même nombre de jetons, le partage est inéquitable. Pour que le partage soit équitable, il faut distribuer 4 jetons à chacune, et je peux le vérifier en écrivant deux fois quatre jetons égale huit jetons.*

▪ Écrire au tableau « inéquitable », « équitable » et « $2 \times 4 = 8$ ».

Recherche — 15 min

▪ Expliquer aux élèves qu'ils vont devoir à leur tour partager des jetons de façon équitable. Distribuer les jetons et la feuille de recherche. Consigne : *Découpez la feuille de recherche en 4 parties en suivant les traits de coupe. On commence par le premier exercice. Prenez le nombre de jetons indiqué et constituez un sac de jetons comme sur le dessin. Cherchez combien de sacs identiques vous pouvez réaliser en utilisant tous les jetons. Une fois que vous avez trouvé, dessinez votre résultat sur la feuille de recherche et complétez la multiplication.* Faire le premier exercice au tableau avec les élèves puis les laisser chercher seuls les trois autres.

▪ L'approche de la division peut se faire à partir d'un problème de partage ou de groupement. Il s'agit ici d'aborder le sens de la division en cherchant le nombre de groupes que l'on peut réaliser en partageant de façon équitable. Constituer des groupes est moins intuitif pour les élèves que réaliser un partage en distribuant, comme dans la mise en situation. Dans cette séance, il s'agit de trouver le premier nombre de la multiplication « combien de fois $3 = 12$, $\ldots \times 3 = 15$, etc ».

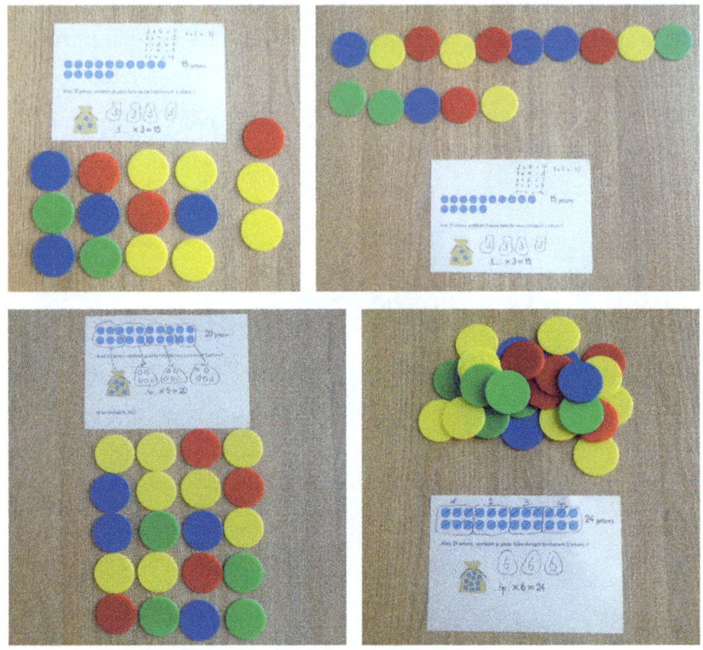

Photo 2 : des productions d'élèves avec différentes stratégies

Pistes de différenciation
- **Guider oralement les élèves dans les trois étapes de la recherche** :
  1) Placer devant soi le nombre de jetons indiqué sur la feuille.
  2) Constituer un premier sac correspondant au modèle.
  3) Constituer d'autres sacs identiques jusqu'à ce qu'il n'y ait plus de jetons.
  4) Compléter la multiplication en comptant le nombre de sacs réalisés.
- **Ne donner que le nombre de jetons nécessaire** à chaque recherche.
- **Supprimer la multiplication à compléter**.
- Demander aux élèves experts **de sauter l'étape de la manipulation** avec les jetons.

Mise en commun — 10 min

▪ Consigne : *Avec les 28 jetons, cherchez combien de sacs de 4 jetons vous pouvez faire. Ensuite, complétez la multiplication « $\ldots \times 4 = 28$ ».* Pendant que les élèves travaillent, dessiner au tableau les 28 jetons et un premier sac avec 4 jetons. Réaliser au tableau la tâche demandée en suivant les indications des élèves.

▪ Demander ensuite : *Comment faire pour trouver la solution si on n'a pas de jetons à manipuler, mais uniquement des jetons dessinés sur le papier ?* Mettre en avant les différentes méthodes : barrer les jetons au fur et à mesure qu'ils sont placés dans un sac, recompter le total des jetons une fois que tous les sacs sont constitués, utiliser ses connaissances sur les tables de multiplication. Montrer aux élèves que l'on peut chercher ce qui fait 28 dans la table de 4 : « $4 \times 7 = 28$ » ou « $7 \times 4 = 28$ ». Rappeler, si nécessaire, la commutativité de la multiplication.

Conclure : *On peut donc connaître le nombre de sacs avant même de les dessiner : avec 28 jetons, on peut constituer 7 sacs de 4 jetons ou 7 fois 4 jetons.*

MATÉRIEL ET DOCUMENTS

www.maths-super-simples.editions-bordas.fr,
Séquence 66

CALCUL MENTAL JOUR 1 — 10 min

95. Compléter des additions à trou (somme = 11).
➥ *p. 42*

CALCUL MENTAL JOUR 2 — 10 min

96. Calculer à l'envers : fabriquer 11 de 6 manières.
➥ *p. 42*

- Ranger les 4 exercices dans la pochette, le lutin ou le cahier de recherche.

Institutionnalisation — 5 min

Distribuer la trace écrite et la faire coller dans le cahier.

Avec 12 jetons, on peut remplir 3 sacs de 4 jetons ou 3 groupes de 4 jetons ou 3 fois 4 jetons.

66 Comprendre le sens de la division (1)

Pour partager 12 jetons en groupes de 4 on peut :

- **Remplir chaque groupe** au fur et à mesure.

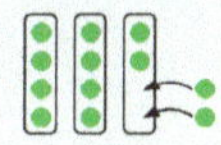

4 jetons dans 3 groupes

- Dessiner les jetons et les **grouper par 4**.

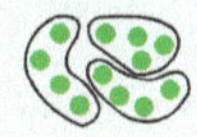

3 groupes de 4 jetons

3 × 4 = 12

- **Rechercher dans la table de 4** pour compléter la multiplication :
… × 4 = 12.

4 × 1 = 4
4 × 2 = 8
4 × 3 = 12
4 × 4 = 16

JOUR 2 Entraînement — 30 min

66 Comprendre le sens de la division (1)

1 **Groupe** les 30 jetons en fonction du nombre demandé et **complète** la multiplication.

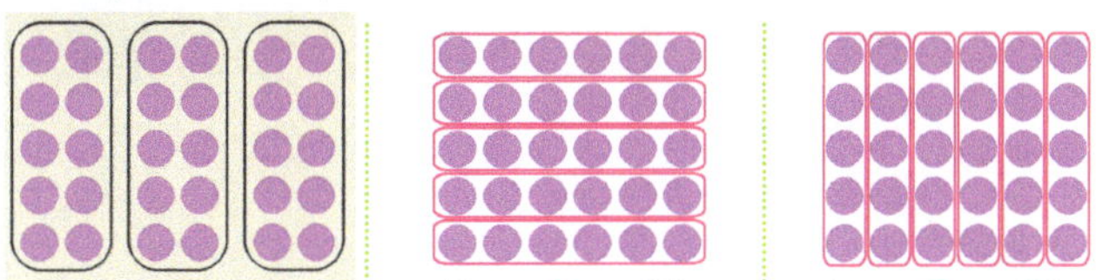

3 × 10 = 30 | 5 × 6 = 30 | 6 × 5 = 30

2 **Entoure** des groupes équitables de jetons pour **écrire** deux multiplications différentes de celle de l'exemple.

2 × 15 = 30 | 3 × 10 = 30 | 6 × 5 = 30

3 **Colorie** en bleu tous les groupements possibles pour 24 jetons.

2 groupes de 12 jetons
8 groupes de 3 jetons
4 groupes de 5 jetons
4 groupes de 6 jetons
5 groupes de 6 jetons
3 groupes de 8 jetons
6 groupes de 4 jetons
12 groupes de 2 jetons
10 groupes de 4 jetons

CAHIER DU JOUR

4 **Écris** toutes les multiplications qui permettent de grouper équitablement 20 jetons.

1 2

Erreur fréquente

Les groupements sont incorrects.

Remédiation

Faire recompter le nombre d'éléments dans chaque groupement réalisé et le noter.

1 2

Erreur fréquente

En complétant ou en écrivant la multiplication, certains élèves peuvent **confondre « nombre de groupements » et « nombre d'éléments dans un groupement ».**

Remédiation

– **Leur donner la table de multiplication** pour leur montrer que la multiplication qu'ils ont écrite est fausse et leur faire trouver la multiplication correcte.
– **Faire numéroter les groupements.**

3

Erreur fréquente

Certains élèves **ne vont pas être capables d'utiliser une multiplication pour trouver le résultat.**

Remédiation

Leur faire dessiner la représentation des étiquettes avec des jetons comme dans la situation de découverte.

67 Comprendre le sens de la division (2)

OBJECTIF DE LA SÉQUENCE
Partager équitablement les éléments d'une collection.

JOUR 1 Découverte 35 min

Objectif de l'activité
Partager des objets en les distribuant de façon équitable.

Matériel
- **Par élève** :
  - 40 **jetons** (ou 40 haricots) ;
  - 2 **feuilles de recherche à couper en deux** ;
  - 1 **crayon de papier**.

Déroulement de la séance
- **Mise en situation** ▪ oral collectif ▪ 5 min
- **Recherche** ▪ individuelle ▪ 15 min
- **Mise en commun** ▪ individuelle et oral collectif ▪ 10 min
- **Institutionnalisation** ▪ oral collectif ▪ 5 min

Photo 1 : le matériel mis à disposition des élèves

Mise en situation — 5 min

▪ Demander aux élèves d'expliquer ce qu'est un partage équitable et de donner des exemples de partage entre deux personnes. Noter les exemples en les dessinant au tableau et en écrivant la multiplication correspondante.
Reformuler les réponses : *Un partage est équitable quand toutes les personnes ont reçu la même quantité d'objets et qu'il n'en reste plus à distribuer.*
▪ Solliciter à nouveau les élèves : *J'ai 11 jetons et je veux les partager entre 2 élèves, comment faut-il faire ?* Les élèves vont proposer de donner 5 jetons à chaque élève et d'en garder un ou bien de donner 5 jetons à un élève et 6 à l'autre. Dans le dernier cas, faire remarquer que ce n'est plus un partage équitable. Cet exemple a pour objectif de montrer qu'il n'est pas toujours possible de faire un partage équitable.

Recherche — 15 min

▪ Expliquer aux élèves qu'ils vont devoir, à leur tour, partager des jetons de façon équitable. Présenter les jetons et les feuilles de recherche. Les faire découper suivant le trait. Consigne : *Prenez le nombre de jetons indiqué et distribuez ces jetons de manière équitable à chaque enfant dessiné. Quand vous avez terminé, dessinez votre résultat sur la feuille de recherche et complétez la multiplication.*
▪ Faire le premier exercice au tableau avec les élèves.
▪ L'approche de la division peut se faire à partir d'un problème de groupement, comme dans la leçon 66, ou de partage, comme ici. Il s'agit ici d'aborder le sens de la division en cherchant le nombre d'éléments ou d'objets que l'on va distribuer à chacun de façon équitable. Constituer des groupes est moins intuitif pour les élèves que réaliser un partage en distribuant, comme dans la mise en situation. Dans cette leçon, il s'agit de trouver le second terme de la multiplication « 2 fois combien de jetons = 18, 4 × … = 20, etc ».

Photos 2, 3, 4 et 5 : productions d'élèves avec différentes stratégies, certains n'utisent pas les jetons

Pistes de différenciation
- **Guider oralement les élèves dans les trois étapes de la recherche** :
  1) Placer devant soi le nombre de jetons indiqué sur la feuille.
  2) Distribuer les jetons un par un alternativement à chaque enfant jusqu'à ce qu'il n'y ait plus de jetons.
  3) Compléter la multiplication en comptant le nombre de sacs réalisés.
- **Ne donner que le nombre de jetons nécessaire** à chaque recherche.
- **Supprimer la multiplication** à compléter.
- Pour les élèves experts, **sauter l'étape de manipulation** avec les jetons.

Mise en commun — 10 min

▪ Consigne : *Utilisez 40 jetons et distribuez autant de jetons à 4 enfants. Complétez ensuite la multiplication « 4 x … = 40 ».* Pendant que les élèves travaillent, dessiner au tableau les 40 jetons et 4 têtes d'enfant. Réaliser au tableau la tâche demandée en suivant les indications des élèves.
▪ Demander : *Comment faire pour trouver la solution si on n'a pas de jetons à manipuler mais uniquement un papier et un crayon ?* Mettre en avant les différentes méthodes : barrer les jetons au fur et à mesure qu'ils sont redessinés sous chaque tête d'enfant, recompter le total des jetons une fois qu'ils ont tous été distribués pour vérifier s'il y a bien le compte de départ, essayer d'entourer les jetons pour constituer des groupes égaux, utiliser ses connaissances sur les tables de multiplication.

MATÉRIEL ET DOCUMENTS

www.maths-super-simples.editions-bordas.fr, Séquence 67

CALCUL MENTAL JOUR 1

10 min

97. Connaître la table de 10 (*u* x 10).
➥ *p. 42*

CALCUL MENTAL JOUR 2

10 min

98. Calculer à l'envers : Retrouver la multiplication qui correspond à un produit dans la table de 10.
➥ *p. 42*

■ Montrer aux élèves que l'on peut chercher ce qui fait 40 dans la table de 4 et l'on trouve : « 4 × 10 = 40 ».
En utilisant la table de 4, on peut savoir à l'avance combien chaque enfant recevra de jetons avant même de faire le partage : *Si j'ai 40 jetons que je distribue entre 4 enfants, ils recevront chacun 10 jetons. Partager des jetons entre plusieurs personnes c'est les diviser pour que chacun en reçoive la même quantité.*

■ Faire ranger les 4 fiches dans la pochette, le lutin ou le cahier de recherche.

Institutionnalisation

5 min

Distribuer la trace écrite et la faire coller dans le cahier.

67 Comprendre le sens de la division (2)

Pour partager équitablement 12 jetons entre 3 enfants, on peut :

- **Distribuer** un jeton à chaque enfant, et recommencer ainsi jusqu'à ce qu'il n'y ait plus de jeton.

Les enfants reçoivent chacun 4 jetons.

- Dessiner les jetons pour **obtenir 3 groupes égaux.**

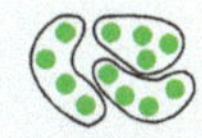

3 groupes de 4 jetons

3 × 4 = 12

- **Rechercher dans la table de 3** pour compléter la multiplication : **3 × ... = 12.**

3 × 1 = 3
3 × 2 = 6
3 × 3 = 9
3 × 4 = 12
3 × 5 = 15

JOUR 2 Entraînement

30 min

67 Comprendre le sens de la division (2)

1 Le partage est-il équitable ? **Colorie** l'étiquette réponse.

Partage équitable :	Partage équitable :	Partage équitable :	Partage équitable :
oui non	**oui** non	oui **non**	**oui** non

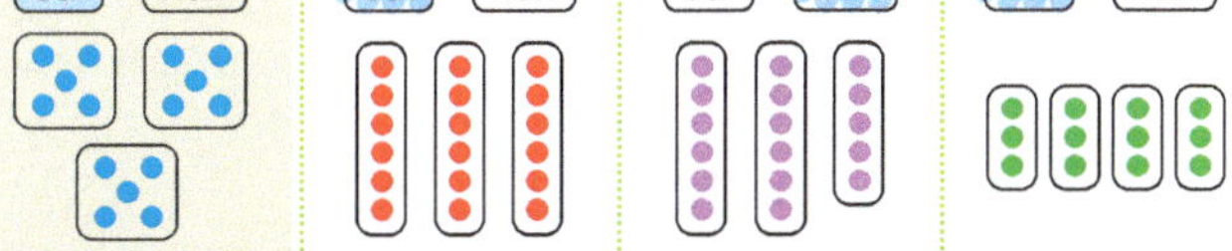

2 **Partage** équitablement les jetons en 5 groupes et **écris** la multiplication correspondante.

4 × 5 = 20 — 5 × 5 = 25 — 5 × 6 = 30

3 **Complète** les multiplications pour partager équitablement 40 jetons.

- 40 c'est 8 jetons pour 5 personnes : 5 × 8 = 40
- 40 c'est 10 jetons pour 4 personnes : 4 × 10 = 40
- 40 c'est 20 jetons pour 2 personnes : 2 × 20 = 40
- 40 c'est 4 jetons pour 10 personnes : 10 × 4 = 40
- 40 c'est 5 jetons pour 8 personnes : 8 × 5 = 40

CAHIER DU JOUR

4 **Écris** trois multiplications pour partager équitablement 24 jetons.

2

Erreur fréquente

Les **groupements sont incorrects.**

Remédiation

Faire recompter le nombre d'éléments dans chaque groupement réalisé et le noter.

2 **3**

Erreur fréquente

En complétant les phrases ou la multiplication, certains élèves peuvent **confondre « nombre de groupements » et « nombre d'éléments dans un groupement ».**

Remédiation

Leur donner la table de multiplication pour leur montrer que la multiplication qu'ils ont écrite est fausse et leur faire trouver la multiplication correcte.

68 Tracer des figures simples

OBJECTIF DE LA SÉQUENCE
Reproduire sur papier uni des figures planes.

JOUR 1 Découverte 40 min

Objectif de l'activité
Utiliser la règle graduée et l'équerre pour reproduire des figures, avec ou sans angle droit.

Matériel
- **Par élève :**
  - 1 **règle graduée**, 1 **équerre**, 1 **crayon de papier**, 1 **crayon de couleur** ;
  - 1 **feuille A4**.

Déroulement de la séance
- **Mise en situation** ■ oral collectif ■ 10 min
- **Recherche** ■ en binôme et individuelle ■ 15 min
- **Mise en commun** ■ oral collectif ■ 10 min
- **Institutionnalisation** ■ oral collectif ■ 5 min

Mise en situation 10 min

■ Préparer au tableau le descriptif ci-dessous :

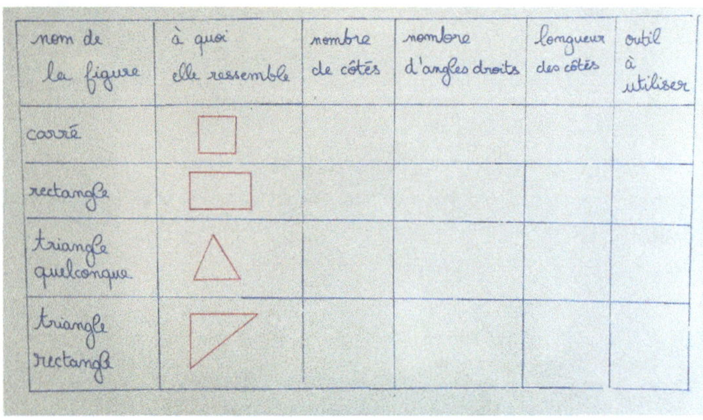

nom de la figure	à quoi elle ressemble	nombre de côtés	nombre d'angles droits	longueur des côtés	outil à utiliser
carré					
rectangle					
triangle quelconque					
triangle rectangle					

Photo 1 : tableau descriptif des principales figures

Le remplir avec les élèves pour réactiver leurs connaissances sur les caractéristiques des différentes figures planes et faire apparaître les différences.

Recherche 15 min

1re phase

■ Les élèves sont répartis en binômes, chacun avec un crayon de couleur différente. Consigne : *Tracez un segment de droite de 6 cm puis échanger votre feuille avec celle de votre voisin ; tracez alors, avec l'équerre, un angle droit à partir du segment de votre binôme (et pas obligatoirement à une extrémité du segment). Prolongez cet angle droit de façon à obtenir un deuxième segment de la longueur de votre choix. Échangez à nouveau vos feuilles et continuez ainsi.*

Rappeler aux élèves, en faisant la démonstration au tableau, la méthode vue à la leçon 38, pour tracer un angle droit au moyen d'une équerre :

1) Je place le côté de l'angle droit de l'équerre le long du segment déjà tracé.

2) Je fais glisser la pointe de l'angle droit de l'équerre face au point choisi.

3) Je trace un trait le long de l'équerre en partant du point.

4) Je marque l'angle droit ainsi obtenu. Il est important de tracer le trait souplement, sans trop appuyer, et en une seule fois. L'équerre doit être tenue immobile par la main qui ne tient pas le crayon.

■ S'arrêter au bout de cinq rotations et vérifier avec l'équerre les angles droits tracés par les élèves pour marquer avec le symbole approprié ceux qui sont corrects.

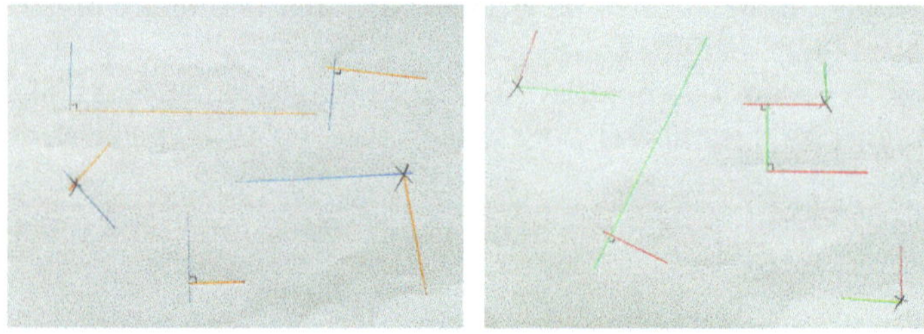

Photos 2 et 3 : exemple de réalisation d'un binôme

2de phase

■ Demander aux élèves de retourner leur feuille et de prendre leur crayon de papier. Consigne : *Tracez un carré de 11 cm de côté en suivant les étapes suivantes :*

1) Je trace un segment de 11 cm.

2) Je place mon équerre le long de ce segment pour tracer le deuxième côté de l'angle droit.

3) Avec ma règle, je prolonge ce côté jusqu'à 11 cm.

4) Je recommence pour les autres angles et côtés.

Insister sur le placement correct de l'équerre pour compléter les angles droits. Expliquer et montrer que lorsqu'on ajoute un côté à la figure, celui-ci n'est pas sensé avoir immédiatement la bonne longueur : tracer d'abord l'angle droit avec l'équerre, puis mesurer et tracer le côté avec la règle.

■ Demander ensuite de tracer un triangle rectangle :
Le triangle rectangle a trois côtés et un angle droit. Pour être sûr de ne pas se tromper, commencez par tracer les deux côtés qui forment l'angle droit.

Conseil
- Il sera nécessaire, tout au long de l'année, de **réactiver de façon régulière** le tracé des angles droits, bien sûr pendant les séances de géométrie, mais aussi en faisant tracer des **frises géométriques** pendant des temps d'activités libres, ou en autonomie, ou encore en travail donné à la maison.

Pistes de différenciation
Deux types de difficultés peuvent se rencontrer : le tracé des figures et le report des distances en centimètres.
- **Rappeler le placement de la règle, de l'équerre et/ou des mains.** Si nécessaire, le faire avec les élèves en les aidant à placer la règle ou l'équerre au bon endroit.
- Faciliter la tâche pour l'élève : **tenir l'équerre quand celui-ci trace le segment,** ou **tracer le segment pendant qu'il tient l'équerre.**
- **Orienter la feuille de l'élève** de façon qu'il n'ait pas les mains tordues pour placer l'équerre ou tracer le segment.
- **Mesurer avec les élèves** les cm sur la règle graduée.
- **Donner d'autres figures à tracer** aux élèves les plus rapides et qui ont correctement réalisé le travail.

Mise en commun 10 min

■ Regrouper les élèves devant le tableau et afficher trois productions significatives de la seconde phase qui comportent les erreurs suivantes :
- un angle droit qui n'est pas droit ;
- des côtés du carré inégaux ;
- les tracés discontinus des côtés ;
- un triangle qui n'est pas rectangle.

MATÉRIEL ET DOCUMENTS

www.maths-super-simples.editions-bordas.fr, Séquence 68

CALCUL MENTAL JOUR 1

10 min

99. Le compte à rebours : de 10 en 10 en arrière en partant de 100.
➥ *p. 42*

CALCUL MENTAL JOUR 2

10 min

100. *du + du* (*du + d + u*) avec franchissement de la centaine supérieure.
➥ *p. 42*

Selon les observations des élèves, demander : *Quel outil utiliser pour vérifier que les côtés n'ont pas la même longueur et comment faire ? Quel outil utiliser pour vérifier que l'angle n'est pas droit et comment faire ?* Envoyer successivement des élèves au tableau vérifier.

- La manipulation effectuée par les élèves sera l'occasion de verbaliser à nouveau les étapes de construction.

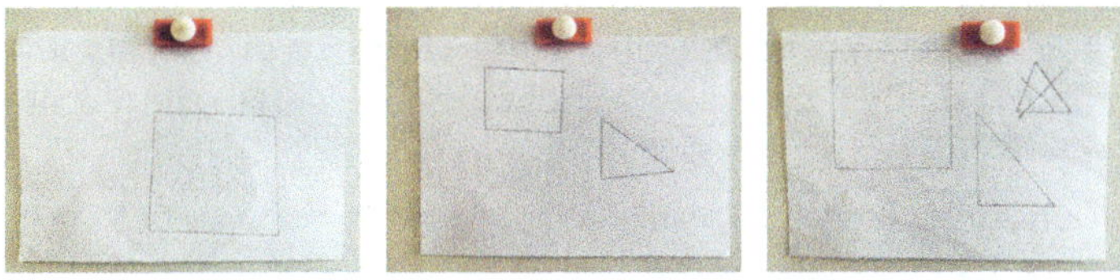

Photo 4 : exemples de productions d'élèves choisies pour la mise en commun

- Faire ranger la feuille de recherche des élèves dans le lutin, la pochette ou le cahier de recherche.

Institutionnalisation

5 min

Distribuer la trace écrite et la faire coller dans le cahier.

68 Tracer des figures simples

- Pour tracer un carré, un rectangle ou un triangle rectangle, on utilise une **équerre** et une **règle graduée.**
- Pour tracer un carré de 3 cm de côté :

1. Je trace un segment de 3 cm.

2. Je place un des côtés de l'angle droit de mon équerre contre ce premier segment, puis je trace le deuxième côté de l'angle droit.

3. Avec la règle, je prolonge ce côté jusqu'à 3 cm.

4. Je recommence pour les autres angles et côtés.

JOUR 2 Entraînement

35 min

68 Tracer des figures simples

Matériel : règle graduée, équerre

1 **Termine** de tracer les figures avec ta règle et ton équerre.

un rectangle

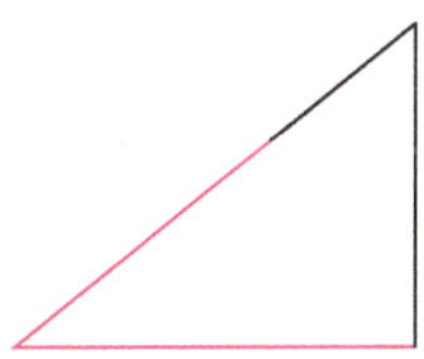

un triangle rectangle

2 **Trace :**

- un carré de 4 cm de côté ;
- un rectangle de 6 cm de longueur et 3 cm de largeur.

3 **Termine** les tracés avec ton équerre pour obtenir des triangles rectangles.

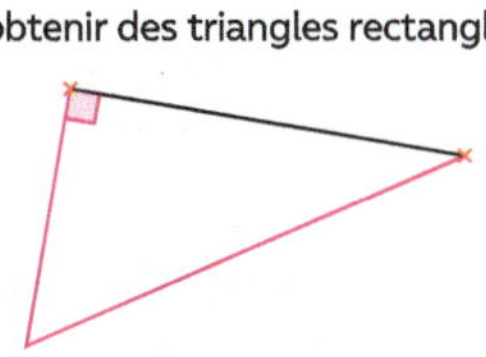

CAHIER DU JOUR

4 **Reproduis** la figure distribuée sur une feuille unie.

1 2 3

Erreur fréquente

Certains élèves **pensent qu'un angle droit a toujours des côtés horizontaux ou verticaux.**

Remédiation

Proposer des tracés d'angles droits ayant des côtés obliques et faire vérifier par les élèves, à l'aide d'un gabarit ou d'une équerre, si les angles sont droits. Proposer régulièrement des figures qui possèdent des angles droits dont les côtés ne sont ni horizontaux, ni verticaux.

1 2 3

Erreur fréquente

Certains **élèves n'ont pas conscience d'obtenir une figure ne présentant que très peu de rapport avec la figure demandée** (par exemple un carré ou un rectangle).

Remédiation

Les habituer à dessiner une esquisse de la figure à obtenir, sur laquelle ils indiqueront les mesures des différents côtés. Attention, un petit écart d'angle ou de longueur est une erreur commune qu'il faut certes corriger, mais qui reste acceptable au CE1.

1 2 3

Erreur fréquente

Les figures ne correspondent pas à ce qui est demandé.

Remédiation

Certains élèves ne connaissent pas les caractéristiques des figures planes. **Rappeler qu'un carré a 4 côtés égaux, etc.**

70 Construire un cercle

OBJECTIF DE LA SÉQUENCE
Tracer un cercle avec un compas.

JOUR 1 Découverte 35 min

Objectif de l'activité
S'entraîner à tracer des cercles avec un compas.

Matériel
- **Par élève :**
  - **1 compas**, 1 règle **graduée** ;
  - **1 feuille blanche**, **1 crayon de papier**.
- **Pour la classe :**
  - **1 compas de tableau** ;
  - **1 assiette**, 1 **cerceau**, 1 **bol**, 1 **seau**, 1 **pièce de monnaie.**

Déroulement de la séance
- **Mise en situation** ■ oral collectif ■ 5 min
- **Recherche** ■ individuelle ■ 15 min
- **Mise en commun** ■ oral collectif ■ 10 min
- **Institutionnalisation** ■ oral collectif ■ 5 min

Mise en situation — 5 min

■ Interroger la classe : *Qu'est-ce qu'un cercle ?*
Dessiner au tableau exactement ce que disent les élèves, par exemple, quand ils disent : « une ligne tordue », tracer une ligne tordue, ou quand ils disent : « une courbe fermée », tracer une courbe fermée mais qui ne soit pas un cercle parfait. Suivre uniquement les instructions verbales et pas les explications gestuelles. Cette question et les propositions des élèves vont leur permettre de s'apercevoir rapidement que si une description n'est pas suffisante.
■ Demander : *Quels objets de la classe pourrions-nous utiliser pour tracer un cercle ?* Utiliser ces objets pour tracer des cercles sur le tableau tout en expliquant : *Il est difficile de tracer un cercle en faisant le tour d'un objet rond car il n'y a rien pour tenir cet objet afin qu'il ne bouge pas.*

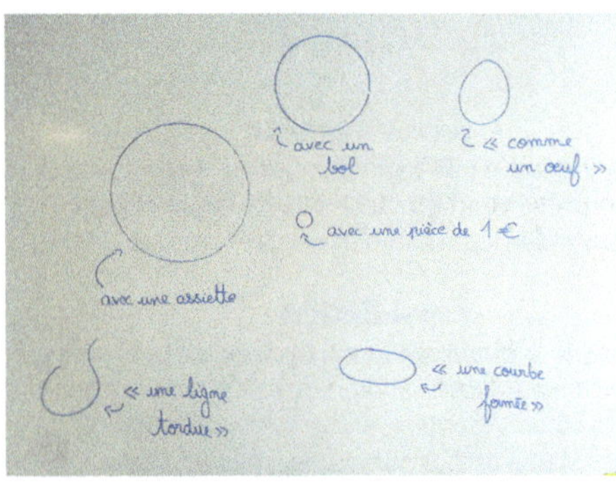

Photo 1 : la mise en situation avec le tableau

Recherche — 15 min

1re phase
■ Expliquer aux élèves qu'il existe un outil conçu spécialement pour tracer des cercles : le compas.
Le décrire en le présentant : *Le compas possède deux branches qui s'écartent, l'une munie d'une pointe et l'autre qui peut porter un crayon ou une mine de crayon. Il a aussi une tête que l'on fait tourner entre le pouce et l'index pour tracer le cercle.*
■ Montrer aux élèves comment tracer un cercle avec un compas et verbaliser les différentes étapes :
1) Tracez un point sous forme de croix qui sera le centre du cercle.
2) Choisissez l'écartement des deux branches du compas.
3) Piquez la pointe du compas au centre de la croix en appuyant fortement.
4) Placez vos doigts sur la tête et incliner légèrement le compas avant de poser la pointe de crayon sur la feuille.
5) Faites tourner le compas entre le pouce et l'index pour tracer le cercle.
Insister sur la nécessité de garder l'écartement du compas constant pendant toute la manipulation et introduire les termes « centre » et « pourtour » (le terme « rayon » n'est pas au programme du CE1, on utilisera « distance au centre » ou « écartement des branches du compas »).
■ Consigne : *Tracez un point au crayon de papier avec une croix, puis tracez un cercle en prenant cette croix comme centre. Recommencez plusieurs fois.* Demander aux élèves de placer leur feuille blanche sur un grand cahier pour créer de l'épaisseur afin de piquer plus facilement la pointe sans que le compas ne glisse.

2de phase
■ Montrer maintenant comment tracer un cercle après avoir réglé précisément l'écartement du compas.
Consigne : *Tracez un point puis tracez un cercle ayant un écartement d'à peu près 3 cm. Tracez ensuite un autre cercle plus petit à l'intérieur mais en utilisant le même centre. Recommencez plusieurs fois cette manipulation.*

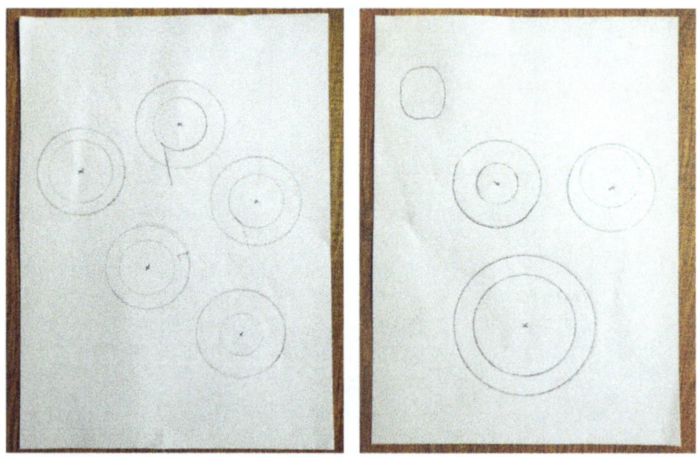

Photos 2 et 3 : exemples de productions d'élèves

Conseil
- **Il est important que le compas soit de bonne qualité** et il est préférable que l'enseignant possède un stock de « bons compas » (le plus souvent métalliques) à prêter aux élèves plutôt que de les laisser utiliser certains compas du commerce qui produiront un tracé approximatif.
- Vérifier les compas des élèves et veiller à ce que la mine et la pointe soient au même niveau quand les deux branches du compas sont fermées, sinon cela va ajouter une difficulté supplémentaire pour obtenir un cercle précis.

Pistes de différenciation
- La différenciation portera uniquement **sur la manipulation du compas** en conseillant les élèves sur différents points :
  – piquer en appuyant vraiment la pointe du compas ;
  – rouler la tête du compas entre le pouce et l'index dans un sens et dans l'autre ;
  – alléger la pression sur la pointe du crayon ;
  – décrisper le bras, le coude et la main.

MATÉRIEL ET DOCUMENTS

www.maths-super-simples.editions-bordas.fr, Séquence 70

CALCUL MENTAL JOUR 1 — 10 min

101. Compléter des additions à trou (somme = 13).

➥ p. 42

CALCUL MENTAL JOUR 2 — 10 min

102. Calculer à l'envers : Fabriquer 13 de 6 manières.

➥ p. 43

Mise en commun — 10 min

- Afficher différentes productions d'élèves et demander de dénombrer le nombre de cercles correctement tracés. Un cercle non fermé ou bien « bosselé » ne pourra pas être comptabilisé.
- Tracer plusieurs cercles au tableau en suivant les indications données par les élèves. L'objectif est de leur faire verbaliser les cinq étapes essentielles pour tracer un cercle.
- Faire venir deux élèves pour régler l'écartement des branches de 6 cm puis de 8 cm afin de tracer deux nouveaux cercles.

Activité complémentaire

Apprendre à tracer un cercle

▸ En aval de la séance de découverte, prévoir de courtes séances décrochées pendant lesquelles les élèves traceront des cercles simples, ou des cercles pour composer des **rosaces**, ou encore des **frises géométriques**.

Institutionnalisation — 5 min

Distribuer la trace écrite et la faire coller dans le cahier.

70 Construire un cercle

- Sur ce dessin, on voit 5 **cercles** :
  4 pour les yeux et 1 pour la tête.
- Un cercle est fermé et il a un **centre**.
  La distance entre le centre du cercle et les points du pourtour est toujours la même.
- **Pour tracer un cercle avec un compas :**

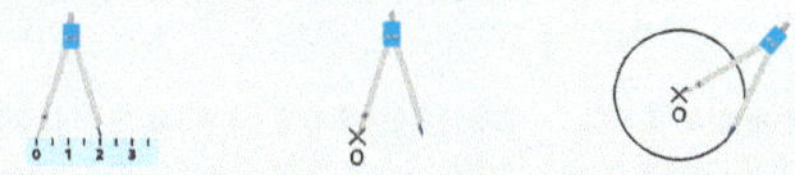

1. Je choisis un écartement des branches du compas, par exemple 2 cm.

2. Je marque un point sur une feuille et j'enfonce la pointe du compas sur ce point.

3. Je fais tourner le compas autour de ce point.

JOUR 2 Entraînement — 35 min

70 Construire un cercle

Matériel : compas

1 • **Trace** un cercle avec le compas.

• **Trace** un cercle de centre I.

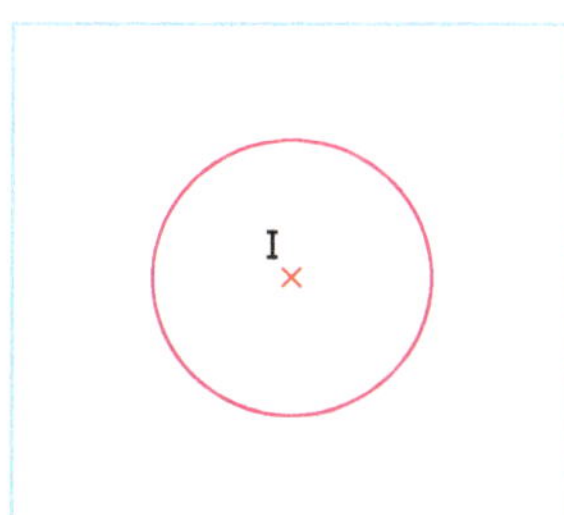

2 **Termine** le tracé des deux cercles ayant pour centre la croix rouge.

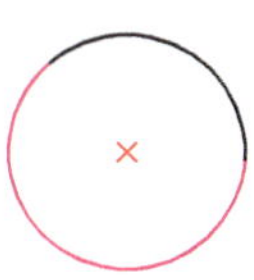

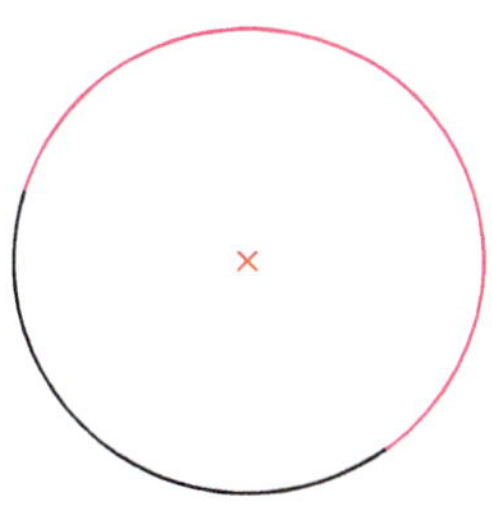

3 **Reproduis** les deux cercles.

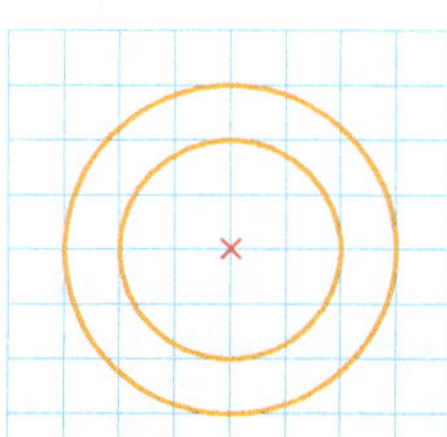

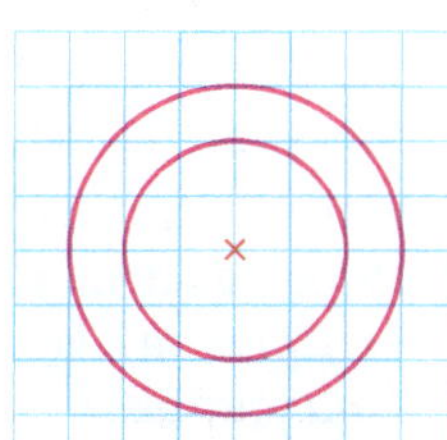

CAHIER DU JOUR

4 **Reproduis** la figure distribuée.

1 2 3

Erreur fréquente

Les cercles **présentent des interruptions** ou **plusieurs tracés se côtoient**.

Remédiation

Entraîner les élèves à faire tourner le compas entre le pouce et l'index dans un sens et dans l'autre, d'abord lentement puis de plus en plus vite.
Mettre plusieurs épaisseurs de papier sous la feuille afin que la pointe soit bien plantée et ne bouge pas.

1 2

Erreur fréquente

Le tracé du cercle montre que **le rayon semble s'agrandir ou se rétrécir.**

Remédiation

Demander à l'élève de moins appuyer la pointe du crayon sur le papier, d'essayer de « caresser » le papier.

3

Erreur fréquente

Les cercles tracés sont corrects, mais **le rayon n'est pas respecté.**

Remédiation

Demander : ***« À combien de carreaux est égal l'écartement du cercle intérieur ? Du cercle extérieur ? »***

71 Mesurer des masses en gramme et en kilogramme

OBJECTIF DE LA SÉQUENCE
Mettre en relation les unités de masse : g et kg.

JOUR 1 Découverte 35 min

Objectif de l'activité
Mesurer des masses en kilogramme.

Matériel
- **Par groupes de 4 élèves :**
  - 1 **balance Roberval** ;
  - 4 **masses marquées** : 1 kg, 2 kg, 2 g et 2 g.
- **Par élève** :
  - 1 **feuille de recherche** et 1 **crayon de papier**.
- **Pour la classe** :
  - 2 **paquets de farine** de 1 kg, 2 **paquets de sucre en poudre** de 1 kg, 2 **bouteilles d'eau** de 1 litre, 2 **paquets de café** de 2 kg et 2 **paquets de riz** de 2 kg ;
  - Masquer les masses des produits avec un **adhésif opaque**.

Déroulement de la séance
- **Mise en situation** ■ oral collectif ■ 5 min
- **Recherche** ■ par groupes de 4 élèves ■ 15 min
- **Mise en commun** ■ oral collectif ■ 10 min
- **Institutionnalisation** ■ oral collectif ■ 5 min

Mise en situation 5 min

■ Inviter les élèves à raconter dans quelles circonstances ils ont eu l'occasion d'entendre le mot « kilo » : chez le médecin (pour les peser), au supermarché (en allant acheter des fruits et légumes), etc. Préciser que « kilo » est l'abréviation de « kilogramme » et écrire au tableau : *kg* et *kilogramme*.

■ Demander aux élèves pourquoi il n'est pas toujours pratique d'utiliser le gramme pour peser tous les objets précédemment cités, et expliquer que cela ferait intervenir de trop grands nombres, plus grands que 1 000. Conclure : *Il est donc nécessaire de disposer d'une unité de masse pratique pour peser des objets lourds : c'est le kilogramme, qui vaut mille grammes.*

■ Faire circuler dans la classe plusieurs masses marquées de 1 kg et de 2 kg pour que chaque élève les soupèse et perçoive l'ordre de grandeur de la nouvelle unité. Proposer également des masses marquées de 1 g et de 2 g pour comparer.

Recherche 15 min

■ Présenter aux élèves, sur une table devant le tableau, le matériel : 2 paquets de farine, 2 paquets de sucre en poudre, 2 bouteilles d'eau, 2 paquets de café et 2 paquets de riz. Chaque paquet de farine, de sucre et le litre d'eau pèsent 1 kg, le paquet de riz et de café pèsent chacun 2 kg, mais les élèves ne le savent pas car les masses sont masquées sur les emballages avec un ruban adhésif opaque ou de couleur.

■ Placer les élèves par groupes de 4, deux élèves de chaque côté de la table, avec la balance Roberval au milieu. Les élèves viendront à tour de rôle chercher les paquets dont ils ont besoin puis les rapporter.
Consigne : *Pesez les paquets indiqués sur votre feuille de recherche et dessinez les masses utilisées pour que les plateaux de la balance soient équilibrés et l'aiguille verticale. Chaque paquet devra être pesé une deuxième fois par un deuxième élève afin de valider la première pesée. Vous effectuez les pesées à tour de rôle. Écrivez également la masse de l'objet pesé.*

Pour que les élèves n'aient pas besoin des mêmes paquets alimentaires en même temps, faites commencer les groupes à des endroits différents de la feuille de recherche.

Conseil
- Il peut être difficile de disposer dans une école de six balances Roberval (ou autre balance) pour peser des kilogrammes, ou encore d'un nombre de masses ou de poids suffisant pour réaliser les pesées. Dans ce cas, utiliser une seule balance disposée devant le tableau face à la classe. Distribuer une feuille de recherche à tous les élèves et en faire venir deux au tableau qui réaliseront deux fois la même pesée devant les autres. Puis chacun dessinera les masses marquées utilisées et complétera la phrase sous la balance pour indiquer la masse de ce qui vient d'être pesé.

Pistes de différenciation
- **Certains élèves peuvent ne pas avoir compris que les masses de 1 kg et de 2 kg sont différentes** et les dessinent sans les différencier. Leur faire soupeser à nouveau pour qu'ils constatent la différence.
- Les élèves, réunis par groupes de 4, vont **s'entraider** pour réaliser les tâches demandées.

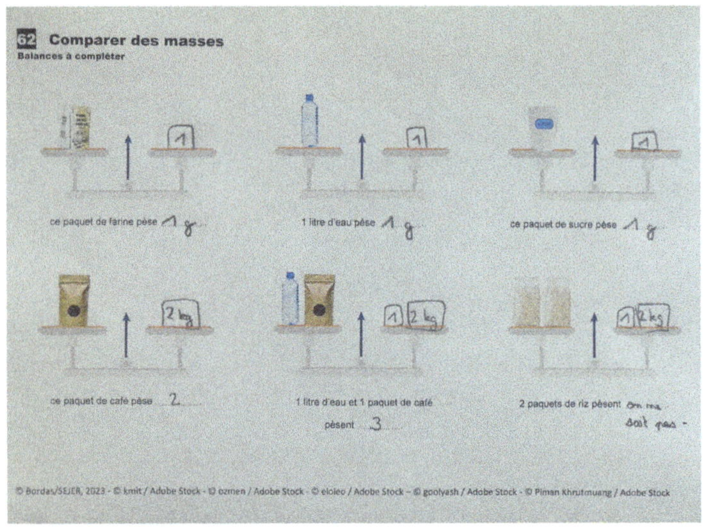

Photo 1 : exemple de recherche d'élève

Mise en commun 10 min

La mise en commun se fera en deux temps en utilisant une seule balance disposée devant le tableau, face aux élèves.

■ Afficher trois productions significatives comportant des erreurs de pesées et réaliser à nouveau ces pesées (sauf la dernière) pour valider la réponse exacte. Modifier les résultats incorrects et ajouter l'unité quand elle est absente. Faire une dernière vérification en enlevant les rubans adhésifs qui masquent les masses des paquets alimentaires.

■ Demander aux élèves quel résultat ils ont trouvé pour la pesée des deux paquets de riz. Les réponses possibles sont : *3 kg, plus de 3 kg, n'importe quel nombre, on ne sait pas faire, il manque des masses pour équilibrer les plateaux, etc.* Refaire la pesée des deux paquets de riz, d'abord en posant une masse de 1 kg, puis la masse de 2 kg et faire constater : *Les deux plateaux ne sont pas équilibrés et il faut pouvoir ajouter des masses pour les équilibrer. On peut donc conclure que les deux paquets de riz pèsent plus de 3 kg.* Ajouter alors une masse de 1 kg et faire observer aux élèves que les plateaux sont mainte-

MATÉRIEL ET DOCUMENTS

www.maths-super-simples.editions-bordas.fr, Séquence 71

CALCUL MENTAL JOUR 1

10 min

103. S'appuyer sur le tableau des 100 : *du + u, du + d ; du – u, du – d.*

➥ p. 43

CALCUL MENTAL JOUR 2

10 min

104. Compléter des additions à trou (somme = 15).

➥ p. 43

nant équilibrés. Demander : *Combien pèsent les deux paquets de riz ?* Réponse attendue et reformulée : *Les deux paquets de riz pèsent 4 kg car j'ai additionné 1 kg + 2 kg + 1 kg.*

Activité complémentaire

Mesurer des masses en utilisant le kilogramme

En aval de la séance de découverte, on peut prévoir de courtes séances décrochées pendant lesquelles les élèves vont **utiliser différentes balances** : une balance utilisant des masses en g pour les petits objets, une balance Roberval pour les objets lourds, un pèse-personne pour se peser, une balance de cuisine à affichage numérique.

- Faire ranger la feuille de recherche des élèves dans le lutin, la pochette ou le cahier de recherche.

Institutionnalisation

5 min

Distribuer la trace écrite et la faire coller dans le cahier.

71 Mesurer des masses en gramme et en kilogramme

Pour mesurer la masse de personnes, d'animaux ou d'objets lourds, on utilise le **kilogramme (kg)** plutôt que le gramme.

1 kg = 1 000 g

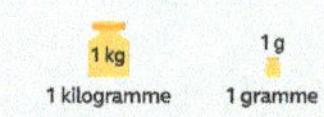

C'est-à-dire 10 fois 100 g.

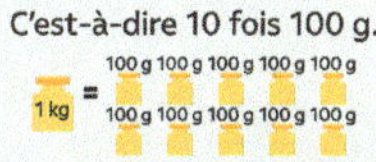

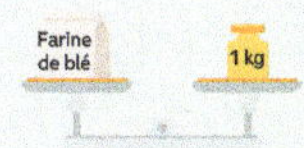

Ce paquet de farine pèse **1 kg**.

Un litre d'eau et un paquet de café pèsent **3 kg**.

JOUR 2 Entraînement

35 min

71 Mesurer des masses en gramme et en kilogramme

1 **Complète** avec la masse.

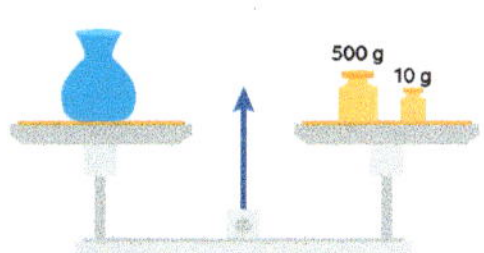

- Ce vase pèse 510 g.

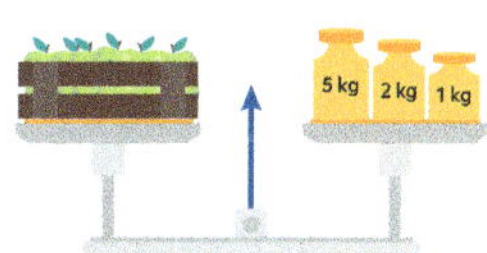

- Ce cageot pèse 8 kg.

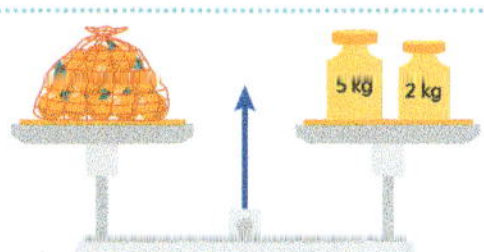

- Ces oranges pèsent 7 kg.

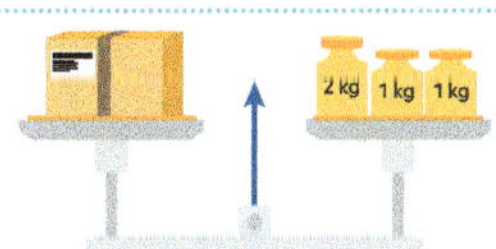

- Ce colis pèse 4 kg.

2 **Complète** la comparaison en utilisant *plus de* ou *moins de*.

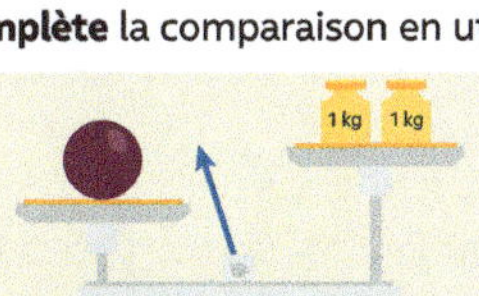

- La boule pèse plus de 2 kg.

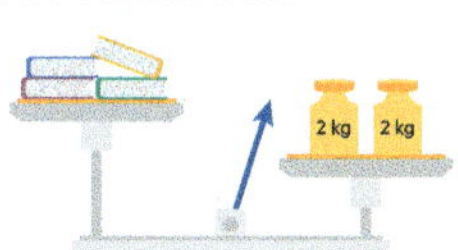

- Les livres pèsent moins de 4 kg.

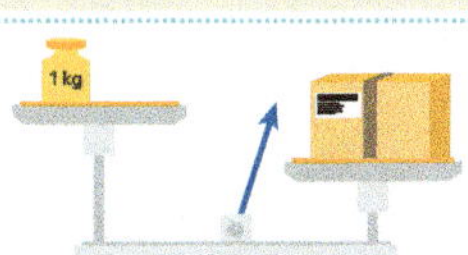

- Le colis pèse plus de 1 kg .

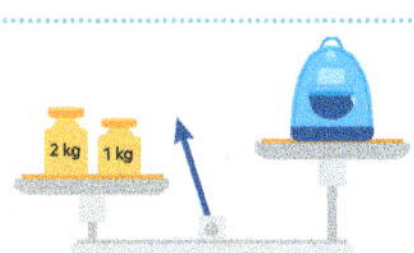

- Le sac pèse moins de 3 kg .

3 **Complète** les phrases avec la bonne unité : *g* ou *kg*.

- Un paquet de sucre pèse 1 kg .
- Un grand cahier pèse environ 300 g .
- Un pack de 6 bouteilles de lait pèse 6 kg .

CAHIER DU JOUR

4 **Dessine** sur la feuille distribuée les poids manquants.

1

Erreur fréquente

Certains élèves **n'additionnent pas toutes les masses** posées sur le plateau et ne prennent en compte que la première.

Remédiation

Montrer que si on enlève une masse du plateau, les plateaux ne sont plus équilibrés. La masse de l'objet est donc bien égale à l'ensemble des masses posées sur l'autre plateau.

2

Erreur fréquente

Certains élèves **se trompent dans l'utilisation des expressions « plus de » ou « moins de ».**

Remédiation

Rappeler que la flèche va toujours du côté de la masse la plus lourde. Guider les élèves en posant des questions : « *Quel est l'objet le plus lourd ? L'objet est-il plus lourd ou plus léger que les masses ? Quelle est la valeur de la masse ou des masses posée(s) sur le plateau ?* »

3

Erreur fréquente

Certains élèves écrivent parfois « g » au lieu de « kg », et inversement.

Remédiation

La mesure de la masse d'objets lourds, qui, de surcroît, ne sont généralement pas manipulables, est une compétence *a priori* totalement nouvelle, donc délicate à aborder. Pour aider les élèves, leur **citer des objets pesants, par exemple, 1, 2, 5, 10, 20, 50, 100 et 200 kg** (environ) et les afficher au tableau, avec leur masse, pour toute la durée de la séance.

72 Je fais le point

1 **Écris** le nombre représenté.

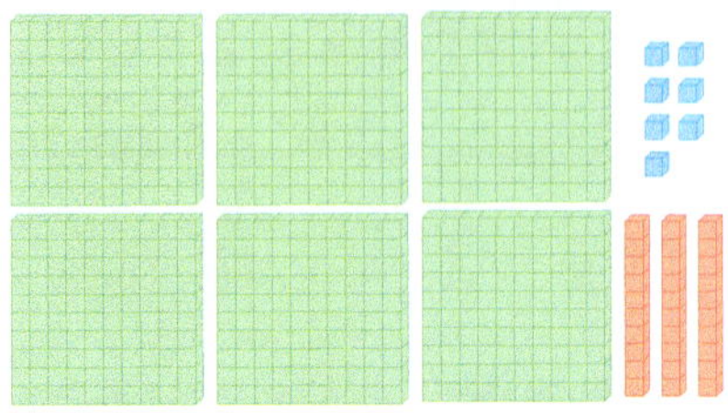

637

2 **Barre** ce qui est en trop.

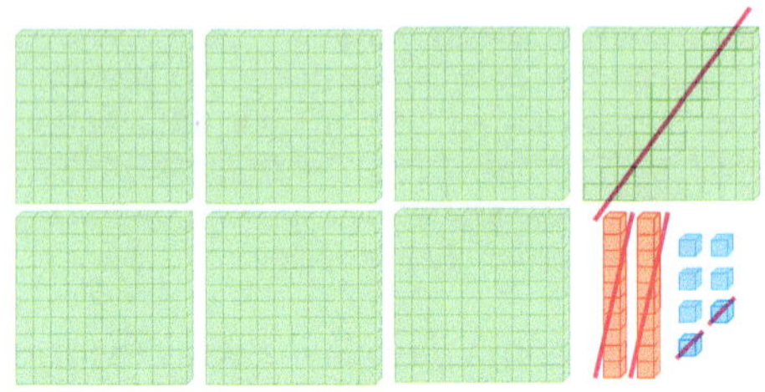

605

3 **Effectue** les soustractions.

$$\begin{array}{r} 48 \\ -\ 14 \\ \hline 34 \end{array} \qquad \begin{array}{r} 56 \\ -\ 26 \\ \hline 30 \end{array} \qquad \begin{array}{r} \overset{5}{\not 6}\ {}^{1}1 \\ -\ 2\ \ 9 \\ \hline 3\ \ 2 \end{array} \qquad \begin{array}{r} \overset{6}{\not 7}\ {}^{1}0 \\ -\ 5\ \ 6 \\ \hline 1\ \ 4 \end{array}$$

4 **Partage** équitablement ces 18 jetons en 3 groupes, puis **écris** la multiplication qui correspond.

3 × 6 = 18

5 Avec ta règle et ton équerre, **trace** un rectangle de 3 cm de largeur et 4 cm de longueur.

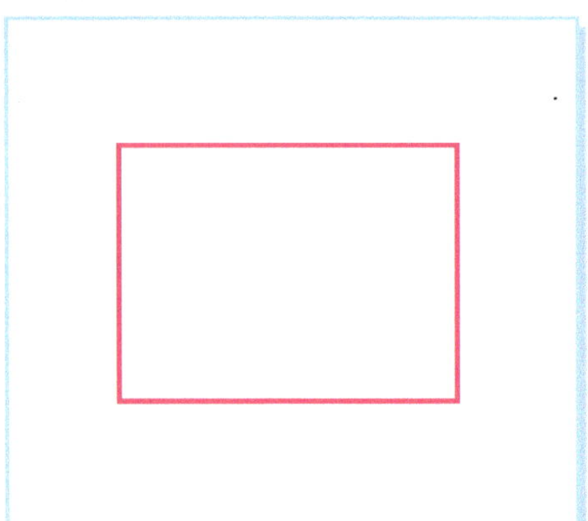

6 **Observe** et **complète**.

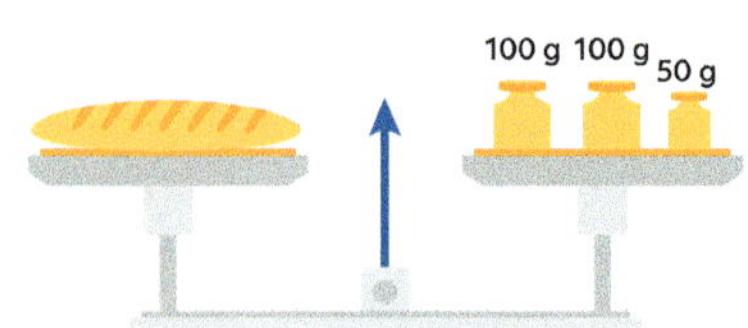

- Le pain pèse 250 g.

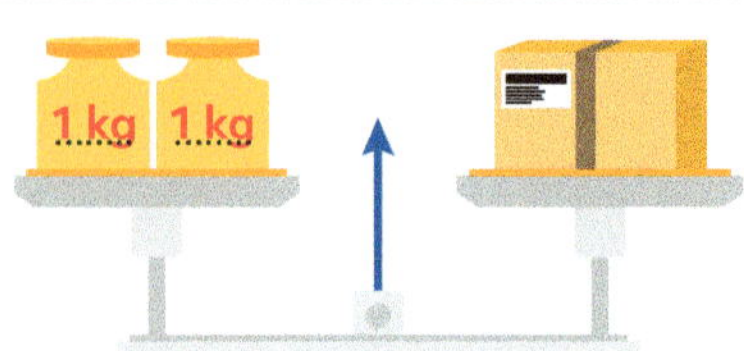

- Le colis pèse 2 kg.

Exploitation pédagogique des séquences

Période 5

Pour rappel, le schéma en barres n'est pas un attendu des séances, et la maîtrise du schéma en barres n'est pas attendue non plus chez les élèves. Il s'agit uniquement d'un outil de modélisation proposé par la collection, conformément aux préconisations du *Guide orange*, afin de tendre vers l'abstraction ; d'autres représentations peuvent bien sûr être spontanément utilisées par les élèves (bâtons, ronds, dessins, etc.). Ce type de schéma en barres aide les élèves à reconnaître les structures mathématiques des problèmes, les opérations et procédures sous-jacentes. Dans le problème 1 de la séquence 75, par exemple, en représentant les quatre barres identiques, équivalentes ensemble à la valeur 40, on peut visualiser « 4 fois *n* égale 40 » et construire le sens de la multiplication.

75 Problèmes

1 40 crayons sont distribués équitablement entre 4 enfants.
Combien de crayons aura chaque enfant ?

?	?	?	?
40			

- **Écris** un calcul avec + ou × et **calcule** : 4 × (10) = 40
- **Écris** la phrase réponse : Chaque enfant aura 10 crayons.

2 Avec 40 mangues, Léa a rempli 5 filets. Il y a autant de mangues dans chaque filet. Quel est le nombre de mangues dans chaque filet ?

- **Dessine** le schéma.

?	?	?	?	?
40				

- **Écris** un calcul avec + ou × et **calcule** : 5 × (8) = 40
- **Écris** la phrase réponse : Il y a 8 mangues dans chaque filet.

3 Avec 40 billes, on prépare 8 sacs contenant le même nombre de billes.
Combien y a-t-il de billes dans chaque sac ?

- **Dessine** le schéma.

?	?	?	?	?	?	?	?
40							

- **Écris** un calcul avec + ou × et **calcule** : 8 × (5) = 40
- **Écris** la phrase réponse : Il y a 5 billes dans chaque sac.

Déroulement suggéré

Résoudre le premier problème collectivement avec la classe en réalisant une manipulation devant les élèves avec des cubes ou des jetons, puis représenter le schéma du problème au tableau. Verbaliser de nouveau le problème à partir du schéma. Trouver la relation entre les nombres à l'aide de cette modélisation puis entourer le nombre qui répond à la question dans le calcul en ligne.

Conclure : *On cherche le nombre de crayons pour chaque enfant. On distribue 40 crayons entre 4 enfants. Je cherche dans la table de 4 : 4 × … = 40.*

Je sais que 4 × [10] = 40.

Donc chaque enfant aura 10 crayons.

Laisser la résolution de ce problème affichée au tableau durant la résolution individuelle des deux autres problèmes.

Afin qu'il n'y ait pas de problème de lecture, lire chaque énoncé deux fois à haute voix.

Réaliser la correction de façon collective problème après problème en invitant à chaque fois au tableau un élève qui aura été identifié en difficulté.

- La séquence 75 propose des **problèmes multiplicatifs : recherche de la valeur d'une part**.

1 2 3

Erreur fréquente

Les élèves ont **du mal à écrire la bonne multiplication**.

Remédiation

Leur permettre d'**utiliser les tables ou les afficher au tableau**. L'objectif de cette séance est de comprendre le sens de la multiplication et de la division. La connaissance par cœur des tables de multiplication est certes un attendu de fin d'année, mais qui doit être travaillé sur un autre temps.

Des **problèmes ouverts** doivent compléter ces séances. Les fichiers texte des énoncés sont proposés sur le site de la collection pour permettre de **générer de nouveaux énoncés en intervenant sur les variables suivantes** :
- modifier les **données numériques**, en veillant à **ne pas proposer de tout supérieur à 100 pour les problèmes du champ multiplicatif, à 1 000 pour ceux du champ additif et sans changer le contexte** ;
- puis modifier le **contexte**, mais **sans changer les données numériques** ;

Encore une fois, tous les énoncés proposés dans les séquences « Problèmes » sont directement accessibles : l'élève n'a pas besoin de se refaire l'histoire dans sa tête, il n'a pas besoin non plus de trier les données car il n'y a pas de données inutiles. **Le sens de l'énoncé est donc directement accessible.** En remédiation, il est en revanche possible de proposer une manipulation pour arriver à l'abstraction mathématique attendue (ici, le calcul). La question centrale de la procédure de résolution est : « ***Quelle est la relation qui unit les nombres proposés ?*** »

79 Problèmes

1 Dans la bibliothèque, il y a 259 romans et 223 documentaires.
Combien y a-t-il de romans de plus que de documentaires ?

- **Complète** le schéma.

223	?
259	

- **Écris** un calcul avec + ou − et **calcule** : 259 − 223 = 36
- **Écris** la phrase réponse : Il y a 36 romans de plus que de documentaires.

2 Dans l'école de musique, il y a 185 garçons et 227 filles.
Combien y a-t-il de filles de plus que de garçons ?

- **Dessine** le schéma.

185	?
227	

- **Écris** un calcul avec + ou − et **calcule** : 227 − 185 = 42
- **Écris** la phrase réponse : Il y a 42 filles de plus que de garçons.

3 Quel est le nombre de stylos bleus de plus que de stylos rouges.
Dans la réserve, on compte 340 stylos bleus et 295 stylos rouges.

- **Dessine** le schéma.

295	?
340	

- **Écris** un calcul avec + ou − et **calcule** : 340 − 295 = 45
- **Écris** la phrase réponse : Il y a 45 stylos bleus de plus que de stylos rouges.

Déroulement suggéré

Résoudre le premier problème collectivement avec la classe en réalisant une manipulation devant les élèves avec des réglettes cuisenaires agrandies aimantées au tableau. Verbaliser de nouveau le problème à partir du schéma. Trouver la relation entre les nombres à l'aide de cette modélisation puis entourer le nombre qui répond à la question dans le calcul en ligne.

Conclure : *On cherche combien il y a de romans de plus que de documentaires. 259 est bien supérieur à 223. On calcule la différence entre ces deux quantités.*

259 − 223 = 36

Il y a donc 36 romans de plus que de documentaires.

On peut aussi dire qu'il y a 36 documentaires de moins que de romans.

Laisser la résolution de ce problème affichée au tableau durant la résolution individuelle des deux autres problèmes. Afin qu'il n'y ait pas de problème de lecture, lire chaque énoncé deux fois à haute voix à toute la classe.

Réaliser la correction de façon collective problème après problème en invitant à chaque fois au tableau un élève qui aura été identifié en difficulté.

- Cette séquence propose des **problèmes additifs de comparaison : recherche de la valeur de la différence.**

1 2 3

Erreur fréquente

Les élèves **ne posent pas la bonne relation entre les nombres.**

Remédiation

Leur donner des **réglettes cuisenaires pour construire et comparer les deux collections** et **verbaliser** avec eux la procédure de résolution du problème. Il est possible d'écrire la quantité sur une étiquette et de la coller sur la réglette. Par exemple, pour le deuxième problème, bien faire poser les deux collections l'une au-dessus de l'autre. Demander de visualiser la valeur de la différence entre les deux quantités (185 et 227), puis de trouver la valeur de cette différence à l'aide du matériel.

- ensuite, modifier **à la fois le contexte et les données numériques**, en veillant à **privilégier des nombres sympathiques** ;
- enfin, on peut proposer de travailler sur les **masses** (g, kg) ou les **prix** (euros, centimes). Par exemple : « *Avec 40 kilos de noix, Léa remplit 5 filets. Combien de kilos de noix y aura-t-il dans chaque filet ?* »

Version personnalisable de chaque énoncé de problème : **maths-super-simples.editions-bordas.fr**

Les séquences 83 et 87 proposent des **problèmes complexes à deux étapes mêlant pour la première fois les champs additifs et multiplicatifs**. Dans ces problèmes complexes, on recherche **l'état final** : la première étape conduit à rechercher une partie (les cartes distribuées, par exemple), alors que la seconde étape conduit à trouver l'état final.
Les problèmes en plusieurs étapes, étant donné leur variété, **obligent les élèves à reconnaître les problèmes simples conduisant à renforcer leurs habiletés de résolution de problèmes : comprendre l'énoncé, chercher pour modéliser** (faire des analogies, faire un schéma, essayer en remplaçant certaines valeurs numériques par d'autres plus simples, etc.), **calculer** et **répondre**.

83 Problèmes

1 Un paquet de cartes contient 52 cartes.
On distribue 8 cartes à chacun des 4 joueurs.
Combien reste-t-il de cartes dans le paquet ?

Étape 1 : nombre de cartes distribuées

- **Complète** le schéma.

8 | 8 | 8 | 8
?

- **Écris** un calcul avec + ou × et **calcule** : 4 × 8 = (32)

Étape 2 : nombre de cartes restantes

- **Complète** le schéma en t'aidant du résultat de l'étape 1.

32 | ?
52

- **Écris** un calcul avec + ou − et **calcule** : 52 − 32 = (20)
- **Écris** la phrase réponse : Il reste 20 cartes dans le paquet.

2 Le club possède 50 ballons de basket. On distribue un ballon par personne à 3 groupes de 12 joueurs pour s'entraîner.
Quel est le nombre de ballons inutilisés ?

Étape 1 : nombre de ballons distribués

- **Dessine** le schéma.

12 | 12 | 12
?

- **Écris** un calcul avec + ou × et **calcule** : 3 × 12 = (36)

Étape 2 : nombre de ballons inutilisés

- **Dessine** le schéma en t'aidant du résultat de l'étape 1.

36 | ?
50

- **Écris** un calcul avec + ou − et **calcule** : 50 − 36 = (14)
- **Écris** la phrase réponse : Il y a 14 ballons inutilisés.

1 2 3

Erreur fréquente

Les élèves **ne savent pas connecter les données pour élaborer la réponse.**

Remédiation

Mimer la situation à l'élève, étape par étape, avec du matériel pour trouver la bonne relation.

Déroulement suggéré

- Mimer le premier problème à la classe avec un vrai jeu de cartes en notant les données au tableau. Expliquer que la résolution va se faire en deux étapes. Représenter le schéma de la première étape au tableau en verbalisant cette étape du problème. Demander aux élèves de trouver la relation entre les nombres à l'aide de cette modélisation, d'effectuer le calcul, puis d'entourer le nombre qui répond à cette première étape dans ce calcul en ligne. Demander à un élève d'énoncer la phrase réponse de la première étape et l'écrire au tableau. Continuer la même approche avec la seconde étape.

  Conclure et s'appuyant sur les deux schémas : *Pour trouver le nombre de cartes qui restent dans le paquet, on cherche d'abord combien de cartes on a distribuées aux joueurs. On distribue 8 cartes à chacun des 4 joueurs, donc on pose une multiplication.*

  4 × 8 = [32].

  On a distribué 32 cartes aux joueurs.

  Ensuite, on calcule combien de cartes il nous reste. On avait 52 cartes au départ et on en a distribué 32.

  On peut poser, soit une addition à trou, soit une soustraction.

  32 + [20] = 52

  ou 52 − 32 = [20]

  Il reste 20 cartes dans le paquet.

- Laisser la résolution de ce problème affichée au tableau durant la résolution individuelle de l'autre problème.
- Lire l'énoncé deux fois à haute voix à toute la classe.
- Réaliser la correction de façon collective en invitant au tableau un élève qui aura été identifié en difficulté.

- Ces deux séquences proposent des **problèmes complexes à deux étapes**, mêlant le **champ multiplicatif puis le champ additif**.

Des **problèmes ouverts** doivent compléter ces séances. Les fichiers texte des énoncés sont proposés sur le site de la collection pour permettre de **générer de nouveaux énoncés en intervenant sur les variables suivantes** :
- modifier les **données numériques**, en veillant à **ne pas proposer de tout supérieur à 100 pour les problèmes du champ multiplicatif, à 1 000 pour ceux du champ additif et sans changer le contexte** ;
- puis modifier le **contexte**, mais **sans changer les données numériques** ;

Les **problèmes complexes** entraînent les élèves à la **plannifications des étapes de résolution**. On rappelle que **le but des séances de résolution de problèmes n'est pas d'enseigner une classification formelle des problèmes aux élèves** comme elle est présentée dans les travaux de recherche en didactique des mathématiques (typologies de G. Vergnaud). Dans leur parcours d'apprentissage, les élèves identifieront progressivement les énoncés relevant de structures additives ou multiplicatives et automatiseront la reconnaissance de l'opération.

87 Problèmes

1 À la crêperie, il y a 9 tables de 6 personnes. 40 personnes sont assises.
Combien reste-t-il de places vides ?

Étape 1 : nombre de places assises

- **Complète** le schéma.

6	6	6	6	6	6	6	6	6
?								

- **Écris** un calcul avec + ou × et **calcule** : 9 × 6 = 54

Étape 2 : nombre de places libres

- **Complète** le schéma en t'aidant du résultat de l'étape 1.

40	?
54	

- **Écris** un calcul avec + ou − et **calcule** : 54 − 40 = 14
- **Écris** la phrase réponse : Il reste 14 places vides.

2 Dans le potager, il y a 12 rangées de 8 salades chacune.
50 salades ont déjà été récoltées.
Combien reste-t-il de salades dans le potager ?

Étape 1 : nombre de salades dans le potager au départ

- **Dessine** le schéma.

8	8	8	8	8	8	8	8	8	8	8	8
?											

- **Écris** un calcul avec + ou × et **calcule** : 12 × 8 = 96

Étape 2 : nombre de salades restant dans le potager

- **Dessine** le schéma en t'aidant du résultat de l'étape 1.

50	?
96	

- **Écris** un calcul avec + ou − et **calcule** : 96 − 50 = 46
- **Écris** la phrase réponse : Il reste 46 salades dans le potager.

Déroulement suggéré

Lire le premier problème à la classe en notant les données au tableau. On peut faire un croquis des 9 tables de 6 places. Expliquer que la résolution va se faire en deux étapes. Représenter le schéma de la première étape au tableau en verbalisant cette étape du problème. Demander aux élèves de trouver la relation entre les nombres à l'aide de cette modélisation, effectuer le calcul, puis entourer le nombre qui répond à cette première étape dans le calcul en ligne. Demander à un élève d'énoncer la phrase réponse de la première étape et l'écrire au tableau. Continuer la même approche avec la seconde étape.

Conclure en s'appuyant sur les deux schémas : *Pour trouver le nombre de places vides, on cherche d'abord combien il y a de places assises en tout. Il y a 9 tables de 6 places, donc on pose une multiplication.*

9 × 6 = 54

Il y a 54 places assises à la crêperie.

Comme on sait que 40 personnes sont assises, on peut donc calculer le nombres de places qui restent vides.

On peut écrire, soit une addition à trou, soit une soustraction.

40 + 14 = 54

ou 54 − 40 = 14

Il reste 14 places vides.

Laisser la résolution de ce problème affichée au tableau durant la résolution individuelle de l'autre problème.

Lire l'énoncé deux fois à haute voix à toute la classe.

Réaliser la correction de façon collective en invitant au tableau un élève qui aura été identifié en difficulté.

1 2 3

Erreur fréquente

Les élèves **n'arrivent pas à schématiser les étapes du problème**.

Remédiation

Repasser par un croquis que les élèves auront plus de facilité à s'approprier.
Dessiner un rectangle représentant le potager avec les 12 rangées de 8 salades. On peut aussi utiliser un **quadrillage** de 12 × 8 que l'on colorie. Faire ensuite barrer les 50 salades dessus.
On rappelle que le schéma en barres n'est pas un attendu mais juste un outil proposé pour la résolution.
L'essentiel est que l'élève trouve la bonne relation entre les nombres et pose en ligne les calculs.

- ensuite, modifier **à la fois le contexte et les données numériques**, en veillant à **privilégier des nombres sympathiques** ;
- enfin, on peut proposer de travailler sur les **masses** (**g, kg**) ou les **prix** (**euros, centimes**). Par exemple : « *J'ai 9 barquettes de 50 g de framboises. J'en utilise 400 g pour ma recette. Combien de grammes de framboises me reste-t-il ?* »

Version personnalisable de chaque énoncé de problème : **maths-super-simples.editions-bordas.fr**

73 Découvrir le nombre 1 000

OBJECTIF DE LA SÉQUENCE
Associer le nombre 1 000 à ses représentations.

JOUR 1 Découverte — 40 min

Objectif de l'activité
Trouver les compléments à 1 000 de nombres multiples de 100.

Matériel
- **Par élève** :
  - **1 ardoise** et 1 **feutre effaçable ;**
  - **1 feuille de recherche** et 1 **crayon de papier**.
- **Par binôme** :
  - 10 **plaques de 100** ou 10 **cartons** représentant 100 unités ;
  - 1 **sac opaque.**

Déroulement de la séance
- **Mise en situation** • oral collectif • 5 min
- **Recherche** • oral collectif puis en binôme • 20 min
- **Mise en commun** • oral collectif • 10 min
- **Institutionnalisation** • oral collectif • 5 min

Mise en situation — 5 min

• Au tableau, poser en colonnes l'addition « 999 + 1 » et la calculer en suivant les indications des élèves.

• Demander : *Qui peut lire le résultat ?* Recueillir les différentes réponses des élèves et valider « mille » et « 1 millier », en écrivant en lettres les deux termes au tableau. Expliquer : *Vous connaissez tous maintenant les nombres à 3 chiffres. « mille » ou « un millier » est le premier nombre à 4 chiffres que vous rencontrez. Il vient tout de suite après 999. Comme n'importe quel nombre, il peut s'écrire dans un tableau de numération.*

Recherche — 20 min

1re phase

• Demander aux élèves de tracer un tableau de numération sur leur ardoise et de placer « 1 000 » à l'intérieur. Circuler dans les rangs pour observer comment s'y prennent les élèves.

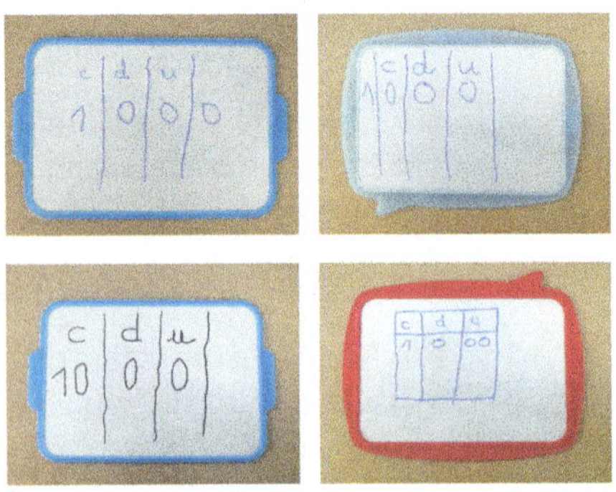

Photos 1, 2, 3 et 4 : les essais des élèves pour écrire 1 000 dans un tableau de numération

• Tracer maintenant le tableau de numération au tableau et placer d'abord les trois 0 en commençant par le 0 des unités. Expliquer : *On ne peut pas écrire le « 1 » de « mille » dans la colonne des centaines. Il faut donc créer une nouvelle colonne qui s'appelle la colonne des « mille ». On va donc écrire « 1 » dans la colonne des unités de mille.* Préciser : *On ne dit pas « 1 mille », mais « mille » ou « 1 millier ».*
Faire rechercher aux élèves les équivalences à l'aide du tableau de numération : *1 000 égale 10 c ou 10 centaines, 100 d ou 100 dizaines, ou encore 1 000 unités.*
Faire remarquer que 1 000 s'écrit en laissant un espace entre le 1 et le 0 des centaines.

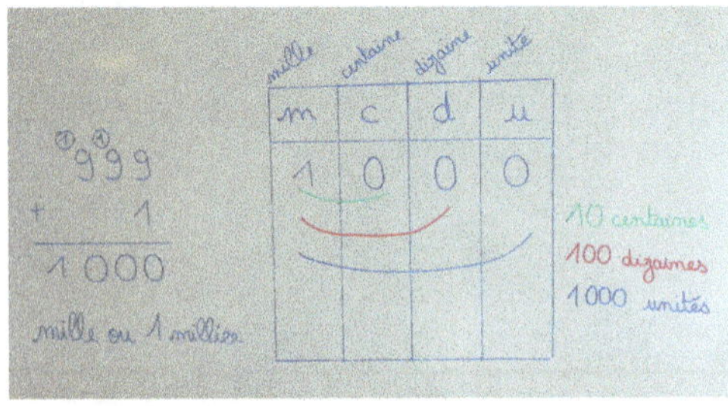

Photo 5 : les explications au tableau

2de phase

• Distribuer 10 plaques de 100 et 1 sac opaque par binôme. Consigne : *Déposez les 10 plaques de 100 dans le sac pour avoir 1 000 unités à l'intérieur. Un élève sort le nombre de centaines indiquées sur la feuille de recherche et les pose sur la table. Cherchez combien il reste de plaques de 100 dans le sac et complétez l'addition chacun sur votre feuille de recherche. Puis sortez les plaques de 100 cachées pour vérifier votre résultat.*

• Réaliser la première manipulation devant les élèves. Prendre 300 unités (3 plaques de 100) et demander combien il reste de centaines à l'intérieur du sac. Écrire « 300 + … = 1 000 ». Si un élève propose 500, par exemple, sortir les plaques et les compter en additionnant : 100, 200, 300, … 700. Corriger donc en écrivant « 300 + 700 = 1 000 ».

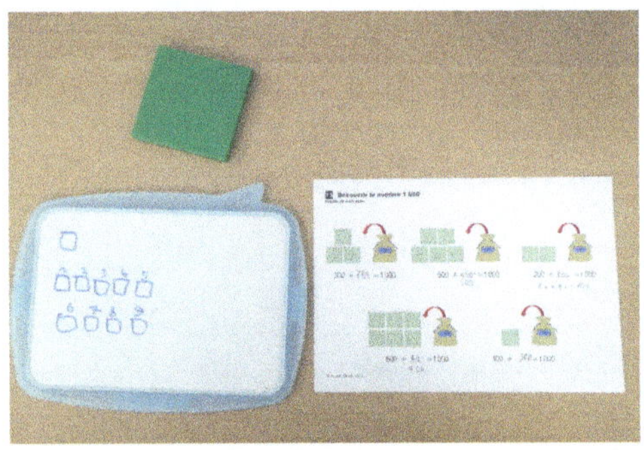

Photo 6 : la recherche d'un élève

Pistes de différenciation
- Dire aux élèves de **dessiner sur leur ardoise les plaques de 100 sorties du sac**, puis de **compléter pour qu'il y ait 10 plaques de 100 en tout**, et de compter ainsi celles ajoutées.
- Proposer une autre façon de vérifier en expliquant que **l'addition des deux chiffres des centaines doit être égale à 10**.
- **Supprimer le sac** et poser les plaques de 100 sur la table en faisant deux tas bien séparés.

• Faire ranger la feuille de recherche des élèves dans le lutin, la pochette ou le cahier de recherche.

Mise en commun — 10 min

• Écrire au tableau les compléments à 1 000 de la feuille de recherche et demander aux élèves ce qu'ils ont trouvé pour compléter les additions à trou. Si les élèves ne sont pas d'accord, en faire venir deux au tableau avec leur sac pour qu'ils fassent la manipulation devant la classe.

• Sous chaque addition, faire venir un élève pour qu'il écrive la même addition en utilisant des centaines puis des dizaines : « 3 c + 7 c = 1 000 et 30 d + 70 d = 1 000 ». Demander à l'élève de relire à voix haute ce qu'il a écrit.

MATÉRIEL ET DOCUMENTS

www.maths-super-simples.editions-bordas.fr, Séquence 73

CALCUL MENTAL JOUR 1

10 min **105.** Identifier une quantité organisée jusqu'à 1 000. ➥ p. 43

CALCUL MENTAL JOUR 2

10 min **106. Le nombre caché** : Identifier un nombre par son encadrement. ➥ p. 43

■ Dessiner également une droite numérique en plaçant, en suivant les propositions des élèves, tous les nombres de 995 à 1 002, sans insister sur les nombres après 1 000 mais juste pour montrer que cela continue après.

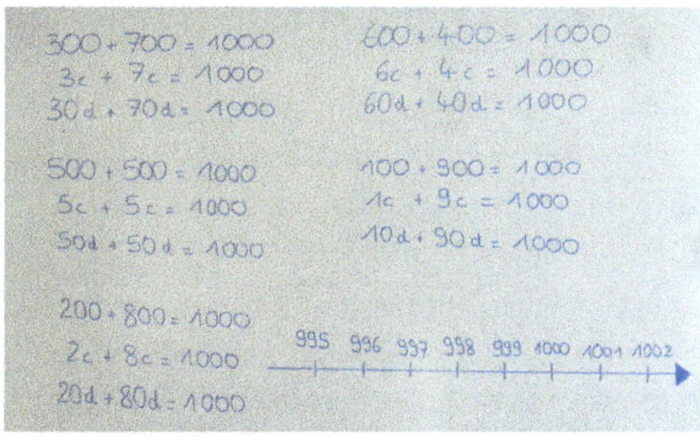

Photo 7 : la mise en commun au tableau

Institutionnalisation

5 min

Distribuer la trace écrite et la faire coller dans le cahier.

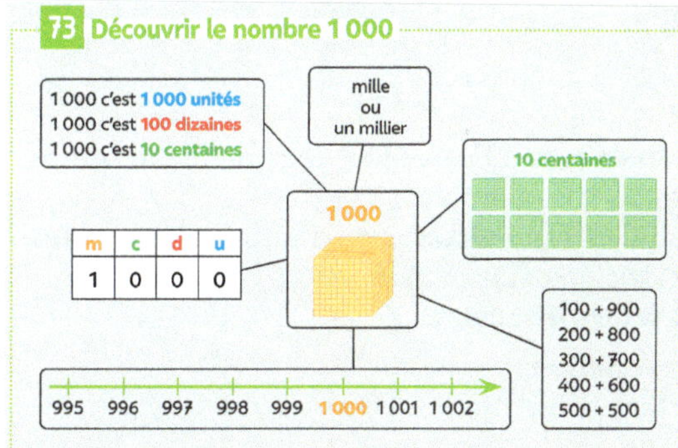

JOUR 2 Entraînement

35 min

73 Découvrir le nombre 1 000

1 **Relie** les nombres à leur place sur la droite numérique.

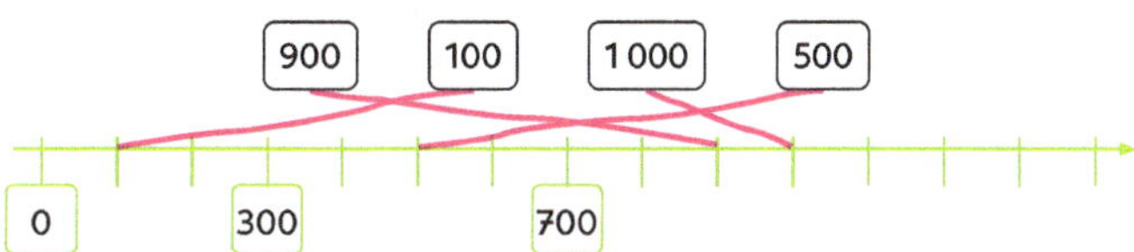

2 **Complète.**

- 1 000 c'est 1 000 unités.
- 1 000 c'est 100 dizaines.
- 1 000 c'est 10 centaines.

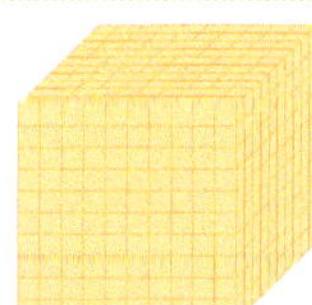

3 **Colorie** toutes les étiquettes qui représentent le nombre 1 000.

1 millier | 100 unités | 10 centaines | 100 centaines

100 + 100 + 100 + 100 + 100 + 100 + 100 + 100 + 100 + 100

9 centaines et 10 dizaines | 100 dizaines

4 **Complète** les égalités.

600 + 400 = 1 000	500 + 500 = 1 000	900 + 100 = 1 000
150 + 850 = 1 000	990 + 10 = 1 000	950 + 50 = 1 000

CAHIER DU JOUR

5 **Recopie** et **complète.**
- 1 000 c'est 7 centaines et 3 centaines.
- 1 000 c'est 50 dizaines et 50 dizaines.
- 1 000 c'est 800 unités et 200 unités.

1

Erreur fréquente

Les élèves **n'ont pas compris qu'il y a un écart de 100 entre chaque graduation.**

Remédiation

Faire déjà trouver et **écrire à quels nombres correspondent les deux graduations entre 0 et 300.**

2

Erreur fréquente

Les élèves **mélangent dizaines et centaines.**

Remédiation

Replacer 1 000 dans un tableau de numération et demander combien il y a de centaines dans mille ou de dizaines dans mille.

3

Erreur fréquente

Il est difficile pour certains élèves d'**imaginer un tableau de numération dans leur tête.**

Remédiation

Leur permettre de tracer un tableau de numération pour inscrire les décompositions proposées en unités, dizaines et centaines.

4

Erreur fréquente

La réponse est incorrecte : **soit ce n'est pas la bonne centaine** (900 + 200 = 1 000), **soit la réponse a été formulée sous forme de dizaines ou d'unités** (900 + 10 = 1 000, sous-entendu 900 + 10 dizaines = 1 000) ou 900 + 1 = 1 000 (sous-entendu 900 + 1 centaine = 1 000).

Remédiation

Donner les plaques de 100 pour que l'élève refasse la manipulation de la séance de découverte.

74 Repérer un rang, une position

OBJECTIF DE LA SÉQUENCE
Utiliser le nombre pour repérer une position dans une file ordonnée.

JOUR 1 Découverte — 40 min

Objectif de l'activité
Associer un nombre ordinal à la place d'un élément dans un ensemble ordonné.

Matériel

- **Par élève :**
  - 1 **bande en papier** avec 19 cases, les deux premières et les deux dernières sont numérotées ;
  - 15 **étiquettes** ou des **gommettes** avec des ronds, des carrés et des étoiles de cinq couleurs différentes ;
  - 1 **ardoise** et 1 **feutre effaçable**.
- **Pour la mise en commun :**
  1 **feuille A4** portant la mention : « 11e ».

Déroulement de la séance

- **Mise en situation** ■ oral collectif ■ 5 min
- **Recherche** ■ individuelle puis en binôme ■ 20 min
- **Mise en commun** ■ oral collectif ■ 10 min
- **Institutionnalisation** ■ oral collectif ■ 5 min

Photo 1 : le matériel

Mise en situation — 5 min

■ Présenter la bande constituée de 19 cases et les étiquettes. Expliquer aux élèves qu'ils vont travailler par deux et qu'ils doivent placer un livre ouvert debout entre eux afin qu'aucun ne voie la frise de l'autre.

■ Faire remarquer que cette bande ne commence qu'à la 19e case.

Recherche — 15 min

1re phase

■ Consigne : *Complétez chacun votre bande au crayon de papier en numérotant chaque case. On utilise l'écriture ordinale des nombres, c'est-à-dire 21e, 22e…*
Quand les élèves ont fini d'indiquer le rang ordinal de chaque case, vérifier qu'il n'y a pas d'erreur en complétant une bande au tableau et en demandant aux élèves de gommer et de corriger s'ils se sont trompés sur leur bande de papier. Il est important qu'il n'y ait pas d'erreur dans les bandes des élèves pour la suite de la séance.
■ Consigne : *Un élève par binôme compose une frise en utilisant les étiquettes des ronds, carrés et étoiles pour les placer de la 21e à la 35e case.*

Consigne pour le second élève, après que le premier a fini sa tâche : *Le second élève choisit une étiquette au hasard et demande à son voisin où la placer sur sa propre frise. Le premier élève indique la position : par exemple, le rond rouge est dans la 24e case. Quand vous aurez fini, vous rapprochez vos deux frises pour les comparer.*
Puis vous recommencez depuis le début en changeant les rôles : le second élève devient celui qui doit composer la frise, et le premier élève pose des questions pour trouver la place de chaque étiquette.

■ L'objectif est que les élèves utilisent plusieurs fois les nombres ordinaux et la procédure pour les repérer spatialement, puis qu'ils s'aperçoivent eux-mêmes de leurs erreurs en comparant.

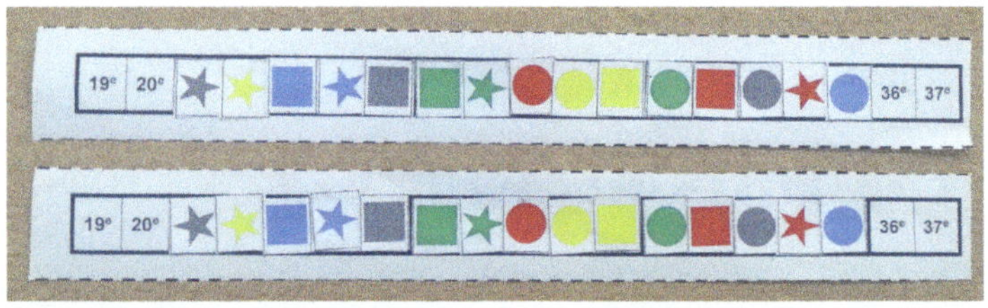

Photos 2 et 3 : exemples de réalisations d'élèves

2de phase

■ Reprendre la même situation, mais cette fois sans donner la place exacte de l'élément à positionner, en utilisant une autre case et les termes « avant » ou « après ». Par exemple, pour placer l'étoile verte sur la 29e case, l'élève pourra dire : « *L'étoile verte se trouve 3 cases après la 26e case.* »
Consigne : *Indiquez la place de la gommette sans donner sa place exacte mais en la situant par rapport à un autre élément. Par exemple, pour placer l'étoile verte sur la 29e case, dites : « L'étoile verte se trouve 3 cases après la 26e case. »*

■ Faire ranger la réalisation de la frise dans la pochette, le lutin ou le cahier de recherche.

Pistes de différenciation

- Donner **moins d'étiquettes** et une **frise plus courte**.
- **Faire repérer certaines cases** comme 25e, 30e, 35e, non plus en écrivant dans la case, mais au-dessus de la case, pour que ce repérage ne soit pas caché par l'étiquette et devienne apparent.

Mise en commun — 10 min

■ Faire venir 10 élèves au tableau et les placer en file indienne. Donner une affiche au premier sur laquelle est écrit 11e. Demander : *Quelle est la position des différents élèves dans la file ? Quel est l'élève qui se trouve à (une position donnée) ?*
Par exemple, imaginons qu'il y ait en file indienne : Marie, Jean, Ali, Sophie, Ilyès, Léa, Jasmine, Théo, James et Monica. Marie est la première de la fille indienne et c'est à elle que l'on donne l'étiquette « 11e » en expliquant qu'il y a d'autres élèves avant elle mais que l'on ne peut pas faire venir tout le monde au tableau.

MATÉRIEL ET DOCUMENTS

www.maths-super-simples.editions-bordas.fr, Séquence 74

CALCUL MENTAL JOUR 1

10 min

107. Poursuis la comptine : de 100 en 100 jusqu'à 1 000.

➥ *p. 44*

CALCUL MENTAL JOUR 2

10 min

108. Décomposer des nombres ⩽ 1 000 en millier, centaines, dizaines et unités.

➥ *p. 44*

Poser la question : *Quel est l'élève qui se trouve en 15e position ?* Les élèves devront répondre : « Ilyès ».
Insister sur l'importance de connaître le sens de la file pour connaître la position des autres élèves.
Demander également : *Qui est le 13e ? Qui est le dernier ? Qui est l'avant-dernier ?*

- Demander aux élèves d'écrire sur leur ardoise la position d'enfants désignés en utilisant l'écriture abrégée (20e, 21e, etc.).
- Recommencer en appelant 10 nouveaux élèves au tableau, mais en demandant cette fois : *Qui se trouve 3 cases après le 11e ? Qui se trouve 5 cases avant le 12e ? etc.*

Institutionnalisation

5 min

Distribuer la trace écrite et la faire coller dans le cahier.

74 Repérer un rang, une position

Pour situer un élément dans une file ordonnée,
- je peux donner la **position** de cet élément dans cette **file** ;
- ou sa position par rapport à un autre élément de cette file.

Le coureur au dossard vert se trouve **à la 27e place**,
il se situe **en 5e position derrière** le dossard rouge.

JOUR 2 Entraînement

40 min

74 Repérer un rang, une position

1 • **Colorie**, en partant de la gauche :
- le 3e cube en bleu
- le 10e cube en jaune
- le 17e cube en rouge
- l'avant-dernier cube en vert.

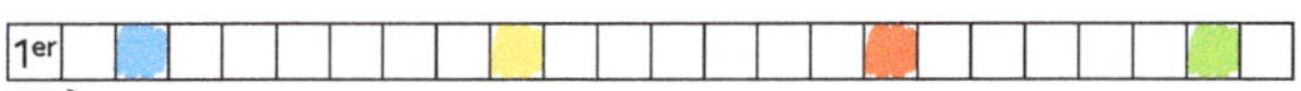

• **Complète** : le dernier cube est le 24 e.

2 **Écris** les positions des coureurs avec les dossards en couleurs.

	Rang
Dossard vert	15e
Dossard rouge	18e
Dossard bleu	21e
Dossard orange	24e

3 **Complète.**

La Tour Montparnasse a 60 étages.

• Je suis au 15e étage
Il y a 45 étages avant le dernier étage.
Il y a 15 étages avant que je descende au RDC.

• Il y a 21 étages entre le 39e étage et le dernier étage.

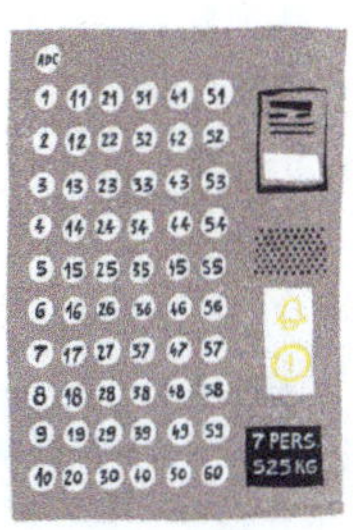

CAHIER DU JOUR

4 **Colorie** les bonnets des skieurs comme indiqué sur la feuille distribuée.

1 2

Erreur fréquente

Certains élèves comprennent le sens des nombres ordinaux, mais **ne parviennent pas eux-mêmes à utiliser un vocabulaire adéquat**. Ils diront, par exemple : « c'est le 3 », au lieu de « c'est le troisième ».

Remédiation

Pour vérifier que les enfants ne confondent pas les nombres cardinaux et ordinaux, **poser des questions du type : « *En quelle position est Idris ?* »** Si un élève répond « *Le 2* » au lieu de « *Le deuxième* », **expliquer que le nombre 2 n'indique pas une position, mais une quantité**. Désigner les enfants les uns après les autres en disant : « Mado est la première, Idris est le deuxième... ».

1 2

Erreur fréquente

Certains élèves **ne repèrent pas le sens de la file.**

Remédiation

Faire décrire le dessin pour chercher quel est le premier élément visible de la file et l'entourer, notamment pour l'exercice 2 où les élèves doivent comprendre que certains coureurs sont déjà arrivés.

3

Erreur fréquente

Certains élèves peuvent être bloqués car il s'agit de **dénombrer un écart entre deux positions**, ou bien parce qu'ils **ne connaissent par le boîtier d'un ascenseur**.

Remédiation

Expliquer que chaque bouton correspond à un étage de la tour Montparnasse. **Pour trouver combien il y a d'étages entre deux boutons, il faut compter le nombre de boutons pour passer de l'un à l'autre comme sur une droite numérique**. Par exemple, de l'étage 26 à l'étage 32, il y a 6 étages.

76 Reconnaître un axe de symétrie

OBJECTIF DE LA SÉQUENCE
Trouver l'axe de symétrie sur une figure et la compléter.

JOUR 1 Découverte 40 min

Objectifs de l'activité
- Tracer un axe de symétrie.
- Reproduire une figure par symétrie sur un papier quadrillé.

Matériel

Par élève :
- **1 feuille** avec 3 **formes en papier**, 1 **feuille** avec 4 quadrillages ;
- **1 crayon de papier**, **1 feutre** rouge, **1 règle graduée**.

Pour la classe :
1 **feuille** format A2 ou A1 avec les quadrillages agrandis, affichée au tableau.

Déroulement de la séance
- **Mise en situation** ■ oral collectif ■ 5 min
- **Recherche** ■ individuelle ■ 20 min
- **Mise en commun** ■ oral collectif ■ 10 min
- **Institutionnalisation** ■ oral collectif ■ 5 min

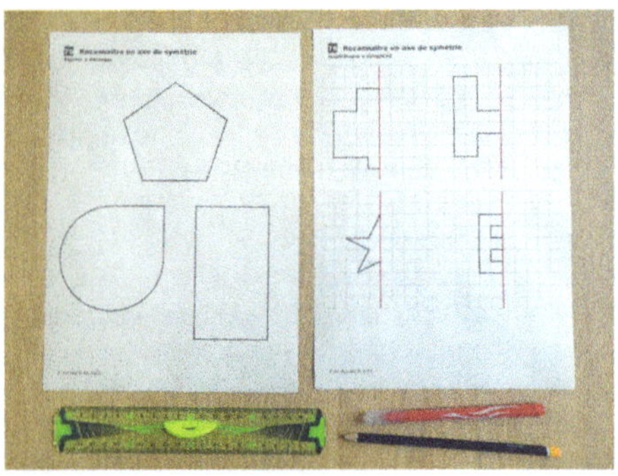

Photo 1 : le matériel pour les élèves

Mise en situation 5 min

■ Cette mise en situation a pour objectif de rappeler les connaissances vues au CP sur la symétrie.

■ Prendre une feuille format A3, la plier en deux et découper une forme en partant du pli et en y revenant. Déplier la forme obtenue pour la montrer aux élèves et demander : *Que pouvez-vous dire sur la forme obtenue ? Comment s'appelle le pli qui permet de superposer parfaitement les deux parties de la forme l'une sur l'autre ?*

■ À partir des réponses des élèves, redonner la définition d'une figure symétrique : *Une figure est symétrique si ses deux moitiés se superposent parfaitement quand on effectue un pliage le long d'un axe, appelé « axe de symétrie ».* Puis tracer à la règle et en rouge l'axe de symétrie de la figure et l'afficher au tableau.

Photo 2 : la mise en situation au tableau

Recherche 15 min

1re phase

■ Donner à chaque élève les 3 formes découpées.

Consigne : *Cherchez le ou les axes de symétrie de chaque figure, tracez-le ou les au crayon de papier. Puis vérifiez par pliage selon le trait tracé au crayon si les deux parties de la figure se superposent parfaitement. Si c'est le cas, validez en repassant l'axe de symétrie au feutre rouge.*

■ Demander aux élèves de plier la figure en plaçant le trait vers l'extérieur afin de pouvoir plier avec davantage de précision en suivant le trait qui reste toujours visible.

2de phase

■ Distribuer à chaque élève la feuille avec les figures et quatre axes verticaux.

Consigne : *Terminez de tracer les figures sur le quadrillage de façon à ce qu'elles soient symétriques par rapport à l'axe de symétrie.*

■ Faire la première figure avec les élèves au tableau en montrant comment placer chaque point symétriquement à droite de l'axe de symétrie : *Choisissez quelques points stratégiques, comme des sommets de la figure. Comptez combien il y a de carreau de l'axe de symétrie à ce point précis de la figure, puis comptez à nouveau ce même nombre de carreaux en partant de l'axe de symétrie vers la droite pour marquer le point symétrique.*

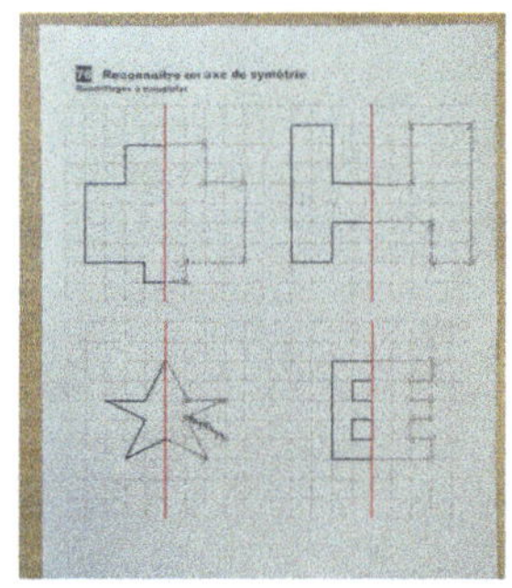

Photo 3 : exemple d'une production d'élève

Conseil

Afin d'**éviter de perdre du temps dans le découpage des figures**, ce découpage peut être fait par l'enseignant, par les élèves à la maison ou par les élèves en classe pendant un temps de transition comme les appels du matin.

Pistes de différenciation

1re phase
- Demander d'abord aux élèves de **chercher la symétrie en pliant**, puis ensuite **de tracer l'axe de symétrie trouvé**.
- Les élèves peuvent avoir tracé correctement l'axe de symétrie mais ne pas réussir à valider leur hypothèse car le pliage est imprécis. **Plier pour eux.**

2e phase
- **Marquer en rouge les points qui sont à reporter.**
- Guider les élèves **en faisant compter la distance du point à l'axe**, puis en comptant à nouveau cette distance à droite de l'axe.
- **Colorier les figures à reproduire** pour faciliter le comptage des carreaux.

Mise en commun 10 min

■ Afficher au tableau les quatre figures agrandies sur quadrillage de la façon suivante : la première avec l'axe vertical, la deuxième avec un axe horizontal et les deux dernières avec un axe oblique. Faire venir des élèves pour les compléter par symétrie, chacun plaçant un point. Puis le dernier élève relie tous les points avec la règle graduée. L'objectif de cette mise en commun est de rappeler les différentes étapes de construction :

1) Je compte le nombre de carreaux de l'axe de symétrie à un point précis de la figure.

MATÉRIEL ET DOCUMENTS

www.maths-super-simples.editions-bordas.fr, Séquence 76

CALCUL MENTAL JOUR 1 — 10 min

109. Additionner des centaines entières : $c + c$.

➥ *p. 44*

CALCUL MENTAL JOUR 2 — 10 min

110. Trouver le double des nombres pairs et des nombres d'usage courant jusqu'à 100.

➥ *p. 44*

Demander aux élèves quels sont les points qu'il faut choisir en priorité pour faciliter le travail. Préciser qu'il faut choisir des sommets car ils sont facilement repérables.

2) Je compte à nouveau ce même nombre de carreaux de l'autre côté de l'axe de symétrie pour marquer le point symétrique.

3) Je recommence ainsi pour tous les autres points.

4) Je relie les points entre eux en m'aidant de la figure de gauche.

■ Faire ranger les feuilles de recherche des élèves dans le lutin, la pochette ou le cahier de recherche.

Institutionnalisation — 5 min

Distribuer la trace écrite et la faire coller dans le cahier.

76 Reconnaître un axe de symétrie

• Pour vérifier si une figure est symétrique, je vérifie que tous les points sont à la même distance de l'**axe de symétrie**, mais de l'autre côté.

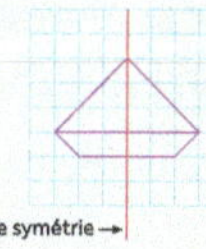

• Certaines figures ont plusieurs axes de symétrie.

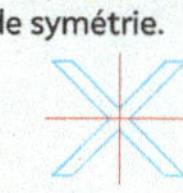

• Pour compléter une figure pour qu'elle soit **symétrique par rapport à un axe** :

1) Je compte le nombre de carreaux de l'axe de symétrie à un point précis de la figure.
2) Je compte à nouveau ce même nombre de carreaux de l'autre côté pour marquer le point symétrique.
3) Je recommence ainsi pour tous les autres points importants.
4) Je relie les points entre eux en m'aidant de la figure initiale.

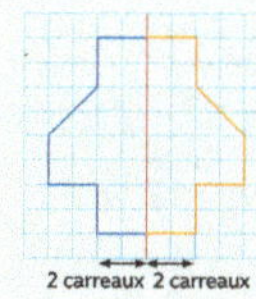

JOUR 2 Entraînement — 35 min

76 Reconnaître un axe de symétrie

1 **Colorie** les figures symétriques.

2 **Trace** l'axe de symétrie de chaque figure.

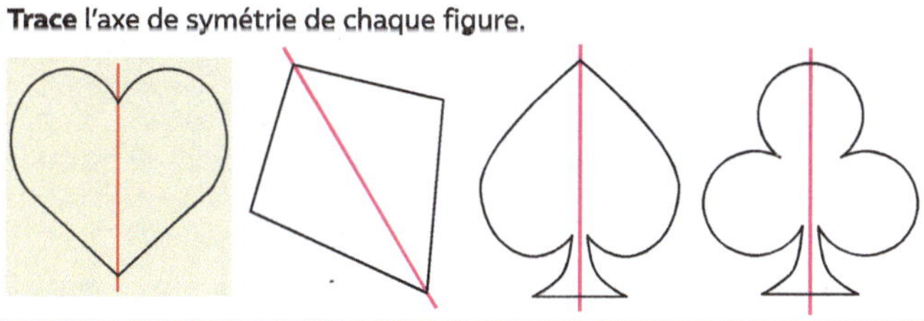

3 **Complète** pour que les figures soient symétriques.

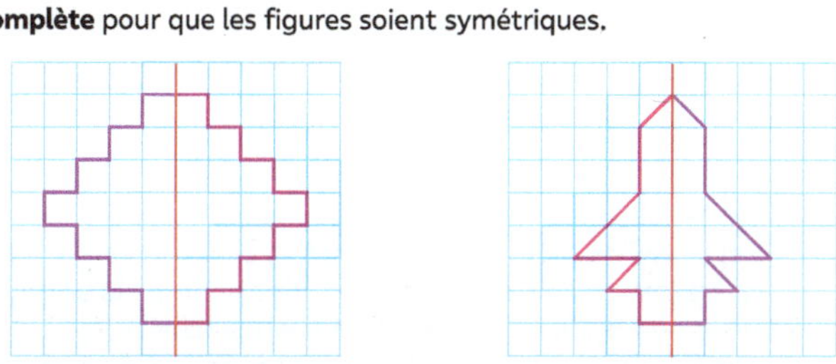

CAHIER DU JOUR

4 **Complète** la feuille distribuée pour que la figure soit symétrique.

---

1 2

Erreur fréquente

Certains élèves **confondent « symétrique d'une figure » et « reproduction à l'identique »** (sans renversement) de l'autre côté de l'axe de symétrie.

Remédiation

Montrer au moyen d'un pliage que la figure tracée en reproduction à l'identique d'un dessin non symétrique ne se superpose pas à la figure de départ.

1 2

Erreur fréquente

L'élève **colorie une figure non symétrique** ou **trace un axe de symétrie incorrect**.

Remédiation

Reproduire la figure concernée avec du papier calque et montrer, au moyen du pliage, que les deux moitiés de la figure ne se superposent pas parfaitement.

3

Erreur fréquente

Les reports de points sont incorrects.

Remédiation

Faire colorier les carreaux avec des couleurs différentes afin que l'élève puissent mieux se représenter la correspondance des carreaux de chaque côté de l'axe de symétrie.

77 Calculer en ligne un produit (1)

OBJECTIF DE LA SÉQUENCE
Multiplier par un nombre à un chiffre (6, 7, 8 et 9).

JOUR 1 Découverte 35 min

Objectif de l'activité
Calculer en ligne en décomposant la multiplication en produits connus des tables de 2, 3, 4 et 5.

Matériel
- **Par élève** :
  - **2 feuilles avec 4 collections de jetons ;**
  - **1 crayon de papier**, 1 **crayon rouge**, 1 **crayon bleu**.

Déroulement de la séance
- **Mise en situation** ▪ oral collectif ▪ 5 min
- **Recherche** ▪ individuelle ▪ 15 min
- **Mise en commun** ▪ oral collectif ▪ 10 min
- **Institutionnalisation** ▪ oral collectif ▪ 5 min

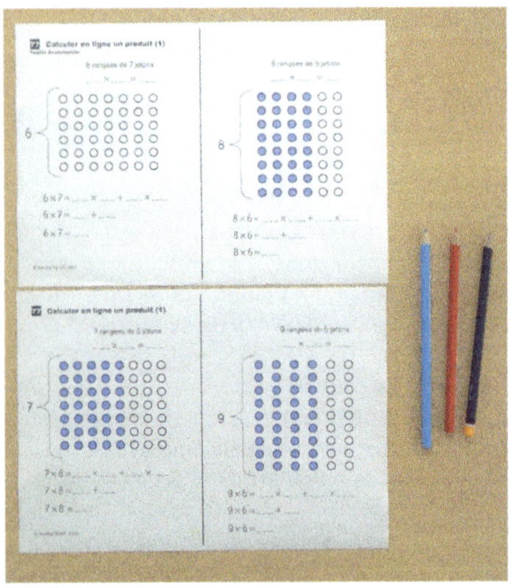

Photo 1 : le matériel des élèves

Mise en situation 5 min

▪ Représenter au tableau 6 rangées de 7 jetons et demander : *Comment faire pour calculer le nombre de jetons dessinés au tableau ?* Répertorier les méthodes proposées par les élèves, qui peuvent être : je compte les jetons un par un, je pose une addition : « 7 + 7 + 7 + 7 + 7 + 7 », ou « 14 + 14 + 14 », je pose une addition : « 6 + 6 + 6 + 6 + 6 + 6 + 6 », etc.

▪ Si aucun élève ne propose de calculer « 6 × 7 », dire : *Toutes ces méthodes fonctionnent mais prennent du temps. Par quelle opération plus rapide pouvez-vous remplacer « 7 + 7 + 7 + 7 + 7 + 7 » ?* Verbaliser : *Il y a 6 fois 7 jetons ou il y a 6 fois le nombre 7, je peux donc écrire « 6 × 7 ».* Dire aux élèves qu'ils n'ont pas encore appris la table de multiplication par 6 ou par 7, mais qu'ils vont apprendre aujourd'hui une méthode pour leur permettre de trouver le résultat de la multiplication « 6 × 7 ».

Recherche 15 min

1re phase

▪ Expliquer : *Pour calculer combien il y a de jetons dans 6 rangées de 7 jetons, je peux partager les jetons en deux collections : par exemple 6 rangées de 5 jetons, puisque je connais la table de 5, et 6 rangées de 2 jetons, puisque je connais la table de 2. Je peux donc écrire : « 6 × 7 = 6 × 5 + 6 × 2 ».* Écrire cette égalité au tableau et illustrer la méthode en coloriant ou en repassant 6 rangées de 5 jetons en rouge et 6 rangées de 2 jetons en bleu. Faire remarquer que 7 c'est bien « 5 + 2 ». Conclure : *On sait que « 6 × 5 = 30 » et « 6 × 2 = 12 ». « 6 × 7 » c'est donc « 30 + 12 », soit 42.*

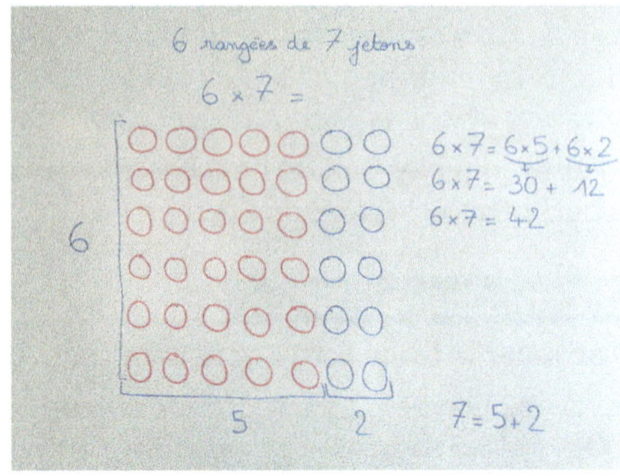

Photo 2 : présentation de la méthode au tableau

2de phase

▪ Distribuer les feuilles représentant 4 regroupements de jetons et demander aux élèves de refaire cette manipulation sur le premier exercice de la feuille.

▪ Consigne : *En utilisant la méthode que nous venons de voir, calculez le résultat des trois autres collections de jetons proposées.* Préciser que les collections ont déjà été coloriées et que les élèves doivent trouver la décomposition de la multiplication en deux collections : la collection de jetons bleus et la collection de jetons blancs.

▪ Permettre aux élèves d'utiliser leurs tables de multiplication ou bien écrire dans un coin du tableau les produits dont ils vont avoir besoin : 4 × 8 = 32, 2 × 8 = 16, 5 × 7 = 35, 3 × 7 = 21, 4 × 9 = 36, 2 × 9 = 18 ».

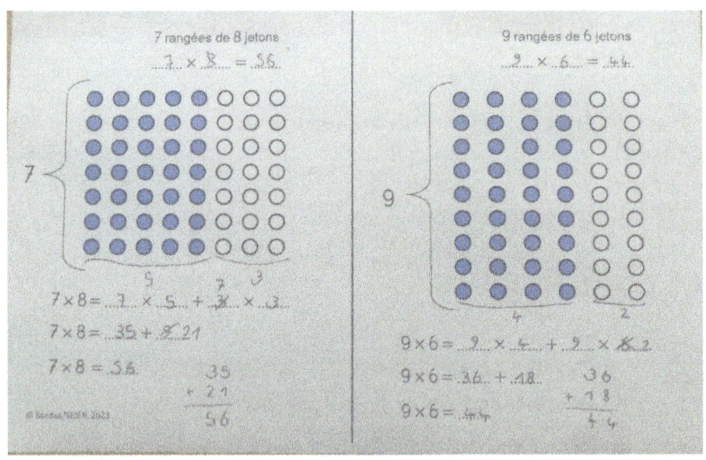

Photo 3 : exemple de production d'élève

Pistes de différenciation
- **Proposer des jetons pour permettre aux élèves de décomposer la multiplication en deux multiplications** pour qu'ils se rendent compte que le nombre total de jetons ne change pas.
- **Guider oralement les élèves dans la décomposition du deuxième nombre**, en montrant les jetons bleus puis les jetons blancs.
- **Faire l'addition finale pour eux.**

MATÉRIEL ET DOCUMENTS

www.maths-super-simples.editions-bordas.fr, Séquence 77

CALCUL MENTAL JOUR 1

10 min **111. Le gobelet :** Trouver une partie dans un problème additif (tout = 16).

➥ p. 44

CALCUL MENTAL JOUR 2

10 min **112. Calculer à l'envers :** Trouver 6 manières de fabriquer 16 par addition, soustraction ou multiplication.

➥ p. 44

Mise en commun

10 min

- Dessiner au tableau 9 rangées de 8 jetons et demander : *Comment calculer le nombre total de jetons ?* En suivant les indications données par les élèves, colorier 9 rangées de 5 jetons en rouge et 9 rangées de 3 jetons en bleu. Puis écrire la décomposition : « $9 \times 8 = 9 \times 5 + 9 \times 3 = 45 + 27 = 72$ ».
- Demander : *Existe-t-il une autre façon de calculer 9 × 8 ?* Montrer que 8 c'est « 5 + 3 », mais c'est aussi « 4 + 4 ». Envoyer un élève décomposer « 9 × 8 » en utilisant le fait que « 8 = 4 + 4 » donc « $9 \times 8 = 9 \times 4 + 9 \times 4$ ».
- Faire ranger les feuilles de recherche des élèves afin qu'ils n'aient plus les représentations des jetons sous les yeux et envoyer 3 élèves au tableau pour calculer 8 × 6, 7 × 8 et 9 × 6. Chaque élève verbalise sa procédure. Orienter les élèves par des questions s'ils se trompent, afin de leur faire prendre conscience de leurs erreurs.

Institutionnalisation

5 min

Distribuer la trace écrite et la faire coller dans le cahier.

77 Calculer en ligne un produit (1)

On peut calculer un produit en ligne même si on ne connaît pas la table de multiplication utilisée.

6 × 7 = ?

6 × 7 c'est 6 rangées de 7 jetons :

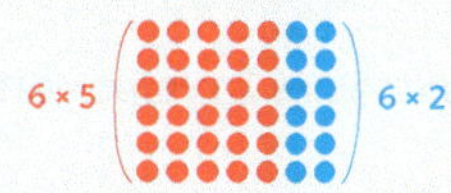

6 × 7 = 6 × 5 + 6 × 2
6 × 7 = 30 + 12

6 × 7 = 42

JOUR 2 Entraînement

40 min

77 Calculer en ligne un produit (1)

1 **Complète** et **calcule**.

8 × 7

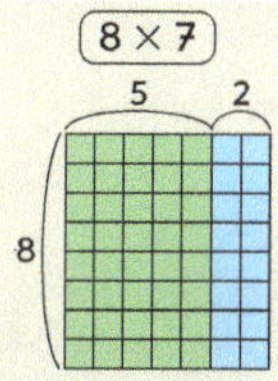

8 × 7 = 8 × 5 + 8 × 2
= 40 + 16
= 56

7 × 9

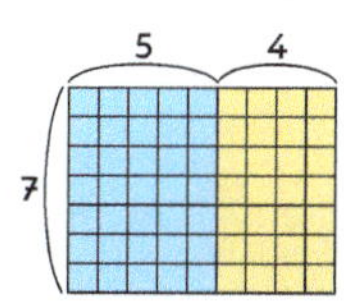

7 × 9 = 7 × 5 + 7 × 4
= 35 + 28
= 63

6 × 7

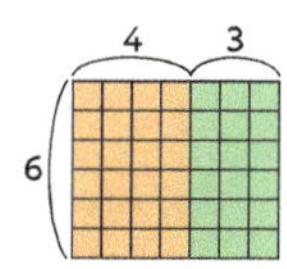

6 × 7 = 6 × 4 + 6 × 3
= 24 + 18
= 42

2 **Écris** la multiplication correspondante et **calcule**.

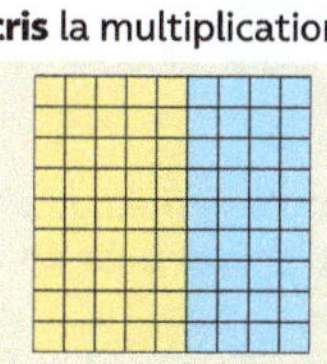

9 × 9 = 9 × 5 + 9 × 4
= 45 + 36
= 91

8 × 8 = 8 × 4 + 8 × 4
= 32 + 32
= 64

7 × 7 = 7 × 4 + 7 × 3
= 28 + 21
= 49

3 **Complète** et **calcule** en utilisant la table de 5.

6 × 9
= 6 × 5 + 6 × 4
= 30 + 24
= 54

8 × 8
= 8 × 5 + 8 × 3
= 40 + 24
= 64

6 × 8
= 6 × 5 + 6 × 3
= 30 + 18
= 48

CAHIER DU JOUR

4 **Calcule** en utilisant la table de 5. • 9 × 6 • 7 × 9

1 2 3

Erreur fréquente

Le résultat final est faux car les élèves **n'ont pas mémorisé les tables de 2, 3, 4 et 5.**

Remédiation

La remédiation est simple : **il faut apprendre les tables par cœur** !

1 2

Erreur fréquente

Certains élèves **n'ont pas compris la façon de décomposer la multiplication.** Ils écrivent, par exemple : $7 \times 9 = 7 \times 5 + 5 \times 4$. En fait, ils prennent les nombres au hasard.

Remédiation

Leur proposer de **représenter le quadrillage présenté avec des jetons** puis d'écarter les jetons représentant « 7 × 5 » et leur demander comment représenter par une multiplication les jetons qui restent : 7 × 4.

3

Erreur fréquente

Les élèves **n'ont pas compris la façon de décomposer la multiplication** : les nombres utilisés sont incorrects et/ou les signes utilisés sont faux.

Remédiation

Comme pour l'erreur précédente, **repasser par la manipulation avec les jetons** pour montrer que l'on scinde en deux la collection de départ et que chaque collection obtenue peut s'exprimer aussi sous la forme d'une multiplication. Le résultat final qui correspond à la somme des deux collections, il faut donc additionner les résultats de ces deux multiplications.

78 Additionner et soustraire avec des grands nombres

OBJECTIF DE LA SÉQUENCE
Utiliser un algorithme posé avec et sans retenue.

JOUR 1 Découverte — 35 min

Objectif de l'activité
Automatiser la pose en colonnes et le calcul des additions et des soustractions avec et sans retenue.

Matériel
- **Pour l'élève :**
  - **1 crayon de papier**, 1 **stylo vert**, 1 **stylo rouge** et 1 **stylo bleu** ;
  - 2 **feuilles** avec 2 additions et 2 soustractions.
- **Pour le tableau :**
  - 2 **craies rouges**, 2 **craies bleues** et 2 **craies vertes.**

Déroulement de la séance
- **Mise en situation** ■ oral collectif ■ 5 min
- **Recherche** ■ oral collectif puis individuelle ■ 15 min
- **Mise en commun** ■ oral collectif ■ 10 min
- **Institutionnalisation** ■ oral collectif ■ 5 min

Mise en situation — 5 min

■ Écrire « 372 + 46 + 128 = » en ligne au tableau et tracer un tableau de numération. Faire venir deux élèves : l'un pour poser l'addition dans le tableau de numération, l'autre pour poser l'addition sans guide.
Consigne : *Utilisez les craies de couleur pour poser cette addition : écrivez les chiffres des unités en bleu, les chiffres des dizaines en rouge et les chiffres des centaines en vert.*

■ Demander aux élèves de comparer les opérations posées. Rectifier si nécessaire les indications des élèves et insister sur l'alignement vertical indispensable pour que l'opération puisse être comptée sans erreur. Préciser : *Quand un nombre n'a pas de centaine, on peut ajouter un 0 pour faciliter le calcul.* Ajouter un 0 devant 46 dans la colonne des centaines.

■ Refaire la même chose pour la soustraction « 438 – 185 = ».

Recherche — 15 min

1re phase
■ Cette première phase consiste en un rappel des techniques opératoires. Calculer les deux opérations posées par les élèves en questionnant la classe et en s'appuyant sur les réponses apportées par les élèves. Insister sur les points suivants : pour l'addition, la retenue à placer et à entourer au-dessus de la colonne de gauche et, pour la soustraction, le cassage de la dizaine ou de la centaine qui implique trois étapes : barrer la dizaine ou la centaine, écrire la nouvelle dizaine ou centaine à côté diminuée de 1, et ajouter le 1 à côté du chiffre qui ne permettait pas la soustraction.
On peut formuler ainsi : *Dans une addition ou une soustraction, on commence toujours par additionner ou soustraire la colonne des unités, puis celle des dizaines et enfin celle des centaines. La retenue de l'addition se met toujours au-dessus de la colonne immédiatement à gauche en l'entourant pour ne pas oublier de l'additionner. Si je n'ai pas assez pour soustraire, je vais chercher une dizaine ou une centaine dans la colonne d'à-côté.*

2de phase
■ Distribuer les feuilles de recherche et demander aux élèves de sortir 1 crayon de papier, 1 stylo vert, 1 stylo rouge et 1 stylo bleu. Repasser les c, d et u des tableaux de numération avec les couleurs appropriées.
Consigne :
1) En utilisant vos stylos de couleur (vert pour les centaines, rouge pour les dizaines et bleu pour les unités), vous posez les quatre opérations dans le tableau de numération.
2) Puis avec le crayon de papier vous les posez sur les carreaux.
3) Vous vérifiez si vous obtenez bien la même disposition et vous corrigez si nécessaire.
4) Puis vous calculez les opérations posées sur les carreaux avec votre crayon de papier.

■ Circuler dans les rangs pour aider les élèves qui se trompent ou qui sont bloqués. Dans ce type d'apprentissage, l'aide est forcément individualisée.

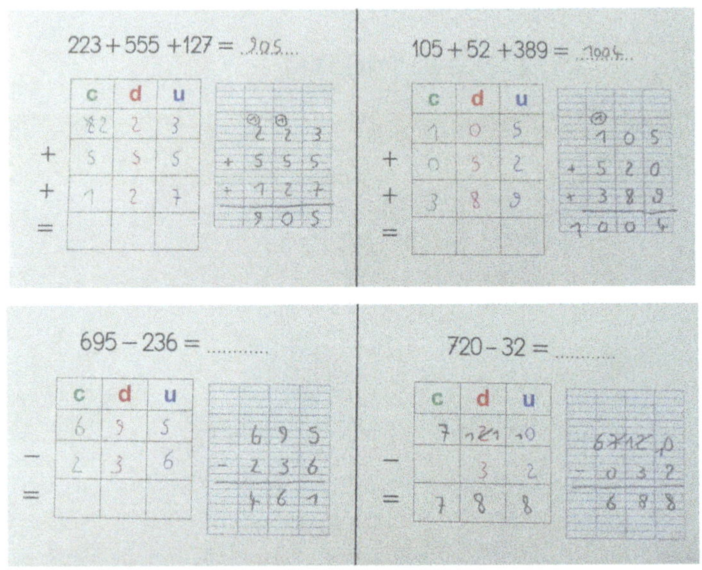

Photos 1 et 2 : différentes erreurs d'élèves (oubli de la retenue, inversion du sens de la soustraction, cassage incomplet)

Pistes de différenciation
- La technique étant difficile à acquérir, toute remédiation ne peut se faire qu'en **expliquant les étapes à accomplir puis en demandant ensuite à l'élève de les formuler**.
- **Les nombres ne sont pas correctement alignés et entraînent des erreurs de calcul. Guider l'élève pour poser l'opération dans le tableau de numération** et lui demander de calculer l'opération dans ce tableau.
- Pour l'addition, **certains élèves oublient de marquer la retenue ou bien la placent au mauvais endroit**. Expliquer que dans chaque colonne, **on ne peut écrire qu'un seul chiffre**. Il faut donc bien mettre la retenue quelque part.
- Certains élèves **cassent la dizaine mais oublient d'écrire la nouvelle dizaine** à utiliser pour le calcul. **Répéter les étapes à suivre**.

MATÉRIEL ET DOCUMENTS

www.maths-super-simples.editions-bordas.fr, Séquence 78

CALCUL MENTAL JOUR 1 — 10 min

113. Additionner *du* + *d* avec franchissement de la centaine supérieure.
➥ *p. 45*

CALCUL MENTAL JOUR 2 — 10 min

114. Compléter une addition ou une soustraction : répertoire de 17.
➥ *p. 45*

Mise en commun — 10 min

- La mise en commun a pour objectifs de reformuler avec les élèves les étapes importantes.
- Faire venir les élèves deux par deux au tableau pour poser et calculer les quatre opérations. Un élève utilise le tableau de numération et le deuxième élève pose librement l'opération sur le tableau. Faciliter les calculs en aidant les élèves à additionner ou à soustraire, le but étant la maîtrise de la technique, plus que la mémorisation de sommes ou de différences.

Institutionnalisation — 5 min

Distribuer la trace écrite et la faire coller dans le cahier.

78 Additionner et soustraire avec des grands nombres

• Dans une addition ou une soustraction, **on commence toujours par additionner ou soustraire la colonne des unités**, puis celle des dizaines et enfin celle des centaines.

• La **retenue de l'addition se met toujours au-dessus de la colonne juste à côté à gauche** en l'entourant pour ne pas oublier de l'additionner.

	c	d	u
	①	①	
	4	3	2
+		2	5
+	3	6	4
=	8	2	1

• **Si je n'ai pas un chiffre assez grand pour soustraire, je vais chercher une dizaine ou une centaine dans la colonne à gauche.**

	c	d	u
	2	~~5~~ 4	1 4
−		2	7
=	2	2	7

1. **Je commence par soustraire les unités :** « 4 − 7 » c'est impossible. Je prends 1 dizaine aux 5 dizaines. Il me reste 4 dizaines et j'ai maintenant 14 unités : 14 − 7 = 7.
2. Puis je soustrais les dizaines entre elles : 4 − 2 = 2.
3. Enfin je soustrais les centaines entre elles : 2 − 0 = 2.

JOUR 2 Entraînement — 40 min

78 Additionner et soustraire avec des grands nombres

1 Calcule.

- 124 + 231 + 323 = 678
- 503 + 205 + 95 = 803 (retenues ① ①)
- 467 + 380 = 847 (retenue ①)
- 52 + 761 + 86 = 899 (retenue ①)

2 Calcule.

- 587 − 214 = 373
- 769 − 502 = 267
- 453 − 137 = 316
- 600 − 79 = 521

3 Pose et calcule.

- 305 + 78 = 383
- 539 − 418 = 121
- 84 + 105 + 234 = 423
- 670 − 292 = 378

CAHIER DU JOUR

4 Pose et calcule.

- 407 − 248
- 540 + 304 + 139
- 58 + 679 + 20
- 900 − 483

1 2 3

Erreur fréquente

Certains élèves **additionnent ou soustraient les dizaines avant les unités** ou commencent directement par les centaines.

Remédiation

Il faut observer les élèves pour identifier cette erreur car elle ne se voit pas dans le résultat d'une addition sans retenue et il est difficile de la corriger une fois qu'elle s'est installée.
Répéter inlassablement qu'il faut commencer à calculer par la colonne des unités. Éventuellement, tracer une flèche bleue pour désigner la colonne des unités par laquelle il faut commencer.

2 3

Erreur fréquente

Deux types d'erreurs sont fréquentes :
– **erreurs diverses de traitement ou d'oubli de la retenue ;**
– **erreurs du type « 695 − 236 = 461 »** (les élèves effectuent « 6 − 5 » car « 5 − 6 » est impossible).

Remédiation

Dans tous les cas, **faire représenter l'opération considérée avec du matériel de numération**, puis mettre en évidence la nécessité d'ajouter 10 unités au nombre de départ pour pouvoir soustraire les unités entre elles. Rappeler ensuite qu'il ne faut pas oublier de modifier le nombre de dizaines ou de centaines.

1 3

Erreur fréquente

Certains enfants **oublient d'additionner les retenues.**

Remédiation

Faire écrire aux élèves la retenue en plus gros et la leur faire barrer quand ils l'ont additionnée.
Montrer avec du matériel de manipulation que le résultat est erroné et qu'il est correct quand on ajoute la retenue.

80 Calculer en ligne un produit (2)

OBJECTIF DE LA SÉQUENCE
Multiplier par un nombre entier de centaines.

JOUR 1 Découverte 35 min

Objectif de l'activité
Calculer le produit d'un nombre à un chiffre par 100, 200, 300, 400 et 500 en utilisant deux méthodes :
la représentation ou la décomposition des nombres.

Matériel
- **Par élève** :
  1 **ardoise** et 1 **feutre effaçable.**

Déroulement de la séance
- **Mise en situation** ■ oral collectif ■ 5 min
- **Recherche** ■ individuelle ■ 15 min
- **Mise en commun** ■ oral collectif ■ 10 min
- **Institutionnalisation** ■ oral collectif ■ 5 min

Mise en situation — 5 min

■ Interroger les élèves deux par deux en demandant combien de fois il y a 100 dans : 300, 700, 200, 900, 500, 800, 400 et 600.

■ Noter les résultats au tableau : « 300 = 3 × 100, 700 = 7 × 100, etc. », afin que les élèves puissent y recourir pendant la suite de la séance.

Recherche — 15 min

1re phase

■ Écrire au tableau « 3 × 200 » et demander : *Comment représenter cette multiplication avec les plaques de 100 ?*

■ Dessiner 3 collections de 2 plaques de 100 en suivant les indications des élèves et demander combien cela fait en tout. Les élèves vont sûrement proposer de compter de 100 en 100 pour trouver 600.
Expliquer aux élèves qu'il existe une autre façon de trouver le résultat de « 3 × 200 » en utilisant les résultats notés au tableau, et notamment en remplaçant 200 par « 2 × 100 ». Montrer et écrire au tableau que : « 3 × 200 = 3 × 2 × 100 » puis « 3 × 200 = 6 × 100 » et que 6 fois 100 c'est 6 centaines et donc 600.
Formuler : *L'un des termes multiplication est une centaine entière, on peut décomposer cette centaine en une multiplication avec le nombre 100 : par exemple, 300 c'est aussi « 3 × 100 ». L'ensemble est alors plus simple à calculer.*

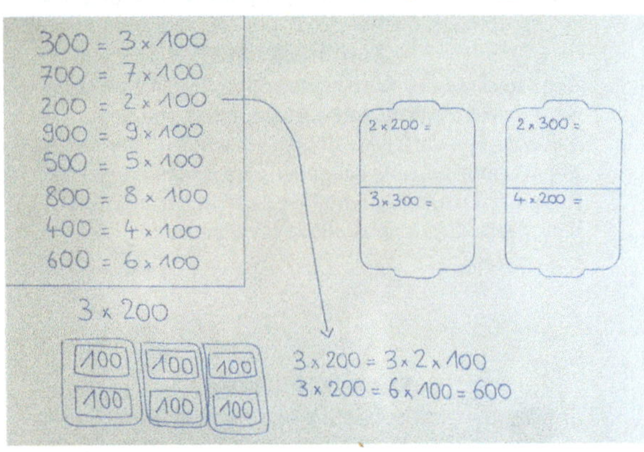

Photo 1 : la décomposition expliquée au tableau

2de phase

■ Proposer aux élèves 4 autres multiplications au tableau. Consigne : *Partagez chaque face de votre ardoise en 2 parties. Vous obtenez 4 parties, chaque partie étant réservée pour chercher comment calculer une multiplication. Décomposez les multiplications en multiplications plus simples. Puis vérifiez votre résultat en dessinant les plaques de 100.*

Pistes de différenciation
- Pour les élèves qui seraient bloqués, **entourer en rouge la centaine à décomposer**.
- **Verbaliser avec les élèves les étapes de la décomposition** de la centaine.
- **Poser un mémo sur la table des élèves** avec les décompositions de 200 et 300.

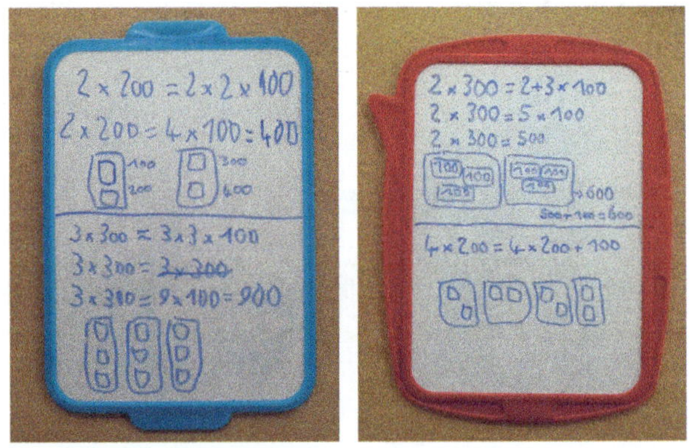

Photo 2 : les productions des élèves avec des erreurs de signe et un essai pour vérifier le résultat avec des plaques de 100.

Mise en commun — 10 min

■ La mise en commun a pour objectif de reformuler avec les élèves les étapes de la décomposition de la multiplication.

■ Faire venir un élève au tableau pour calculer la première multiplication. Lui demander de verbaliser tout ce qu'il fait. Reformuler pour la classe : *Je sais que 200 c'est « 2 × 100 », je peux donc écrire que « 2 × 200 = 2 × 2 × 100 ». Je sais que « 2 × 2 = 4 », je peux donc écrire « 2 × 200 = 4 × 100 ». Je sais que « 4 × 100 » c'est 4 fois une centaine et que c'est égal à 400. Je peux donc écrire « 2 × 200 = 400 ».*
Faire venir un deuxième élève au tableau qui va vérifier le résultat en dessinant la représentation avec les plaques de 100.

■ Procéder de même pour les trois autres multiplications.

Institutionnalisation — 5 min

Distribuer la trace écrite et la faire coller dans le cahier.

80 Calculer en ligne un produit (2)

Pour **multiplier par un nombre entier de centaines.**

3 × 300 = ?

- **Je représente 3 × 300 avec du matériel**

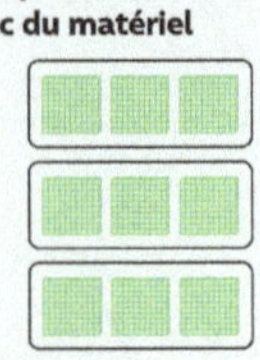

Je compte 9 plaques de 100, donc 900 unités.

- **Je décompose 3 × 300** avec des multiplications que je connais.

3 × **300**
= 3 × **3 × 100**
= 9 × 100
= 900

3 × 300 = 900

MATÉRIEL ET DOCUMENTS

www.maths-super-simples.editions-bordas.fr, Séquence 80

CALCUL MENTAL JOUR 1

10 min

115. Trouver la moitié d'un nombre pair jusqu'à 100.
➥ *p. 45*

CALCUL MENTAL JOUR 2

10 min

116. Compléter une addition ou une soustraction : répertoire de 18.
➥ *p. 45*

JOUR 2 Entraînement

35 min

80 Calculer en ligne un produit (2)

1 **Écris** les multiplications et **calcule**.

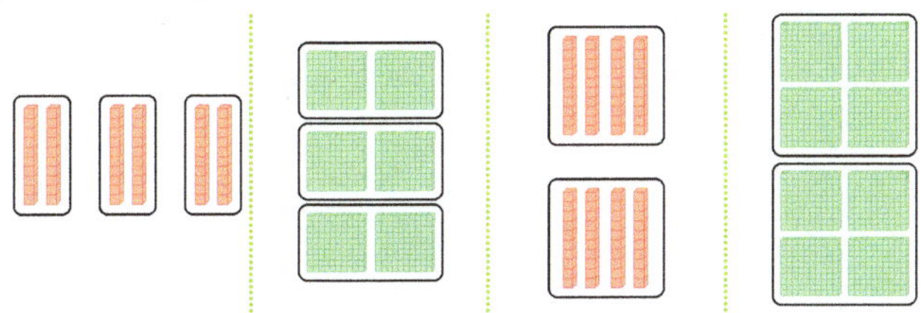

3 × 20 = 60 | 3 × 200 = 600 | 2 × 40 = 80 | 2 × 400 = 800

2 **Complète** et **calcule**.

- 2 × 300 c'est aussi 2 × 3 × 100 = 6 × 100 = 600
- 4 × 200 c'est aussi 4 × 2 × 100 = 8 × 100 = 800
- 3 × 300 c'est aussi 3 × 3 × 100 = 9 × 100 = 900
- 2 × 500 c'est aussi 2 × 5 × 100 = 10 × 100 = 1 000

3 **Complète.**

6 × 100 = 600	9 × 100 = 900	2 × 100 = 200
300 × 3 = 900	3 × 200 = 600	7 × 100 = 700

4 **Colorie** toutes les étiquettes qui valent 800.

4 × 200 | 8 × 100 | 8 × 10 | 400 × 2 | 100 × 10

CAHIER DU JOUR

5 **Calcule.**

- 100 × 2
- 2 × 300
- 400 × 1
- 200 × 4

1

Erreur fréquente

Les erreurs ne peuvent venir que d'un dénombrement incorrect.

Remédiation

Faire nommer sur les représentations les barres de 10 et les plaques de 100, au cas où l'élève ne les identifierait toujours pas. Proposer un autre exercice où l'élève calcule de 100 en 100.

2

Erreur fréquente

Les élèves **se trompent en décomposant la centaine entière**.

Remédiation

Leur donner des plaques de 100 pour qu'ils représentent le nombre de centaines entières puis leur demander combien il y a de fois 100, c'est-à-dire combien il y a de plaques de 100.

3

Erreur fréquente

Les élèves **se trompent quand il faut compléter une multiplication à trou**.

Remédiation

Leur donner des plaques de 100 afin qu'ils se représentent la multiplication, puis leur dire de faire autant de collections que le nombre à un chiffre de la multiplication.

4

Erreur fréquente

Certains élèves **ne sont pas capables de faire l'opération de tête**.

Remédiation

Leur permettre de faire la décomposition des multiplications qui posent un problème, sous l'exercice ou sur l'ardoise.

81 Calculer en ligne un produit (3)

OBJECTIF DE LA SÉQUENCE
Utiliser la distributivité (nombre à un chiffre par nombre à deux chiffres).

JOUR 1 Découverte 35 min

Objectif de l'activité
Calculer le produit d'un nombre à un chiffre par un nombre à deux chiffres, en utilisant la décomposition en dizaine et unité.

Matériel
- **Par élève** :
  - 2 **feuilles de recherche ;**
  - 1 **crayon de papier**.
- **Par binôme** : 85 **jetons** (ou 85 haricots).

Déroulement de la séance
- **Mise en situation** ▪ binôme et oral collectif ▪ 5 min
- **Recherche** ▪ individuelle puis en binôme ▪ 15 min
- **Mise en commun** ▪ oral collectif ▪ 10 min
- **Institutionnalisation** ▪ oral collectif ▪ 5 min

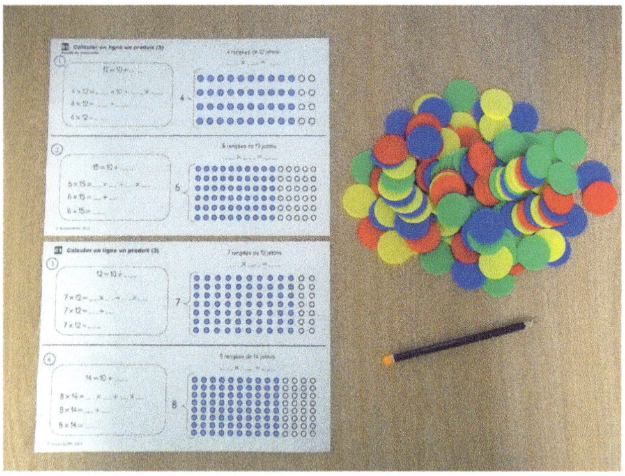
Photo 1 : le matériel de l'élève

Mise en situation 10 min

▪ Distribuer les jetons à chaque binôme, écrire au tableau « 6 × 12 = » et demander : *Disposez sur votre table 6 fois 12 jetons ou 6 rangées de 12 jetons.* Laisser 2 minutes pour réaliser la tâche et circuler dans la classe pour observer ce que font les élèves. Les aider si nécessaire.

▪ Dessiner au tableau les jetons en suivant les indications des élèves puis demander : *Comment calculer le nombre de jetons sur votre table ?* Répertorier les méthodes proposées par les élèves et valoriser la méthode qui proposerait de décomposer la collection en deux collections (comme fait précédemment à la leçon 77), par exemple : « 6 × 12 = 6 × 6 + 6 × 6 » ou « 6 × 12 = 6 × 5 + 6 × 7 ».

Recherche 15 min

1re phase
▪ Dire aux élèves : *C'est une bonne idée de partager la collection de jetons en deux collections, mais on ne peut toujours pas calculer le résultat car on ne connaît pas la table de 6 pour calculer « 6 × 6 ».*
Je vous propose de partager tous ces jetons en deux collections dont une avec 10 éléments puisque l'on sait multiplier par 10. 12 c'est « 10 + 2 », je peux donc faire une collection de 6 rangées avec 10 éléments et une collection de 6 rangées avec 2 éléments.

Entourer en même temps au tableau les deux collections pour illustrer l'explication et écrire : « 6 × 12 = 6 × 10 + 6 × 2 ». En questionnant les élèves, demander combien font « 6 × 10 » et « 6 × 2 ». Rappeler que « 6 × 10 » c'est 6 fois 1 dizaine, soit 6 dizaines, et 6 dizaines c'est à égal à 60. Finir par écrire l'addition : « 60 + 12 ».

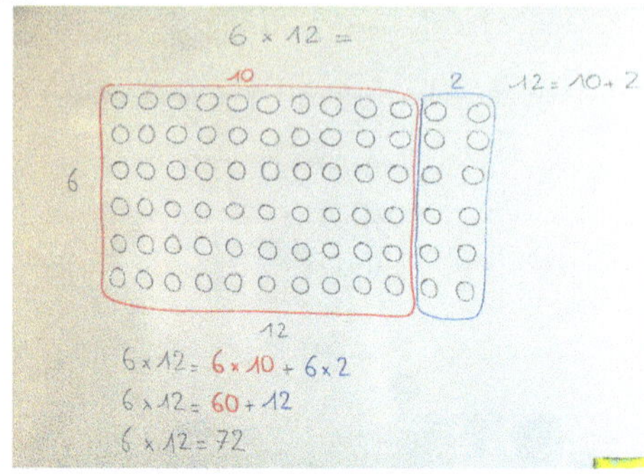

Photo 2 : la décomposition expliquée au tableau

2de phase
▪ Distribuer les 2 feuilles de recherche représentant différentes collections de jetons et demander aux élèves de refaire cette manipulation : *Calculez le résultat de ces quatre collections de jetons, en décomposant les multiplications, pour obtenir deux multiplications dont une est dans la table de 10.* Préciser que les collections ont déjà été coloriées et que les élèves doivent trouver la décomposition de la multiplication en deux collections : la collection de jetons bleus (ou gris) et la collection de jetons blancs.

▪ Permettre aux élèves d'utiliser leurs tables de multiplication ou bien écrire dans un coin du tableau les résultats des produits dont ils vont avoir besoin : « 4 × 8 = 32, 2 × 8 = 16, 5 × 7 = 35, 3 × 7 = 21, 4 × 9 = 36, 2 × 9 = 18 ».

▪ Faire ranger les feuilles de recherche des élèves dans le lutin, la pochette ou le cahier de recherche.

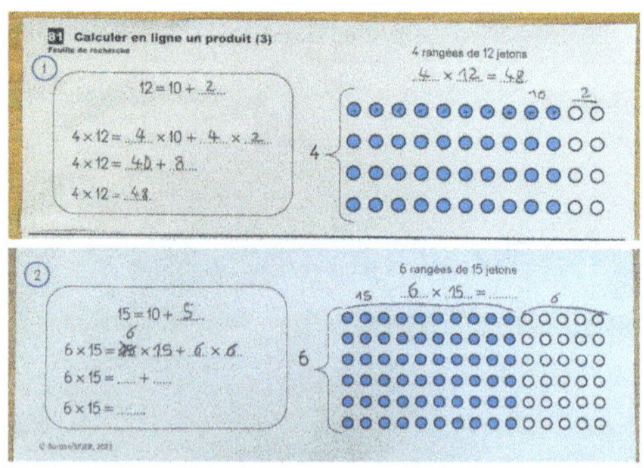

Photo 3 : exemple de production d'élève

Pistes de différenciation
- **Proposer d'utiliser les jetons** pour permettre aux élèves de décomposer la multiplication et pour qu'ils se rendent compte que le nombre total de jetons ne change pas.
- **Verbaliser avec les élèves les étapes de la décomposition du nombre à 2 chiffres**, en montrant les jetons bleu puis les jetons blancs.
- **Faire poser l'addition finale en colonnes** pour la calculer.
- Pour les élèves experts, **donner des collections de jetons non coloriés**.

Mise en commun 10 min

▪ Dessiner au tableau 8 rangées de 12 jetons et demander : *Comment calculer le nombre total de jetons ?* En suivant les indications données par les élèves, colorier 8 rangées de 10 jetons

MATÉRIEL ET DOCUMENTS

www.maths-super-simples.editions-bordas.fr, Séquence 81

CALCUL MENTAL JOUR 1 10 min

117. Connaître les produits de la table de 4 ($u \times 4$).
➥ p. 45

CALCUL MENTAL JOUR 2 10 min

118. Calculer à l'envers : Trouver la multiplication qui correspond à un produit dans la table de 4 ($28 = ? \times 4$).
➥ p. 45

en rouge et 8 rangées de 2 jetons en bleu. Puis écrire la décomposition : « $8 \times 12 = 8 \times 10 + 8 \times 2$ » puis « $8 \times 12 = 80 + 16$ » et « $8 \times 12 = 96$ ».

- Dessiner maintenant au tableau 7 rangées de 21 jetons et demander : *Comment calculer le nombre total de jetons ?* En suivant les indications données par les élèves, colorier 7 rangées de 10 jetons en rouge. Les élèves vont s'apercevoir qu'il reste encore beaucoup de jetons. Leur proposer alors d'agrandir cette première collection en rajoutant 7 rangées de 10 jetons et en leur demandant s'ils savent calculer « 7×20 » ou 7 fois 2 dizaines. Colorier alors 7 nouvelles rangées de 10 jetons en rouge. Leur montrer qu'il reste 7 rangées de 1 jeton à colorier en bleu. Conclure : *Quand il y a beaucoup de jetons, il faut parfois décomposer la multiplication en une première multiplication (par 20, 30, 40, etc.) pour réussir à trouver le résultat.*

Institutionnalisation (5 min)

Distribuer la trace écrite et la faire coller dans le cahier.

81 Calculer en ligne un produit (3)

Pour multiplier un nombre à un chiffre par un nombre à deux chiffres, on décompose ce dernier en dizaines et unités.

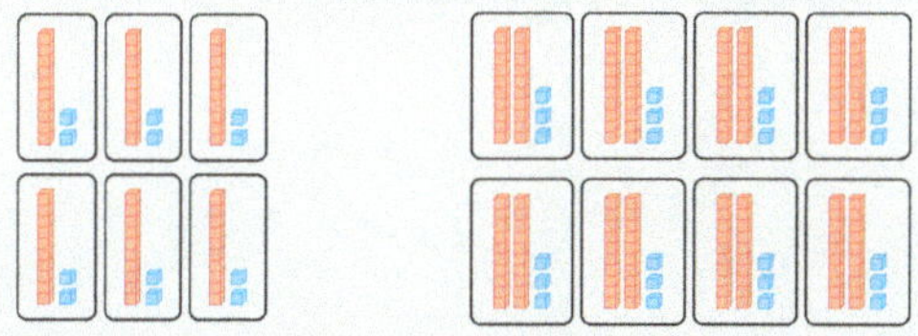

6×12
$= 6 \times 10 + 6 \times 2$
$= 60 + 12$
$= 72$

8×23
$= 8 \times 20 + 8 \times 3$
$= 160 + 24$
$= 184$

8×20 c'est 8 fois 2 dizaines, c'est-à-dire 16 dizaines ou 160.

JOUR 2 Entraînement (40 min)

81 Calculer en ligne un produit (3)

1 Complète et calcule.

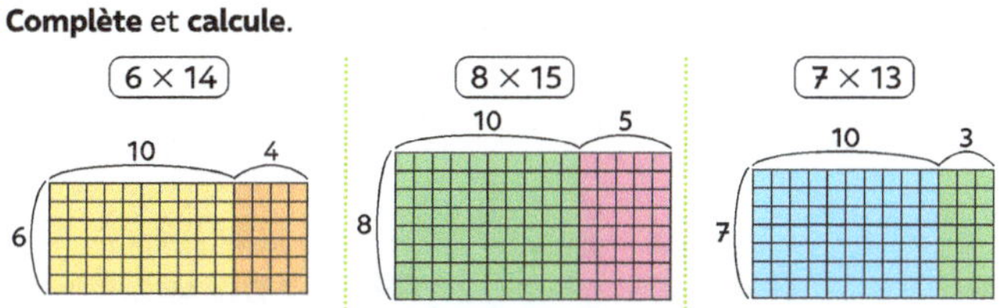

6×14
$= 6 \times 10 + 6 \times 4$
$= 60 + 24$
$= 84$

8×15
$= 8 \times 10 + 8 \times 5$
$= 80 + 40$
$= 120$

7×13
$= 7 \times 10 + 7 \times 3$
$= 70 + 21$
$= 91$

2 Complète et calcule.

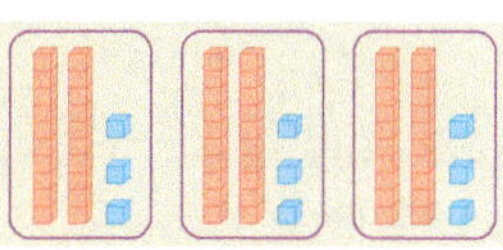

$3 \times 23 = 3 \times 20 + 3 \times 3$
$= 60 + 9$
$= 69$

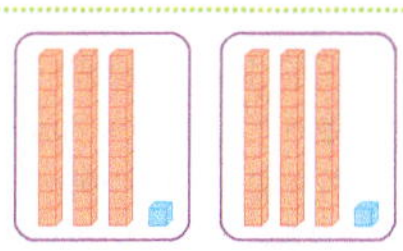

$2 \times 31 = 2 \times 30 + 2 \times 1$
$= 60 + 2$
$= 62$

3 Calcule.

$5 \times 22 = 5 \times 20 + 5 \times 2$
$= 100 + 10$
$= 110$

$3 \times 43 = 3 \times 40 + 3 \times 3$
$= 120 + 9$
$= 129$

CAHIER DU JOUR

4 Recopie et calcule. • 4×33 • 8×13 • 2×53 • 5×44

1 2 3

Erreur fréquente

Le résultat est faux car les élèves **n'ont pas mémorisé les tables de 2, 3, 4 et 5.**

Remédiation

La remédiation est simple : **il faut apprendre les tables par cœur** ou **bien les laisser consulter leurs tables de multiplication** puisque ce n'est pas l'objectif travaillé ici.

1 2 3

Erreur fréquente

Certains élèves **n'ont pas compris la façon de décomposer la multiplication** en utilisant le produit par 10.

Remédiation

Repasser par la manipulation avec les jetons pour montrer que l'on scinde en deux la collection de départ et que les deux nouvelles collections obtenues peuvent aussi être représentées par une multiplication. Au moins une des collections doit être un produit par 10, 20, 30, 40, etc.

1 2 3

Erreur fréquente

La décomposition peut être correcte mais **le calcul final est faux.**

Remédiation

Rappeler aux élèves que pour calculer en ligne, ils doivent additionner d'abord les unités avec les unités, et les dizaines avec les dizaines. Si cela n'est pas suffisant, faire poser l'addition en colonnes pour la calculer.

82 Reconnaître des solides simples

OBJECTIF DE LA SÉQUENCE
Nommer et décrire le cube, le cône, la boule, la pyramide, le cylindre et le pavé droit.

JOUR 1 Découverte 40 min

Objectif de l'activité
Utiliser les caractéristiques des solides pour les trier.

Matériel
- Par groupe de 4 :
  - 1 **boîte** contenant différents types de solides :
    - **cubes,**
    - **pavés droits,**
    - **pyramides,**
    - **boules,**
    - **cônes,**
    - **cylindres,**

    La boîte contient deux exemplaires de chaque solide : un qui est le **solide géométrique parfait** et un **objet de la vie courante** ;
  - des **post-it** et des stylos bleus.
- **Pour la classe :**
  - des **photos** ou des représentations agrandies des solides contenus dans la boîte ;
  - des **aimants** ou de la **pâte adhésive.**

Déroulement de la séance
- **Mise en situation** ▪ oral collectif ▪ 5 min
- **Recherche** ▪ groupes de 4 ▪ 15 min
- **Mise en commun** ▪ oral collectif ▪ 15 min
- **Institutionnalisation** ▪ oral collectif ▪ 5 min

Photo 1 : le matériel proposé pour un groupe

Mise en situation 5 min

- Présenter le matériel aux élèves et leur demander de nommer et de décrire les objets contenus dans la boîte.
- Écrire au tableau le nom des solides dont les élèves se souviennent (en général tous) et rappeler en le désignant ce que sont une face, une arête et un sommet. Conclure : *Cette boîte contient des solides.*

Recherche 15 min

1re phase
- Distribuer le matériel à chaque groupe de 4 élèves. Consigne : *Triez tous les solides de la boîte en regroupant tous les solides qui ont au moins une face carrée, tous les solides qui ont au moins une face rectangulaire, tous les solides qui ont au moins une face triangulaire et tous les solides qui ont au moins une face circulaire.* Laisser les élèves échanger et chercher.
- Quand un solide peut être classé dans deux groupes, les élèves font le choix de placer le solide dans telle ou telle catégorie. Le but de cette situation est que les élèves échangent en eux et argument en utilisant le vocabulaire géométrique approprié.

Photo 2 : exemple de tri proposé par les élèves

2e phase
Consigne : *Écrivez sur un post-it le nombre de faces, d'arêtes et de sommets de chaque solide.*

Photo 3 : descriptions écrites par un groupe

Pistes de différenciation
- **Donner des carrés, des rectangles et des triangles sous forme de figures planes** avec l'étiquette de leur nom indiquée dessus pour les élèves qui confondent toujours ces trois figures géométriques.
- **Coller des gommettes sur les faces des solides** pour les numéroter afin de les compter.
- Pour les élèves les plus rapides, **leur demander de chercher dans la classe des solides** et de les ajouter à leur tri.

Mise en commun 15 min

- Tracer quatre colonnes au tableau ayant pour titre « face carrée », « face rectangulaire », « face triangulaire » et « face circulaire ». Demander à un groupe qui aura fait des erreurs dans le tri de venir répartir les images des solides en bois dans les quatre colonnes.

MATÉRIEL ET DOCUMENTS

www.maths-super-simples.editions-bordas.fr, Séquence 82

CALCUL MENTAL JOUR 1

10 min

119. Le compte à rebours : Compter de 4 en 4 en arrière en partant de 40.

➥ *p. 45*

CALCUL MENTAL JOUR 2

10 min

120. Multiplier $u \times 2$, $u \times 3$, $u \times 4$, $u \times 5$, $u \times 10$.

➥ *p. 45*

■ Consigne pour les élèves qui observent : *Vérifiez le tri proposé par vos camarades : qu'en pensez-vous ?* Déplacer les solides si nécessaire en demandant aux élèves d'argumenter et d'utiliser les termes exacts tels que : *solide, face, carré(e), rectangle, cercle* ou *circulaire* (refuser le terme « rond » par exemple). Expliquer : *La boule et la balle de tennis ne rentrent dans aucune catégorie car elles n'ont qu'une seule face qui est courbe. Elles n'ont donc pas de face plane.*

Le pavé droit, ainsi que la pyramide, auront pu être mis dans deux colonnes différentes.

■ Récolter maintenant plusieurs *post-it* et les placer sous le solide correspondant. Échanger avec les élèves pour se mettre d'accord sur le nombre de faces, d'arêtes et de sommets de chaque solide et en précisant la forme de chaque face.

Institutionnalisation

5 min

Distribuer la trace écrite et la faire coller dans le cahier.

82 Reconnaître des solides simples

un cube

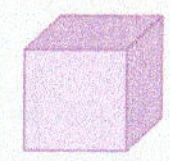

- 6 faces carrées
- 8 sommets
- 12 arêtes

un pavé droit

- 6 faces rectangulaires
- 8 sommets
- 12 arêtes

une boule

- 1 face courbe
- pas de sommet
- pas d'arête

une pyramide à base carrée

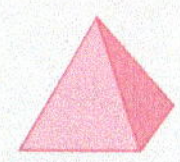

- 5 faces (4 triangles et 1 carré)
- 5 sommets
- 8 arêtes

un cône

- 2 faces (dont une face courbe)
- 1 sommet
- 1 arête

un cylindre

- 3 faces (dont une face courbe)
- pas de sommet
- 2 arêtes

JOUR 2 Entraînement

35 min

82 Reconnaître des solides simples

1 **Écris** le nom de chaque solide.

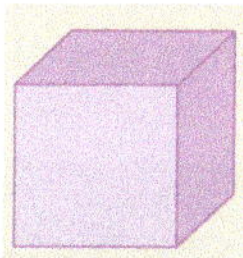

cube

cône

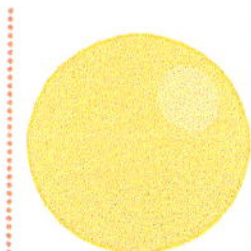

boule

pavé droit

pyramide

2 **Complète** avec : *face, sommet* ou *arête*.

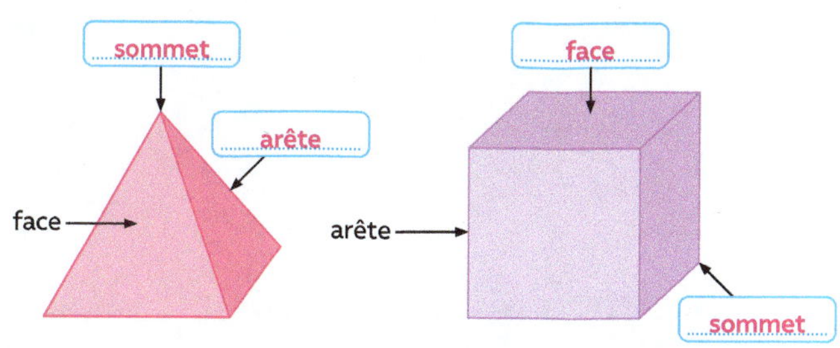

3 **Relie** chaque solide à la description qui lui correspond.

La boule	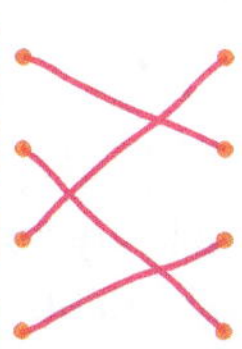	J'ai des faces en forme de triangle.
Le cône		J'ai une seule face.
La pyramide		Deux de mes faces sont des cercles.
Le cylindre		J'ai un seul sommet.

CAHIER DU JOUR

4 **Recopie** et **complète** la description de ce solide.

Le cube a 8 sommets et 6 faces. Toutes ses faces sont des carrés.

1

Erreur fréquente

Certains élèves **confondent cube et pavé droit**.

Remédiation

Inviter les élèves à se poser la question suivante en cas de doute : **« *Toutes les faces du solide sont-elles identiques et carrées ?* » Si oui, le solide est un cube ; sinon, c'est un pavé droit.** Illustrer par des exemples.

2

Erreur fréquente

Certains élèves se trompent car ils n'ont **pas encore mémorisé le vocabulaire** : *face, sommet* et *arête*, ou bien **ils ne savent pas encore à quelles parties d'un solide ces termes renvoient**.

Remédiation

Leur donner un pavé droit et leur demander de passer le doigt sur les faces, les arêtes et les sommets pour les caractériser avec leurs mots. Par exemple, « *un sommet, cela pique* », « *une arête, c'est comme un trait que l'on peut suivre avec le doigt* », « *une arête sépare deux faces* », « *une face a une forme géométrique* », « *une face occupe de la place* », etc.

3

Erreur fréquente

Certains élèves **n'ont pas encore mémorisé, soit les noms des différents solides, soit leurs caractéristiques**.

Remédiation

Pour remédier au second type d'erreur, **leur donner des solides pour qu'ils trouvent ou retrouvent les caractéristiques eux-mêmes**.

84 Comparer des contenances

OBJECTIF DE LA SÉQUENCE
Comparer des contenances en utilisant le lexique spécifique.

JOUR 1 Découverte 40 min

Objectif de l'activité
Comparer les contenances de trois récipients à l'aide d'une unité non conventionnelle représentée par un verre.

Matériel

- **Pour l'enseignant :**
  - **6 récipients vides différents**, par exemple : 1 bouteille d'eau, 1 bouteille de jus de fruits, 1 pot de yaourt, 1 pot de confiture, 1 seau, 1 biberon ;
  - 2 **verres**, 2 **bols**, 2 **tasses**, tous de formes différentes ;
  - 1 **réserve d'eau** dans une bouteille ;
  - 1 **bassine** vide.
- **Par groupe de 4 élèves :**
  - **3 récipients vides différents, identiques pour tous les groupes**, par exemple : 1 bouteille en plastique, 1 broc à eau et 1 vase ;
  - **1 verre étalon avec un marquage de niveau** (à l'aide d'un ruban adhésif, par exemple) **identique pour tous les groupes**, **1 entonnoir**, **1 réserve d'eau** dans une bouteille ;
  - **1 ardoise** et **1 feutre** effaçable.

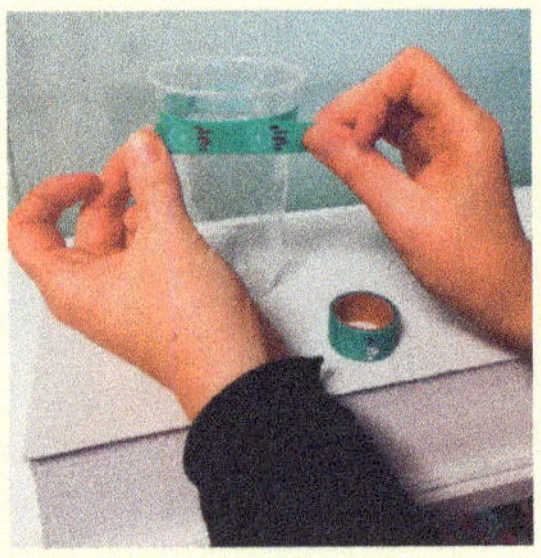

Photo 1 : verre étalon avec ruban adhésif pour déterminer un niveau.

Déroulement de la séance

- **Mise en situation** ■ oral collectif ■ 5 min
- **Recherche** ■ oral collectif puis par groupes ■ 20 min
- **Mise en commun** ■ oral collectif ■ 10 min
- **Institutionnalisation** ■ oral collectif ■ 5 min

Mise en situation — 5 min

■ Présenter les différents récipients aux élèves et demander : *Quel est le nom de ces objets ? À quoi servent-ils ?*
Réponses attendues : une bouteille pour mettre de l'eau, une bouteille pour mettre du jus de fruits, un pot pour mettre du yaourt, un pot pour mettre de la confiture, un seau pour mettre de l'eau, un biberon pour mettre du lait.

■ Expliquer : *Tous ces objets s'appellent des « récipients » et ils permettent de conserver et de transporter un produit plus ou moins liquide sans que celui-ci ne s'écoule.*

Recherche — 20 min

1re phase

■ Montrer aux élèves deux verres de formes différentes : *Lequel, d'après vous, peut contenir le plus d'eau ?* Faire voter les élèves à main levée, par simple observation visuelle.

■ Une fois que les pronostics sont faits, remplir le premier verre et verser son contenu dans le second au-dessus d'une bassine : *S'il est possible de verser l'eau de ce verre (ou de la transvaser) entièrement, et que le second n'est pas plein, c'est que la contenance du premier verre est plus petite que la contenance du second verre.*

■ Recommencer avec d'autres paires de récipients (2 bols, 2 tasses) en verbalisant à chaque fois.

2de phase

■ Désigner des groupes de 4 élèves et donner à chaque groupe 3 récipients (1 bouteille, 1 broc et 1 vase), 1 verre étalon, 1 entonnoir et 1 réserve d'eau.

■ **Consigne :** *Vous allez compter combien de verres d'eau pleins vous pouvez verser ou transvaser dans chaque récipient pour qu'il soit rempli. Ainsi vous allez mesurer la contenance de chaque récipient.*
Montrer qu'il faut verser doucement l'eau dans le verre étalon et utiliser l'entonnoir pour verser l'eau du verre dans le récipient afin de ne pas mettre d'eau sur la table.
Tous les élèves doivent participer à chaque manipulation, en versant 1 verre à tour de rôle : *Vous arrêtez de verser de l'eau si vous voyez qu'il n'y a plus assez de place pour verser un verre entier. Quand le récipient est plein, notez sur une ardoise le nombre de verres étalons qu'il a fallu verser pour le remplir. Et si votre dernier verre fait déborder, ne le comptez pas.*

> **Conseil : le verre étalon**
> Pour mesurer des contenances dans une unité non-conventionnelle, il est intéressant de privilégier, comme ici, la **technique du verre étalon** car elle permet de quantifier les résultats trouvés.
> Il est donc indispensable de marquer un niveau identique sur chaque verre étalon distribué.

Mise en commun — 10 min

■ Noter au tableau les résultats des mesures des élèves pour chaque récipient.

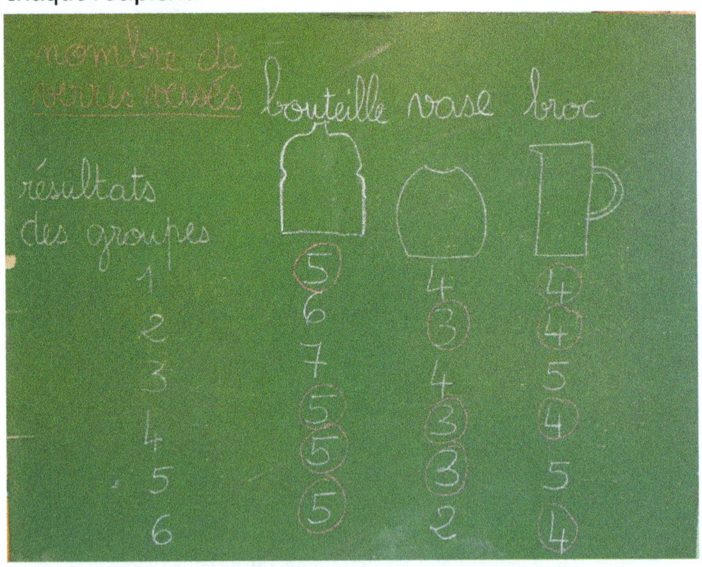

Photo 2 : mise en commun au tableau
Les réponses divergent d'un verre de plus ou de moins que la réalité : on peut supposer que ces groupes n'ont pas rempli le verre étalon jusqu'en haut avant de transvaser l'eau, ou bien ont dépassé le niveau du ruban.

Il y aura des différences entre les groupes à un ou deux verres près : réaliser à nouveau la manipulation devant toute la classe pour chaque récipient et demander aux élèves de verbaliser les actions : *Je verse de l'eau dans le verre, puis je transvase l'eau de ce premier verre, dans la bouteille. Je verse à nouveau de l'eau dans le verre, puis je transvase l'eau de ce deuxième verre dans la bouteille. Etc.*
Quand la bouteille d'eau est remplie, entourer les réponses correctes au tableau. Faire de même pour les deux autres récipients.

MATÉRIEL ET DOCUMENTS

www.maths-super-simples.editions-bordas.fr, Séquence 84

CALCUL MENTAL JOUR 1

121. Additions et soustractions à trou : répertoire de 19.

10 min ➡ p. 46

CALCUL MENTAL JOUR 2

122. Calculer à l'envers : tables de 2, 3, 4, 5 et 10.

10 min ➡ p. 46

■ Ajouter : *Maintenant, classez ces récipients : de celui qui peut contenir le moins de liquide à celui qui peut contenir le plus de liquide. Quel est le récipient qui a la plus petite contenance ? Quel est le récipient qui a la plus grande contenance ?*
Les élèves proposent des réponses en les justifiant.
Reformuler : *Le vase est le récipient qui a la plus petite contenance car il ne peut contenir que 3 verres d'eau. La bouteille est le récipient qui a la plus grande contenance car elle peut contenir 5 verres d'eau.* (Formulation évidemment à adapter selon les récipients qui seront réellement utilisés.)

Conseil d'organisation

- Il faut s'attendre à ce qu'il y ait des manipulations maladroites. De ce fait, faire **ranger toutes les tables** avant de mener cette séance et **prévoir des serpillières ou des éponges**. Si le temps le permet, mener cette séance dans la cour de récréation.
- **Favoriser également les récipients en plastique** pour éviter la casse et une réserve d'eau pas trop lourde à manipuler.

Institutionnalisation

5 min

Distribuer la trace écrite et la faire coller dans le cahier.

84 Comparer des contenances

Lequel de ces récipients peut contenir le plus d'eau ?

• Pour **mesurer la contenance** de ces récipients et pour les **comparer**, on utilise un **verre étalon** et on compte combien de verres d'eau, il faut verser pour remplir à ras bord chaque récipient.

Il faut **4** verres pour remplir le récipient **A**.
Il faut **6** verres pour remplir le récipient **B**.
Il faut **5** verres pour remplir le récipient **C**.

• C'est le **récipient B** qui peut contenir le plus d'eau, c'est donc lui qui a **la plus grande contenance**.

JOUR 2 Entraînement

30 min

84 Comparer des contenances

1 **Observe** et **complète** les phrases.

• Le vase ..A.. a la plus petite contenance.
• Le vase ..B.. contient le plus grand volume d'eau.

2 **Range** les récipients de la plus petite à la plus grande contenance.

Récipient	A	B	C	D
Contenance	1 verre	10 verres	5 verres	7 verres

..A.. • ..C.. • ..D.. • ..B..

3 **Observe** les mesures d'eau contenue dans chaque récipient et **réponds** aux consignes.

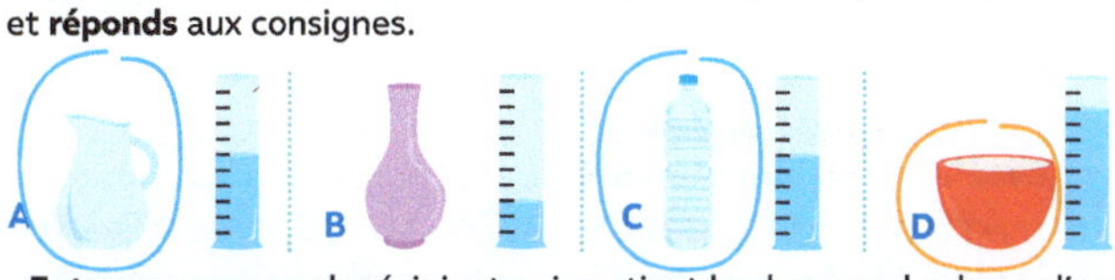

• **Entoure** en orange le récipient qui contient le plus grand volume d'eau.
• **Entoure** en bleu les deux récipients qui ont une contenance identique.
• **Nomme** le récipient qui contient le plus petit volume d'eau : ..B..

CAHIER DU JOUR

4 **Lis** les consignes et **colorie** l'eau dans les verres doseurs sur la feuille distribuée.

1 2 3

Erreur fréquente

Certains élèves pensent que si la **hauteur** d'un récipient A est plus grande que celle d'un récipient B, alors la contenance de A est forcément plus grande que la contenance de B.

Remédiation

L'exemple d'un **verre d'eau** et d'une **paille** est en général assez parlant (bien que la paille ne soit pas un récipient). La paille est plus haute que le verre, mais sa capacité ne peut être qu'inférieure : en effet, si quelqu'un commence à boire le contenu d'un verre d'eau à la paille, lorsque l'eau parvient à ses lèvres, la paille est pleine, mais il reste encore une certaine quantité d'eau dans le verre. On en déduit que toute l'eau du verre ne peut pas rentrer dans la paille.

3

Erreur fréquente

Certains élèves ne réussissent pas à **comparer les niveaux des éprouvettes**.

Remédiation

Demander aux élèves de prendre leur **règle**, de la placer horizontalement sur la ligne du bas des éprouvettes puis de la faire remonter, afin d'**observer visuellement** le niveau atteint en premier par la règle : ce sera l'éprouvette qui correspond au récipient qui a la plus petite contenance. Continuer à remonter la règle pour s'apercevoir que les éprouvettes des récipients A et C sont au même niveau, puis aller jusqu'au niveau de l'éprouvette du récipient D.

85 Compléter des suites de nombres

OBJECTIF DE LA SÉQUENCE
Repérer des intervalles réguliers entre les nombres.

JOUR 1 Découverte — 40 min

Objectif de l'activité
Identifier la règle qui permet de passer d'un nombre à l'autre dans une suite de nombres, et appliquer cette règle.

Matériel
- **Par élève** :
  1 **ardoise** et 1 **feutre effaçable.**
- **Par binôme** :
  1 **jeu de 16 cartes.**

Déroulement de la séance
- **Mise en situation** ▪ oral collectif ▪ 5 min
- **Recherche** ▪ collective et en binôme ▪ 20 min
- **Mise en commun** ▪ oral collectif ▪ 10 min
- **Institutionnalisation** ▪ oral collectif ▪ 5 min

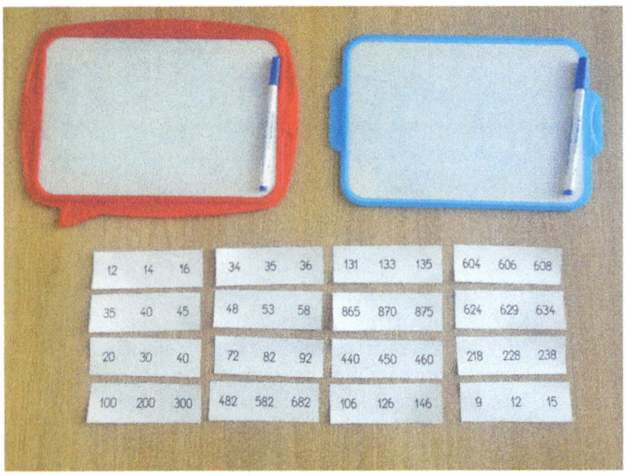

Photo 1 : le matériel de l'activité

Mise en situation — 5 min

▪ Utiliser le jeu du furet (comme dans les leçons 48 et 52) pour cette mise en situation. Interroger les élèves deux par deux de façon aléatoire. Le but est de répondre le plus vite possible. Au bout de 5 secondes, si les élèves n'ont pas répondu, interroger un autre binôme.

▪ Proposer plusieurs exercices :
- compter de 2 en 2 de 6 à 18, puis de 145 à 157 ;
- compter de 5 en 5 de 22 à 52, puis de 110 à 140 ;
- compter de 10 en 10 de 4 à 64, puis de 556 à 676 ;
- compter de 100 en 100 de 26 à 926.

Recherche — 20 min

1re phase

▪ Présenter 8 droites numériques au tableau préalablement préparées avec des nombres mystères à trouver. Les intervalles seront différents suivant les droites numériques : graduation de 2 en 2, de 5 en 5, de 10 en 10 ou de 100 en 100. Préciser que tous les intervalles sur une droite sont égaux. Consigne : *Observez chaque droite et trouvez la règle qui permet de passer d'un nombre à l'autre. Appliquez cette règle pour trouver les nombres mystères.*

▪ En suivant les indications des élèves, compléter les droites numériques et indiquer la règle utilisée.

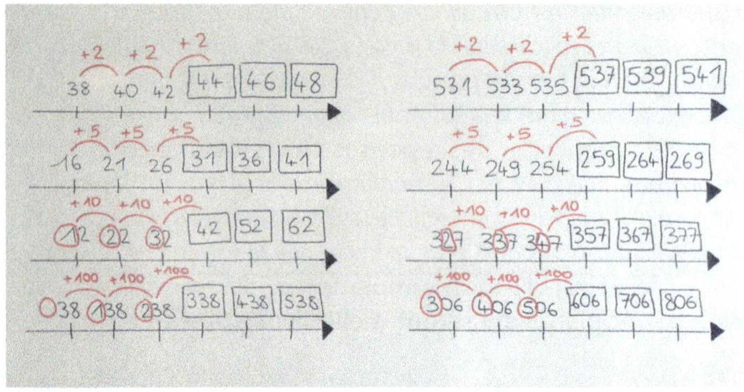

Photo 2 : découverte des règles de comptage pour construire les suites de nombres.

2de phase

▪ Distribuer un jeu de 16 cartes à chaque binôme et demander aux élèves de sortir leur ardoise et leur feutre effaçable. Consigne : *À tour de rôle, piochez et retournez une carte sur la table face vers le haut. Observez les trois nombres inscrits sur cette carte et trouvez la règle utilisée pour passer d'un nombre à l'autre. Puis écrivez sur votre ardoise les trois nombres suivants et comparez-les avec ceux de votre voisin. Mettez-vous d'accord sur le résultat correct.*

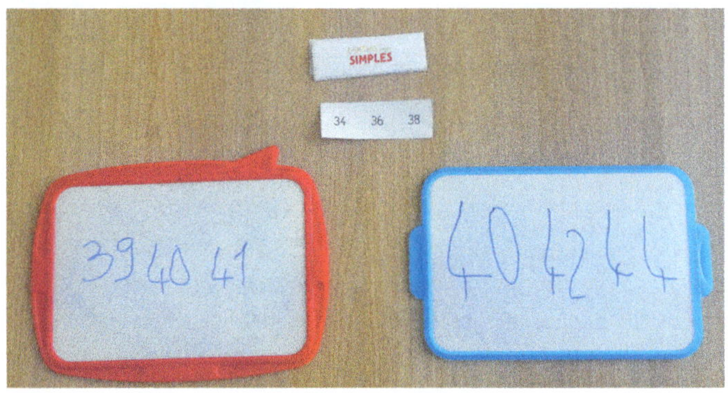

Photo 3 : les élèves comparent leur ardoise.

Pistes de différenciation
- Si nécessaire, **utiliser le matériel de manipulation pour montrer ce qui a été ajouté entre chaque nombre présent sur la carte retournée** : les élèves s'aperçoivent que pour passer d'un nombre à l'autre, il faut rajouter 2 unités, 5 unités, 1 dizaine ou 1 centaine.
- **Permettre aux élèves d'écrire sur les cartes : + 2, + 5, + 10 ou + 100** pour qu'ils se rappellent la règle au moment de trouver les trois nombres suivants.
- **Faire entourer sur la carte le chiffre qui change dans la série des trois nombres** : les unités ou les dizaines ou les centaines.

Mise en commun — 10 min

▪ Afficher les cartes « 34/36/38 », « 604/606/608 », « 48/53/58 », qui impliquent un franchissement de la dizaine pour trouver les trois nombres suivants et demander : *Quelle règle doit-on utiliser pour trouver les nombres suivants ?* Expliquer : *Pour compter de 2 en 2, il suffit de réciter la comptine numérique en sautant un nombre à chaque fois. Pour compter de 5 en 5, on saute 4 nombres soit en les imaginant dans sa tête soit en utilisant les 5 doigts de sa main.*

▪ Demander aux élèves de compter de 10 en 10 à partir de 175. Écrire les nombres intermédiaires sur un tableau c/d/u

MATÉRIEL ET DOCUMENTS

www.maths-super-simples.editions-bordas.fr, Séquence 85

CALCUL MENTAL JOUR 1 10 min

123. Résoudre de petits problèmes oraux de partage entre 2, 3, 4, 5 ou 10 items (tout ≤ 50).
➥ *p. 46*

CALCUL MENTAL JOUR 2 10 min

124. Soustraire *du – du* en suivant les étapes *du – d – u*.
➥ *p. 46*

pour analyser l'évolution des chiffres. En s'appuyant sur ce tableau, on pourra expliquer par exemple : *Dans 175, il y a 17 dizaines et 5 unités. Si j'ajoute 10, c'est-à-dire une dizaine, j'arrive à 18 dizaines et 5 unités, donc 185. Si j'ajoute encore 10, j'arrive à 19 dizaines et 5 unités, donc 195. Si j'ajoute encore 10, j'arrive à 20 dizaines et 5 unités, donc 205.*

■ Compter de 100 en 100 ne devrait pas poser de problème puisque les élèves ne franchissent pas 1 000. Montrer simplement qu'il n'y a que le chiffre des centaines qui augmentent d'un pas à chaque fois.

Institutionnalisation (5 min)

Distribuer la trace écrite et la faire coller dans le cahier.

85 Compléter des suites de nombres

• **Compter de 2 en 2**, c'est toujours ajouter 2 à un nombre.

+2 +2 +2 +2 : 24 – 26 – 28 – 30 – 32

• **Compter de 5 en 5**, c'est toujours ajouter 5 à un nombre.

+5 +5 +5 : 263 – 268 – 273 – 278

• **Compter de 10 en 10**, c'est toujours ajouter 10 à un nombre.

+10 +10 +10 : 175 – 180 – 185 – 190 – 195 – 200 – 205

• **Compter de 100 en 100**, c'est toujours ajouter 100 à un nombre.

+100 +100 +100 : 469 – 569 – 669 – 769

JOUR 2 Entraînement (35 min)

85 Compléter des suites de nombres

1 Complète les suites en comptant de 10 en 10.

75	85	95	105	115	125	135
261	271	281	291	301	311	321
555	565	575	585	595	605	615
130	120	110	100	90	80	70

2 Complète les suites en comptant de 5 en 5.

31	36	41	46	51	56	61
377	382	387	392	397	402	407
475	470	465	460	455	450	445

3 Relie.

- 25 – 125 – 225 – 325 → On a compté de 100 en 100
- 81 – 91 – 101 – 111 → On a compté de 10 en 10
- 419 – 421 – 423 – 425 → On a compté de 2 en 2

4 Trouve le nombre ajouté à chaque fois et **complète** les suites.

3	23	43	63	83	103
156	176	196	216	236	256
40	60	80	100	120	140

CAHIER DU JOUR

5 Écris tous nombres entre 315 et 415 en ajoutant 10 à chaque fois.

1

Erreur fréquente

Des difficultés sont régulièrement observées au moment des franchissements de centaines. Diverses erreurs peuvent en résulter, comme par exemple 195 + 10 = 1 105 (on ajoute 1 dizaine aux 9 dizaines de 195).

Remédiation

Les représentations « plaques/cubes/barres » sont généralement très efficaces pour dissiper les malentendus : procéder aux échanges de 10 contre 1 nécessaires pour trouver les résultats recherchés.

2

Erreur fréquente

Il y a des erreurs dans le calcul : l'élève ajoute 4 ou 6 au lieu de 5.

Remédiation

Donner 5 jetons afin que l'élève puisse dénombrer en les désignant successivement avec l'index pointé.

3

Erreur fréquente

Certains élèves confondent encore dizaines et unités.

Remédiation

Faire entourer le chiffre qui change à chaque fois et demander quelle est sa valeur : unité, dizaine ou centaine.

4

Erreur fréquente

Le nombre à ajouter n'est pas correct.

Remédiation

Poser une addition pour montrer que le premier nombre plus le nombre proposé à ajouter ne donne pas le deuxième nombre.

86 Calculer en ligne un produit (4)

OBJECTIF DE LA SÉQUENCE
Multiplier un nombre à un chiffre par un nombre à trois chiffres.

JOUR 1 Découverte 35 min

Objectif de l'activité
Calculer en ligne le produit d'un nombre à trois chiffres par 2, 3, 4 ou 5.

Matériel
- **Par élève :**
  - 1 **ardoise** et 1 **feutre effaçable** ;
  - 2 **feuilles de recherche** à découper en deux parties, 1 **crayon de papier.**
- **Pour la classe :**
  - des **craies** blanche, verte, rouge et bleue.

Déroulement de la séance
- **Mise en situation** ▪ oral collectif ▪ 5 min
- **Recherche** ▪ collective et individuelle ▪ 15 min
- **Mise en commun** ▪ oral collectif ▪ 10 min
- **Institutionnalisation** ▪ oral collectif ▪ 5 min

Mise en situation 5 min

▪ Dessiner 3 sacs de billes au tableau contenant chacun 32 billes. Demander : *Comment calculer rapidement le nombre total de billes contenues dans ces trois sacs ?* Recueillir les propositions des élèves et les écrire au tableau : on dessine les barres de 10 et les cubes unités, et on calcule combien il y en a en tout ; on peut écrire une addition « 32 + 32 + 32 » ou une multiplication « 3 × 32 ».

▪ Demander à nouveau : *Quelle est la méthode la plus rapide ?* Orienter le choix vers la multiplication, en utilisant la décomposition du nombre déjà travaillée (leçons 77 et 81). Écrire au tableau : « 3 × 32 = 3 × 30 + 3 × 2 », « 3 × 32 = 90 + 6 = 96 ». Rappeler : *« 3 × 30 », c'est 3 fois 3 dizaines et c'est égal à 9 dizaines ou 90.*

Recherche 15 min

1re phase

▪ Dessiner maintenant au tableau 3 sacs de 231 billes. Demander : *Comment calculer rapidement le nombre total de billes contenues dans ces trois sacs ?*
Écrire la multiplication proposée par les élèves : « 3 × 231 = ».
Consigne : *Sortez votre ardoise et calculez cette multiplication.*

▪ Au bout de deux minutes, interroger les élèves pour savoir comment ils ont fait. Valider la décomposition en centaines, dizaines et unités et l'écrire au tableau :
« 3 × 231 = 3 × 200 + 3 × 30 + 3 × 1 ». Expliquer : *Dans 231, 2 est le chiffre des centaines et 2 centaines sont égales à 200. Dans 231, 3 est le chiffre des dizaines et 3 dizaines sont égales à 30. Dans 231, 1 est le chiffre des unités et 1 unité s'écrit 1.*

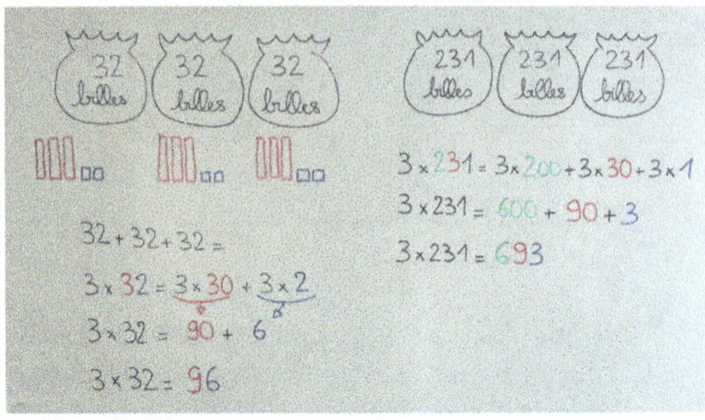

Photo 1 : la phase d'explication au tableau

2de phase

▪ Distribuer les 2 feuilles de recherche.
Consigne : *Écrivez les multiplications qui correspondent à chaque situation et calculez-les. Quand vous aurez calculé les quatre multiplications, vérifiez votre résultat, soit en dessinant le matériel de manipulation, soit en additionnant les quantités de billes contenues dans les sacs.*

▪ Circuler dans les rangs et aider les élèves les plus en difficulté à décomposer le nombre à trois chiffres.

Photo 2 : recherches d'élèves avec différentes erreurs

Pistes de différenciation
- Pour les élèves qui seraient bloqués, **entourer en rouge le nombre à trois chiffres à décomposer**.
- **Verbaliser avec les élèves les étapes de la décomposition** du nombre à trois chiffres.
- **Poser un mémo sur la table des élèves** avec les décompositions de 432, de 320, de 212 et de 103.
- **Faire poser l'addition finale en colonnes** pour la calculer.
- Pour les élèves experts, **donner des multiplications où il y a des retenues** du type : « 2 × 416 » ou « 2 × 374 » ou encore « 2 × 687 ».

Mise en commun 10 min

▪ La mise en commun a pour objectif de reformuler avec les élèves les étapes de la décomposition de la multiplication.

▪ Faire venir un élève au tableau pour calculer la première multiplication. Lui demander de verbaliser tout ce qu'il fait. Reformuler pour la classe :
1) Le 4 de 432 correspond à 4 centaines ou 400, je peux donc écrire « 2 × 400 ».

MATÉRIEL ET DOCUMENTS

www.maths-super-simples.editions-bordas.fr, Séquence 86

CALCUL MENTAL JOUR 1 — 10 min

125. La frise numérique : Résoudre des additions *du* + 1 à *du* + 10 et des soustractions *du* – 1 à *du* – 10, avec appui sur la frise numérique (*du* ⩽ 99).
➥ *p. 46*

CALCUL MENTAL JOUR 2 — 10 min

126. Calculer à l'envers : Trouver six manières de construire 20 avec 2 additions, 2 soustractions et 2 multiplications.
➥ *p. 47*

2) Le 3 de 432 correspond à 3 dizaines ou 30, je peux donc ajouter « + 3 × 30 ».
3) Le 2 de 432 correspond aux unités, je peux donc ajouter « + 3 × 2 ».
4) J'obtiens donc : « 2 × 432 = 2 × 400 + 2 × 30 + 2 × 2 ». Puis je calcule les multiplications. Je sais le faire puisque j'ai appris la table de 2.
5) Enfin, j'additionne les trois nombres trouvés.

- Faire venir deux autres élèves au tableau qui vont vérifier le résultat, l'un en dessinant la représentation avec les plaques de 100 et l'autre en posant l'addition réitérée.
- Suivre la même démarche pour « 5 × 103 ». Insister pour que l'élève écrive quand même « 5 × 0 » même s'il n'y a pas de dizaine. Montrer également que « 5 × 3 = 15 » et que la dizaine obtenue va se rajouter au 0 de « 5 × 0 ».

Institutionnalisation — 5 min

Distribuer la trace écrite et la faire coller dans le cahier.

86 Calculer en ligne un produit (4)

Pour multiplier un nombre à un chiffre par un nombre à trois chiffres, on **décompose** ce dernier **en centaines, dizaines et unités.**

3 × 314 = ?

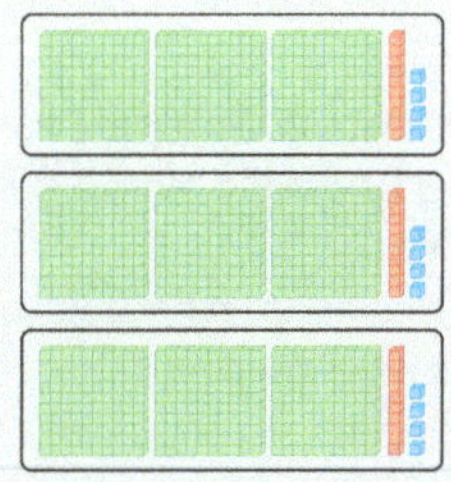

3 × 314
= 3 × 300 + 3 × 10 + 3 × 4
= 900 + 30 + 12
= 942

3 × 314 = 942

JOUR 2 Entraînement — 35 min

86 Calculer en ligne un produit (4)

1 Écris les étapes et **calcule.**

2 × 365	2 × 214
= 2 × 300 + 2 × 60 + 2 × 5	= 2 × 200 + 2 × 10 + 2 × 4
= 600 + 120 + 10	= 400 + 20 + 8
= 730	= 428

2 Relie les étiquettes représentant le même nombre.

3 × 231	4 × 100 + 4 × 30 + 4 × 3	824
2 × 412	3 × 200 + 3 × 30 + 3 × 1	562
4 × 133	3 × 200 + 3 × 10 + 3 × 3	693
3 × 213	2 × 400 + 2 × 10 + 2 × 2	639

3 Calcule.

2 × 323	2 × 400
= 2 × 300 + 2 × 20 + 2 × 3	= 2 × 400 + 2 × 0 + 2 × 0
= 600 + 40 + 6	= 800 + 0 + 0
= 646	= 800

2 × 35	3 × 232
= 2 × 0 + 2 × 30 + 2 × 5	= 3 × 200 + 3 × 30 + 3 × 2
= 0 + 60 + 10	= 600 + 90 + 6
= 70	= 696

CAHIER DU JOUR

4 Recopie et **calcule.**

- 4 × 17
- 2 × 341
- 3 × 43
- 4 × 244

1 2

Erreur fréquente

Les élèves **se trompent en décomposant le nombre à trois chiffres en centaines, dizaines et unités.**

Remédiation

Leur donner du matériel de manipulation pour qu'ils décomposent le nombre en plaques de 100, en barres de 10 et en cubes unités.

2

Erreur fréquente

Il peut être difficile pour les élèves de trouver le résultat final **car ils n'ont pas la place pour calculer les trois multiplications de la colonne du milieu** et ensuite les additionner et ils doivent donc tout faire de tête.

Remédiation

Leur permettre de prendre leur ardoise pour faire les calculs.

88 Mesurer des contenances en litres

JOUR 1 Découverte 35 min

Objectif de l'activité
Mesurer la contenance d'un récipient en utilisant un verre doseur.

Matériel

- **Par groupe de 4** :
À préparer impérativement à l'avance, notamment les récipients remplis d'eau.
  - 4 récipients de formes différentes contenant de l'eau : 1 **bouteille** et 1 **broc** avec 1 litre d'eau, 1 **bouteille** avec 2 litres d'eau, 1 **petit arrosoir** avec 3 litres d'eau ;
  - 1 **seau** vide, 1 **verre doseur** jusqu'à 1 L avec un **ruban coloré** le long des graduations pour mesurer les liquides ;
  - 1 **ardoise** et 1 **feutre effaçable**.
- **Pour la classe** :
  - 1 **bouteille de 1 L** et 1 **grand verre d'eau**

Déroulement de la séance

- **Mise en situation** ■ oral collectif ■ 5 min
- **Recherche** ■ groupes de 4 ■ 15 min
- **Mise en commun** ■ oral collectif ■ 10 min
- **Institutionnalisation** ■ oral collectif ■ 5 min

Photo 1 : les récipients pour chaque groupe

Mise en situation 5 min

■ Montrer une bouteille sans étiquette remplie d'eau et demander : *Quelle est la contenance de cette bouteille ?* La bouteille aura été remplie préalablement avec 1 L d'eau. Certains élèves peuvent se rappeler de la séance précédente et dire que la bouteille contient 5 verres. Objecter que cela dépend de la taille du verre et faire la démonstration en utilisant un très grand verre et en montrant que dans ce cas, la bouteille a une contenance de 4 verres.

■ Expliquer : *Pour mesurer une longueur, on utilise un mètre ou une règle, pour mesurer le temps on utilise une montre ou un chronomètre, pour mesurer une masse on utilise une balance avec des masses marquées. Pour mesurer des contenances, il existe aussi un outil qui s'appelle un verre doseur.*

Recherche 15 min

1re phase

■ Constituer des groupes de 4 élèves et donner à chaque groupe 1 verre doseur et une bouteille contenant 1 litre d'eau. Demander aux élèves d'observer le verre doseur. Expliquer qu'il y a différentes graduations : pour mesurer de la farine, du sucre, etc., et que la graduation destinée à mesurer l'eau et tous les liquides a été repérée avec le ruban coloré.

Consigne : *Versez lentement l'eau contenue dans la bouteille dans le verre doseur et essayez de trouver la contenance de la bouteille.*

■ Laisser les élèves chercher puis collecter les réponses.
Montrer que le niveau de l'eau arrive face à la graduation : *« 1 L » ou « 1 Litre » signifie « un litre » qui est l'unité utilisée dans le monde pour mesurer les liquides et les contenances des récipients.* Écrire au tableau : « 1 L » et « 1 litre ».

2de phase

■ Donner à chaque groupe trois récipients de différentes formes remplis d'eau.
Consigne : *Mesurez le nombre de litres contenus dans chaque récipient en utilisant le verre doseur. Vous versez pile 1 litre dans le verre doseur puis vous déversez ce litre dans le seau, et vous recommencez ainsi jusqu'à ce que le récipient soit vide. Comptez ainsi le nombre de fois que vous avez rempli le verre doseur.*

■ Préciser aux élèves qu'ils doivent manipuler à tour de rôle, et qu'un élève doit tenir le verre doseur sur la table afin qu'il ne se renverse pas quand son camarade verse de l'eau dedans. Éloigner les cartables !

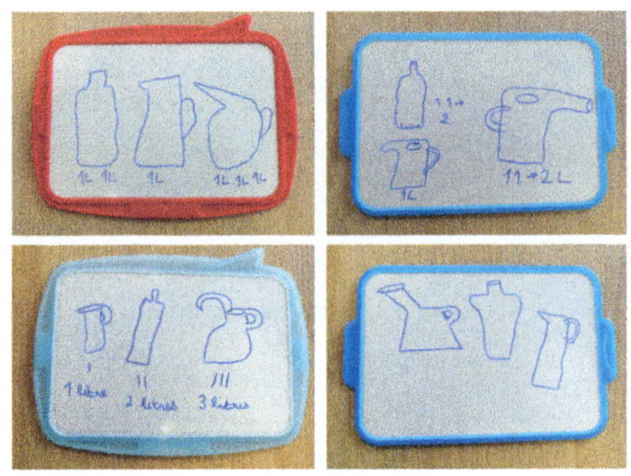

Photo 2 : phase de recherche de 4 groupes. Un groupe a oublié de compter le nombre de verres doseurs remplis.

Conseil

- On peut s'attendre à ce qu'il y ait des manipulations maladroites. Ce n'est pas grave mais, si cela est possible, il est préférable de **mener cette séance dans la cour de récréation** ou dans la classe en ayant au préalable fait **ranger toutes les tables** et en ayant prévu des serpillières ou des éponges.
- **Favoriser également les récipients en plastique** pour éviter la casse. Prévoir aussi une réserve d'eau.

Mise en commun 10 min

■ Noter au tableau les résultats des élèves pour chaque récipient dans un tableau.
Réaliser la manipulation pour chaque récipient en demandant aux élèves de verbaliser les actions :
– Je verse l'eau de la bouteille dans le verre doseur jusqu'à la marque de 1 L.
– Je marque 1 L au tableau puis je jette l'eau du verre doseur dans le seau.
– Je recommence cette manipulation jusqu'à ce que la bouteille soit vide.
– Puis je compte le nombre de litres notés sur le tableau.

■ Consigne : *Classez ces récipients de celui qui peut contenir le moins de liquide, à celui qui peut contenir le plus de liquide. Quel est le récipient qui a la plus petite contenance ? Quel est le récipient qui a la plus grande contenance ?* Les élèves proposent des réponses en les justifiant.

MATÉRIEL ET DOCUMENTS

www.maths-super-simples.editions-bordas.fr, Séquence 88

CALCUL MENTAL JOUR 1 10 min

127. Additionner *du* + *du* (avec franchissement de la centaine) et soustraire *du* – *du*.
➡ p. 47

CALCUL MENTAL JOUR 2 10 min

128. Trouver le complément à 100 (*d* + ? = 100).
➡ p. 47

■ Reformuler : *Le broc est le récipient qui a la plus petite contenance car il ne peut contenir qu'un litre d'eau. L'arrosoir est le récipient qui a la plus grande contenance car il peut contenir 3 litres d'eau. La bouteille d'eau se trouve entre les deux car elle peut contenir 2 litres d'eau* (formulation évidemment à adapter selon les récipients qui seront proposés aux élèves).

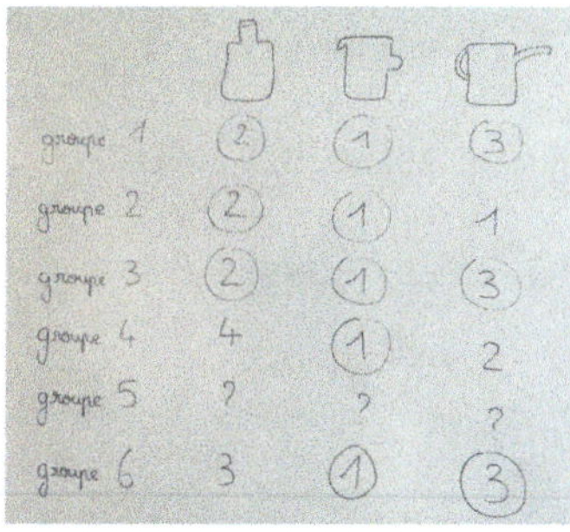

Photo 3 : la mise en commun au tableau. Les réponses trouvées peuvent être différentes soit parce que les élèves ont renversé de l'eau, soit parce qu'ils n'ont pas rempli le verre doseur jusqu'en haut, soit encore parce qu'ils n'ont pas vidé complètement le récipient.

Institutionnalisation

5 min

Distribuer la trace écrite et la faire coller dans le cahier.

88 Mesurer des contenances en litres

Le **litre** (**L**) est une unité de contenance utilisée dans presque tous les pays du monde.
On utilise un **verre doseur** pour le mesurer.

JOUR 2 Entraînement

35 min

88 Mesurer des contenances en litre

1 **Relie** chaque récipient à sa contenance.

2 Chaque graduation correspond à 1 litre.
Écris le nombre de litres d'eau contenus dans chaque récipient.

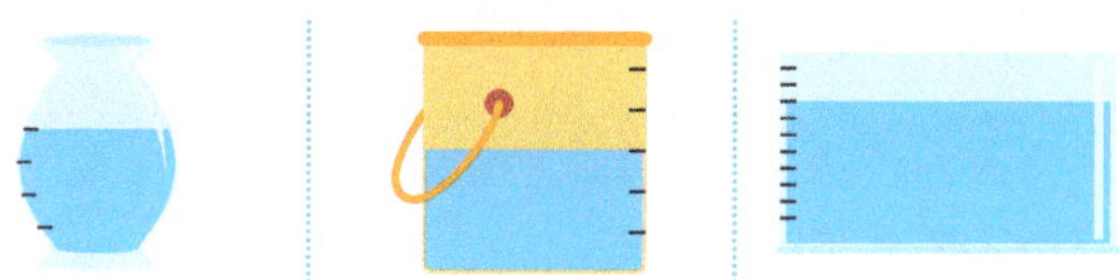

4 litres — 3 litres — 8 litres

3 **Calcule** la contenance totale et **complète** la phrase.

6 × 10 + 4 × 5 + 3 × 1 = 60 + 20 + 3 = 83 L

Le récupérateur d'eau de pluie contient 83 litres d'eau.

CAHIER DU JOUR

4 **Recopie** et **complète** les phrases.

- Le volume d'un arrosoir est en général de 10 litres.
- Une bouteille d'eau contient généralement 1 litres.
- Un seau peut avoir une contenance de 5 litres.

1

Erreur fréquente

Le récupérateur d'eau de pluie et l'étang peuvent poser un problème car **les élèves n'ont pas la représentation exacte de chacun.**

Remédiation

Les élèves ne savent pas forcément ce qu'est une citerne **mais on peut leur dire que l'on peut verser 100 bouteilles d'un litre d'eau pour la remplir.** Quant à l'étang, expliquer qu'il y a beaucoup plus d'eau dessous qu'à la surface. On peut faire le parallèle avec une piscine.

2

Erreur fréquente

Les erreurs peuvent provenir d'un problème de comptage des graduations.

Remédiation

Numéroter les graduations du bas vers le haut : 1 pour la première, qui correspond à 1 litre, 2 pour la deuxième graduation, qui correspond à 2 litres, etc.

3

Erreur fréquente

L'addition est incomplète : par exemple, les élèves n'ont pas comptabilisé tous les récipients.

Remédiation

Décomposer la méthode : on calcule d'abord le nombre de litres sur les arrosoirs, puis le nombre de litre pour les seaux et enfin le nombre de litres pour les bouteilles, puis on additionne.
On peut aussi **donner des barres de 10 et des cubes unités pour représenter la contenance tous les récipients** et demander aux élèves de faire des échanges : 10 cubes unités contre une barre de 10 pour trouver le résultat final : 8 barres de 10 et 3 cubes unités.

89 Je fais le point

1 Complète.

1 000 = 500 + 500

1 000 = 100 × 10

1 000 = 10 × 100

1 000 c'est aussi 7 c + 3 c

1 000 c'est aussi 40 d + 60 d

1 000 c'est aussi 8 c + 20 d

2 Calcule.

3 × 45
= 3 × 40 + 3 × 5
= 120 + 15
= 135

5 × 133
= 5 × 100 + 5 × 30 + 5 × 3
= 500 + 150 + 15
= 665

3 Reproduis cette figure et **trace** en rouge son axe de symétrie.

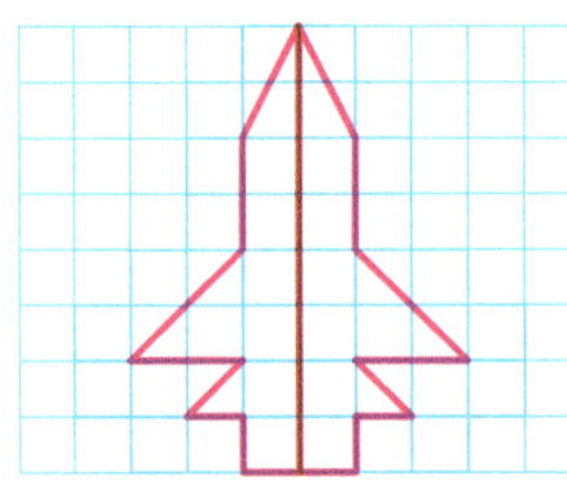

4 Entoure le récipient qui a la plus petite contenance.

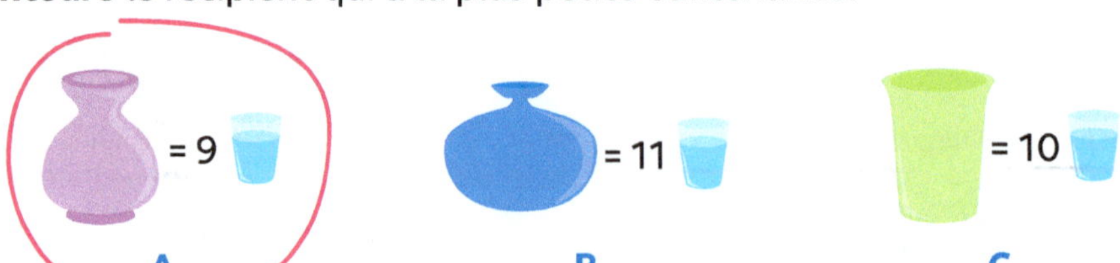

A B C

Impression : Sepec-Numérique - juillet 2023 - N° d'impression : N06701230623
N° éditeur : 10287339
Dépôt légal : juin 2023
PEFC 10-31-3532 / Certifié PEFC / Ce produit est issu de forêts gérées durablement et de sources contrôlées. / pefc-france.org
FABRIQUÉ EN FRANCE